Cercle d'Art des Travailleurs de Plantation Congolaise

CATPC avec Hicham Khalidi et Renzo Martens

Cube Lusanga

White Cube Lusanga

mondriaan
fund

La célébration internationale du blasphème et du sacré

Cercle d'Art des Travailleurs de Plantation Congolaise

CATPC avec Hicham Khalidi et Renzo Martens

White Cube Lusanga

Pavillon néerlandais

La Biennale di Venezia est un événement majeur dans le calendrier international des arts visuels, peut-être même le plus important. Elle met en lumière ce que de nombreuses personnes dans le domaine des arts considèrent comme pertinent ou urgent aujourd'hui : quelles tendances, quelles histoires ou quels mouvements méritent notre attention. Cela en fait une référence pour l'art visuel futur. Dans les années suivant la Biennale, des musées du monde entier programment souvent les contributions qui se sont le plus distinguées. Les conservateurs impliqués améliorent leur CV et les galeries augmentent les prix des artistes ayant participé.

Cette fois-ci, le thème de La Biennale di Venezia est « *Stranieri Ovunque — Foreigners Everywhere* », en référence à une protestation artistique contre les tendances xénophobes et racistes en Italie au début de ce siècle. Selon le commissaire Adriano Pedrosa, l'accent sera mis sur les artistes étrangers — immigrants, personnes issues de communautés diasporiques, réfugiés, marginaux — en mettant l'accent sur ceux qui ont déménagé ou se sont relocalisés du sud vers le nord de l'équateur.

L'agenda progressiste de la Biennale, avec son accent sur l'injustice et l'inégalité dans le monde, contraste vivement avec la façon dont la Biennale est organisée en tant que plateforme. C'est une vitrine de l'inégalité et des intérêts contradictoires. Tous les pays riches ont des pavillons, et ceux appartenant aux pays autrefois considérés comme « les plus importants » sont situés dans les Giardini. Ils y présentent leurs artistes les plus remarquables, dont la plupart détiennent un passeport du pays qu'ils représentent.

Pour l'édition précédente, nous avions quitté les Giardini et avions cédé le Pavillon Rietveld à l'Estonie. Il s'est avéré que ce n'était en fait pas si mal d'être plus éloigné de l'Arsenale et des Giardini. Ceux qui étaient prêts à se rendre jusqu'à la petite église médiévale Chiesetta della Misericordia et à s'allonger sur les coussins de Théo Demans prenaient généralement le temps de regarder en entier le film de quarante-cinq minutes de melanie bonajo. Alors que dans l'agitation des Giardini, cela ne se serait probablement pas produit aussi souvent. Nous avons laissé derrière nous les jeux de pouvoir des Giardini ; cependant, ce simple éloignement du centre historique de la Biennale n'a évidemment pas changé l'inégalité ancrée dans la structure même de cette dernière. Et même si tous les pavillons nationaux offraient une plateforme aux artistes issus de communautés diasporiques, aux réfugiés, aux immigrants ou aux marginaux, cela ne provoquerait pas non plus un changement radical dans les problèmes systémiques propres à la Biennale.

La semaine d'ouverture est toujours principalement fréquentée par un public privilégié. La décadence n'est jamais loin. Cela se manifeste non seulement par les yachts coûteux à quai, les fêtes excessives ou le personnel de sécurité qui empêche les invités indésirables d'entrer, mais aussi par les baskets portées par les curateurs branchés ou les tenues coûteuses arborées par les artistes dont le travail est acheté par le un pour cent mondial, seulement pour être stocké dans des ports francs à des fins fiscales.

Cela signifie-t-il que le Royaume des Pays-Bas ne devrait plus participer ? Non, pour la simple raison que La Biennale di Venezia n'est pas le seul endroit où de bonnes intentions et des caractéristiques discutables coïncident. C'est malheureusement quelque chose d'intrinsèque à notre existence et à l'humanité. Bien que l'inégalité de la Biennale puisse être inévitable, elle nous offre l'opportunité d'examiner notre propre position dans tout cela. La friction résultant de caractéristiques qui semblent se contredire nous permet de tester et de perfectionner notre propre moralité. Ce qui lui donne du sens et de l'intérêt.

Pour cette édition, le Pavillon néerlandais est pris en charge par le collectif congolais Cercle d'Art des Travailleurs de Plantation Congolaise (CATPC). Les membres du CATPC ne sont pas des « étrangers » tels que définis par Adriano Pedroso. Ils ne déménagent pas, ne fuient pas et ne veulent pas émigrer vers le nord de l'équateur. Au contraire, ils ne le souhaitent même pas. Leur principale préoccupation est la récupération de leur propre terre, ternie par des siècles de colonisation et d'exploitation. Ils n'aspirent pas aux privilèges des pays nantis du Nord. Ils recherchent plutôt un équilibre dans leur propre privilège.

Le CATPC apparaît dans le Pavillon néerlandais grâce à l'artiste Renzo Martens et au curateur Hicham Khalidi. La pratique artistique de Martens est à l'origine du CATPC. Elle l'a conduit à Lusanga, en République démocratique du Congo, où il a étudié la relation entre les bénéfices des multinationales à l'époque coloniale et ultérieurement, l'exploitation du paysage et de la population locale, ainsi que la manière dont certains musées ont été initialement financés. Son film « *White Cube* » (2020) montre comment cette quête a conduit à la formation et à la pratique du CATPC, ainsi qu'à la création de la propre institution artistique de Lusanga, appelée White Cube.

Les bonnes intentions et les caractéristiques discutables sont également présentes dans l'œuvre de Martens, et l'inégalité est un thème récurrent au cœur de sa pratique. Accompagné de Hicham Khalidi et en dialogue avec les membres du CAPTC, la contribution du Royaume des Pays-Bas à la Biennale de Venise consiste en une quête d'un nouvel équilibre. Un équilibre qui offre au CATPC un cadre pour façonner sa propre narration et tracer son propre chemin, avec Martens comme soutien plutôt que comme instigateur. C'est une quête qui explore une histoire et un contexte d'inégalité sans fin. Par conséquent, cette entreprise peut ne pas être facile, mais elle est certainement significative et précieuse ; pour le CATPC, pour Martens et Khalidi, pour le Royaume des Pays-Bas et pour le public.

Une partie de cette quête d'équilibre et de récupération consiste en la demande de prêt du CATPC au Virginia Museum of Fine Arts (Richmond, VA, États-Unis), concernant le retour temporaire de la sculpture dite *de Balot* au Congo. Cette sculpture avait été initialement créée dans le but de capturer l'esprit maléfique de Maximilien Balot, l'administrateur colonial belge, tué lors d'une révolte en 1931 contre les colonisateurs belges et les propriétaires de plantations anglo-néerlandais. Pour le Virginia Museum of Fine Arts, la sculpture peut être un objet ethnographique intéressant à préserver et à étudier. Pour les membres du CATPC, cependant, la sculpture n'est pas destinée à être étudiée, mais à être utilisée. C'est une sculpture ayant une fonction spirituelle et pour remplir cette fonction, elle devra retourner au Congo.

La position adoptée par le Virginia Museum of Fine Arts est similaire à celle de nombreux musées ethnographiques à travers le monde, où les sculptures sont préservées et exposées pour donner au public, aux professionnels des musées et aux scientifiques l'opportunité d'apprendre d'elles. Mais ici aussi, l'inégalité est ancrée dans de bonnes intentions. De nombreux objets sont exposés dans des vitrines de protection, détachés de leur fonction d'origine. Ils n'ont pas été fabriqués pour être exposés dans des vitrines en verre, inaccessibles aux populations par qui et pour qui les objets ont été fabriqués.

Grâce à la Biennale, la sculpture *Balot* peut désormais revenir au Congo. Cela signifie que cette quête d'équilibre n'est plus uniquement d'une grande importance pour le CATPC, Martens, Khalidi et le Royaume des Pays-Bas lui-même : d'un contexte d'inégalité émerge une expérience précieuse pour un public encore plus large. Ainsi, elle peut contribuer à un nouvel équilibre pour tous et fournir un excellent point de référence pour l'avenir de l'art visuel et des collections ethnographiques.

Eelco van der Lingen
Directeur, Mondriaan Fund

L'art ou la Terre ? La célébration internationale du blasphème et du sacré

7-16

« La Terre ou l'art ? Si je devais choisir, je choisirais les deux. Mais si je devais n'en choisir qu'un, si je devais choisir entre l'art et la Terre, je choisirais la Terre. » — Matthieu Kilapi Kasiama

Écrit par Hicham Khalidi avec Amanda Sarroff, Renzo Martens et CATPC

CATPC et le rêve d'une post-plantation

Un oiseau se pose dans le Pavillon néerlandais. Il se tient devant l'œil double d'une caméra, qui oscille entre Lusanga et Venise, dévorant de petits cubes blancs. Intitulée *Mvuyu Libérateur* (Mvuyu le Libérateur, 2024), la sculpture représente, selon les mots de Blaise Mandefu, membre du CATPC, « L'oiseau viril qui croque des cubes blancs. Cet oiseau est sensible à la douleur de ses semblables, les autres animaux. Lorsqu'il trouve un autre oiseau ou un animal piégé par des chasseurs, il intervient pour aider l'animal à se libérer. » Il est maintenant venu libérer tous ceux qui sont captifs de l'appétit insatiable du musée pour les bénéfices des plantations. Il utilise son bec pour briser en grand ces institutions culturelles. En dessous de lui, des forêts commencent à s'épanouir à leur place. Des racines d'arbres, des animaux, des poissons, des rivières et des corps humains entourent ces cubes brisés. Mvuyu est arrivé avec un avertissement : il faut marcher plus prudemment sur cette terre sacrée.

P. 38
[Mvuyu Libérateur]

Depuis 2014, le Cercle d'Art des Travailleurs de Plantation Congolaise (CATPC) travaille sans relâche pour acheter des terres ancestrales confisquées en 1911 par la multinationale anglo-néerlandaise Unilever et ses filiales. Grâce à un processus collectif de création d'œuvres d'art et de leur vente à l'étranger, les habitants de Lusanga ont gagné assez d'argent pour commencer à racheter des parcelles des plantations d'huile de palme épuisées où eux et leurs familles travaillaient autrefois. À ce jour, 200 hectares de terre ont été récupérés et remis en culture pour fournir des moyens de subsistance à la communauté. Ils appellent cette entreprise, un effort global visant à régénérer la forêt tropicale et à instaurer une économie durable pour prospérer, la *post-plantation*.

Le rêve de la post-plantation a commencé comme une cocréation de l'artiste Renzo Martens, de l'ancien directeur congolais de Greenpeace, René Ngongo, et des habitants de Lusanga. À ses débuts, Martens espérait forger une critique virulente de la complicité du monde de l'art dans l'économie dévastatrice des plantations en République démocratique du Congo (DRC). Il s'efforçait de susciter ce qu'il appelait « la gentrification inversée », basée sur l'idée que non seulement les artistes bien positionnés et les institutions culturelles dans lesquelles ils exposent, ou les publics qu'ils visent, devraient bénéficier du discours critique sur l'inégalité, mais aussi les communautés habitant ces territoires privés de droits. Lui et le CATPC ont travaillé à construire ce que Martens a appelé « un terrain de jeu plus équitable », ou un cadre économique permettant aux communautés autochtones de prospérer en achetant et en renouvelant des terres arables.

Bien que leurs réalisations communes aient été remarquables, cette collaboration a également soulevé des préoccupations. Comme l'a écrit en 2017 Claire Bishop, historienne de l'art et critique, concernant l'implication de Martens avec le CATPC : « Une identification excessive éthiquement problématique avec le capitalisme néocolonial d'entreprise peut-elle fonctionner de manière productive en tandem avec un engagement social éthiquement rassurant, ou ces deux impulsions contradictoires se neutralisent-elles ? »[1] Lorsque Martens a été invité à représenter les Pays-Bas à La Biennale di Venezia 2024, lui et le CATPC ont choisi de l'utiliser comme une occasion de repenser leur partenariat. Après de longues délibérations, il a pris la décision de définir plus clairement son rôle comme étant au service du collectif et de ses objectifs. Tout au long de l'année et demie passée à travailler ensemble, Martens (en tant que membre de l'équipe artistique) et moi-même (en tant que curateur du Pavillon néerlandais) nous sommes avant tout considérés comme des médiateurs et des traducteurs de la vision en évolution du CATPC.

P. 23 [Lettre du 3 février 2023]

Le 7 février 2023, le CATPC a procédé au *Mosi*, un rituel sacré visant à (re)définir formellement leur relation avec Martens et l'Institut des Activités Humaines (Institute for Human Activities). Comme l'a expliqué Ced'art Tamasala : « Après tout, Renzo nous a rendu ce qui était déjà à nous, et ce qu'on nous devrait. » Maintenant, pour la première fois dans l'histoire de La Biennale di Venezia, une communauté qui vit et travaille sur une ancienne plantation qui, pendant plus d'un siècle, a contribué à financer les musées européens (souvent les bâtiments eux-mêmes) représente et parle pour elle-même depuis la scène internationale du Pavillon néerlandais.

Cette présentation marque un moment crucial dans la transformation continue du CATPC. Les œuvres d'art exposées dévoilent différents modes de narration afin de créer un nouveau registre historique, qui a été détruit avec leur terre natale. Comme l'a déclaré Ruba Katrib, responsable des expositions au MoMA PS1 et commissaire de l'exposition individuelle du CATPC au SculptureCenter de New York en 2017, à propos de ce processus de cocréation : « C'est un projet de vie. Ce n'est pas un projet. C'est une vie. »[2]

Ce projet concerne de nombreuses vies. Il s'agit avant tout de la vie des habitants de Lusanga, qui luttent pour assurer leur subsistance tout en cherchant à récupérer leur passé et à créer un avenir pour leur communauté et d'autres comme la leur. Les dizaines de familles qui vivent côte à côte se relaient pour répondre aux besoins essentiels, de l'agriculture à la gestion d'une école, en passant par la surveillance des lieux et la cuisine. Elles plantent des acacias pour revitaliser le sol, tandis que le manioc est cultivé comme couverture végétale et comme aliment de base, ainsi que des arbres fruitiers. L'électricité provient de panneaux solaires et d'une batterie. Les pratiques communautaires qu'ils ont développées ne sont pas seulement des expressions d'un idéal, mais une question de survie.

La violence de la consommation

En 1911, le gouvernement belge a transféré le contrôle des centaines de milliers d'hectares de terres à la Lever Brothers (aujourd'hui Unilever) dans ce qui constituait alors le Congo belge. Au cours des décennies suivantes, l'entreprise anglo-néerlandaise a rasé des forêts entières pour ériger des plantations d'huile de palme qui étaient cultivées et récoltées par du travail forcé. L'efficacité cruelle de cette économie et celle des colonies à travers le monde ont créé les marchés de masse que nous connaissons aujourd'hui. Alors que les prix des matières premières précieuses diminuaient avec la main-d'œuvre bon marché et le vol de terres au tournant du XXe siècle, le commerce mondial du sucre, de l'huile de palme, du cacao et d'autres produits a explosé.

1. Claire Bishop, « Cercle d'Art des Travailleurs de Plantation Congolaise: SculptureCenter », *Artforum* 55, n° 9, mai 2017, https://www.artforum.com/events/cercle-dart-des-travailleurs-de-plantation-congolaise-2-230139/.

2. Extrait de l'entretien enregistré par Hicham Khalidi avec Ruba Katrib, Renzo Martens et Amanda Sarroff, 8 octobre 2023.

En Europe et en Amérique du Nord, de nouveaux produits alimentaires et de consommation sont devenus accessibles à une classe de consommateurs toujours plus nombreuse. Cela a été rapidement associé à des stratégies publicitaires innovantes et à la création de nouveaux marchés de consommation. Avec un marketing astucieux, Unilever a transformé l'huile de palme de Lusanga en margarine Blue Band et en savon Sun Light, dont les annonces convaincantes les ont efficacement déconnectés de tout lien avec les vies et les paysages dévastés dont ils étaient issus.[3] Alors que certaines façons sélectives de percevoir et d'expérimenter le monde étaient privilégiées, d'autres étaient encore plus assujetties ou effacées.

Les musées ont joué un rôle crucial dans la formation de ce régime de goût et des sens. Comme le dit le chercheur postcolonial et auteur du livre « *Slavery and the Culture of Taste* (L'esclavage et la culture du goût) » (2011) Simon Gikandi à Tamasala et à Matthieu Kasiama dans la série d'entretiens filmés « *Plantations and Museums* (Plantations et Musées) » (2021) :

> Si vous mettez de l'argent dans un musée, les gens supposent toujours qu'un musée est une institution propre, un bon endroit. Dans le processus, nous ne faisons pas toujours le lien entre le travail forcé, qui est violent et où les gens sont appauvris, avec la production d'énormes quantités d'argent, que nous pouvons ensuite mettre dans un musée. Donc, en ce sens, on pourrait dire que si vous enleviez la plantation, vous n'auriez pas l'argent pour construire tous ces grands musées que nous voyons en Europe.[4] [Traduction libre]

Les musées, du Tate Modern à Londres au Stedelijk Museum à Amsterdam, en passant par le Van Abbemuseum à Eindhoven et le Museum Ludwig à Cologne, ont tous été fondés, au moins en partie, sur les profits issus des plantations. Pour ne citer qu'un seul exemple, des recherches récentes montrent que la richesse de la famille Van Eeghen, les principaux bienfaiteurs à l'origine de la construction du Stedelijk Museum en 1895, était due aux importations coloniales, notamment de cacao, de café et de tabac, cultivés presque exclusivement sur des plantations en Indonésie.[5-6]

3. Voir également Roland Barthes, « Soap-powders and Detergents », dans *Mythologies* (New York: Noonday Press, 1972).

4. Simon Gikandi, *Plantations and Museums Part 4: The Museum*, www.humanactivities.org. Films coproduits par Pieter van Huystee Film et VPRO en collaboration avec le CATPC et les activités humaines soutenues par le NPO-Fund, https://www.humanactivities.org/en/balot-videos/.

5. Voir Laura van Hasselt, *Geld, geloof en goede vrienden: Piet van Eeghen en de metamorfose van Amsterdam, 1816–1889*, PhD diss. (University of Amsterdam, 2022), et une exposition dans les archives de la ville d'Amsterdam.

6. Comme l'a écrit Nancy Jouwe, historienne de la culture dans le journal interne du musée Stedelijk, Stedelijk Studies, en 2021 : « Cela signifie que les profits réalisés par les Van Eeghens l'ont été aux dépens d'innombrables personnes réduites en esclavage et de travailleurs à peine rémunérés, bouleversant les modes de vie et les environnements indigènes. Pourtant, les familles de l'élite ont généreusement redonné à leur ville, contribuant à la construction d'une Amsterdam 'moderne et impériale'. »

7. Renzo Martens, « Erken dat uitgebuite plantagearbeiders co-auteurs van het Stedelijk Museum zijn », www.nrc.nl, 7 June 2023, https://www.nrc.nl/nieuws/2023/06/07/erken-dat-uitgebuite-plantage-arbeiders-co-auteurs-van-het-stedelijk-museum-zijn-a4166578.

8. « A Dirty Investment: European Development Banks' Link to Abuses in the Democratic Republic of Congo's Palm Oil Industry », Human Rights Watch, 2019, www.hrw.org/report/2019/11/25/dirty-investment/european-development-banks-link-abuses-democratic-republic.

9. Sabrina Ali, « Ariella Aïsha Azoulay: 'It is not possible to decolonize the museum without decolonizing the world », www.guernicamag.com, 12 mars 2020, https://www.guernicamag.com/miscellaneous-files-ariella-aisha-azoulay/.

Comme le souligne Martens dans un éditorial qu'il a publié dans le journal néerlandais *NRC* le 23 juin 2023, des familles telles que les Van Eeghen ont ensuite converti la propriété de ces plantations en produits financiers vendus sous forme d'actions.[7] Ils ont construit un marché spéculatif qui perdure jusqu'à aujourd'hui sur la promesse de l'extraction et de la pérennité de l'économie de plantation. Il n'est pas fortuit que le Stedelijk Museum soit situé à moins de quinze kilomètres du port d'Amsterdam, toujours le plus grand hub d'importation de cacao au monde et l'un des plus grands réservoir de main-d'œuvre de plantation. Bien qu'Unilever ait vraisemblablement vendu ses plantations congolaises restantes pour 3,8 millions de dollars américains en 2009, bon nombre de ses anciens travailleurs sont aujourd'hui embauchés par des entreprises, fournissant des matières premières toujours utilisées dans ses produits. Selon un rapport de Human Rights Watch de 2019, ces entreprises — financées en partie par des banques de développement belges, britanniques, allemandes et néerlandaises - paient des ouvriers journaliers aussi peu que 1,20 dollar par jour pour un travail à plein temps dans des conditions potentiellement mortelles.[8]

L'extraction des plantations continue à trouver son chemin vers les coffres des institutions culturelles et académiques, souvent au nom du bien public. Les prestigieuses séries Unilever au Tate Modern et la très convoitée bourse Leverhulme ne sont que deux exemples. Mais qui est ce public et comment il est défini est souvent insaisissable. Si ceux qui travaillent dans les plantations aujourd'hui se retrouvent sujets de discours critique ou d'expositions à la mode, ils ont rarement, voire jamais, l'opportunité d'en être les auteurs ou les bénéficiaires directs. Comme le soutient Martens dans le *NRC*, tant que les communautés de travailleurs des plantations passées et présentes ne seront pas reconnues comme de véritables cofinanciers, cobénéficiaires, copropriétaires et coauteurs du musée moderne, aucun musée ne pourra prétendre être véritablement engagé dans la critique institutionnelle ou la justice sociale. Comme le dit Ariella Aïsha Azoulay, chercheuse, commissaire et réalisatrice de documentaires : « Il est impossible de décoloniser le musée sans décoloniser le monde. »[9]

Le White Cube : un règlement de comptes

Les galeries « white cubes » (ou cubes blancs), avec leurs architectures intentionnellement atemporelles et ahistoriques, sont imprégnées d'idéologies de progrès et de domination. En 2017, le Ministre congolais de la Culture, Elvis Mutiri Wa Bashara, a posé la première pierre du « White Cube » de Lusanga. Conçu par Martens et imaginé par David Gianotten, partenaire gérant du célèbre cabinet d'architecture néerlandais OMA , avec les conseils d'Arsène Ijambo, secrétaire général de Société des Architectes du Congo (SAC), il était destiné à être le premier espace d'exposition cube blanc érigé sur un terrain de plantation. Dans le cadre de ses efforts envers la gentrification inversée, Martens espérait qu'il attirerait du capital, de la visibilité et de la légitimité dans le monde de l'art à Lusanga et à d'autres communautés de plantation.

À certains égards, c'est le cas, mais pour les membres du CATPC, le White Cube de Lusanga a également accompli quelque chose de très différent. Au cours des six dernières années, les habitants de Lusanga ont transformé ce phare moderniste en un lieu de responsabilité. En 2023, le White Cube de Lusanga est passé en jugement devant toute la communauté. Le verdict, tel qu'il est représenté dans le film *Le Jugement du White Cube* (2023), l'a déclaré coupable et l'a condamné à réparer les vies de ceux qu'il a blessés.

PP. 149-172
[Le Jugement du White Cube]

Pour le CATPC, le White Cube de Lusanga n'est pas isolé : il représente tous les white cubes à travers le monde. Ses membres espèrent que le processus de réconciliation initié par le procès à Lusanga déclenchera un effet d'entraînement à travers le monde, en commençant par le Pavillon néerlandais. Selon les mots de Tamasala : « Tout comme les anciens États coloniaux s'excusent maintenant les uns après les autres pour soulager leur conscience, de même le White Cube commencera un processus en se purifiant lui-même, le Pavillon néerlandais, et par conséquent tous les white cubes à travers le monde. »

Le jumelage du White Cube de Lusanga et du Pavillon néerlandais crée un canal pour cette transmission. Comme l'a exprimé Tamasala dans une lettre décrivant la proposition d'exposition du CATPC :

> A travers cette exposition, le CATPC vient présenter les mondes tels qu'il les voit : d'un côté un cube blanc dans une plantation régénérée et transformée en forêt sacrée avec de l'art sacré, et de l'autre un white cube englouti dans une forêt d'immeubles en béton, [...] Une observation réciproque de l'un et l'autre, permet d'appréhender les mondes avec leurs différences et inégalités et de partager des visions et expériences pour un possible futur commun. Par ce jumelage de cubes, ou par cette connexion des mondes ... le sacré traverse lui aussi le côté non sacré pour guérir la partie contaminée de l'esprit capitaliste.

P. 21 [Lettre du 15 janvier 2023]

Via une diffusion en direct entre les deux espaces, le public de Lusanga peut se connecter avec le Pavillon néerlandais, et les visiteurs de la Biennale deviennent les invités de Lusanga. Les visiteurs de Venise peuvent être témoins du retour de la sculpture sacrée *Balot* dans sa patrie en tant que partie de la résistance historique de la communauté de Lusanga au travail dans les plantations. La diffusion en direct joue un rôle particulièrement significatif pour l'ensemble de la communauté de la plantation, qui manque de visa, de temps et de moyens pour se rendre à Venise. Elle offre un regard réciproque là où autrefois on détournait le regard.

L'Art comme entreprise sacrée

Le CATPC définit l'art comme une force vivante née d'une terre sacrée et la création artistique comme une entreprise sacrée. Cette entreprise est au cœur des tentatives de la communauté pour récupérer ses terres ancestrales et forger des relations plus régénératives. Les membres du CATPC créent des objets remplis d'intention en tant que vaisseaux de mémoire culturelle et de protection communautaire. Les sculptures créées pour La Biennale di Venezia fonctionnent un peu comme des objets de pouvoir contemporains, chargés de la violence des atrocités en cours tout en ouvrant de nouvelles possibilités de guérison.

Ils racontent aussi des histoires. Les sculptures du CATPC racontent des histoires de récits, animées à travers plusieurs scènes, un peu comme des images extraites de film. Elles décrivent un peuple, une communauté, une terre, une histoire, la violence, la douleur, la perte, l'amour et l'espoir. En elles, nous pouvons voir la forêt, la rivière, les animaux, les esprits, les ancêtres et les enfants entrelacés à travers de multiples allégories et narrations. Certaines parlent de l'impact dévastateur de l'Occident sur le Sud global et donnent présence aux esprits des ancêtres des plantations qui sont morts comme des personnes asservies. D'autres laissent entendre un avenir plus radieux où la communauté décide de son propre destin guidée par ses valeurs choisies. Ensemble, elles réfléchissent au passé et prédisent ce qui pourrait être à venir.

Le CATPC produit ces œuvres d'art en argile à partir des restes des forêts primaires autour de Lusanga. Elles sont remodelées en cacao et en graisse de palme à Amsterdam et vendues sur le marché international de l'art. Les bénéfices sont utilisés pour acheter des terres. Selon les mots du collectif : « Il n'y a pas un but plus sacré pour le cacao et l'huile de palme, de représenter les sacrifiés de la plantation, et le futur des descendants et de faire revenir la forêt » Le CATPC réapproprie ces matériaux pour mettre en évidence la complicité continue du monde de l'art avec l'horrible économie d'extraction des plantations.

P. 25 [Lettre du 4 février 2023]

Il ne s'agit pas de considérer ces œuvres d'art comme transactionnelles. Mais la question de savoir si elles remplissent des critères en tant qu'art contemporain intéresse peu le collectif. La cosmologie du CATPC ne fait aucune distinction entre l'art et la Terre. Comme l'a expliqué Tamasala au cours d'une conversation : « Si la Terre sacrée donne vie à toutes choses, l'art appartient à la Terre. De cette manière, les pratiques artistiques deviennent également une entreprise sacrée et vivifiante. » Les circonstances dans lesquelles ces pratiques ont lieu et l'intentionnalité qui les sous-tend les imprègnent du potentiel de régénération.

P. 23 [Lettre du 3 février 2023]

À Lusanga, chaque sculpture en argile abrite des graines et de la terre de la plantation libérée. Celles reproduites en chocolat, en sucre ou en huile de palme dans le pavillon de Venise sont leurs clones enchantés. Ensemble, ils créent une porosité entre les deux espaces de Lusanga et de Venise et ouvrent un portail pour la guérison et la transformation. Lorsque leurs œuvres sont exposées ou acquises par des collectionneurs et des musées à l'étranger, le CATPC espère que les histoires qu'elles transmettent feront germer le changement en traversant le globe. Pour eux, les sculptures sur leur terre et dans le Pavillon néerlandais sont un patrimoine pour toute l'humanité. Selon les mots du collectif : « Chaque sculpture marquera le passage d'un passé hier douloureux et sombre à un lendemain écologique, ce future qui fera confluer dans le pavillon, la forêt sacrée. »

P. 23 [Lettre du 3 février 2023]

Face au Pavillon belge, confronter l'histoire

Ce n'est pas un hasard si les personnes qui regardent la diffusion en direct depuis Lusanga à l'intérieur du Pavillon néerlandais fassent également face au Pavillon belge. Le CATPC rêve depuis longtemps de parler aux autorités belges des atrocités commises au Congo. Ce regard virtuel sur le Pavillon belge intègre l'histoire violente de la nation dans le récit du Congo lui-même.

Dans ce récit, l'éradication méthodique perpétrée par les États-nations occidentaux et les entreprises privées prend le dessus. L'impérialisme économique était (et est) après tout une machine d'une sombre efficacité visant à dépouiller la terre de sa géo-généalogie et à l'enchaîner aux appétits dévorants d'un monstre capitaliste eurocentrique. Suite à l'annexion privée du Roi Léopold II de ce qu'il nommait l'État indépendant du Congo, de vastes étendues de terre appelées à tort terres vacantes ont été concédées à des entreprises privées pour les exploiter. Lorsque le Parlement belge prit le contrôle de ce vaste territoire en 1908, les frères Lever (sous le nom de Huileries du Congo Belge) devinrent l'un des plus grands bénéficiaires de cette politique. Des entreprises comme Unilever ont dépouillé la terre de sa biodiversité. Ils ont également dépouillé le sol de ses habitants.

Alors qu'il devenait de plus en plus difficile de trouver des ouvriers pour travailler dans les conditions pénibles et souvent mortelles des plantations, des hommes et des femmes ont été arrachés de différents villages, brisant des familles et rompant des lignées ancestrales. La plantation est devenue une toile vierge, évacuée de son histoire et de son humanité, et Leverville à Lusanga fut l'un des tous premiers sites de cette catastrophe au Congo. La plupart des membres du CATPC sont les enfants de ces personnes déplacées. Séparés de leurs cultures et de leurs communautés, aujourd'hui ils cherchent des vestiges de leur passé.

Le retour de *Balot*

Un fragment de cette histoire revient enfin dans son pays d'origine, même si ce n'est que temporairement. Pendant la durée de La Biennale di Venezia, l'intérieur du White Cube de Lusanga est devenu un sanctuaire pour une sculpture Kwilu Pende, une figure de pouvoir en bois connue à l'étranger sous le nom de *Figure de chef ou de devin représentant l'officier colonial belge, Maximilien Balot* (*Balot*, pour faire court). Maximilien Balot (1890-1931) était un agent colonial envoyé dans la région de Kwilu au Congo-Kinshasa pour recruter de force des travailleurs pour les plantations des frères Lever. En 1931, excédé par les abus et en représailles pour une agression contre une femme nommée Kafutshi par un autre agent territorial, Balot a été décapité et démembré. La répression meurtrière de la force territoriale belge a déclenché ce qui allait devenir une puissante révolte Pende. *Balot*, sculpté la même année, a été taillé dans un acte de résistance pour canaliser l'esprit malveillant de l'agent territorial au service du peuple Kwilu Pende. Elle est restée cachée jusqu'en 1972, date à laquelle elle a été acheté par un érudit américain qui l'a ensuite vendue au Virginia Museum of Fine Arts (VMFA) à Richmond (VA, États-Unis), où elle réside aujourd'hui.[10]

PP. 63-68 [Balot, 1931]

Bien que le VMFA ait prêté *Balot* à l'international au fil des ans, le musée a initialement refusé des demandes similaires de la part de la communauté de Lusanga. Lorsque, à l'occasion de La Biennale di Venezia, le CATPC a de nouveau demandé le retour temporaire de *Balot*, ils ont réussi. Cet objet de pouvoir se trouve maintenant dans le White Cube de Lusanga, où il a été béni lors d'un rituel cérémonial par des personnalités de la région, des chefs locaux, des travailleurs des plantations actuels et anciens, ainsi que par les enfants, les femmes, les hommes et les animaux de Lusanga. Pour la première fois depuis un demi-siècle, la sculpture peut à nouveau entrer en contact avec et contribuer à la protection de la forêt et de la communauté de Lusanga.[11]

Ndubuisi C. Ezeluomba, conservateur de l'art africain au VMFA, a accueilli favorablement cette opportunité de collaborer avec une institution sur le continent africain. Les musées, souligne-t-il, sont culturellement spécifiques, et le White Cube de Lusanga ne répondrait jamais aux normes occidentales de bonnes pratiques pour la conservation des artefacts culturels. Pour commencer, il n'a aucun moyen de contrôle de la température. Ces institutions, explique-t-il, sont culturellement (et climatiquement) situées en Occident : « On ne peut pas adopter une approche universelle. » Au contraire, les musées sont quelque chose que chaque culture doit « internaliser » afin de « créer une version qui reflète différentes réalités [Traduction libre]. »[12]

L'histoire de *Balot*, bien que spécifique au peuple Kwilu Pende, répète un récit similaire que l'on trouve à travers le continent africain. « Nous regardons maintenant », dit Ezeluomba, « comment nous pouvons relier cette histoire au projet plus vaste de parler des injustices du passé. »[13] Les musées occidentaux commencent enfin à reconsidérer la responsabilité de la gestion de leurs artefacts culturels. Comme le note Ezeluomba, avant d'être interprété comme une œuvre d'art, *Balot* était avant tout « un produit culturel ayant une fonction spécifique à réaliser. » Pour les habitants de Lusanga, cette fonction reste profondément pertinente aujourd'hui. Lui et ses collègues conservateurs pensent que de tels objets devraient être traités comme étant en prêt temporaire aux musées et renvoyés à leurs communautés d'origine lorsque celle-ci en a besoin. « Si nous disons que nous détenons [ces artefacts en] prêt, au moins cela garantit qu'il ne m'appartient pas et chaque fois qu'il est nécessaire, nous pouvons le fournir pour servir la fonction pour laquelle il est nécessaire », dit-il.[14]

Le CATPC partage cette perspective. Ses membres n'ont pas demandé la propriété exclusive ni la possession permanente de *Balot*. Leur souhait est plutôt de voir la statue circuler à travers des actes de résistance autochtones internationaux et intergénérationnels. La communauté demande seulement le privilège de rappeler la statue, de la tenir, de la toucher et de l'utiliser, lorsqu'elle le juge nécessaire. La Biennale di Venezia a été la première occasion de rendre une telle demande possible et l'espoir est qu'elle se répète pour de nombreux autres à travers les pays et les continents.

Luyalu, ou la Force

P. 25 [Lettre du 4 février 2023]

> Il n'y a pas un sort et fonction plus sacré pour le Pavillon Hollandais que d'être le mortuaire, la cave des morts de la plantation (et du white cube) et d'être la source de régénération pour la foret de leurs enfants.

Pour le CATPC, exposer dans le Pavillon néerlandais présente une difficulté double. Ses membres non seulement doivent faire face à leur ambivalence à participer à un monde de l'art élitiste auquel ils ont peu accès et pour un public avec lequel ils entretiennent une relation conflictuelle, mais ils estiment également devoir être en mesure de rendre compte des privilèges que cette opportunité leur offre, alors que d'autres, même au sein de leur propre communauté, luttent pour survivre, sans parler de rendre leur propre travail visible. Comme le dit Tamasala :

P. 21 [Lettre du 15 janvier 2023]

> Pour les travailleurs des plantations que nous sommes, avoir la possibilité d'exposer dans un white cube en Occident, est un privilège malsain considérant que nos ancêtres ainsi que nous leurs descendants souffrons en esclave dans la plantation afin de fournir des produits à l'humanité civilisée des pays riches. D'où la nécessité de ne pas se réduire à n'offrir qu'un beau spectacle au public, mais à veiller à attirer au maximum en termes de retombées matérielles (bénéfices économiques) et immatérielles (mémoire historique) dans les plantations épuisées comme celle où nous vivons à Lusanga.

10. Pour en savoir plus sur la figure de pouvoir Balot, lisez Herbert F. Weiss, Richard B. Woodward et Z. S. Strother, avec une contribution de Christophe Gudijiga et Sindani Kiangu, « Art with Fight in It: Discovering that a Statue of a Colonial Officer Is a Power Object from the 1931 Pende Revolt », *African Art* 49, n°. 1, Printemps 2016.

11. En mars 2024, une cérémonie a eu lieu à Lusanga avec les notables de la région, les chefs coutumiers, les travailleurs actuels et anciens des plantations, et la communauté de Lusanga. Ce moment de retour de la sculpture se répercutera sur l'exposition de Venise.

12. Extrait de l'entretien enregistré par Hicham Khalidi avec Ndubuisi C. Ezeluomba et Renzo Martens, Ced'art Tamasala et Amanda Sarroff, 1er octobre 2023.

13. Ibid.
14. Ibid.

En prenant ce risque, le CATPC espère non seulement fournir un revenu à leurs familles, mais aussi apporter une plus grande justice à leur peuple et au monde. Comme le souligne Tamasala : « Nous ne sommes pas sûrs que de bonnes intentions auront le résultat souhaité ou que de bonnes intentions conduiront vraiment à des forêts sacrées. En réalité, nous en sommes vraiment au tout début. Et même si cela fonctionne, c'est un petit pas sur le chemin de la régénération de ces forêts [aux quatre coins du Congo]. » Les enjeux sont élevés. Le bassin du fleuve Congo est actuellement le plus grand puits de carbone sur Terre.[15] Reboiser ses étendues de terres appauvries est vital pour la santé de la planète. Ngongo, qui occupe désormais le poste de président du CATPC et a depuis longtemps été à l'avant-garde de la protection de l'environnement et de l'agroforesterie en RDC, m'a confié que ce qui distingue le CATPC des autres initiatives qu'il a encadrées ou observées est son organisation de base. Des efforts similaires, même s'ils ont un impact politique, ont souvent été trop lourds au sommet et ont traité les habitants locaux au mieux comme des auxiliaires. « La solution », dit-il, « n'est pas de planter des arbres en soi, mais de placer les personnes au cœur de ce projet. »[16]

Le CATPC est un puissant exemple de la façon dont les communautés auto-organisées peuvent changer non seulement les conditions locales, mais le monde entier. Aujourd'hui, le white cube rapatrié de Lusanga se dresse au milieu d'une forêt sacrée en renouvellement. Financée et rendue possible grâce aux recettes des expositions internationales, une multitude d'arbres prospère désormais sur des terres récupérées, parmi lesquels des plantes médicinales, des arbres résistants au climat et une végétation abritant des insectes, des fruits, des champignons et des larves. Pour chaque bébé né, un arbre est planté en son nom afin qu'ils puissent grandir ensemble. Le CATPC propose un modèle pouvant instruire le monde entier sur ce dont nous avons besoin pour une planète en transition en termes de réduction des émissions, mais aussi de pratiques communautaires. Comme me l'a dit Katrib : « Le projet artistique du CATPC est différent du travail social, comme dans la gestion d'une ONG, en ce sens qu'il comprend l'humanité d'une manière différente. C'est à la fois une agence et une voix. »[17] Ces vies, telles qu'elles se déroulent devant nous, énoncent et mettent en œuvre de nouvelles possibilités de solidarité et de guérison au-delà de la différence coloniale.

Le rêve du CATPC d'une ère post-plantation est autant une tentative de récupérer le passé que d'imaginer un avenir meilleur. Les histoires racontées sèment de nouvelles fictions d'un monde meilleur, un monde qui offre un cadre actif et éthique pour remédier à la violence et favoriser des relations plus justes entre les gens et avec la planète. Le CATPC n'est pas seulement une pratique née de notre terre partagée, c'est un effort pour repenser la responsabilité que nous avons les uns envers les autres dans cette vie et peut-être même une chance de refaire ce monde à neuf.

15. « Journey into the Congo Basin — The Lungs of Africa and Beating Heart of the World », The World Bank, 24 octobre 2022, www.worldbank.org/en/news/feature/2022/10/24/journey-into-the-congo-basin-the-lungs-of-africa-and-beating-heart-of-the-world.

16. Extrait de l'entretien enregistré par Hicham Khalidi avec René Ngongo et Renzo Martens à Lusanga, Congo-Kinshasa, 17 juillet 2023.

17. Extrait de l'entretien enregistré par Hicham Khalidi avec Ruba Katrib, Renzo Martens et Amanda Sarroff, 8 octobre 2023.

Gouvernance : IHA & CATPC

À propos du Cercle d'Art des Travailleurs de Plantation Congolaise

La genèse du Cercle d'Art des Travailleurs de Plantation Congolaise (CATPC) a commencé en partie avec Renzo Martens et le lancement de l'Institut des Activités Humaines (Institute for Human Activities). À la suite du film *Enjoy Poverty* (Profitez de la Pauvreté) de Martens en 2008 — dans lequel il se plaçait au centre de la violence infligée au peuple congolais pour argumenter que les documentaires sur les plantations appauvries ne servent qu'à générer de la richesse pour d'autres à l'étranger — il a réalisé que son travail, aussi critique soit-il de ses enchevêtrements dans cette violence, ne bénéficiait finalement que peu aux communautés où il était réalisé. Plutôt que de formuler une critique « meilleure », ou un « meilleur » art, il a décidé de concevoir un système grâce auquel cette critique serait produite par et profiterait aux personnes vivant sur les plantations. Avec l'activiste environnemental René Ngongo, il a fondé ce qu'il appelait un « programme de gentrification inversée » sur une ancienne plantation d'Unilever en RDC. Comme l'a décrit J. J. Charlesworth en 2021 :

> Le but n'était plus de critiquer le capitalisme racial depuis le site de l'art contemporain occidental, mais de court-circuiter la division entre la production de marchandises et la consommation culturelle — et pour les travailleurs des plantations payés un dollar par jour de devenir propriétaires terriens et artistes. Cela mettait en évidence les médiations compliquées et souvent contradictoires du secteur culturel entre l'art critique, le capital culturel et les sources de richesse qui les sous-tendent. Après tout, tandis que les institutions occidentales se lamentent sur la diversité et la décolonisation, elles restent les bénéficiaires du capital mondial, des chaînes d'approvisionnement et de valeur qui mènent aux communautés piégées dans la production agricole et minière dans le Sud global.[1] [Traduction libre]

Ainsi est née le CATPC, une fondation enregistrée en République démocratique du Congo, et l'Institut pour les Activités Humaines (Institute for Human Activities, IHA), une Organisation d'Intérêt Public enregistrée aux Pays-Bas, présidée par un conseil de professionnels de l'art, des médias, de la finance et du droit, dans le but de remédier aux ravages économiques et sociaux durables du colonialisme.

L'IHA facilite l'accès du CATPC au marché de l'art international. Tous les revenus issus des ventes d'œuvres d'art sont versés au CATPC, tandis que les revenus provenant d'autres sources telles que les subventions sont centralisés et partagés collectivement. En République démocratique du Congo, où il est extrêmement difficile pour les entités locales congolaises d'acquérir des terres, il est souvent nécessaire pour l'IHA de faciliter les achats de terres également. Bien que limité par un système local et des conditions internationales pronfodément injustes et inégales, le CATPC utilise le White Cube, l'IHA et le cadre mis en place par Martens comme des outils pour atteindre ses objectifs plus larges de récupération des terres et de restitution culturelle.

1. J. J. Charlesworth, « Site of Extraction: Renzo Martens's 'White Cube' in a Congolese Palm Oil Plantation », *Art Review*, 10 novembre 2021, https://artreview.com/site-extraction-renzo-martens-white-cube-palm-oil-plantation/.

En interne, le CATPC se compose de plusieurs couches superposées et de cercles imbriqués. Les œuvres collectives sont produites dans un dialogue les unes avec les autres et les histoires sont partagées à travers la création des œuvres. La terre est détenue conjointement par tous les membres de la communauté, ce qui comprend les artistes mais aussi les travailleurs agricoles, les gardes et les familles élargies. Chaque famille se voit attribuer sa propre parcelle à cultiver. Des acacias sont plantés pour nourrir le sol appauvri. Ils sont ensuite entrecoupés de manioc et d'arbres fruitiers pour fournir de la nourriture. En regardant vers l'avenir, le CATPC estime qu'il est nécessaire d'augmenter la représentation des femmes. En réponse, ils ont créé un programme d'apprentissage axé sur l'invitation des artistes femmes.

Alors que le collectif prospère, le CATPC souhaite que d'autres personnes issues de communautés extérieures aient un accès égal à la richesse et au potentiel. Leur espoir est d'accueillir un jour les habitants de ces circonscriptions élargies pour qu'ils deviennent partie intégrante du collectif. C'est un modèle de privilèges en cascade. En tant qu'êtres humains, nous avons responsables les uns des autres en tant qu'extensions de nous-mêmes et de ceux qui nous entourent. Les privilèges conférés à un individu ou à un petit groupe peuvent profiter à d'autres à proximité. Les privilèges en cascade offrent un moyen de comprendre cette responsabilité et comment nous définissons la communauté.

Correspondance

19-28

Les textes suivants sont des extraits d'une conversation qui a débuté en novembre 2022 entre Ced'art Tamasala, au nom du CATPC, moi-même, Hicham Khalidi, en tant que curateur du Pavillon néerlandais, et Renzo Martens. Au fil des mois suivants, cette conversation s'est déroulée en personne ainsi que via Zoom. J'ai demandé à Martens de se joindre à nous en tant que traducteur pour le CATPC et interlocuteur.. Nous avons formulé une proposition pour La Biennale di Venezia 2024 sous la forme d'une exposition double afin d'aborder différentes facettes et registres de l'injustice et de l'inégalité et de tracer des possibilités de connexion au-delà de la différence coloniale. À plusieurs reprises, le CATPC a choisi de réfléchir par écrit aux questions que j'avais posées lors de nos conversations. Les extraits de ce dialogue (mes questions posées à l'oral et les réponses écrites de Ced'art Tamasala) que vous trouverez ci-après, donnent un aperçu non seulement de la façon dont nous avons formulé notre proposition commune, mais aussi de la manière dont nous avons navigué dans nos positions les uns par rapport aux autres et au monde (de l'art). La lettre finale est une version abrégée de l'imploration du CATPC au Virginia Museum of Fine Arts (VMFA) de restituer temporairement la sculpture sacrée Kwilu Pende appelée *Balot* (1931). Lues ensemble, les lettres détaillent les nombreux objectifs, espoirs ainsi que les préoccupations du collectif, dans la réalisation de sa vision ambitieuse pour cette exposition.

Hicham Khalidi

Lettre du 15 janvier 2023

Cher Hicham,

Recevez nos salutations collectives des membres CATPC à Lusanga.

Notre contribution à la mémoire collective via cette exposition au pavillon hollandais est une occasion magnifique pour restituer à l'humanité le fruit de nos recherches sur l'histoire des white cubes, intimement et souvent honteusement liés à celles des plantations et dont personne ne parle. Au travers de cette exposition, nous allons aller à l'aboutissement du parcours collectif qui est le nôtre pour en découvrir plus d'une vérité qui mérite d'être partagée, entre autres ces fameux liens entre plantations et musées.

Pour les travailleurs des plantations que nous sommes, avoir la possibilité d'exposer dans un white cube en Occident, est un privilège malsain considérant que nos ancêtres ainsi que nous leurs descendants souffrons en esclave dans la plantation afin de fournir des produits à l'humanité civilisée des pays riches. D'où la nécessité de ne pas se réduire à n'offrir qu'un beau spectacle au public, mais à veiller à attirer au maximum en termes de retombées matérielles (bénéfices économiques) et immatérielles (mémoire historique) dans les plantations épuisées comme celle où nous vivons à Lusanga.

Anciennement appelée Leverville, ce village au fond du Congo fut la capitale de l'immense empire d'huile de palme chère à Lever (Unilever de nos jours). Cette extraction abusive de la nature qui réduit des communautés entières en esclavage dans la plantation à Lusanga et ailleurs, a non seulement permis l'accumulation des richesses mais aussi le financement et la construction des musées white cubes en Europe. Cet exemple est révélateur de vérités cachées provenant du fruit du travail forcé dans les plantations au sud. Jusqu'à présent, ces vérités restent enfouies et camouflé à cause de la volonté de toutes ces multinationales, qui consiste à se distancer de toute la violence que cette extraction occasionne dans les plantations.

PP. 149-180 [Le judgement du White Cube]

Le plus récent film de CATPC *Le Jugement du White Cube*, porte parfaitement cette dénonciation des travailleurs des plantations accusant et témoignant contre white cube, leur white cube à LUSANGA, qui représente tous les white cube du monde en même temps.

Ceci n'est plus à démontrer aujourd'hui ; l'histoire des plantations est directement liée à celle du white cube, qui s'est rendu coupable en bénéficiant directement du dur labeur et de l'esclavagisme de tous ces humains surexploités dans les plantations jusqu'à épuisement. Le chocolat est impur comme tout autre produit des plantations d'ailleurs, y compris le white cube. L'occasion de jumeler le white cube dans une ex plantation avec un autre au sommet du monde l'art permet d'avoir un regard direct entre deux mondes et leurs inégalités. Des réflexions sérieuses et sincères émanent de ce rapprochement de réalités différentes mais liées.

Les questions de réparation et restitution deviennent inévitables car aucun White cube ne peut prétendre se décoloniser tant que les plantations ne le sont pas ; d'où la nécessité du retour temporaire de la sculpture sacrée de *Balot* à la plantation devenue post plantation. A travers cette exposition, le CATPC vient présenter les mondes tels qu'il les voit : d'un côté un cube blanc dans une plantation régénérée et transformée en forêt sacrée avec de l'art sacré, et de l'autre un white cube englouti dans une forêt d'immeubles en béton, pauvre en nature, avec de l'art qui se sacralise via la connexion avec le sacré de la post plantation.

La réappropriation par l'achat des terres confisquées et la réintroduction de la biodiversité à travers la régénération des forêts est la clé du changement décolonisateur dans les plantations. Ces forêts éradiquées qui furent remplacées par des plantations monocultures, sans lesquelles, le white cube n'aurait pas vu le jour. Le white cube a donc une dette envers les plantations. En bénéficiant du travail forcé qui réduit plus d'un humain à l'esclavage, celui-ci s'est rendu coupable et complice de toute la cruauté engendrée par ce système meurtrier d'extraction qui a épuisé et continue à appauvrir d'avantage nos terres.

Les conséquences de cette violence la destruction des forêts et tous les abus ou excès du système des plantations sont nombreuses pour ceux qui habitent et travaillent sur ces plantation en ruines : pas d'infrastructures dignes de ce nom, pas d'éducation pour les jeunes, pas d'accès à la santé, pas de travail rémunérée, pas de terre à cultiver... la liste des précarités est longue.

Nous voyons l'exposition comme une fête qui réunit deux mondes : l'un, sacré et l'autre, non sacré. Une observation réciproque de l'un et l'autre, permet d'appréhender les mondes avec leurs différences et inégalités et de partager des visions et expériences pour un possible futur commun. Par ce jumelage de cubes, ou par cette connexion des mondes, la confidence du sacré se voit dévoilée, pour ne pas dire violée, par la chosification que l'art occasionne ; mais à l'inverse, le sacré traverse lui aussi le côté non sacré pour guérir la partie contaminée de l'esprit capitaliste. A travers cet appariement de cubes, ou cette mise en relation de mondes, la confiance dans le sacré est révélée, pour ne pas dire violée, par la marchandisation que l'art génère. Ces échanges d'énergies donne à cette exposition une signification plus cohérente, selon une cohabitation du bien et du mal que nous nommons : la fête internationale du blasphème et du sacré.

L'objectif de cette exposition sera d'aboutir à un scenario où le bien contamine le mal, où le problème se change en solution, où la sueur, le fruit du travail des plantations se transforme en souillure, en quelque chose d'impur (cacao en chocolat ou huile de palme en margarine), en un outil réparateur quand nous, le CATPC, exposons et exprimons nos idées dans ces mêmes matières que nous avons produites, permettant ensuite de racheter les terre confisquées et de régénérer les forêts sacrées et ainsi permettre la coexistence pacifique entre humains et nature. Sans plus tarder, allons voir ce qu'est l'exposition elle-même, comment nous voyons le rapport entre ces deux mondes et ce que ça donne de les mettre ensemble dans un esprit de décolonisation réciproque pour permettre un futur paisible et harmonieux entre humains qui se complètent.

Ced'art Tamasala pour CATPC

Lettre du 3 février 2023

La lettre suivante a été rédigée en réponse à une question spécifique que j'ai posée au CATPC lors d'une de nos sessions Zoom concernant le rôle de Renzo Martens : « Si le White Cube a reçu une cérémonie de purification, pourquoi pas Renzo également ? S'il s'agit de reprendre les moyens de production, de restituer les moyens de production du point de vue du décolonisateur, quel rôle Renzo joue-t-il dans tout cela ? Ce rôle doit-il être reconsidéré ? »

Cher Hicham,

Nous avons réfléchi sur vos mots et suggestions et avons décidés qu'en effet, c'est le bon moment pour couper le lien historique qui a existé entre notre collectif CATPC et Renzo Martens qui, depuis son arrivée à Lusanga, a aidé à mettre en place notre coopérative et à rapatrier le White Cube.

Aujourd'hui que notre coopérative possède les moyens de production — la terre, l'art, son propre musée le white cube, ainsi que d'autres infrastructures utiles à notre environnement, maintenant que nous avons trouvé une place dans les débats nationales et internationales, et après avoir écouté et apprécié vos sages conseils et après concertation collective au sein du CATPC, nous avons décidé de faire une cérémonie qui ne sera pas que physique, mais aussi traditionnel et spirituelle où la terre, l'air et l'eau en union avec tous les êtres (humains, plantes, animaux…) seront marqués par les autochtones vivants sur place et ensuite viendra le tour des travailleurs d'autres plantations monoculture d'aujourd'hui, que nous inviterons, à venir bénir à leur tour la post plantation.

Le CATPC se réunira avec la communauté locale qui fait aussi partie du projet, pour la cérémonie Mosi. Cette cérémonie nous permettra de passer à une autre étape, une autre méthodologie, une normalisation, dans laquelle le CATPC invite des partenaires et réponds aux invitations avec n'importe quelle organisation si et quand elle le souhaitera. Nous confirmons notre autonomie et nous engageons dans des partenariats avec qui cela plaira ou fera du bien. Après cette cérémonie, nous normaliserons nos relations ; après tout, Renzo nous a rendu ce qui était déjà à nous, et ce qu' on nous devrait. Cela aiderait aussi Renzo de passer à une autre étape dans nos collaborations prochaines, si nous le lui demandons et si il accepte bien-sûr.

Nous sommes heureux qu'en guise du dernier acte de cet engagement historique, Renzo et vous nous transmettiez l'invitation à proposer une exposition au pavillon néerlandais. Grand merci à vous, Hicham pour vos conseils et de catalyser ces pensées constructives d'un futur harmonieux.

Il faut savoir que Lusanga est bâti à un « confluent ». C'est là que les deux grandes rivières (Kwilu et Kwenge) se rejoignent. Nous construisons un nouveau monde à ce confluent où les énergies se rencontrent. Ces énergies associées nous permettent de construire une reconnexion entre le travail de plantation presque pas payé, et le monde de l'art. Ce confluent, nous ne voulons pas l' établir que chez nous, mais à l'autre bout de cette rivière, à l'autre bout de cette relation de pouvoir.

A Venise, les sculptures et les autres œuvres que nous voulons installer ne représentent pas une réalité extérieure, ni une culpabilité. Elles sont réelles et à travers, on peut apercevoir l'âme et la vision de notre travail et esprit collectif. Chaque sculpture contient le passé et l'avenir. Pour les transmettre de notre centre de Lusanga jusqu'à Venise, nous mélangerons les produits de la sueur des plantations (cacao, huile de palme) avec notre terre que nous amènerons de Lusanga. Nous allons insérer dans ce mélange les graines de plantes qui repoussent dans la post-plantation, l'ex-plantation que nous avons sécurisée, et ces semences pousseront également dans les sculptures. Chaque sculpture marquera le passage d'un passé hier douloureux et sombre à un lendemain écologique, ce futur qui fera confluër dans le pavillon, la forêt sacrée.

La Cérémonie Mosi

La cérémonie aura lieu le 7 février 2023. La « Cérémonie Mosi » servira à la normalisation de nos relations, à réconcilier l'alliance au nom de nos aïeux nos ancêtres avec la terre ainsi que la foret sacrée que nous créons.

1. Lusaku

Sceller (avec du vin de palme et du noix de cola) le « Lusaku » (parole 'luyalisee' ou prière aux ancêtres), à trois endroits différents de la post plantation, pour couper le lien et accompagner l'autonomie locale. La cérémonie se fera à:

a. La Pépinière Luyalu[1]
b. Le White Cube
c. Sur les terres nouvellement rachetées et non travaillées de la post plantation, en présence des anciens travailleurs de plantation monoculture, vivants ou éteint(disparu) que nous inviterons et avec qui nous bénirons la post plantation comme l'œuvre de leurs descendants.

2. Kimakulu

Pour de bon, les vivants et les disparus de la plantation bénirons la terre, l'eau et les êtres pour que cet ère décolle avec des nouveaux succès et des réussites.

Trois arbres différents seront plantés aux trois endroits respectifs pour l'occasion. Ainsi la terre, l'eau et l'air serons réconciliés avec les vivants de la plantation aujourd'hui devenu post plantation et s'identifiera à eux comme les propriétaires autonomes et libres sur des terres autrefois confisquées par Unilever, aujourd'hui récupérées ou rachetées grâce au fruit de notre travail collectif au CATPC.

Pour le CATPC,
Ced'art Tamasala.

1. Luyalu signifie « règne » ou « pouvoir » en kikongo.

Lettre du 4 février 2023

La lettre suivante est une réponse aux questions que j'avais posées sur la raison pour laquelle le CATPC choisit d'exposer des moulages faits de cacao et de graisse de palme plutôt que leurs œuvres originales en argile. Pourquoi ne pas montrer les œuvres en argile elles-mêmes à Venise ? Par ailleurs, je me suis demandé si l'utilisation de ces matériaux avait pour but de dresser un réquisitoire contre les cubes blancs (white cubes), alors que signifie infliger de la douleur dans le contexte de la sacralité ? Les sculptures du CATPC ne risquent-elles pas de devenir des objets de douleur, montrant seulement tout ce qui ne va pas dans le système, plutôt que de devenir des objets de transformation ?

Cher Hicham,

Encore une fois nous tenons à vous signifier que nous avons appréciés nos échanges qui ne sont pas que constructif d'un futur harmonieux, mais aussi une prévoyance d'un avenir égalitaire entre humains conscients et responsables de leurs actes. Se mettre ensemble pour trouver des solutions durables aux problèmes de nos sociétés. Ces problèmes essayent de nier leur existence dans un monde où dire ouvertement les choses telle qu'elles sont est tabou — ou presque.

Dans le souci de s'exprimer correctement, tout en restant original par rapport à ce que nous sommes (artistes de la plantation), nous voulons évoquer l'importance cruciale pour nous d'exprimer et de partager nos pensées et notre vision en utilisant les matières qui nous parlent. Notre besoin d'utiliser le cacao ou l'huile de palme ou autre matière de plantation n'est pas un hasard. Ces matières nous concernent directement.

Si certains artistes n'ayant aucun lien avec la plantation ont le droit d'utiliser le cacao ou le sucre pour critiquer (stérilement) le système, tandis que eux-mêmes ont aussi été nourrit par la plantation, sans que leurs œuvres ne génèrent le moindre retour à la plantation d'où tout est partie, alors nous aussi nous sentons légitime et digne de le faire.

Des fournisseurs esclavagisés, des investisseurs involontaires dans les systèmes desquels nous n'avons eu aucun retour. Ils seront des oubliés de l'histoire passée, du présent et peut-être du futur si nous restons inactifs et indifférents face à cette injustice de longue date devenue normale aux yeux de tous. Ils ont droits à une reconnaissance de leurs efforts négligés.

Nous pensons que le moment est venu de rendre hommage à tous ceux qui font pousser et qui récoltent les fruits dans les plantations. Ces fruits sont transformés ensuite par des machines ingrates qui effacent le travail, l'amour et les espoirs de ceux qui travaillent dans les plantations. Ces machines sont les machines de la production de produits de consommations, mais aussi les musées. Ces machines endorment les gens dans une inconsciente consommation qui les rend complices de ce carnage impitoyable.

Mais le sol a une mémoire qui mémorise les milliers de kilogrammes de matière première (café, cacao, huile de palme) qui ont été extrait de ce sol. Maintenant le sol demande à ces matières de renvoyer les énergies confisquées et accumulées. La seule manière de libérer la terre, c'est en demandant à ces matières le retour de l'énergie à la case de départ.

Nous faisons que la matière première se transforme en messagers, et sollicite aussi le soutien émotionnel de ceux qui la consomment en tant que produits transformés (café, sucre, cacao, savon...).

Leur soutien émotionnel avec leur cœurs ♥♥♥, leurs cerveaux, leurs corps ainsi que leurs âmes participera à créer des nouveaux mondes, et si l'acte est réel et sincère, on pourra rêver de faire revenir la forêt. Il n'y a pas un but plus sacré pour le cacao et l'huile de palme, de représenter les sacrifiés de la plantation, et le futur des descendants et de faire revenir la forêt.

Il n'y a pas un sort et fonction plus sacré pour le Pavillon Hollandais que d'être le mortuaire, la cave des morts de la plantation (et du white cube) et d'être la source de régénération pour la foret de leurs enfants. S'il nous sera offert l'opportunité d'utiliser le pavillon à Venise, ce sera l'occasion pour ériger un monument en hommage aux âmes de la plantation qui continuent à nourrir le monde de l'art d'hier et d' aujourd'hui, des âmes toujours pris dans le même régime de travail. Ce travail toujours presque pas payé. Ce régime qui continue à imposer la monoculture. Ces plantations ont remplacé les forêts naturelles. Exterminés dans une inconsciente accumulation des richesses, au détriment des communautés autochtones esclavagisées sur leurs propres terres.

Ces milliers d'humains qui meurent silencieusement sans que personne ne s'en préoccupe pourront récupérer, avec l'apport de tous leur force. Ce que nous donnerons les futurs partenaires, nous le prenons avec joie. Tout volontaire aideur (y compris toi et Renzo) qui manifeste le désir de contribuer à la moindre brique ou pierre pour la construction de l'édifice immense qui est la post-plantation est le bienvenu à travailler avec nous, en toute humanité et égalité. La contribution d'utiliser le chocolat issu des plantations est pour nous une contribution à l'érection de cette oeuvre collective que nous avons initiés. Cela ne devrait pas être vu comme un problème, mais plutôt un début de solution qui demandera plus encore.

La partie sincère et vrai de notre proposition pour Venise est justement le fait que nous exprimions à travers notre art, des idées qui changent réellement notre environnement, et pas seulement se limiter à caresser au sens du poil, ou faire des choses qui ne sont pas transformatif. Le public a besoin d'être informé de la réalité désastreuse (souvent cachée) qui est vécue par les gens dans les plantations, exprimé dans des produits qui, une fois transformés, deviennent hors de leurs porté.

Bien à vous,
Ced'art Tamasala,
CATPC.

Lettre du 11 novembre 2023

La lettre suivante est une version abrégée de la lettre envoyée par le CATPC au Virginia Museum of Fine Arts pour demander le retour temporaire de la sculpture sacrée Balot.

Chers membres du conseil d'administration présidé par Lynette L. Allston, le directeur et administrateur délégué Alex Nyerges et le conservateur en chef Michael Taylor, du musée en possession de la sculpture de « Balot ».

C'est avec un cœur reconnaissant que nous, membres du Cercle d'art des Travailleurs de Plantations Congolaise, ou CATPC, exprimons notre soulagement de pouvoir enfin engager un dialogue sur la question du retour temporaire de la sculpture dans son Congo natal. Nous saluons l'ouverture et le dialogue qui n'étaient pas possibles il y a trois ans lorsque Matthieu et moi avons visité le VMFA et que l'ancêtre nous a manqué; car il était dans un musée en Suisse.

Le fait que ce bois sculpté, provenant du Congo a pu de voyager d'un endroit à l'autre — des États-Unis à la Suisse — nous a donné l'espoir qu'un jour le 'Balot' sculpté se rendrait aussi à Lusanga, la plantation contre le travail forcé auquel la sculpture a été faite. Cela nous a donné la détermination de nous rapprocher des nos ancêtres Pende. Nos vains efforts pour renouer avec cet esprit des ancêtres, après plusieurs tentatives de demande de prêt de la sculpture presque infructueuses, ne nous ont pas détournés de notre objectif principal: renouer avec la sculpture et récupérer une partie de sa force.

Nous, travailleurs des plantations à Lusanga , savons que nous avons le droit de nous considérer comme légitimes et d'avoir droit à cet héritage culturel et spirituel auquel nous sommes naturellement liés par notre appartenance à la même terre et à la même histoire.

Les dernières années, notre demande de prêt temporaire auprès de votre institution (VMFA), que nous avons faite à plusieurs reprises, n'a rencontré que des obstacles. Cette année, à l'occasion de notre participation et de notre contribution à La Biennale di Venezia, où nous occuperons le pavillon néerlandais. Avec nos partenaires, dont la Fondation Mondrian, nous avons renouvelé notre demande de prêt temporaire pour l'événement artistique qui aura lieu simultanément à Lusanga et à Venise, d'où l'urgence pour « le Balot Sculpté » de se rendre à Lusanga l'année prochaine.

Votre courrier, basé sur notre demande, énumère conditions que nous devrons remplir afin d'être éligibles à un éventuel prêt du Balot Sculpté. Nous considérons que le retour à la maison a une signification écologique, morale et spirituelle plus profonde que les idées occidentales sur la sécurité ou la conservation. Les artefacts sont transportés et séquestrés dans des institutions occidentales dont les rapports d'état déterminent la manière dont ces objets sont vus et circulent. Il s'agit d'une hiérarchie coloniale que nous préférerions ne pas se voir imposer.

Il sera une erreur des institutions de normaliser le fait qu'elles sont au sommet, nous obligeant à nous agenouiller lorsque ces lois injustes, infestées d'inégalités flagrantes, tentent de nous entraîner dans un nouveau cercle vicieux qui nous prive de notre dignité de peuple. Toutefois, c'est frère Azu Nwagbogu, qui a dit : « Comparer notre douleur n'est pas la voie à suivre.

Et savoir qui a le plus souffert entre l'un et l'autre ne changera pas grand-chose pour l'un ou l'autre camp. » Je pense que ses conseils sont la sagesse divine.

Pour nous, artistes et membres du CATPC, la chose la plus importante est, que nous avons eus de échanges fructueux avec vous : « Ce n'est qu'ensemble que nous pouvons réussir, vous et nous. C'est la seule façon dont cela sera possible ; par le dialogue, la considération mutuelle et l'ouverture dans l'échange ; ce qui implique la bonne foi et la bonne volonté de toutes les parties. »

Maintenant, je vois que nous venons d'atteindre une étape importante de notre échange. C'est le fruit de nos efforts à tous, au VMFA mais surtout du soutien et de l'accompagnement du Professeur Ndubuisi C. Ezeluomba, à qui nous, membres du CATPC, tenons à exprimer notre gratitude collective pour son engagement et son ouverture d'esprit, sans lesquels nous n'aurions jamais pu rêver de faire voyager un jour la sculpture de Balot au Congo.

Si cela devient une réalité bientôt, ce sera une grande réussite pour nous tous ; avec une gloire pour le VMFA, La Biennale di Venezia et pour le monde entier. J'aimerais donc profiter de cette occasion, au nom de tous les membres de notre collectif CATPC, pour féliciter et remercier toutes les personnes impliquées d'une manière ou d'une autre dans ce succès imminent. Et à tous les héros de l'ombre, si nombreux qu'il m'est impossible de tous les mentionner ici ; Un grand merci à la communauté des artistes-planteurs de Lusanga pour leur détermination, leur engagement dans la recherche archivistique, le processus d'émancipation à long terme et la poursuite du programme de reforestation et l'inspiration que nous sommes heureux de partager avec notre communauté de Lusanga, avec vous et avec le reste de l'humanité.

J'ose espérer qu'ensemble, de grandes choses nous attendent à l'horizon. Et nous serons toujours prêts à travailler ensemble et à avancer dans la même direction sur cette question de longue date.

Cordialement, luyalu!
Ced'Art Tamasala, pour CATPC.

Biographies

29-31

CATPC

Le CATPC — en toutes lettres « Cercle d'Art des Travailleurs de Plantation Congolaise » — est une coopérative d'art des travailleurs de plantation de Lusanga, en République démocratique du Congo. Il a été fondé en 2014, en collaboration avec le célèbre activiste environnemental René Ngongo. En 2017, le New York Times a qualifié leur exposition solo au SculptureCenter d' « exposition la plus audacieuse de l'année ». Le CATPC a pris l'habitude de sécuriser des centaines d'hectares d'anciennes plantations pour les générations futures grâce aux recettes de son art. Au milieu de ces terres, ils ont construit un musée, le White Cube. Dans l'une des récentes œuvres vidéo du CATPC, ce cube blanc est jugé pour son implication dans le colonialisme et le travail forcé. Sur ces terres, ils restaurent des forêts alimentaires écologiques et inclusives appartenant à des travailleurs : la post-plantation.

Membres actuels du CATPC :
Djonga Bismar (1978)
Alphonse Bukumba (1994)
Irène Kanga (1994)
Muyaka Kapasa (1963)
Matthieu Kasiama (1987)
Jean Kawata (1980)
Huguette Kilembi (1993)
Mbuku Kimpala (1986)
Athanas Kindendi (1970)
Felicien Kisiata (1945)
Charles Leba (1992)
Philomène Lembusa (1989)
Richard Leta (1964)
Jérémie Mabiala (1950)
Plamedi Makongote (2001)
Blaise Mandefu (1968)
Daniel Manenga (1974)
Mira Meya (1983)
Emery Muhamba (1970)
Tantine Mukundu (1985)
Olele Mulela (1952)
Daniel Muvunzi (1981)
René Ngongo (1961)
Alvers Tamasala (1990)
Ced'Art Tamasala (1983)

Renzo Martens

Renzo Martens (1973) a étudié les sciences politiques et l'art. Après avoir réalisé les films *Épisode I* (2000-2003) et *Épisode III: Enjoy Poverty* (2008), Martens a fondé Human Activities et son « programme de gentrification inversée », dans une plantation en RDC. Il soutient les travailleurs des plantations du Cercle d'Art des Travailleurs de Plantation Congolaise (CATPC) en utilisant la critique artistique pour construire un monde nouveau — non pas symboliquement, mais matériellement. Ensemble, ils ont ouvert un White Cube pour redonner du capital et de la visibilité aux communautés de travailleurs des plantations. Dans *White Cube* (2020), le dernier documentaire de Martens, le CATPC crée un nouveau précédent et utilise avec succès le concept de « cube blanc » pour libérer leurs terres et restaurer d'anciennes forêts.

Hicham Khalidi

Hicham Khalidi (MA, 1972) est directeur de l'Académie Jan van Eyck à Maastricht (NL) depuis 2018. De 2015 à 2018, il a été commissaire associé à Lafayette Anticipations à Paris. Il a également été commissaire de l'exposition collective ACT II pour la Biennale de Sharjah à Beyrouth en 2017, attaché culturel de la Biennale de Sydney en 2016 et commissaire en chef de la Biennale de Marrakech en 2014. En tant que commissaire d'exposition ou curateur, Khalidi s'intéresse au contexte et aux conditions liées à l'art contemporain et à la pratique institutionnelle de l'art. Hicham s'intéresse en particulier à la manière dont le changement climatique, l'accumulation des crises et les processus coloniaux affectent cette situation. Il conçoit le commissariat d'exposition comme un travail au service et en coalition avec d'autres personnes.

La célébration internationale du blasphème et du sacré

20 avril — 24 novembre 2024
Pavillon néerlandais
La Biennale di Venezia 2024

Artistes
Cercle d'Art des Travailleurs de Plantation Congolaise (CATPC) : Djonga Bismar, Alphonse Bukumba, Irène Kanga, Muyaka Kapasa, Matthieu Kasiama, Jean Kawata, Huguette Kilembi, Mbuku Kimpala, Athanas Kindendi, Felicien Kisiata, Charles Leba, Philomène Lembusa, Richard Leta, Jérémie Mabiala, Plamedi Makongote, Blaise Mandefu, Daniel Manenga, Mira Meya, Emery Muhamba, Tantine Mukundu, Olele Mulela, Daniel Muvunzi, Alvers Tamasala, Ced'art Tamasala. CATPC est préside par René Ngongo.

Équipe artistique
Hicham Khalidi (curateur)
Renzo Martens (artiste)

Commanditaire
Mondriaan Fund
Eelco van der Lingen (directeur)

Équipe de production
Janke Brands, David van den Berg, Hans Lentz, Ankie Schellekens, Anniek Vrij, l'équipe du CATPC au White Cube Lusanga

Communications et relations presse
Esther Schussler, Rhiannon Pickles, Madelon van de Pas

Sous la direction de
Milo Vermeire

Finances
Edgar Tepe

Conception graphique de l'exposition
Michaël Snitker

Conception graphique des communications
Das Buro

Installation de l'exposition
Landstra Ontwerp en Uitvoering

Audiovisuel
Indyvideo

Publication

Sous la direction de
Milo Vermeire

Auteurs
Hicham Khalidi, Amanda Sarroff, Ced'art Tamasala et CATPC, Renzo Martens

Introduction
Eelco van der Lingen

Relecture
Eleonoor Jap Sam, Aaron Bogart (Anglais), Natasha Leeman (Français)

Traduction en français
Het Vertaalcollectief

Traduction en anglais
Renzo Martens
Marie Louise Schoondergang

Photographie des sculptures en cacao
Peter Tijhuis

Photographie des sculptures en argile
CATPC

Images du film
Jurgen Lisse

Image de couverture
CATPC (Richard Leta), *Pende Vengeance 1931*, 2021, © Peter Tijhuis

Conception graphique
Michaël Snitker

Police de caractères
Paralucent

Papier
Constellation Snow E07 240 gsm
Muskat Brown 290 gsm
Circle Offset White 95cie 110 gsm
Maxi Gloss 115 gsm

Lithographie
Wilco Art Books (Mariska Bijl)
Sanne Peper

Impression et reliure
Wilco Art Books
Patist Boekbinders (PATAbind)

Éditeur
Mondriaan Fund

Associé
Jap Sam Books

Remerciements

Le Mondriaan Fund souhaite remercier : le Ministère des Pays-Bas de l'Éducation, de la Culture et des Sciences, la fondation Rietveld Pavillon Venise et le comité consultatif de participation des Pays-Bas (Raul Balai, Hendrik Folkerts, Franziska Nori, Suzanne Swarts, Fatos Üstek et le président Eelco van der Lingen).

Nous remercions tout particulièrement pour leurs contributions : L'équipe et le conseil de Human Activitie, Scenery, Jan Hein van Joolen et le Virginia Museum of Fine Arts.

L'équipe artistique et les artistes tiennent à remercier : Ariella Aïsha Azoulay, Ruba Katrib, Dr. Ndubuisi C. Ezeluomba, Jean Kimwanga, Petit Mboma, Paulin Madia, Kiwenge Kibua, Nzete Malulu, Basile Malongi, Elie Lutondo, Fils Maniania, Kasiama Ngumbu, Mangala Mbo, Isaac Munanga, Sara Mapaya, Jan van Eyck Academie (Ton van de Ven, Solange Roosen), Ibrahim Mahama, Michel Ekeba, Eléonore Hellio et Joyce Lufimpadio.

ISBN 978-90-76936-59-8

JAP SAM BOOKS

CATPC

mondriaan fund

Mondriaan Fund
Brouwersgracht 276
PO box 773
NL — 1000 AT Amsterdam
www.mondriaanfonds.nl
www.dutch-pavilion.com

White Cube Lusanga

White Cube, 2017
Lusanga, Democratic Republic of Congo
Designed by Office for Metropolitan Architecture (OMA)
12 × 10.50 meter = 126 m^2

White Cube, 2017
Lusanga, République démocratique du Congo
Conçu par Office for Metropolitan Architecture (OMA)
12 × 10,50 mètres = 126 m^2

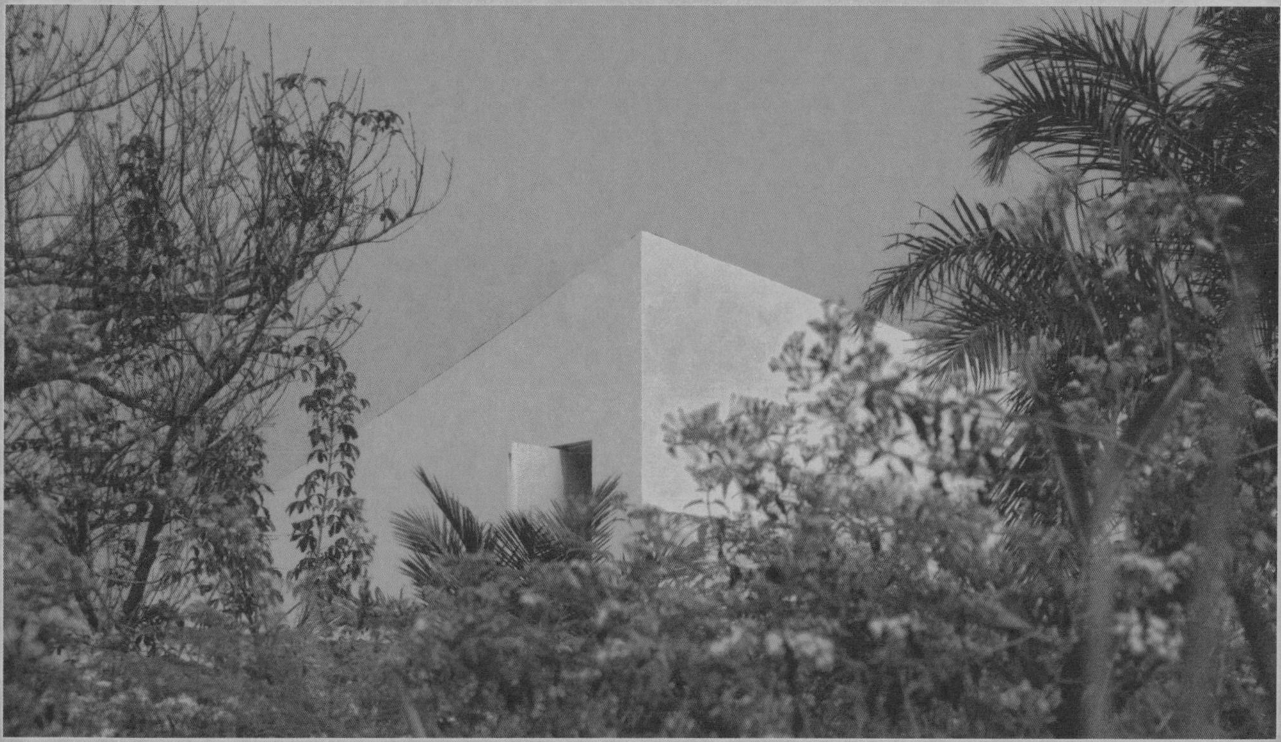

Photo: Thomas Nolf

White Cube Lusanga

Sculptures en argile

Le CATPC crée des sculptures avec de l'argile provenant des forêts anciennes ayant survécu autour de Lusanga. Les histoires racontées à travers ces sculptures ont pour but de susciter des changements alors qu'elles parcourent le monde. Les œuvres sont photographiées sous tous les angles afin qu'un modèle numérique 3D puisse être réalisé. Ce dernier est envoyé à une imprimante 3D à Amsterdam où une copie de la sculpture est imprimée. Une couche de silicone est appliquée autour du modèle imprimé pour créer un moule flexible. Ensuite, du cacao est mélangé avec de l'huile de palme et du sucre, puis coulé dans le moule en silicone pour recréer la sculpture originale en argile en cacao. En utilisant des matières premières (cacao, huile de palme et sucre) provenant de plantations comme les leurs, le CATPC estime que la sueur et les bénéfices du travail en plantation sont transformés de taches impures en outils de réparation. Ils exposent leurs idées dans les mêmes fruits qu'ils ont produits sur la plantation. Ceux-ci sont facilement disponibles à Amsterdam car le port est l'un des plus grands pôles de cacao au monde. Les pages suivantes présentent les photos réalisées au studio de Lusanga pour créer les modèles 3D.

Toutes les légendes ont été rédigées par Ced'art Tamasla et le CATPC.

CATPC creates sculptures with clay from remaining old-growth forests around Lusanga. The stories told through these sculptures are intended to generate change as they travel the world. The works are photographed from every side so a digital 3D model can be made. This model is sent to a 3D printer in Amsterdam where it prints a copy of the sculpture. A layer of silicone is applied around the printed model to create a flexible mould. Next, cacao is mixed with palm oil and sugar and cast in the silicone mould to recreate the clay sculpture in cacao. By using the raw materials (cacao, palm fat and sugar) that come from plantations like theirs, CATPC feels that the sweat and proceeds of plantation labour are transformed from impure stains into tools for repair. They exhibit their ideas in the same fruit that they have produced on the plantation. These fruit are readily available in Amsterdam since the port is one of the world's largest cacao clusters. The following pages feature the photos that are made at the studio in Lusanga in order to create the 3D models.

All captions written by Ced'art Tamasala and CATPC.

37-62

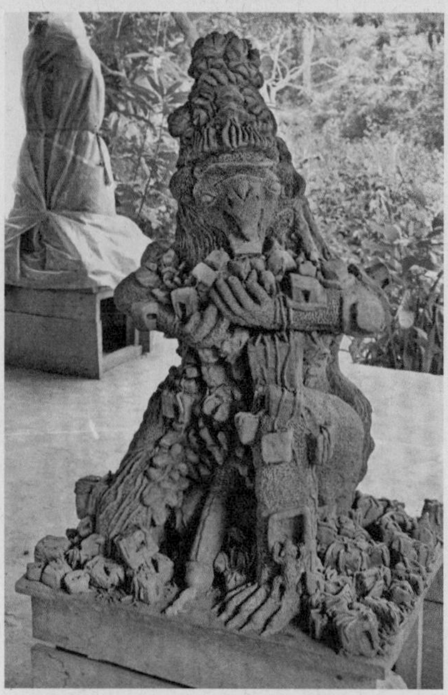

'Mvuyu is the virile bird that crunches white cube museums across the world. It is sensitive to the pain of its fellow creatures: when it finds another bird or an animal trapped by hunters, it intervenes to help the creature free itself. Here, it is cracking open guilty white cubes in order to liberate the energy captured in them and to decolonize plantations.'

« Le Mvuyu est l'oiseau viril qui croque les musées cubes blancs à travers le monde. Il est sensible à la douleur de ses congénères : lorsqu'il trouve un autre oiseau ou un animal piégé par des chasseurs, il intervient pour aider la créature à se libérer. Ici, il ouvre des cubes blancs coupables pour libérer l'énergie qu'ils contiennent et décoloniser les plantations. »

CATPC (Blaise Mandefu)
Mvuyu libérateur, 2023

argile/clay, 79.5 × 78.5 × 119 cm

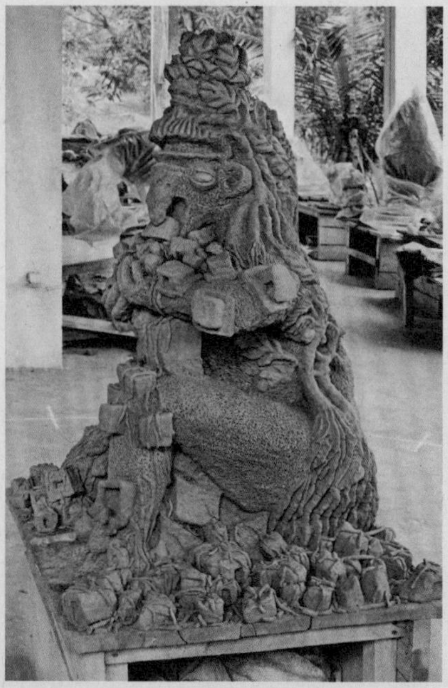

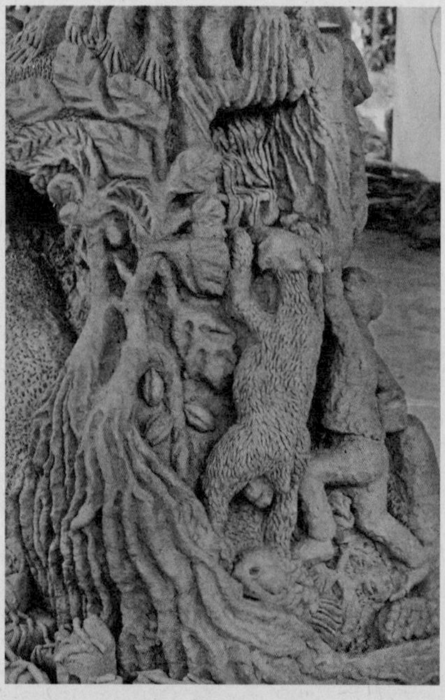

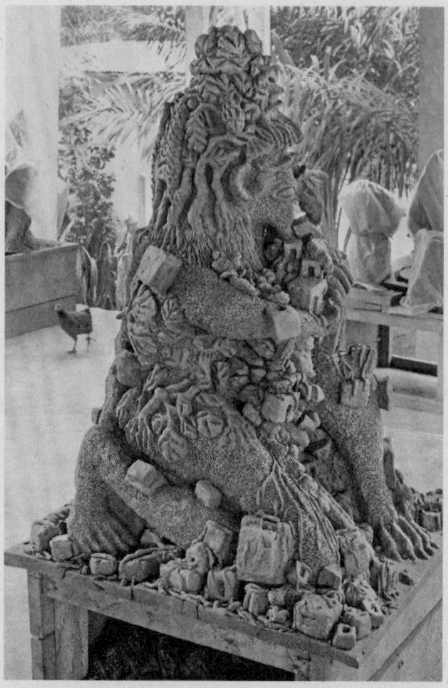

« Une grosse bête se nourrit du panier d'une jeune fille aveugle agenouillée. Son lourd fardeau est attaché en permanence à sa tête. Elle nourrit le cochon ingrat — le monde occidental « civilisé » — alors qu'elle-même n'a pas assez à manger. Elle ne vit pas, elle survit. Entre la faim et la menace quotidienne de la maladie, elle est obligée de travailler en silence et sans se plaindre. Pour que chaque tasse de café ou barre de chocolat puisse être consommée par cette bête, elle doit récolter toujours plus dans la plantation. Derrière son dos, la bête tient un paquet, comme pour le cacher ou le protéger de la jeune fille asservie. Même si elle grandit, elle sera toujours préoccupée par l'alimentation de l'effrayant étranger, ce qui lui laissera peu de temps pour s'occuper de sa propre vie. »

'A big beast feeds from the basket of a kneeling blind girl. Her heavy burden is attached permanently to her head. She feeds the ungrateful pig — the 'civilized' Western world — while she herself lacks enough to eat. She is not living, she is surviving. Between the hunger and the daily threat of disease, she is obliged to work in silence and without complaint. To ensure that every cup of coffee or bar of chocolate can be consumed by this beast, she needs to harvest more and more from the plantation. Behind his back, the beast holds a package, as if to hide or protect it from the enslaved girl. Even as she grows, she will always be preoccupied with feeding the frightening stranger, causing her to have little time to look after her own life.'

CATPC (Jean Kawata & Ced'art Tamasala)
Travail Forcé, 2020
argile/clay, 69 × 78 × 85 cm

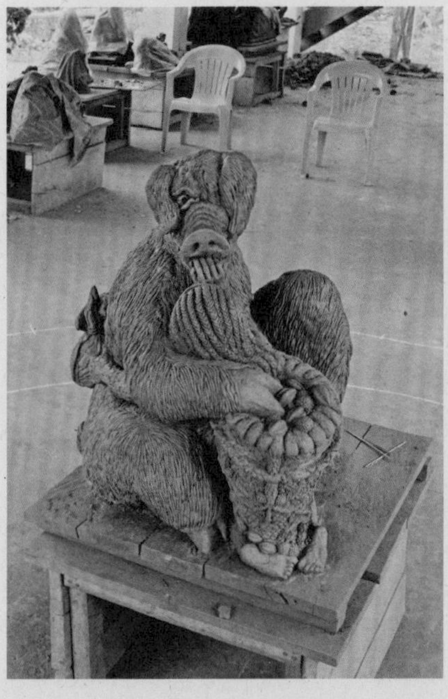
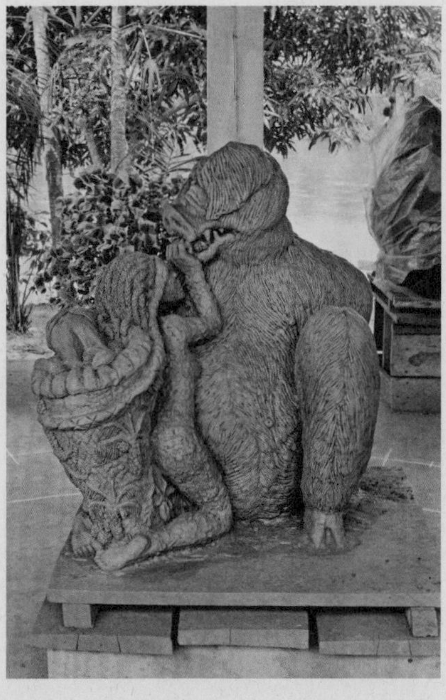
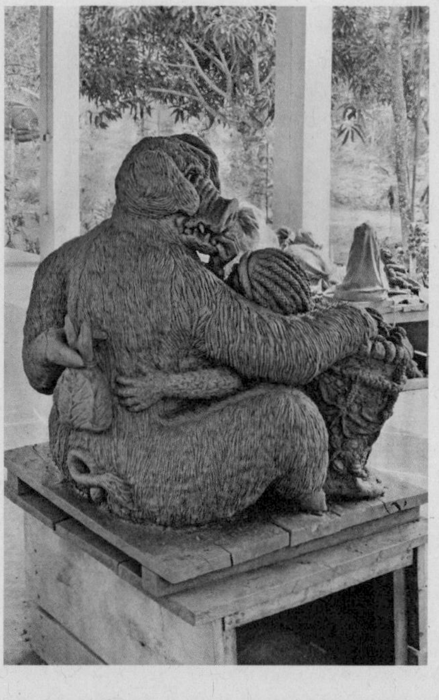

« La mère, la plantation, est l'inspiratrice et le vecteur de la création et de la pérennité des cubes blancs dans le monde. Les institutions artistiques et financières du monde entier ne cessent de lui sucer le cerveau, l'organe qui permet à tout être humain de penser. Soumise sans consentement, elle continue d'aider son bourreau. Malgré elle, elle donne son cerveau et sa force aux musées dés sa naissance. Ces institutions coloniales et meurtrières prétendent décoloniser, mais pourquoi cette décolonisation ne s'étend-elle pas aux plantations dont les richesses ont été cruellement extraites ? La mère vit au quotidien la douleur de l'accouchement. Son ventre épuisé et martyrisé semble avoir subi de multiples césariennes pour donner vie à des musées du Nord ingrats et impénitents. Cet ouvrage est aussi un hommage au Dr Denis Mukwege, le gynécologue qui a aidé à soigner plus de 60.000 femmes violées dans l'est du Congo en guerre depuis 1998. »

'The mother, the plantation, is the inspiration of and vector in the creation and continued existence of white cubes around the world. The world's art and financial institutions are constantly sucking at her brains, the organ that enables every human being to think. Subjugated without consent, she continues to help her tormentor. Despite herself, she gives away her brain and her strength to birth museums. These murderous, colonial institutions claim to be decolonizing, but why doesn't this decolonization extend to the plantations from which their wealth was cruelly extracted? The mother lives every day with the pain of childbirth. Her exhausted and martyred belly looks as if it has undergone multiple caesarean operations to give life to ungrateful, unrepentant museums of the North. This work is also a tribute to Dr Denis Mukwege, the gynaecologist who has helped tend to more than 60,000 women who have been raped in the war-torn east of Congo since 1998.'

CATPC (Mbuku Kimpala)
Madame des Musées, 2023
argile/clay, 109 × 102 × 100 cm

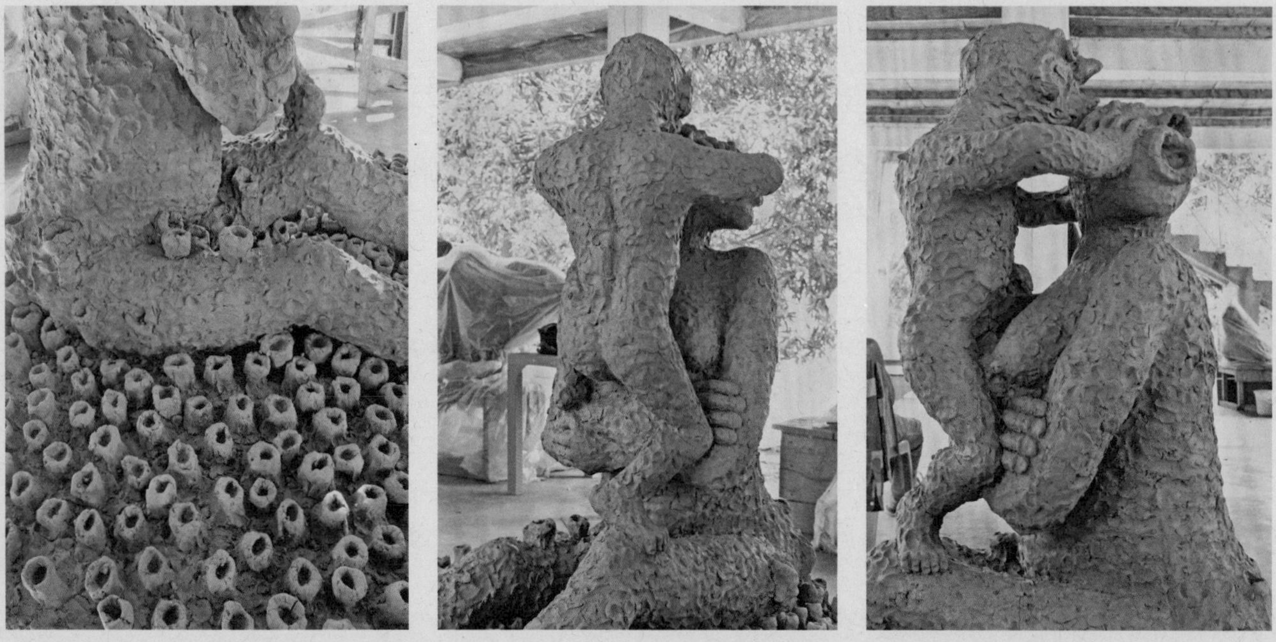

« Shakindungu est le bourreau de Balot. En 1931, l'agent colonial belge Maximilien Balot a été exécuté dans le village de Kilamba. Il avait reçu l'ordre de ses supérieurs d'utiliser tous les moyens possibles pour persuader les Pende de payer des impôts et de recruter de force des hommes valides parmi la population Pende (réputée experte en chiromancie) pour le travail forcé dans les plantations des Huileries du Congo Belge (HCB) au Lusanga. Des vagues d'arrestations et de violences ont suivi, y compris des violences sexuelles contre les femmes et l'emprisonnement d'enfants dans des cages en bambou. La liste des atrocités est longue. Après le viol d'une femme nommée Kafutshi par un autre agent colonial, son mari, le chef Matemo a Kalenge, décida de mener une révolte. Balot est transpercé de flèches avant d'être décapité par Shakindungu. Son corps est démembré et distribué aux notables et guerriers Pende, qui conservent des parties du corps de l'oppresseur comme trophées de guerre et symboles de victoire. »

'Shakindungu is Balot's executioner. In 1931, the Belgian colonial agent Maximilien Balot was executed in the village of Kilamba. He had been ordered by his superiors to use every means possible to persuade the Pende to pay taxes and forcibly recruit able-bodied men from the Pende population (reputed expert palmists) for forced labour on the Huileries du Congo Belge (HCB) plantations in Lusanga. Waves of arrests and violence ensued, including sexual violence against women and the imprisonment of children in bamboo cages. The list of atrocities is long. After a woman named Kafutshi was raped by another colonial agent, her husband chief Matemo a Kalenge decided to lead a revolt. Balot was pierced with arrows before being decapitated by Shakindungu. His body was dismembered and distributed to Pende notables and warriors, who kept parts of the oppressor's body as war trophies and symbols of victory.'

CATPC (Richard Leta)
Vengeance Pende 1931, 2021
argile/clay, 74 × 73 × 124 cm

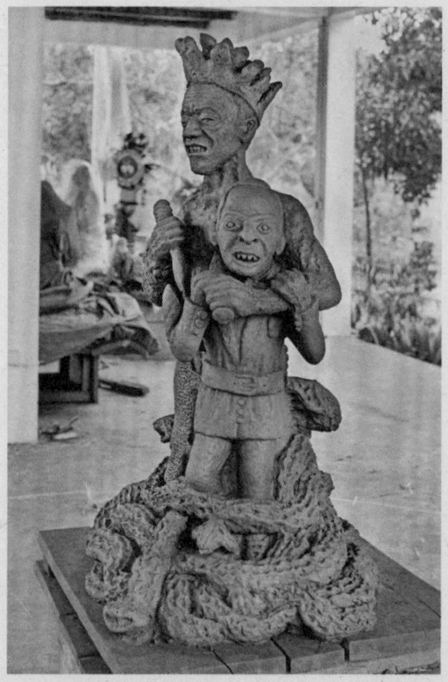

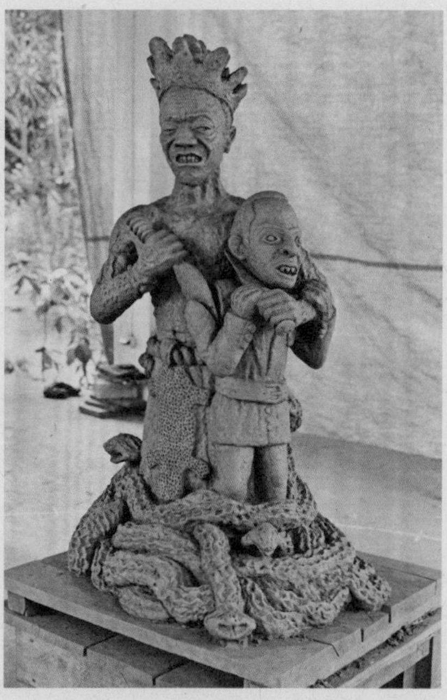

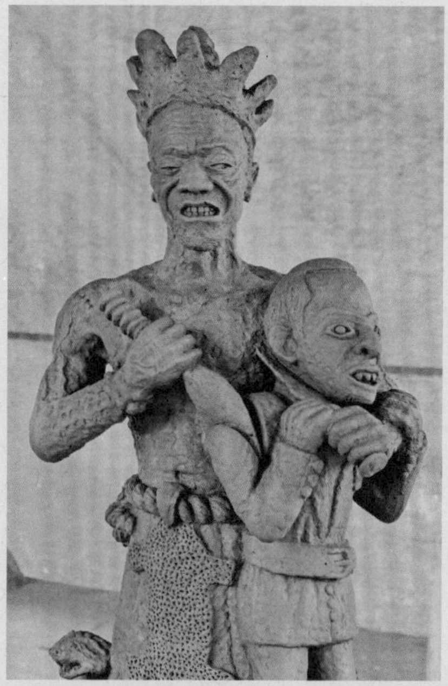

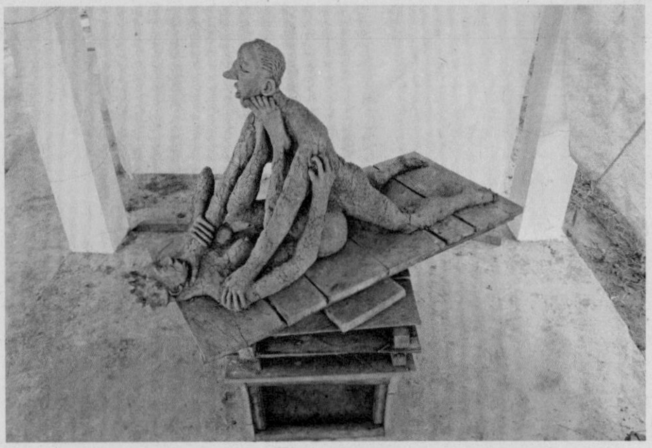

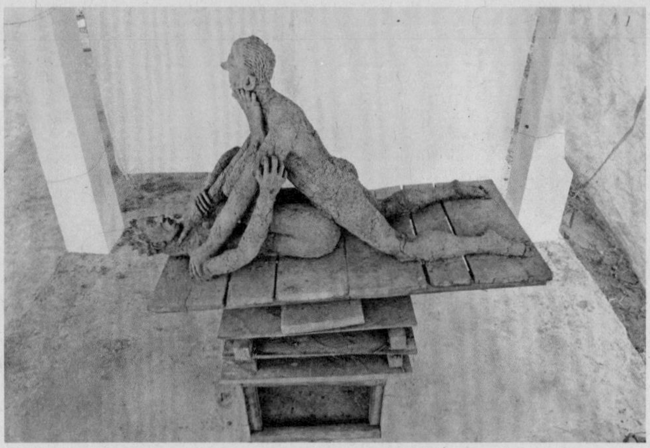

« Irene Kanga relie son expérience personnelle à un événement historique : le viol d'une femme Pende par un agent colonial belge en 1931, au cours d'une des nombreuses campagnes visant à rassembler de force les hommes pour en faire des coupeurs de palmiers pour la plantation Lever Brothers à Lusanga (anciennement connue sous le nom de Leverville). Lors de ces rafles, les hommes valides se cachaient dans la forêt pour éviter d'être recrutés. En leur absence, Kafutshi, l'une des épouses du chef Matemo a Kelenge, a été plaquée contre un enclos et violée par des agents coloniaux. Selon l'historien Charles Sikitele Gize, ce viol fut l'un des événements clés qui conduisit à la décapitation et au démembrement de l'agent colonial Maximilien Balot, et à la grande révolte des Pende en 1931, l'une des dernières rébellions déclarées avant l'indépendance. Luttant avec des arcs et des flèches contre les mitrailleuses de l'État colonial, un nombre incalculable de Pende ont perdu la vie, y compris une grande partie de l'élite politique et religieuse. »

'Irene Kanga links her personal experiences to an historic event: the rape of a Pende woman by a Belgian colonial agent in 1931, in the midst of one of many campaigns to forcibly round up men to become palm cutters for the Lever Brothers plantation in Lusanga (formerly known as Leverville). During such a round-up, able-bodied men hid in the forest to avoid recruitment. In their absence, Kafutshi, one of the wives of chief Matemo a Kelenge, was forced against an enclosure and raped by colonial agents. According to the historian Charles Sikitele Gize, this rape was one of the key events that led to the decapitation and dismemberment of colonial agent Maximilien Balot, and to the great Pende revolt of 1931, one of the last open rebellions before independence. Fought with bows and arrows against the machine guns of the colonial state, an untold number of Pende lost their lives, including many of the political and religious elite.'

CATPC (Irene Kanga)
Amour Forcé, 2019
clay/argile, 124 × 49 × 66 cm

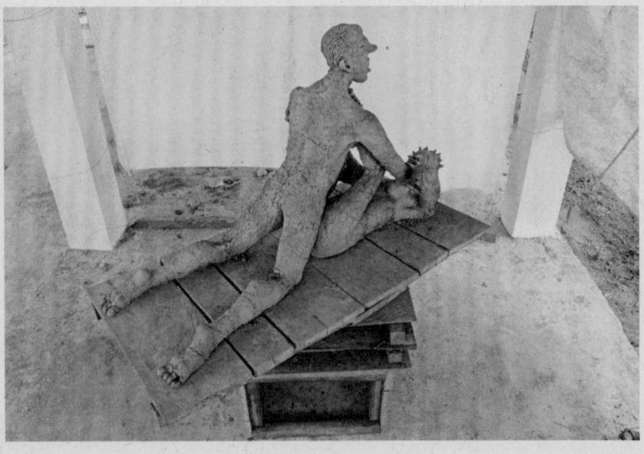

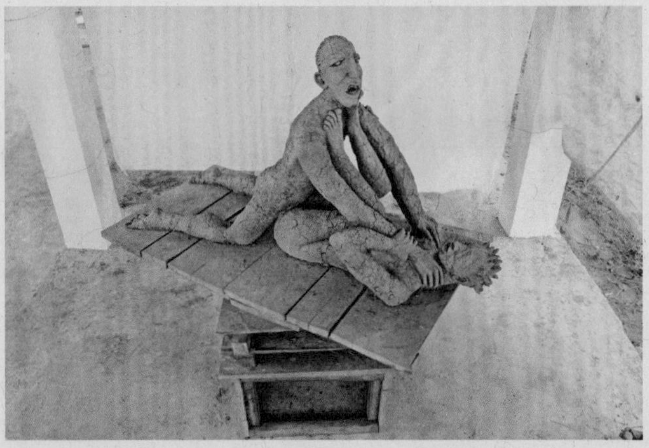

« Un étang est infesté par un *kasendele nzundu*, un rat géant, qui massacre tous les poissons. Cette bête symbolise le pouvoir des banques, tandis que les poissons représentent l'accumulation de richesses dans le Nord global. Au nom de l'« aide », le rat « banquier » vous accordera un prêt que vous ne pourrez jamais rembourser. Avant de vous prêter son argent, il pose ses conditions, dont l'une est que vous laissiez toujours vos portes et fenêtres ouvertes pour qu'il puisse entrer librement quand il le souhaite et se servir à sa guise. Cette bête domine toutes les économies de la planète et les gouverne avec ses lois étranges qu'il est le seul à comprendre. »

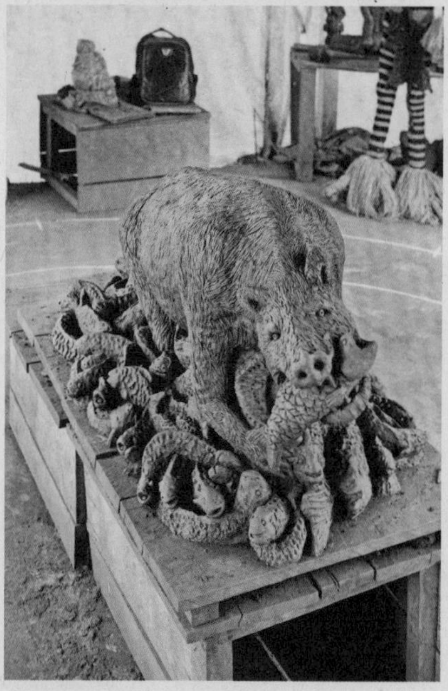

'A pond is infested with a *kasendele nzundu*, a giant rat, that massacres all the fish. This beast symbolizes the power of banks, while the fish represent the accumulation of wealth in the Global North. In the name of 'aid,' the 'banker' rat will give you a loan that you will never be able to repay. Before lending his money, he lays out his conditions, one of which is that you must always leave your doors and windows open so that he may enter freely whenever he wants and help himself to whatever he pleases. This beast dominates all the economies of the planet and rules them with his strange laws that he alone understands.'

CATPC (Muyaka Kapasa)
L'Argent et la Bête, 2021
argile/clay, 146 × 69 × 80 cm

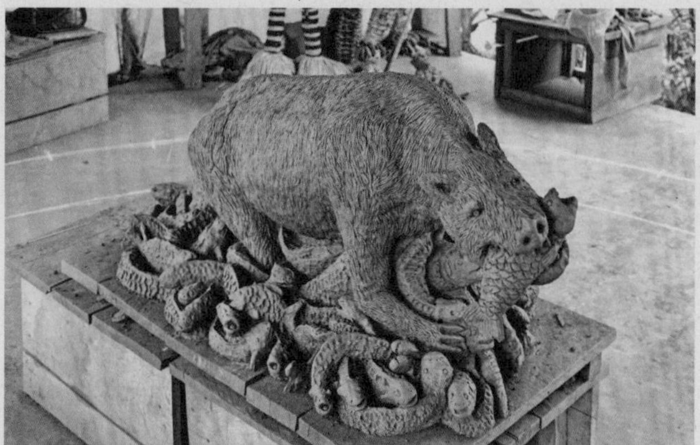

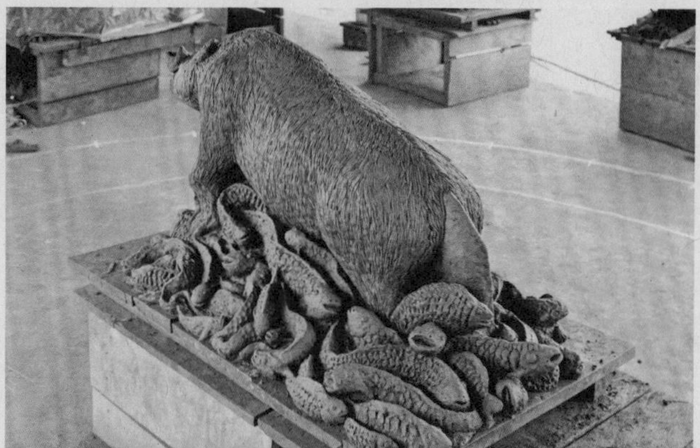

« Cet oiseau imposant est un esprit qui creuse les inégalités et alimente le capitalisme colonialiste. En tant qu'ange du mal, il utilise l'argent pour pousser les gens à la guerre. Les pièces de monnaie qui recouvrent son corps signifient son influence sur l'humanité. Sur le dos de son aile gauche, on voit le puissant dollar, accompagné d'autres monnaies qui dansent avec le dollar dans son rythme incontrôlable, colonisateur et impitoyable. Ces autres monnaies sont l'euro, le naira nigérian, le franc CFA central et le franc Congolais. Sur l'aile droite de l'oiseau, les monnaies des BRIC (Brésil, Russie, Inde et Chine) prennent la tête. Elles s'unissent pour contrer leur adversaire commun, le dollar, et pour créer leurs propres institutions. Elles luttent contre l'Ange Monnaie, la bête, qui les contrôle et pousse l'humanité à l'auto-anéantissement par des guerres économiques, qui entraînent à leur tour des guerres militaires sur toute la planète. »

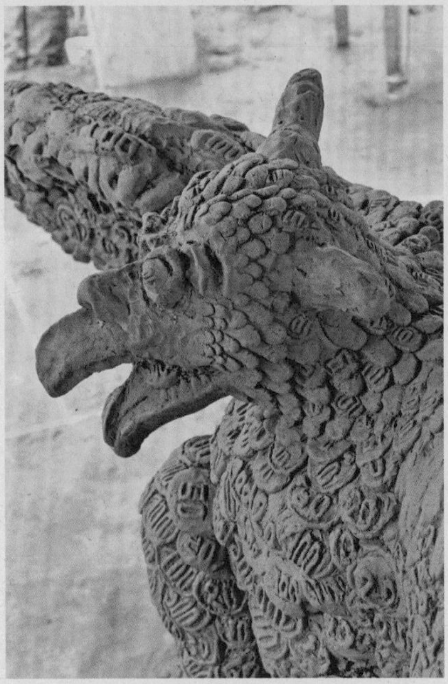

'This imposing bird is a spirit who deepens inequalities and fuels colonialist capitalism. As an angel of evil it uses money to drive people to war. The coins that cover its body signify its influence over humanity. On the back of its left wing, we see the powerful dollar, accompanied by other currencies that dance with the dollar in its uncontrollable, colonizing and merciless rhythm. These other currencies include the euro, the Nigerian naira, the Central CFA franc and the Congolese franc. On the bird's right wing, we see BRIC [Brazil, Russia, India and China] currencies taking the lead. They join forces to counter their common adversary, the dollar, and to create their own institutions. They struggle against the Money Angel, the beast, who controls them and pushes humanity towards self-annihilation through economic wars, which in turn lead to military wars all over the planet.'

CATPC (Philomène Lembusa)
Ange Monnaie, 2023
argile/clay, 165 × 86 × 82 cm

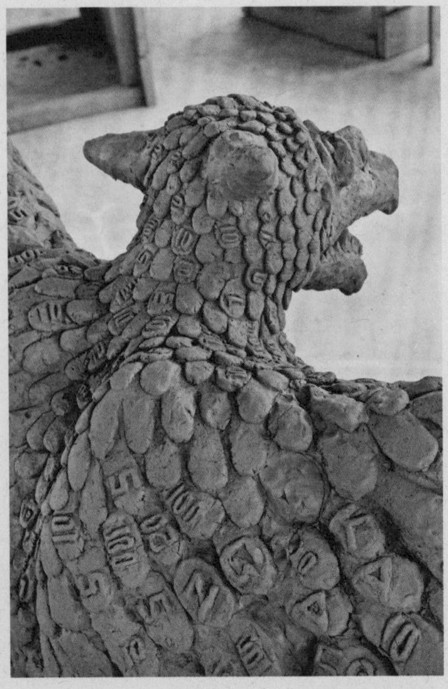

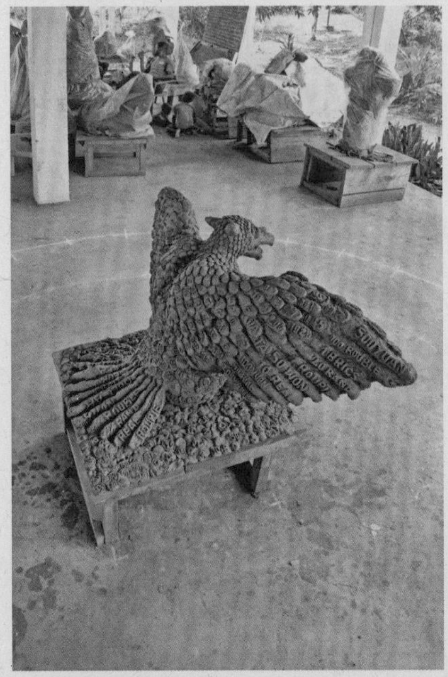

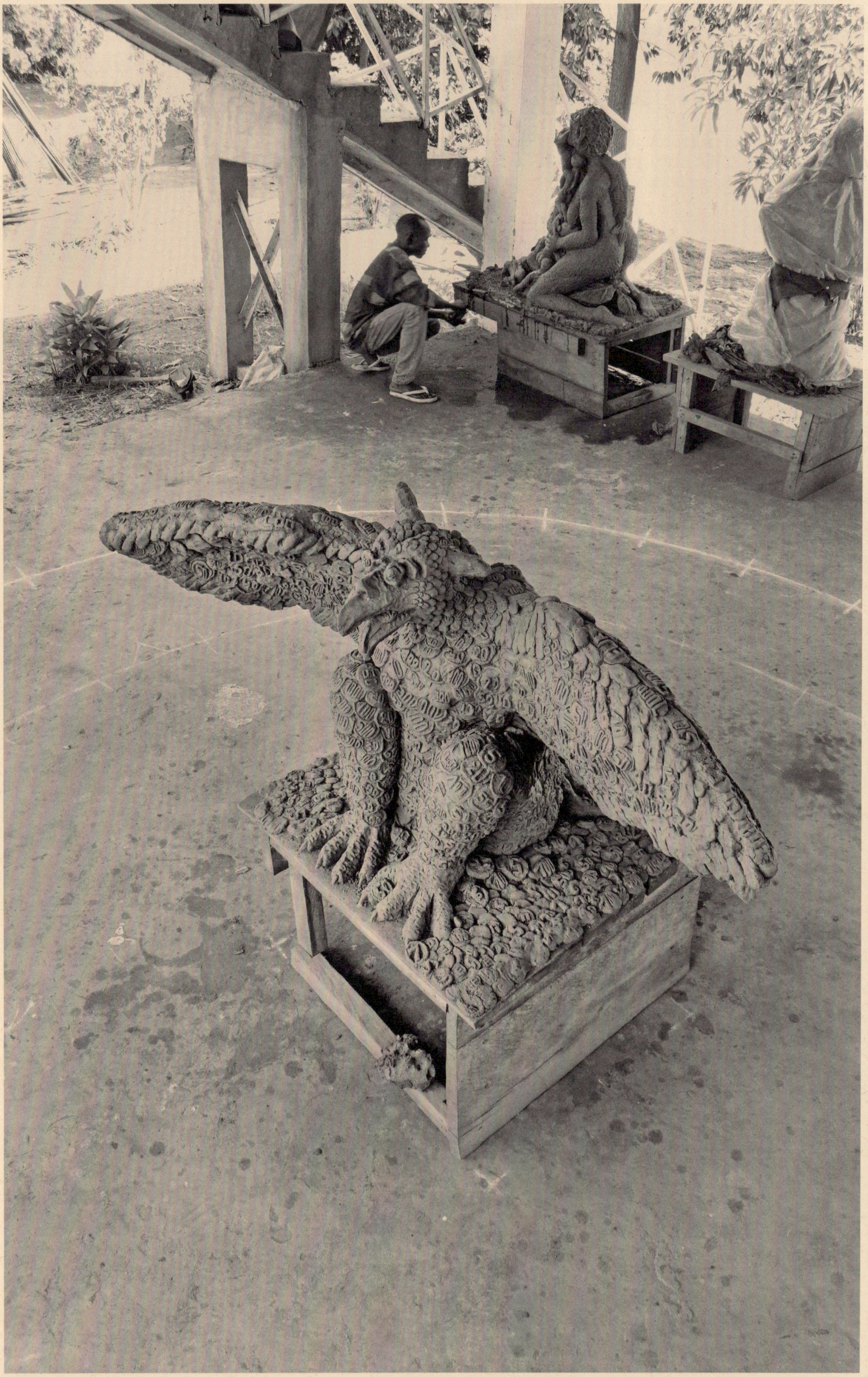

Ange Monnaie, 2023

« Ce mystérieux poisson à forme humaine sait quand et comment protéger sa progéniture des dangers qui peuvent menacer la survie de ses petits. Lorsque le danger menace la famille, la mère protège ses bébés en les avalant tout entiers et en les gardant en sécurité dans son ventre, pour les vomir plus tard dans un endroit plus sûr. Cette sculpture illustre comment un peuple uni peut se donner de la force et se camoufler collectivement lorsqu'il est menacé par un danger. Ensemble, ils peuvent arriver à la destination à laquelle aspirent les travailleurs de la plantation : la décolonisation de la plantation. »

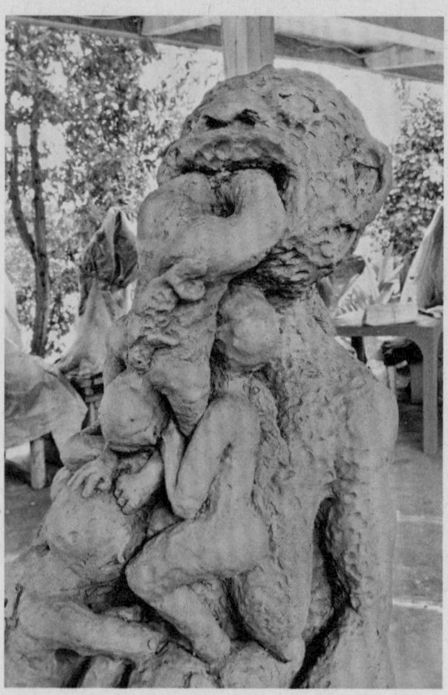

'This mysterious fish in human form knows when and how to protect its offspring from the dangers that can threaten the survival of its young. When danger threatens the family, the mother protects her babies by swallowing them whole and keeping them safe in her belly only to vomit them up later in a more secure place. This sculpture illustrates how a people united can give each other strength and camouflage themselves collectively when menaced by danger. Together, they can arrive at the destination the plantation workers aspire to reach: the decolonization of the plantation.'

CATPC (Daniel Mvunzi)
Poisson Protecteur, 2023
argile/clay, 80 × 112 × 105 cm

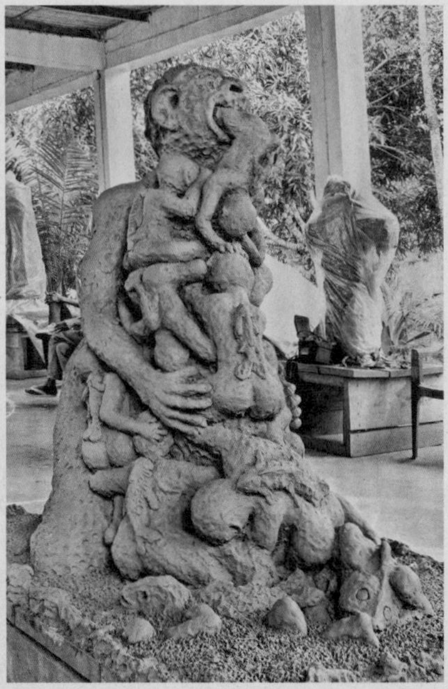

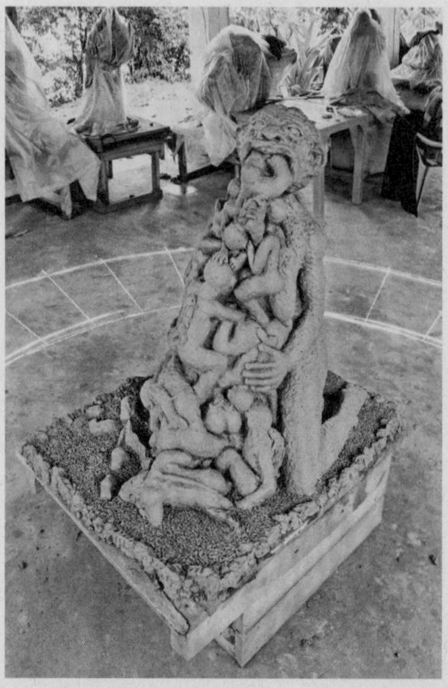

« Cette sculpture témoigne de l'importance des racines. Les bonnes racines, comme celles à partir desquelles la post-plantation pousse, facilitent le lien entre nous, la terre et les forêts sacrées. De mauvaises racines peuvent nuire. Si les racines sont pourries, vous n'aurez pas un bon arbre. Les institutions artistiques peuvent avoir de mauvaises racines. Lorsque les fondations de ces institutions sont corrompues, tout ce qui en découle est contaminé. Il en va de même pour la multinationale Unilever. C'est un arbre qui a été planté avec de mauvaises racines. Cela signifie que les investissements réalisés dans le passé dans les plantations continuent d'exploiter la terre et les gens. »

'This sculpture is a testament to the importance of roots. Good roots, like those from which the post-plantation grows, facilitate a connection between us, the earth and the sacred forests. Bad roots can harm. If the roots are rotten, you will not have a good tree. Art institutions can have bad roots. When the foundations of these institutions are corrupt, everything that grows from them becomes contaminated. The same goes for the multinational corporation Unilever. This is a tree that was planted with bad roots. This means that the investments that were made in the past into the plantations continue to exploit the land and the people.'

CATPC (Irène Kanga)
Racines, 2023
argile/clay, 88 × 69 × 86 cm

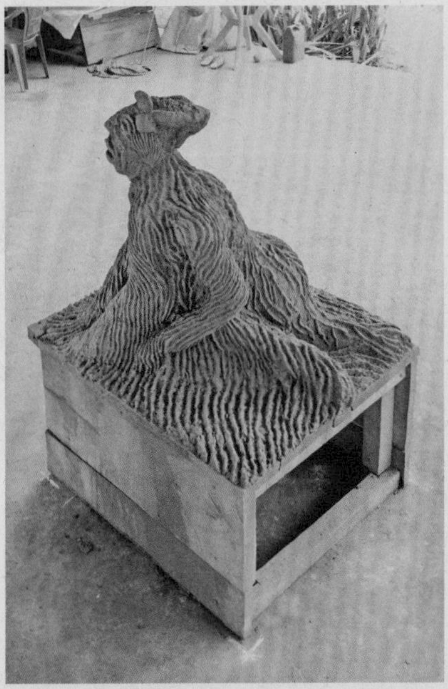
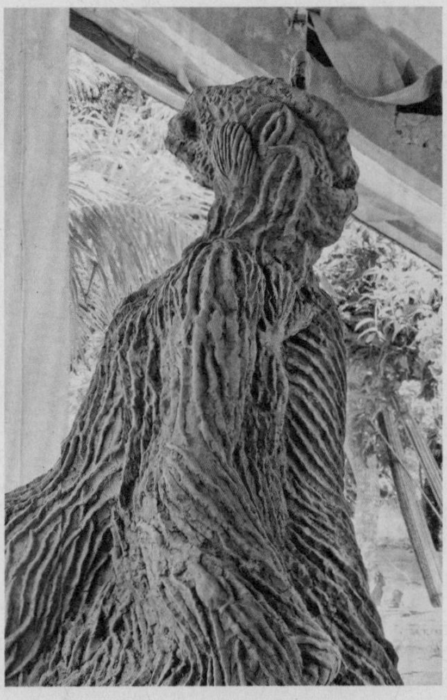
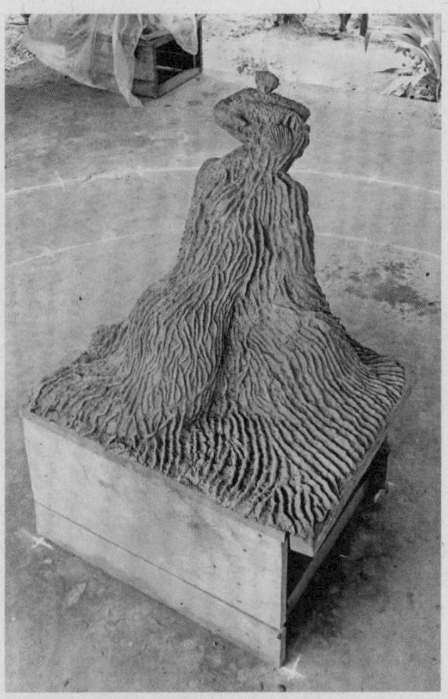

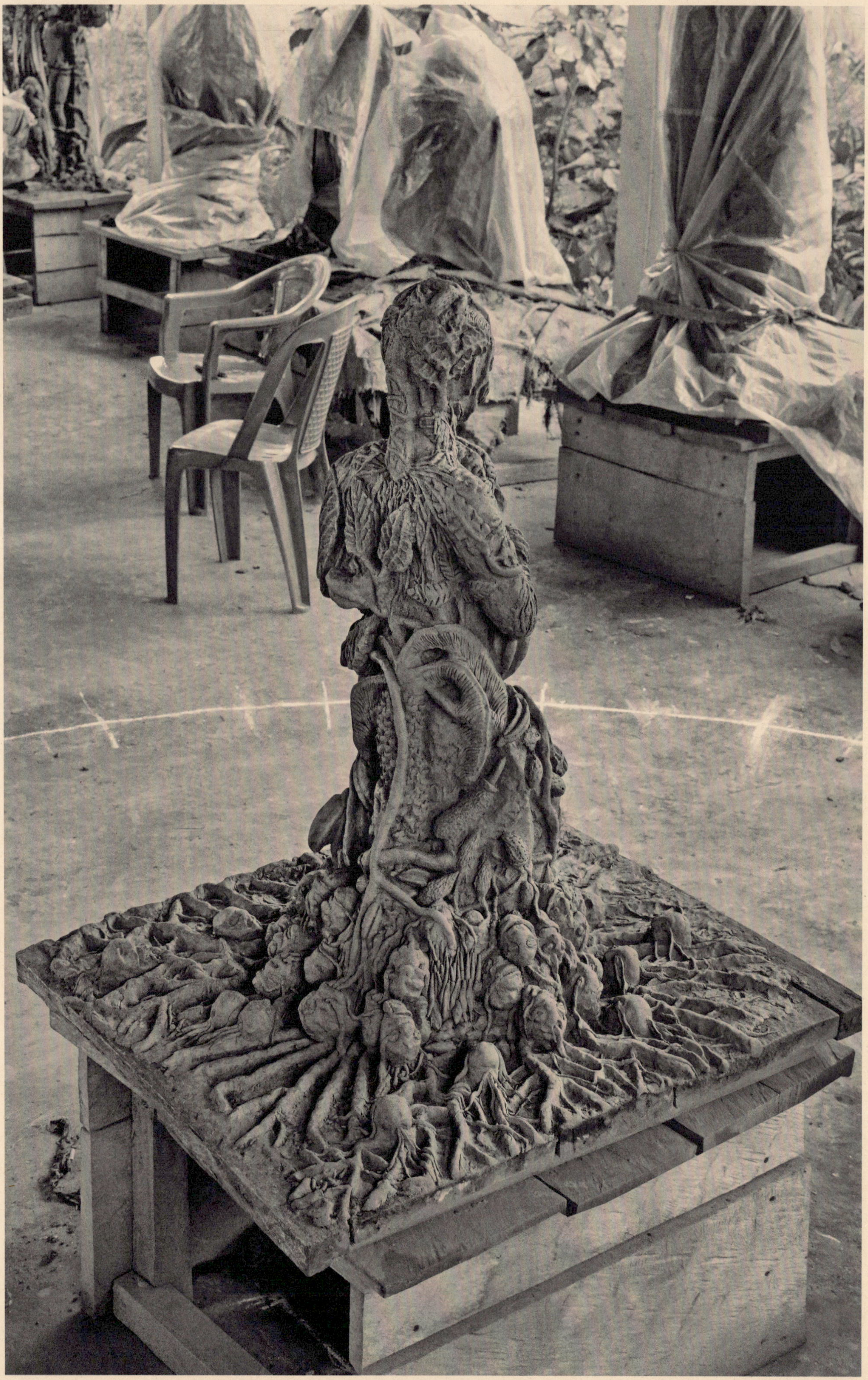

Cerveau Polyculture, 2023

« Ce personnage, vêtu d'éléments naturels de la tête aux pieds, tient un cerveau dans ses mains. En ouvrant son œil droit, il découvre un secret : comment relier à la terre les esprits de ses ancêtres, qui nous ont légué un lien similaire avec la nature. Cet étrange humain sait désormais raisonner en complicité avec la nature. Cette intelligence nous pousse à rejeter la monoculture et à propager la polyculture sur toutes les terres récupérées, aujourd'hui arides, qui seront régénérées avec le reste de la post-plantation, à Lusanga et ailleurs. »

'This figure, dressed head to toe in nature, holds a brain in his hands. On opening his right eye, he discovers a secret: how to connect with the earth the spirits of his ancestors, who bequeathed to us a similar connection with nature. This strange human now knows how to think in complicity with nature. This intelligence drives us to reject monoculture and propagate polyculture on all the reclaimed lands, now arid, that will be regenerated along with the rest of the post-plantation, in Lusanga and elsewhere.'

CATPC (Athanas Kindendie & Charles Leba)
Cerveau Polyculture, 2023
argile/clay, 79,5 × 86 × 95 cm

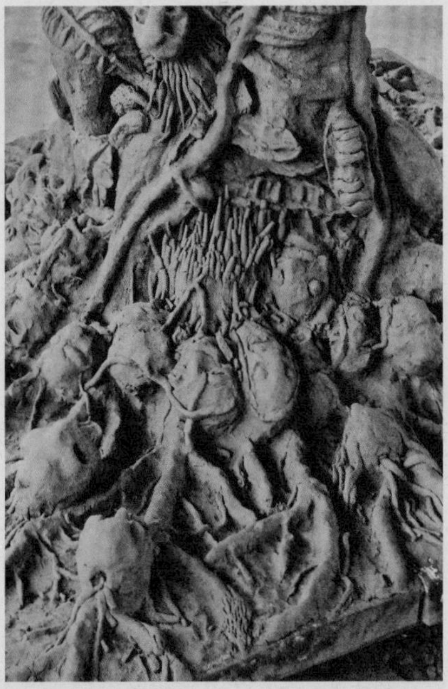

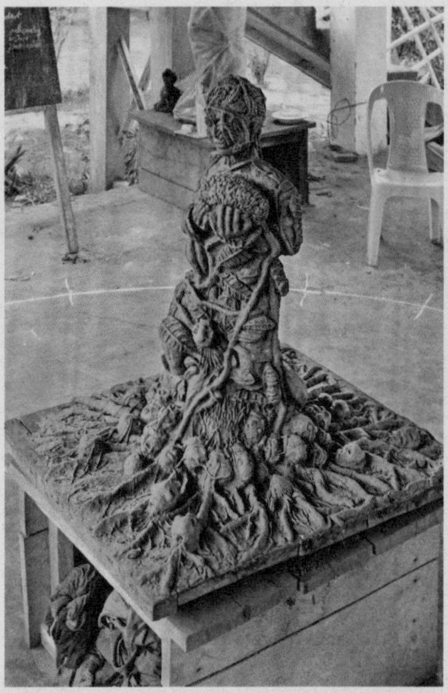

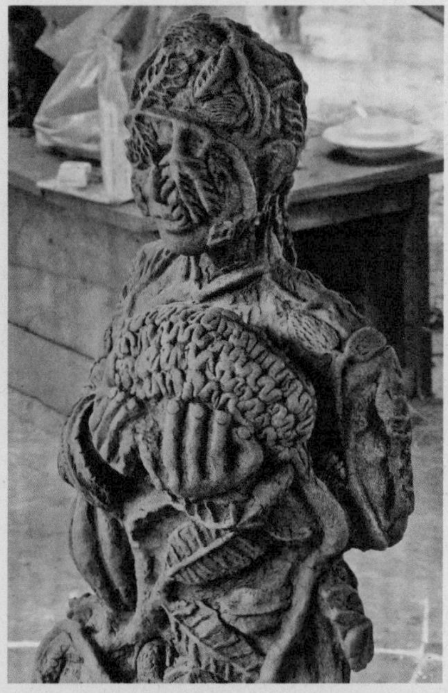

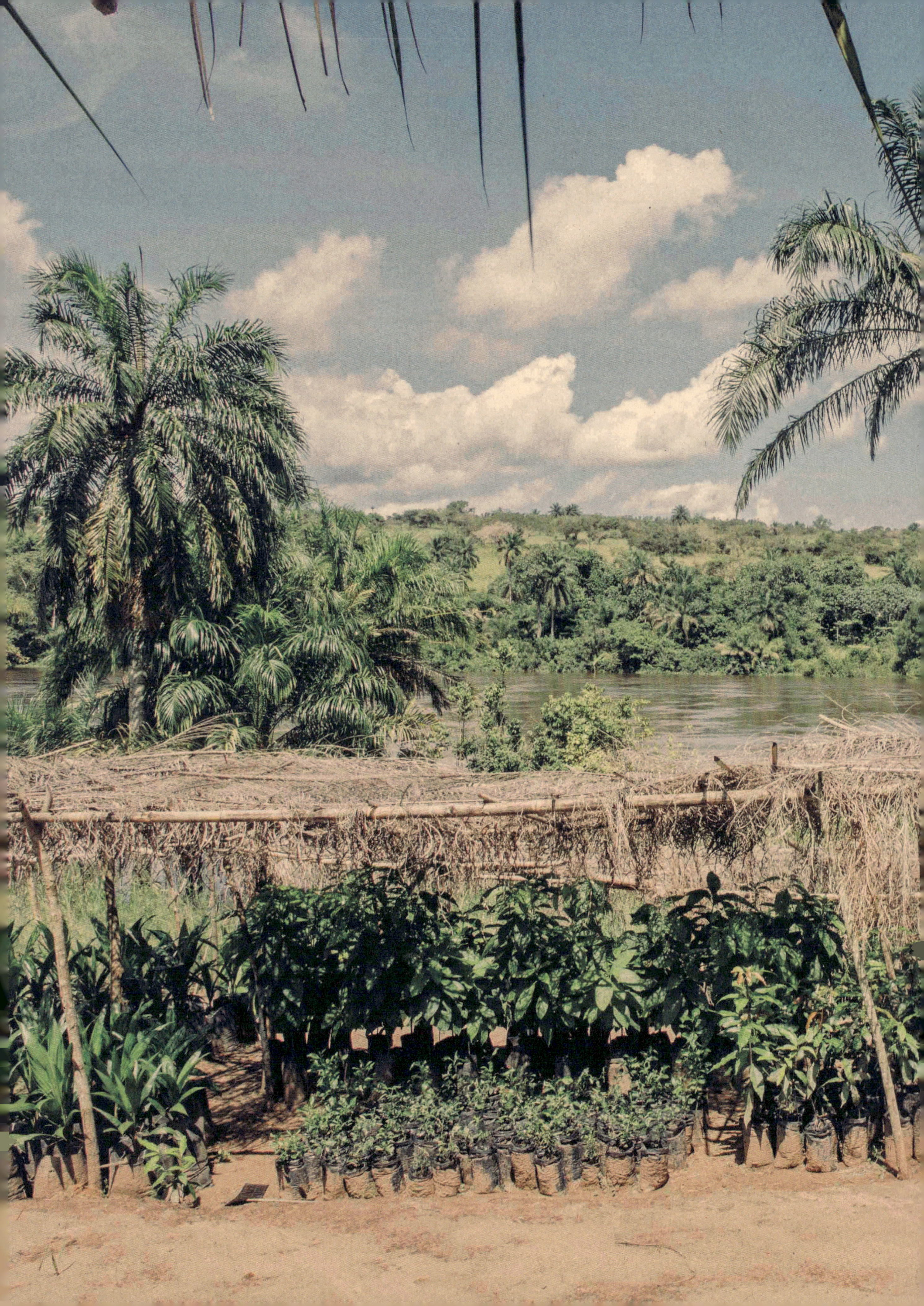

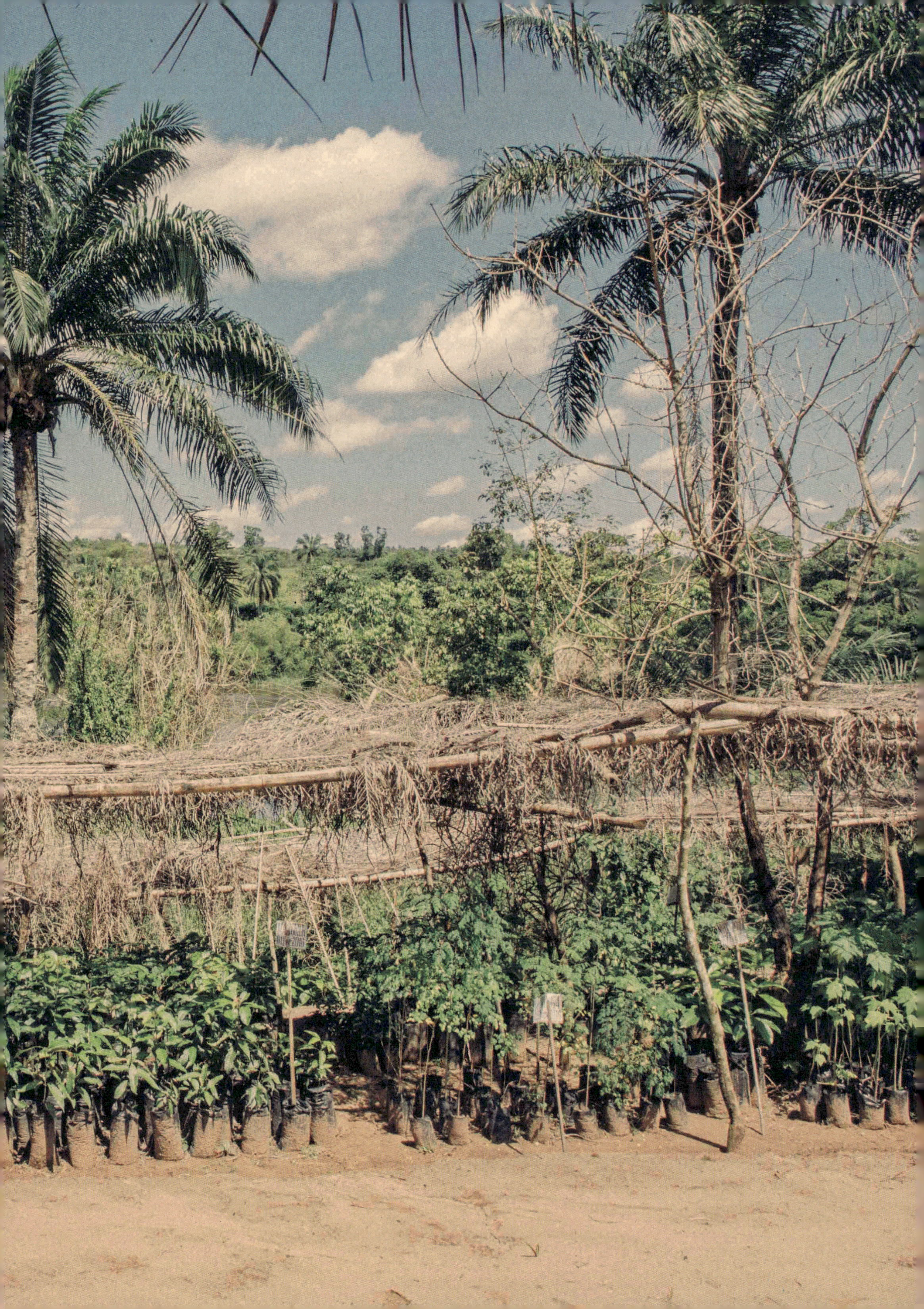

« Une femme est assise sur le tronc d'un palmier abattu appartenant à une plantation monoculture en voie de disparition. Elle tient une graine dans une main et fait un geste de l'autre pour que le monde s'arrête. C'est une agricultrice qui a banni les semences génétiquement modifiées de ses champs. Assise sur cette plantation dévastée, elle exhorte les autres à sauver la terre et à utiliser des semences naturelles pour l'agroforesterie. Alors que les semences génétiquement manipulées ne poussent souvent qu'une seule fois, les semences naturelles continuent à produire des fruits et à générer de nouvelles graines. Le titre de l'ouvrage fait référence à cette idée de protéger les semences non modifiées dans toutes les pépinières. Ces semences permettent une naissance merveilleuse qui peut produire une progéniture à l'infini. »

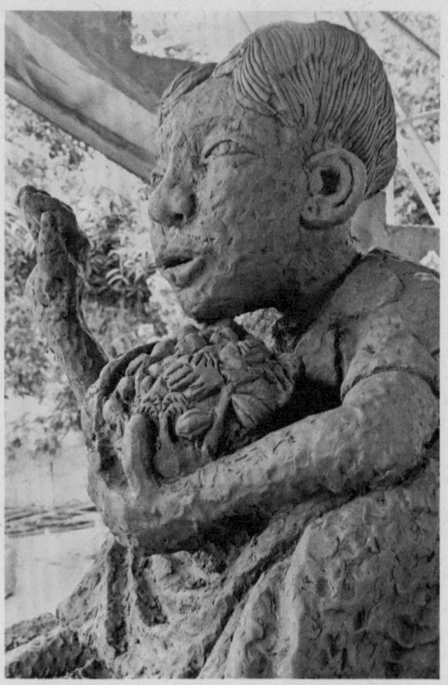

'A woman sits on the trunk of a felled palm tree belonging to a withering monoculture plantation. She holds a seed in one hand while gesturing with the other for the world to stop. She is a farmer who has banned genetically engineered seeds from her fields. Sitting on this devastated plantation, she urges others to save the land and use natural seeds for agroforestry. While genetically manipulated seeds often grow only once, natural seeds continue to provide fruit and generate new seeds. The title of the work references this idea of protecting unmodified seeds in nurseries. These seeds enable a wonderful birth which can produce endless offspring for the future.'

CATPC (Huguette Kilembi & Mirra Meya)
Naissance Merveilleuse, 2023
argile/clay, 80 × 80 × 59 cm

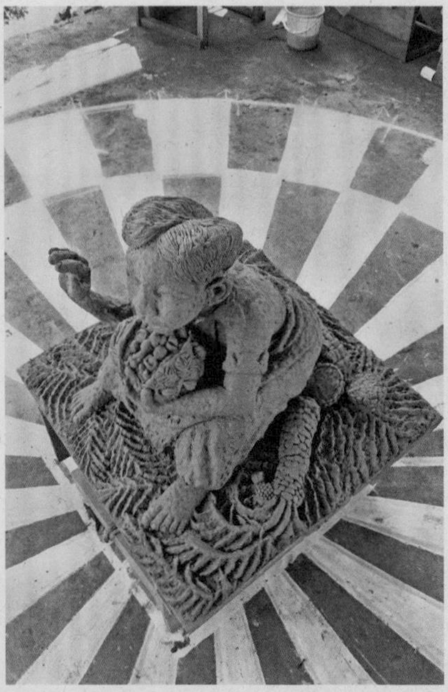

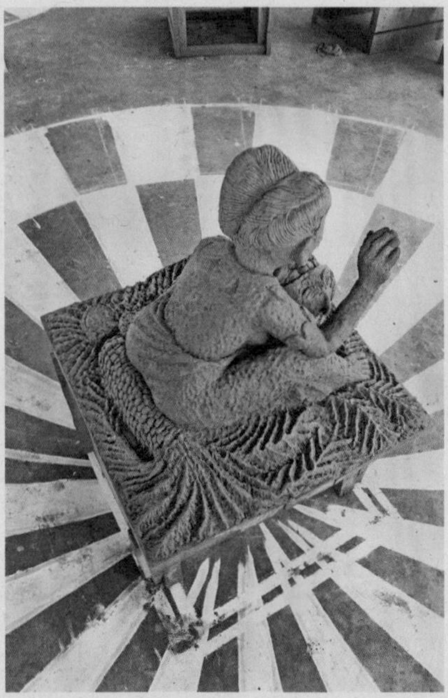

« Où que cet homme aille, il donne des graines à ceux qu'il rencontre. Muyaka Kapasa a vu cet homme en rêve : il cueillait des graines sur les arbres. L'une des graines a atterri sur le pied de Kapasa et il s'est rendu compte qu'elle portait le visage d'un homme. À partir de cette image de rêve, Kapasa a commencé à créer cette sculpture en forme d'homme. Au bout d'un certain temps, Ced'art Tamasala le rejoignit et, ensemble, ils transformèrent la figure en femme. Comme ils croient que la fertilité d'un homme ne devient visible que dans l'utérus d'une femme, il était plus logique de se concentrer sur une forme féminine. L'idée que les graines des plantes doivent être partagées pour nourrir la forêt sacrée fait partie intégrante du CATPC. Pour pouvoir partager, il faut penser avec son esprit et son cœur. Ce lien, établi par notre cher collègue disparu, Thomas Leba, est également appelé luyalu. Nous ne devons pas penser uniquement avec notre cerveau. Si nous pensons avec notre cœur, nous agirons avec solidarité et gentillesse. La puissance du cœur et l'intelligence de l'esprit peuvent travailler ensemble pour forger la générosité de partager les semences avec tout le monde. »

'Wherever this man goes, he gives seeds to those he meets. Muyaka Kapasa saw this man in a dream: he was picking seeds from trees. One of the seeds landed on Kapasa's foot and he realized it bore the face of a man. From this dream image, Kapasa began creating this sculpture in the shape of a man. After a while, Ced'art Tamasala joined him and together they transformed the figure into a woman. Since they believe that a man's fertility only becomes visible in the womb of a woman, it made more sense to focus on a female shape. Integral to CATPC is that seeds from plants should be shared to nourish the Sacred Forest. To be able to share, you must think with your mind and heart. This connection, by our dear departed colleague, Thomas Leba, is also called *luyalu*. We should not think with our brains alone. If we think with our hearts, we will act with solidarity and kindness. The power of the heart and the intelligence of the mind can work together to forge the generosity to share seeds with everyone.'

CATPC (Muyaka Kapasa & Ced'art Tamasala)
Germoir, 2023
argile/clay, 34 × 31 × 81 cm

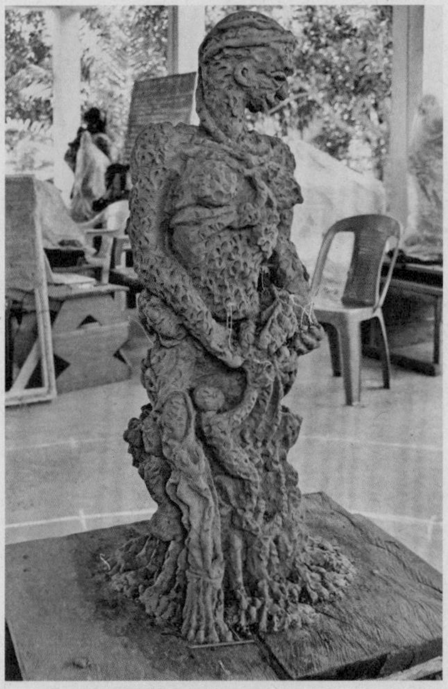
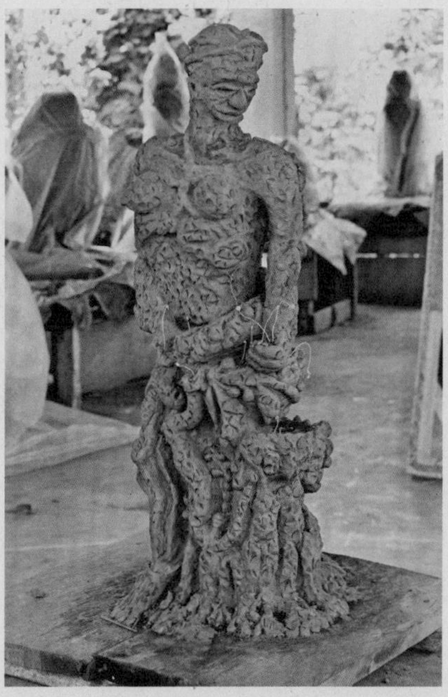
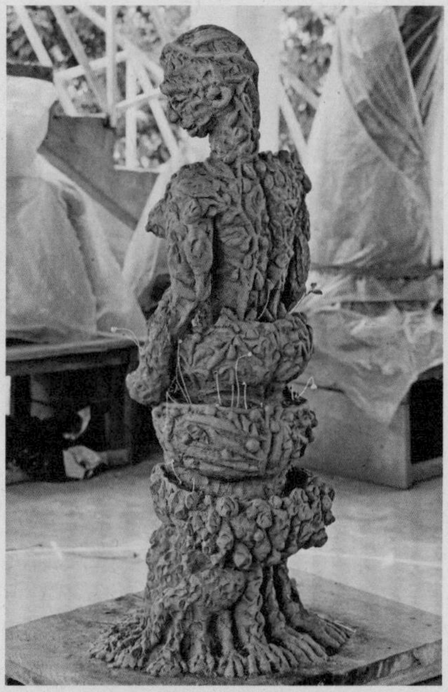

« Il y a des gens dans la post-plantation qui ne veulent pas travailler. Cette sculpture montre comment l'un d'entre eux a été attrapé par le maître parce que ses pieds ne sont pas souillés par la saleté. Le maître veut le battre, mais au lieu de cela, il lui donne des outils pour qu'il puisse travailler correctement. Ici, le maître représente la communauté du CATPC, qui veille à ce que les règles soient respectées. Récemment, le collectif a élu un comité chargé de suivre tous les travaux effectués sur la post-plantation. Le comité est désormais chargé de vérifier que les personnes qui viennent à la post-plantation contribuent. Lorsque quelqu'un est repéré comme ne travaillant pas, les surveillants s'approchent de lui lentement pour le surprendre. Ils lui donnent alors une tâche à accomplir avec d'autres. Cette question concerne les fruits de la plantation, ses revenus et les finances du CATPC. En réalité, il n'y a pas un chef, mais tous incarnent ensemble ce maître de la plantation. »

'There are some people on the post-plantation who do not want to work. This sculpture shows how one of them has been caught by the master because his feet are unsoiled by dirt. The master wants to reprimand him, but instead gives him tools to be able to work properly. Here, the master represents the CATPC community, which ensures that rules are being followed. Recently, the collective elected a committee to keep track of all work on the post-plantation. The committee is now responsible for checking that those who come to the post-plantation contribute. When someone is spotted not working, overseers approach them slowly to catch them by surprise. They then give them a task to complete with others. This matter concerns the fruit of the plantation, its income and CATPC's finances. In reality, there isn't just one leader; everyone jointly embodies this master of the plantation.'

CATPC (Olele Mulele Labamba)
Maître de Plantation, 2023
argile/clay, 63 × 43 × 82 cm

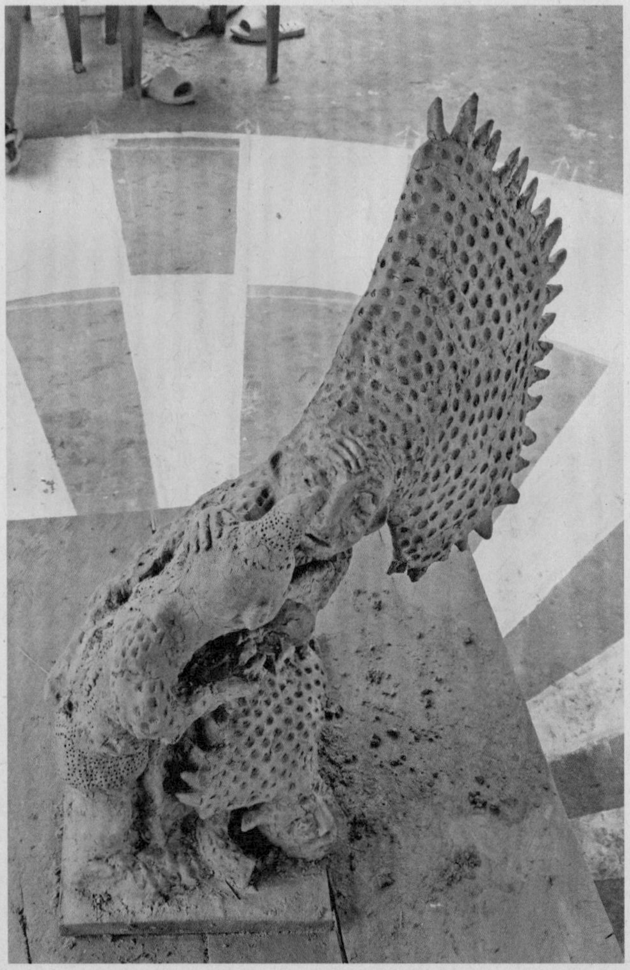

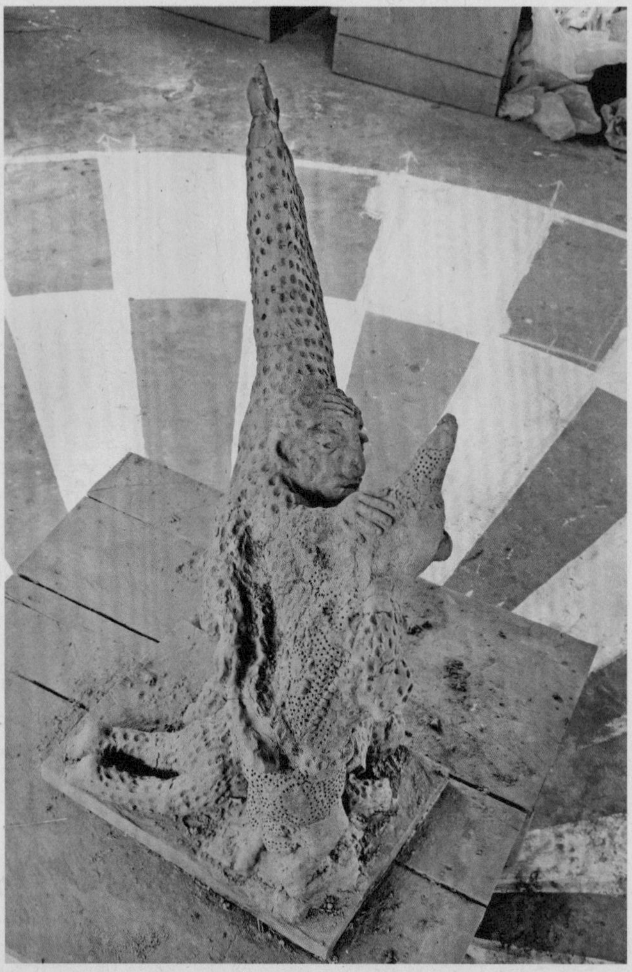

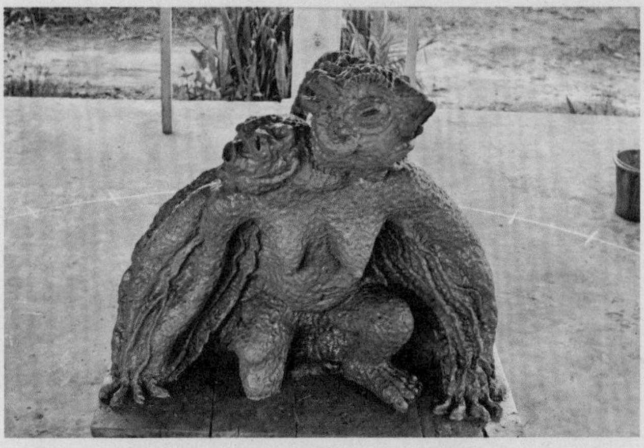

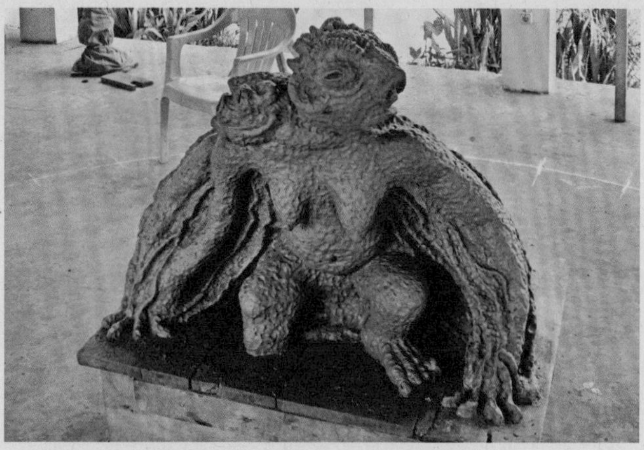

« Nous voyons une créature avec des ailes et deux têtes qui semble vouloir s'envoler. Les deux têtes représentent un couple, une femme et un homme. La petite tête est celle d'un homme qui est tombé très malade, tandis que l'autre est celle d'une femme qui doit s'occuper seule de lui et de sa famille. C'est en fait l'histoire de l'artiste Mbuku Kimpala. Après que son mari soit tombé malade, elle a assumé toutes les responsabilités. Cette représentation d'une femme responsable va à l'encontre de l'image plus traditionnelle de la famille congolaise. Ils sont en train de s'envoler ensemble. L'un des genoux de la femme est plié, représentant le fardeau d'un membre de la famille malade. »

'We see a creature with wings and two heads that seems to want to fly away. The two heads represent a couple, a woman and a man. The small head is that of a man who has fallen very ill, while the other is that of a woman who must care for him and the family alone. This is, in fact, the story of the artist, Mbuku Kimpala. After her husband fell sick, she assumed all responsibility. This portrayal of a woman in charge counters the more traditional image of a Congolese family. They are in the midst of flying away together. One of the woman's knees is bent, representing the burden of a sick family member.'

CATPC (Mbuku Kimpala)
Couple d'Égalité, 2021
argile/clay, 90 × 109 × 73 cm

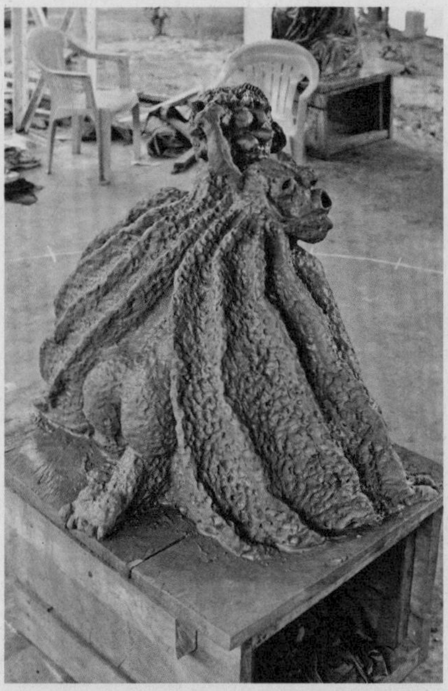

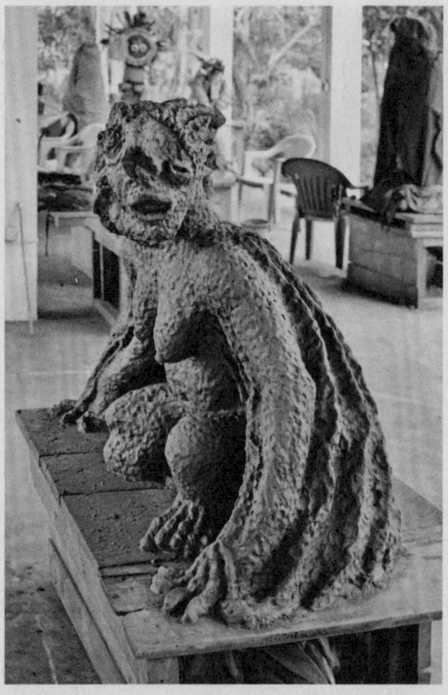

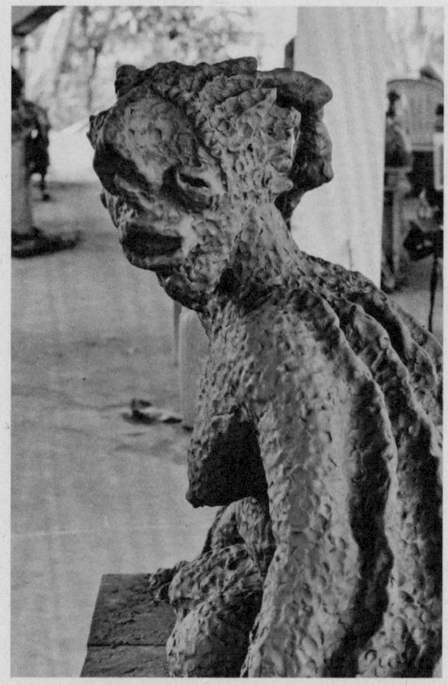

« Un taureau est monté par le personnage Bailleur de Fond qui le tient par les cornes et la queue comme pour le maîtriser, mais en vain : l'animal est fou de rage et suit sa course à toute vitesse. Le taureau représente les œuvres sacrées qui ont été pillées et emprisonnées dans les institutions artistiques. Celui qui monte le taureau représente le pouvoir des institutions qui tentent de contenir quelque chose qu'elles ne comprennent pas et qu'elles respectent rarement. »

'A bull is mounted by the art collector who holds it by the horns and tail as if to control it, but to no avail: the animal is mad with rage and charges at full speed. The bull represents the sacred works that have been plundered and imprisoned in art institutions. He who mounts the bull represents the power of the institutions that try to contain something they do not understand and rarely respect.'

CATPC (Emery Muhamba)
Bailleur des Fonds Fou, 2020
argile/clay, 143 × 65,5 × 105 cm

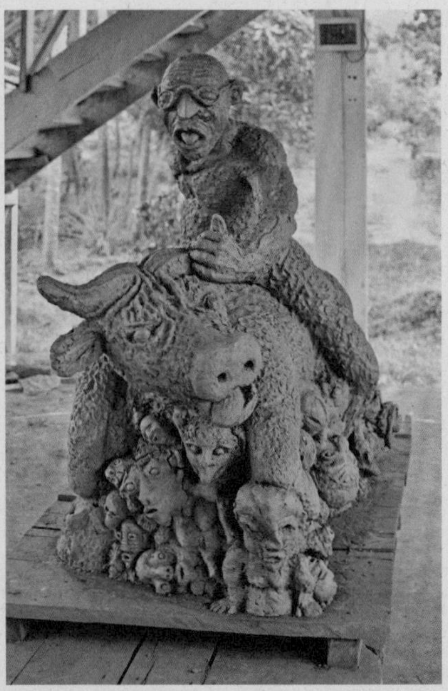

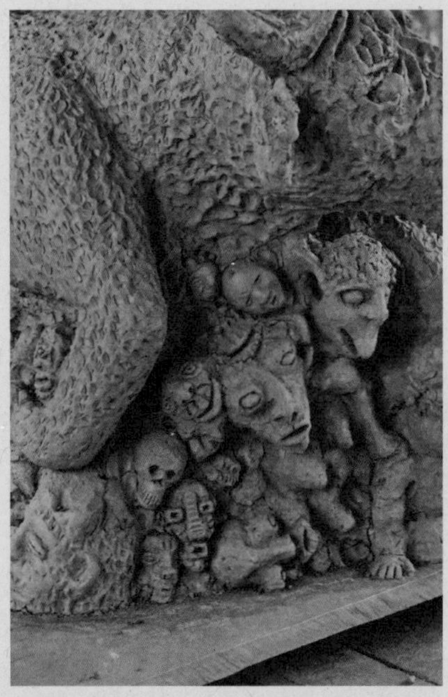

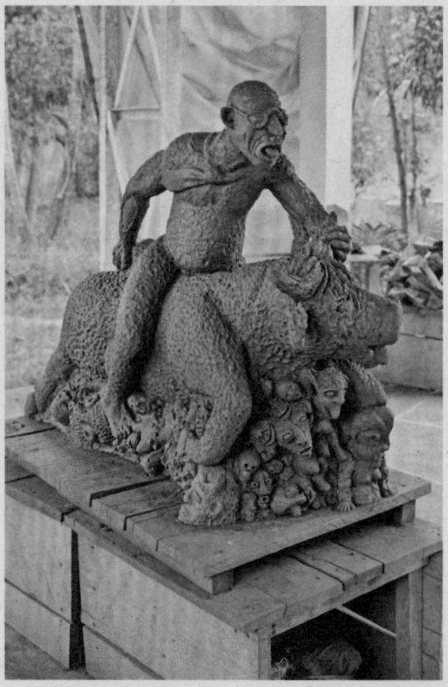

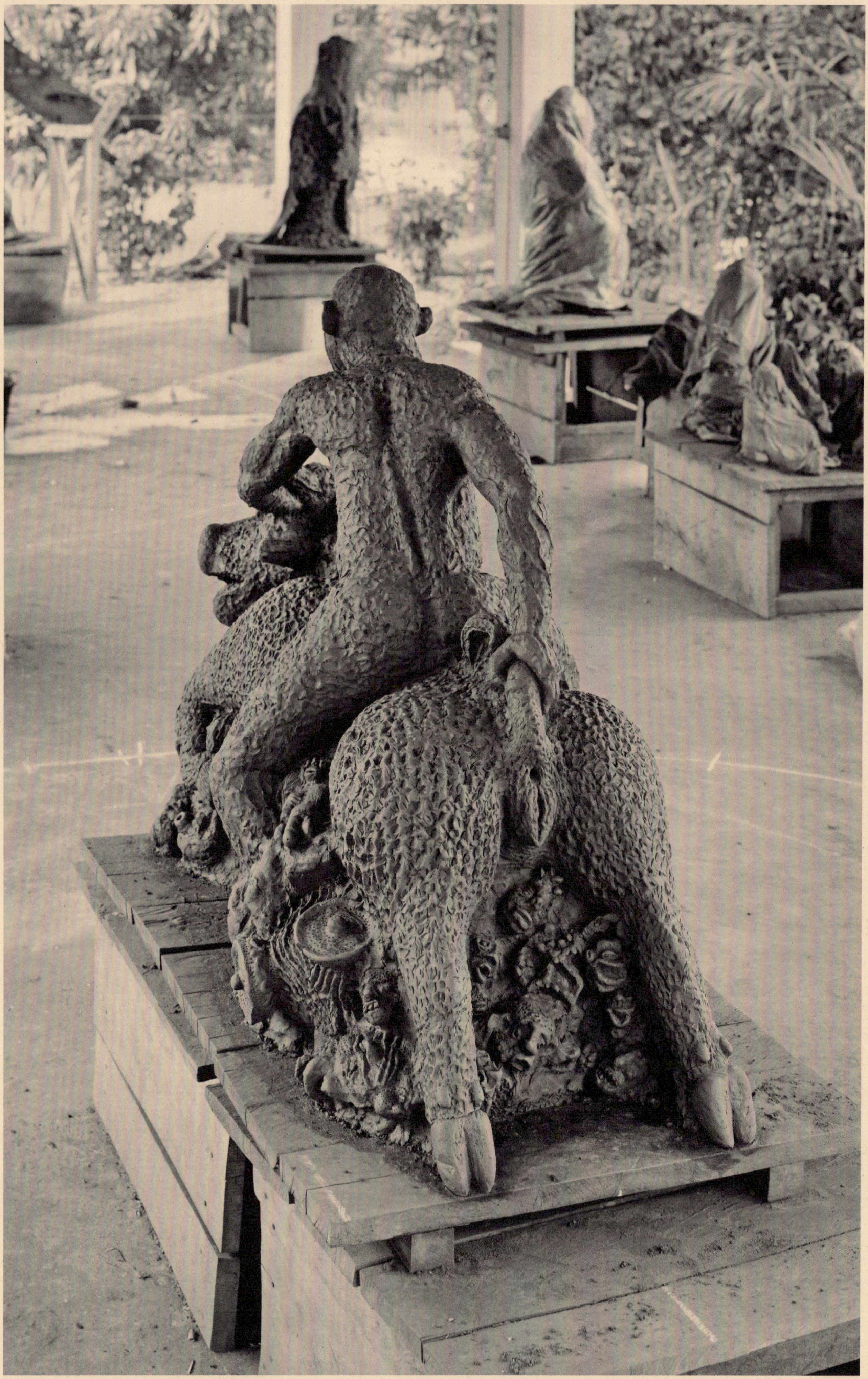

Bailleur des Fonds Fou, 2020

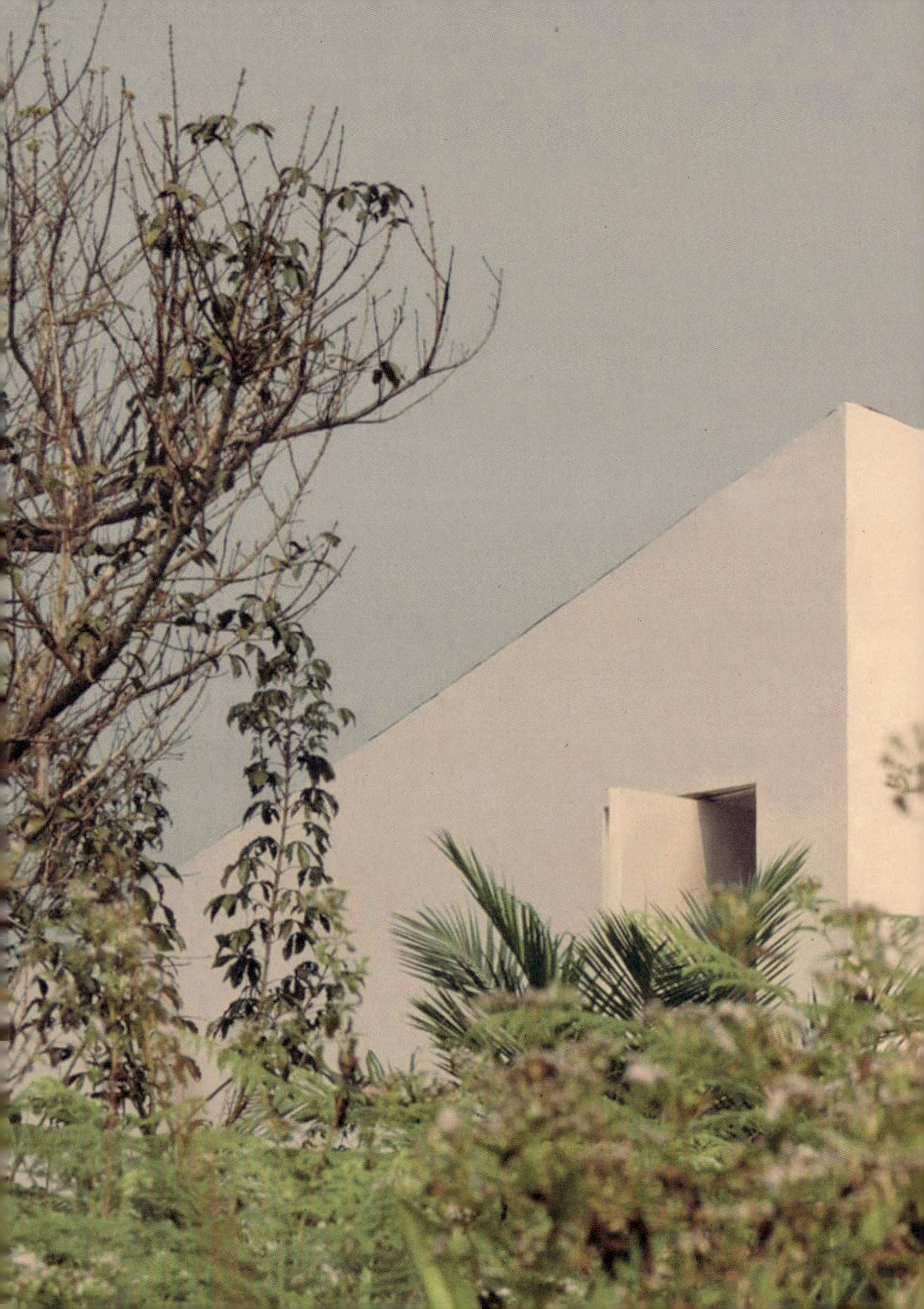

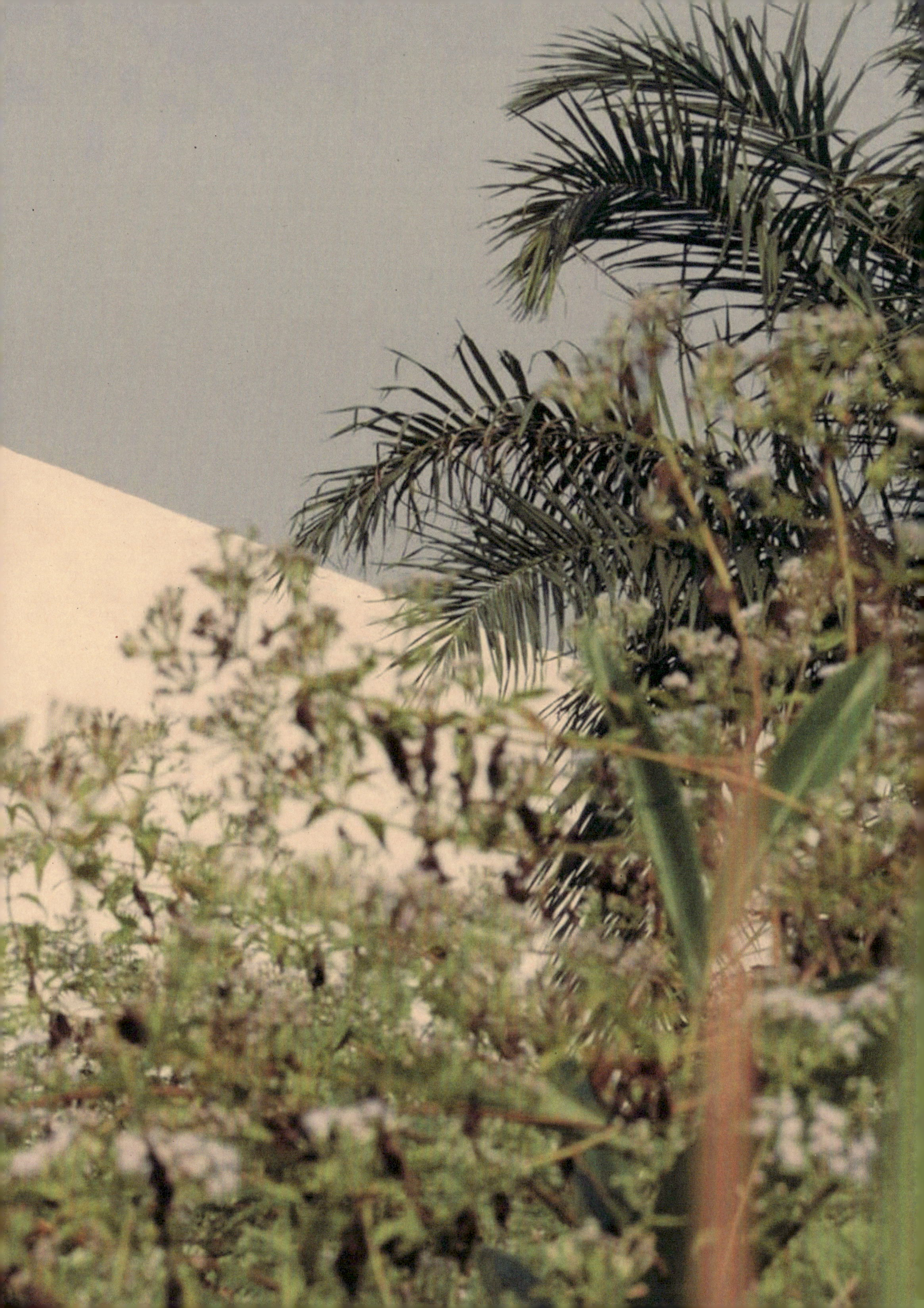

« L'histoire du bailleur de fond est une parabole de Jésus. Un jeune homme riche demande à Jésus comment il peut accéder au royaume des cieux. Jésus lui dit que s'il veut garantir son entrée au paradis, il doit vendre tout ce qu'il possède et le partager avec les pauvres. Le jeune homme riche passe en revue toutes ses richesses et craint de les perdre. Il essaie de se forcer à s'en débarrasser, mais n'y parvient pas. Il choisit alors une autre solution. Il suit les paroles de Jésus : « Celui qui est digne de moi doit se charger de sa croix, monter sur la croix avec Jésus, mourir et ressusciter avec lui ». Pour se débarrasser de ses péchés d'imposer la monoculture et de détruire la terre, il décide d'être crucifié. Après sa mort, il ressuscite avec la post-plantation. La monoculture est remplacée par la biodiversité. Tel doit être le chemin d'Unilever, de ses filiales et de tous ceux qui cultivent aujourd'hui des plantations en monoculture. Ils doivent mettre fin à la monoculture pour renaître avec la post-plantation. »

'This story of the art collector is a parable of Jesus. A rich young man asks Jesus how he can inherit the kingdom of heaven. Jesus tells him that if he wants to guarantee his entry into heaven, he must sell everything he has and share it with the poor. The rich young man surveys all his wealth and becomes fearful of losing it. He tries to force himself to get rid of it but is unable. So, he chooses an alternative. He follows Jesus's words: "He who is worthy of me must take up his cross, climb up on the cross with Jesus, die and rise with him." To rid himself of his sins of imposing monoculture agriculture and destroying the land, he decides to be crucified. After his death, he is resurrected along with the post-plantation. Monoculture agriculture is replaced with biodiversity. This too, must be the path of Unilever, its offshoots, and all those who are cultivating monoculture plantations today. They must end monoculture to be reborn with the post-plantation.'

CATPC (Matthieu Kasiama & Ced'art Tamasala)
Crucifixion du Bailleur, 2023
argile/clay, 81 × 33 × 113 cm

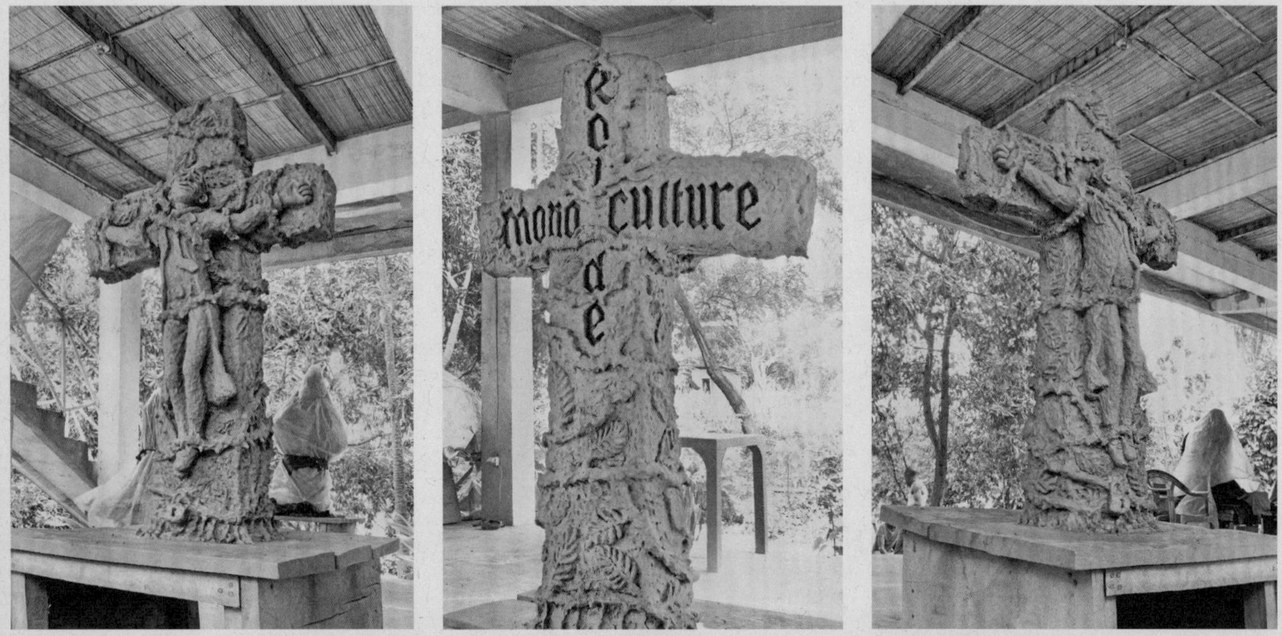

« C'est le White Cube de Lusanga couronné par la sculpture Pende de Balot entremêlée de sculptures sacrées qui ont été pillées pendant l'ère coloniale et emprisonnées dans des cubes blancs dans le Nord. Différents chapitres de l'histoire de Lusanga sont racontés sur les quatre façades du bâtiment : de l'ère de Leverville à l'ère de la post-plantation. La façade gauche illustre l'histoire violente de l'extraction de l'huile de palme. Des ouvriers grimpent aux grands palmiers à huile avec des machettes pour couper les noix. Un incendie à la base les empêche de redescendre avant d'avoir coupé suffisamment de noix. Les noix récoltées sont transportées vers l'usine, qui projette une ombre de fumée noire sur une église à l'arrière-plan, polluant également le reste du paysage. La destruction de la nature qui s'ensuit est représentée sur le mur du fond. Les arbres sont coupés et la terre devient sèche. La famine et la pauvreté augmentent. Nous voyons également la conception du CATPC : la production d'art et le lancement d'une pépinière. Sur le mur de droite, la post-plantation continue de s'épanouir : les semis deviennent des arbres, la monoculture se transforme progressivement en forêt sacrée et les arbres commencent à fleurir. Dans la fenêtre, on aperçoit une femme qui donne naissance à un bébé. Sur la façade avant, la post-plantation est en pleine forme, les arbres regorgent de fruits. Un groupe de sculptures sort du cube blanc, Balot se tient dans l'embrasure de la porte, face au public. »

'This is the White Cube of Lusanga crowned by the Pende sculpture of Balot intermingled with sacred sculptures that were looted during the colonial era and imprisoned in white cubes in the North. Different chapters of Lusanga's history are narrated across the building's four façades: from the era of Leverville to the era of the post-plantation. The left façade depicts the violent history of palm oil extraction. Labourers climb up tall palm oil trees with machetes to cut down nuts. A fire at the base prevents them from descending before having cut enough. The harvested nuts are being transported to the factory, which throws a shadow of dark smoke over a church in the background, polluting the rest of the landscape as well. The ensuing destruction of nature follows on the back wall. Trees are cut down and the land becomes dry. Famine and poverty increase. We also see the conception of CATPC: the production of art and the launching of a tree nursery. On the right wall, the post-plantation continues to flourish: the seedlings become trees, monoculture gradually transforms into a sacred forest and the trees start to bloom. In the window, one can see a woman giving birth to a baby. On the front façade, the post-plantation is in peak form, the trees abundant with fruit. A group of sculptures is leaving the white cube, with Balot standing in the doorway, facing the public.'

CATPC (Jean Kawata & Ced'art Tamasala)
White Cube Lusanga, 2020
argile/clay, 63 × 60 × 51 cm

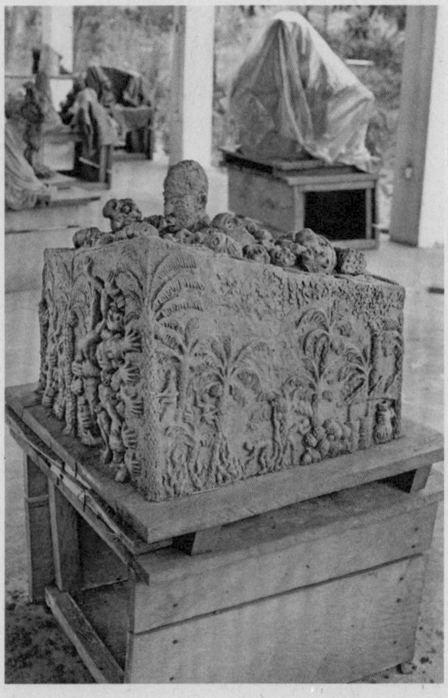

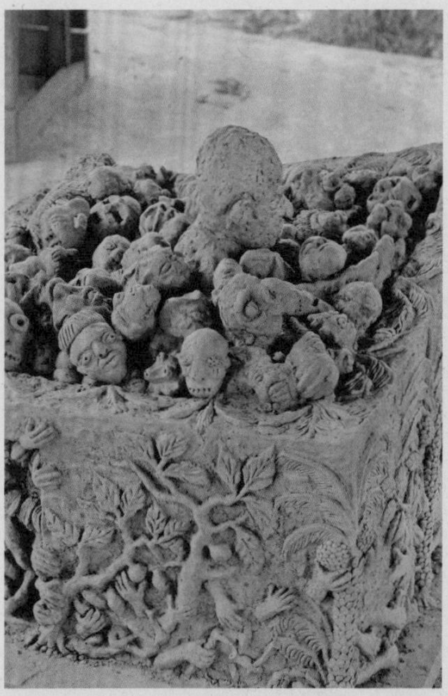

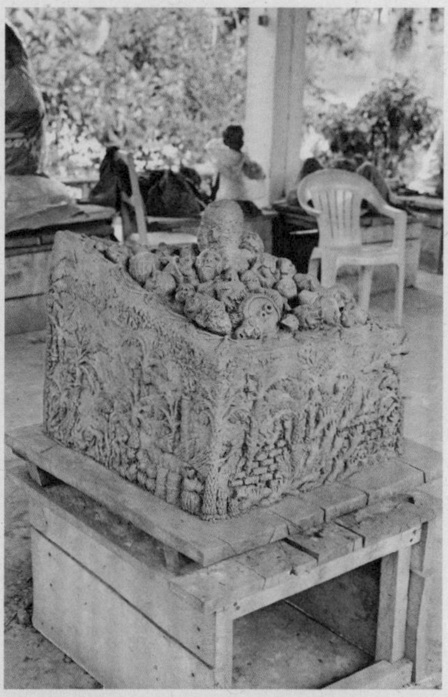

PP. 50-51
Pépinière, Lusanga, 2017

PP. 58-59
White Cube, Lusanga, 2017
Photos: Thomas Nolf

PP. 50-51
Plant nursery, Lusanga, 2017

PP. 58-59
White Cube, Lusanga, 2017
Photos: Thomas Nolf

La sculpture de Kwilu Pende connue à l'étranger sous le nom de *Chief's or Diviner's Figure Representing the Belgian Colonial Officer, Maximilien Balot* (*Balot*, pour faire court) représente Maximilien Balot (1890-1931). Balot était un agent colonial envoyé dans la région de Kwilu EN République démocratique du Congo pour recruter de force des travailleurs pour les plantations des frères Lever. En 1931, excédé par les abus et en représailles pour une agression contre une femme nommée Kafutshi par un autre agent territorial, Balot a été décapité et démembré. La répression meurtrière de la force territoriale belge a déclenché ce qui allait devenir une puissante révolte Pende. *Balot*, sculptée la même année, a été taillée dans un acte de résistance pour canaliser l'esprit malveillant de l'agent territorial au service du peuple Kwilu Pende. Elle est restée cachée jusqu'en 1972, date à laquelle elle a été acheté par un érudit américain qui l'a ensuite vendue au Virginia Museum of Fine Arts (VMFA) à Richmond (États-Unis), où elle réside aujourd'hui. Pour la durée de La Biennale di Venezia 2024, la sculpture est prêtée au White Cube à Lusanga.

The Kwilu Pende sculpture known abroad as *Chief's or Diviner's Figure Representing the Belgian Colonial Officer, Maximilien Balot* (or *Balot*, for short) represents Maximilien Balot (1890–1931). Balot was a colonial agent dispatched to the Kwilu province in the Democratic Republic of Congo to forcefully recruit labourers for the Lever Brothers' plantations. In 1931, fed up with the abuse and in revenge for an assault on a woman named Kafutshi by another territorial agent, Balot was decapitated and dismembered. The Belgian territorial force's murderous retaliation ignited what would become a powerful Pende uprising. *Balot*, made that same year, was carved in an act of resistance to harness the territorial agent's malevolent spirit in service of the Kwilu Pende people. It remained hidden until 1972, when it was purchased by an American scholar who later sold it to the Virginia Museum of Fine Arts (VMFA) in Richmond (USA), where it resides today. For the duration of La Biennale di Venezia 2024, the sculpture is on loan to the White Cube in Lusanga.

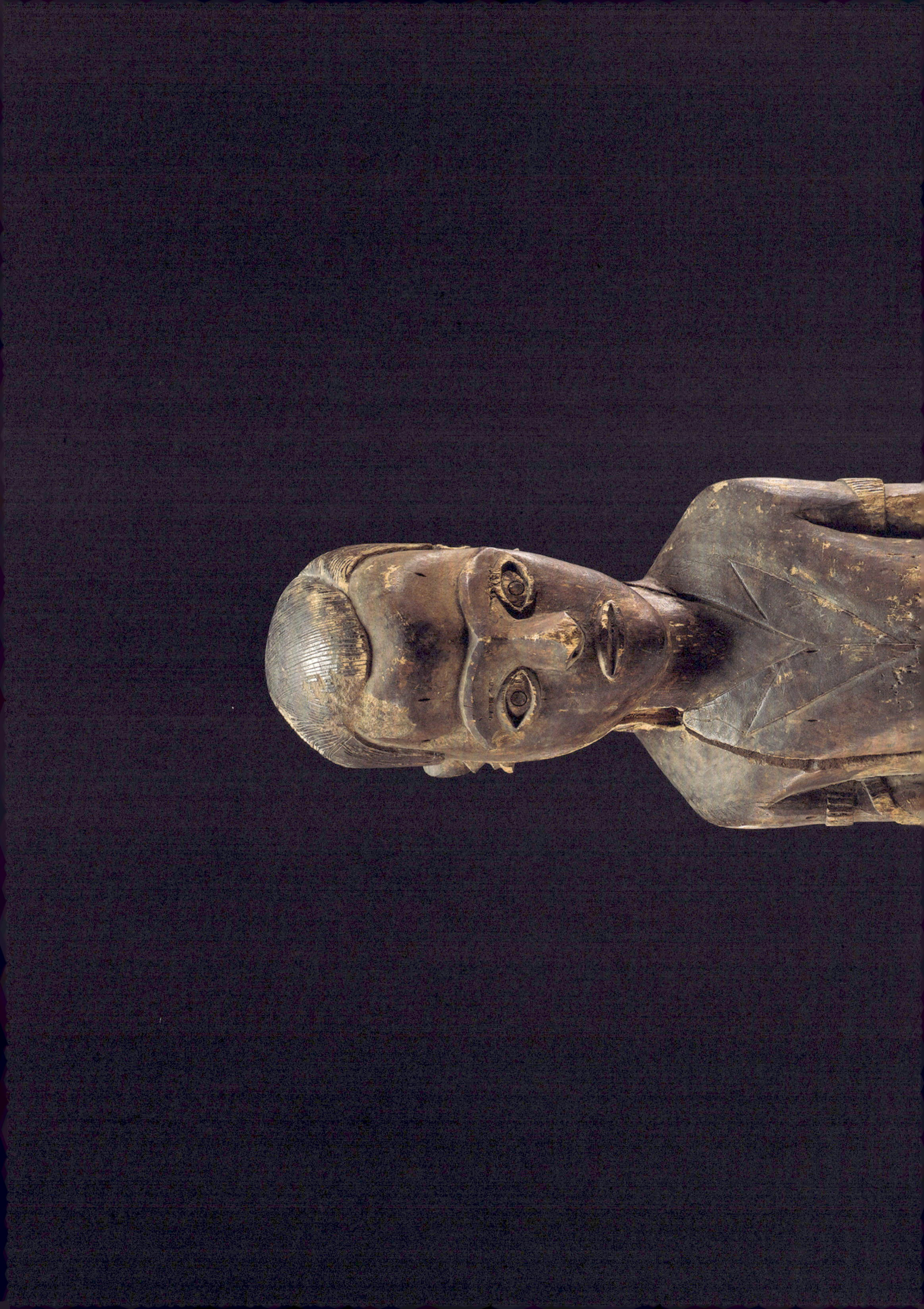

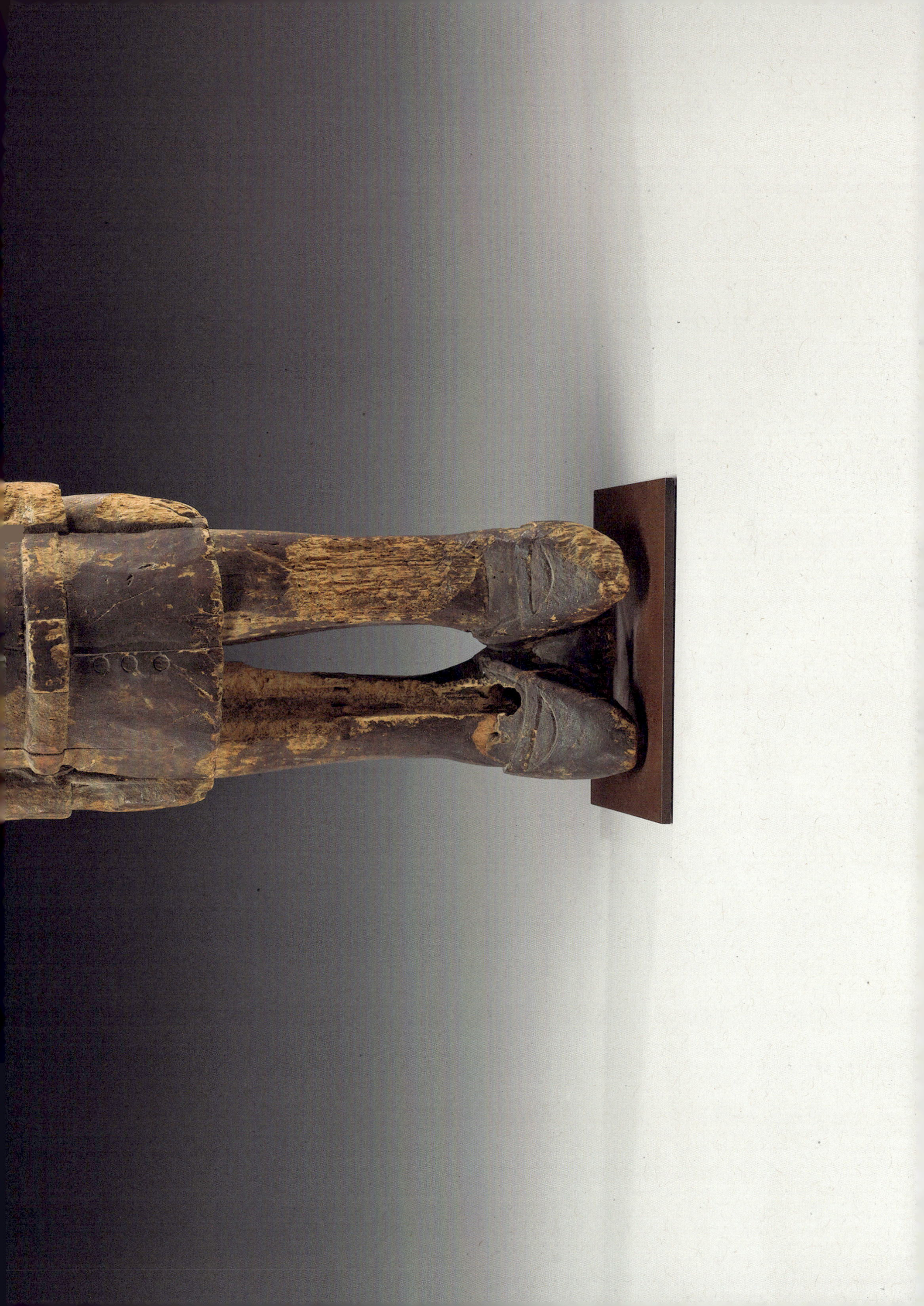

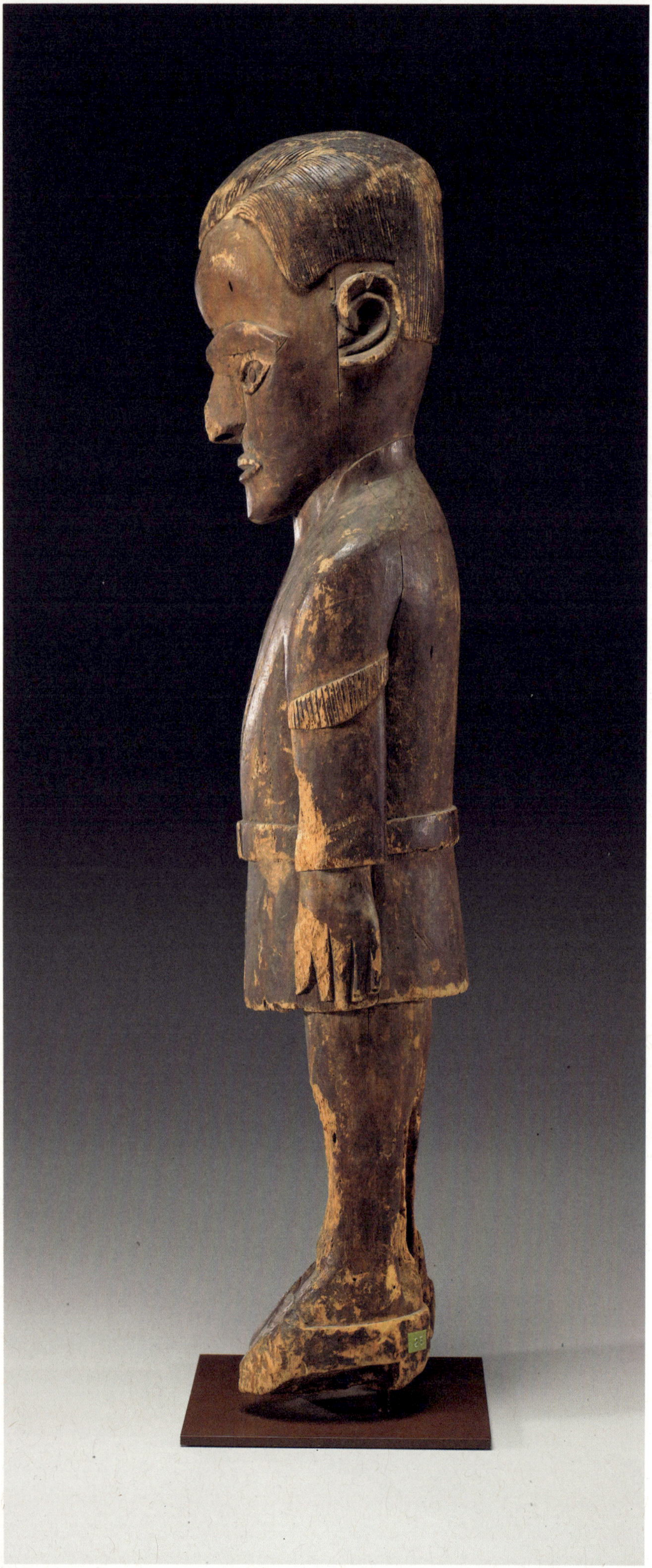

Artiste de Pende (RDC),
Figure de chef ou de devin représentant l'officier colonial belge, Maximilien Balot, vers 1931, bois, 63,5 × 15,24 × 15,24 cm.

Virgina Museum of Fine Arts, Richmond. Aldine S. Hartman Endowment Fund / 2015.3. Photo: Travis Fullerton.

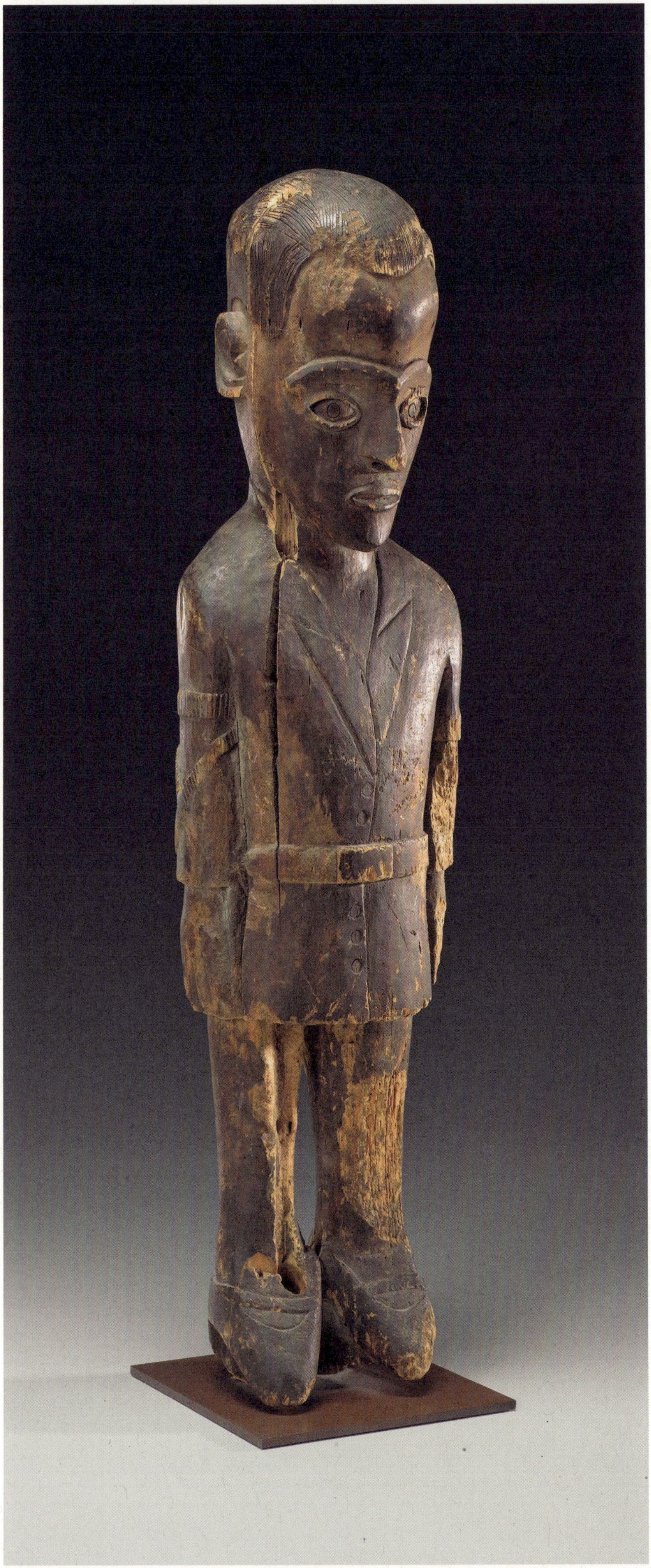

Pende artist (DRC), *Chief's or Diviner's Figure representing the Belgian Colonial Officer, Maximilien Balot*, ca. 1931, wood, 63.5 × 15.24 × 15.24 cm.

Virgina Museum of Fine Arts, Richmond. Aldine S. Hartman Endowment Fund / 2015.3. Photo: Travis Fullerton.

63-68

Balot

Le Jugement du White Cube

149-172

Cercle d'Art des Travailleurs
de Plantation Congolaise
CATPC with Hicham Khalidi and Renzo Martens

Dutch Pavilion
La Biennale di Venezia 2024

Dutch Pavilion
La Biennale di Venezia 2024

mondriaan
fund

The International Celebration of Blasphemy and the Sacred

Cercle d'Art des Travailleurs de Plantation Congolaise

CATPC with Hicham Khalidi and Renzo Martens

Dutch Pavilion

White Cube Lusanga

La Biennale di Venezia is a major event in the international visual arts calendar, perhaps even the most important one. It reveals what many people in the arts consider relevant or pressing now: which trends, stories or movements are worthy of our attention. This makes it a benchmark for future visual art. In the years following the Biennale, museums from all around the world will often programme those contributions that stood out the most. The curators involved upgrade their CVs and galleries raise the prices of the artists who participated.

This time around, the theme of La Biennale di Venezia is *Stranieri Ovunque — Foreigners Everywhere*, in reference to an artistic protest against the xenophobic and racist tendencies in Italy at the beginning of this century. According to curator Adriano Pedrosa, the focus will be on artists who are foreigners — immigrants, people from diasporic communities, refugees, outcasts — with an emphasis on those who have moved or relocated from below the equator to above it.

The Biennale's progressive agenda, with its focus on injustice and inequality in the world, contrasts sharply with how the Biennale is set up as a platform. It is a window display of inequality and conflicting interests. All the wealthy countries have pavilions, and those belonging to the countries once considered 'the most important' are situated in the Giardini. Here, they showcase their most noteworthy artists, most of whom hold a passport from the country they are representing.

For the previous edition, we moved out of the Giardini and handed the Rietveld Pavilion over to Estonia. As it turned out, it was actually not too bad being further away from the Arsenale and Giardini. Those who were willing to travel to the little medieval church Chiesetta della Misericordia and laid down on Théo Demans's cushions, usually took the time to watch melanie bonajo's forty-five-minute film in its entirety. Whereas in the hustle and bustle of the Giardini this probably would not have happened that often. We left the power politics of the Giardini behind us; however, this single move away from the Biennale's historical centre obviously did not change the inequality embedded in the fabric of the Biennale. And even if all national pavilions were to offer a platform to artists from diasporic communities, to refugees, immigrants or outcasts, this still would not cause a dramatic shift in the Biennale's own systemic issues.

The opening week is still mostly attended by a privileged audience. Decadence is never far off. This is not just evident from the expensive yachts at the quay, the excessive parties or the security staff who keep unwanted guests out, but also from the trainers worn by the trendy curators or the expensive outfits sported by artists whose work is bought by the global one percent, only to be stored away in freeports for tax purposes.

Does this mean that the Kingdom of the Netherlands should no longer participate? No: for the simple reason that La Biennale di Venezia is not the only place where good intentions and questionable characteristics coincide; it is unfortunately something that is inherent to our existence and to humanity. Although the Biennale's inequality may be inescapable, it does offer us an opportunity to examine our own position in all this. The friction resulting from characteristics that seemingly contradict one another allows us to test and polish up our own morality. That makes it meaningful and worthwhile.

For this edition, the Dutch Pavilion is taken over by the Congolese collective Cercle d'Art des Travailleurs de Plantation Congolaise (CATPC). The members of CATPC are not 'foreigners' as defined by Adriano Pedrosa. They are not moving or fleeing, and do not want to emigrate to somewhere north of the equator. On the contrary, they wouldn't dream of it. Their main concern is the recovery of their own soil, which has been tarnished by centuries of colonization and exploitation. They have no desire for the privileges of the affluent North. Instead, they are searching for balance in their own privilege.

CATPC is appearing in the Dutch Pavilion thanks to artist Renzo Martens and curator Hicham Khalidi. Martens's artistic practice stood at the basis of CATPC. It took him to Lusanga, Democratic Republic of the Congo, where he studied the relationship between the proceeds of multinationals in the colonial era and beyond, the exploitation of the local landscape and population and the manner in which some museums were originally funded.

His film *White Cube* (2020) shows how this quest led to the formation and practice of CATPC and the establishment of Lusanga's own art institution called White Cube.

Good intentions and questionable characteristics are also present in Martens's oeuvre and inequality is a recurring theme that is at the heart of his practice. Accompanied by Hicham Khalidi, and in dialogue with the members of CAPTC, the Kingdom of the Netherland's submission for La Biennale di Venezia consists of a quest for a new balance. A balance that offers CATPC a framework for shaping its own narrative and paving its own way, with Martens as supporter instead of instigator. It is a quest that probes a history and context of endless inequality. Therefore, this endeavour may not be easy, but it is certainly meaningful and of value; to CATPC, to Martens and Khalidi, to the Kingdom of the Netherlands and to the audience.

Part of the quest for balance and recovery is CATPC'S request for a loan from the Virginia Museum of Fine Arts (Richmond, VA, US), concerning the temporary return of the so-called *Balot* sculpture to Congo. This sculpture was originally made for the purpose of capturing the evil spirit of the Belgian colonial administrator Maximilien Balot, who was killed during an uprising in 1931 against the Belgian colonizers and the Anglo-Dutch plantation owners. For the Virginia Museum of Fine Arts, the sculpture may be an interesting ethnographical object to be preserved and studied. To the members of CATPC however, the sculpture is not meant to be studied, but to be used. It is a sculpture with a spiritual function and in order to fulfil that function it will have to make the journey back to Congo.

The position held by the Virginia Museum of Fine Arts is similar to that of many ethnographical museums around the world, where sculptures are being preserved and exhibited to give the public, museum professionals and scientists an opportunity to learn from them. But here, too, inequality is ingrained in good intentions. Many objects are sitting in protective display cases, detached from their original function. They were not made to be displayed in glass cases, inaccessible to the populations by whom and for whom the objects were made.

Thanks to the Biennale, *Balot* can now travel back to Congo. This means that this quest for balance is no longer solely of great importance to CATPC, Martens, Khalidi and the Kingdom of the Netherlands itself: out of a context of inequality arises a valuable experience for an even larger audience. It can thus contribute to a new balance for all and provide a great benchmark for the future of visual art and ethnographic collections.

Eelco van der Lingen
Director, Mondriaan Fund

Art or Earth? The International Celebration of Blasphemy and the Sacred

7-16

'Earth or art? If I had to choose, I would choose both. But if I had to choose only one, if I had to choose between art and earth, I would choose earth.'
— Matthieu Kilapi Kasiama

Written by Hicham Khalidi with Amanda Sarroff, Renzo Martens and CATPC

CATPC and the Dream of a Post-Plantation

A bird alights in the Dutch Pavilion. He sits before a camera's double eye, which oscillates between Lusanga and Venice, devouring small white cubes. Titled *Mvuyu Libērateur* (Mvuyu the Liberator, 2024), the sculpture depicts, in the words of CATPC member Blaise Mandefu, 'The virile bird who crunches white cubes. This bird is sensitive to the pain of its fellow creatures, the other animals. When he finds another bird or animal trapped by hunters, he intervenes to help the animal free itself.' He has now come to free all those held captive by the museum's insatiable appetite for profits from plantations. He uses his beak to crack these cultural institutions wide open. Below him, forests are beginning to bloom in their stead. Tree roots, animals, fish, rivers and human bodies encircle these broken cubes. Mvuyu has arrived with a warning: one should tread more carefully on this sacred earth.

PP. 38-43
[Mvuyu Libērateur]

Since 2014, Cercle d'Art des Travailleurs de Plantation Congolaise (Congolese Plantation Workers Art League, or CATPC) has been working steadily to purchase ancestral lands confiscated in 1911 by the British-Dutch multinational corporation Unilever and its subsidiaries. Through a collective process of creating artworks and selling them abroad, the inhabitants of Lusanga have earned enough money to begin buying back parcels of the exhausted palm oil plantations where they and their families once toiled. As of today, 200 hectares of land have been reclaimed and recultivated to provide sustenance for the community. They call this undertaking — an all-encompassing endeavour to regenerate the tropical forest and institute a sustainable economy for them and others to thrive — the *post-plantation*.

The dream of the post-plantation began as a cocreation of former Congo director of Greenpeace René Ngongo and inhabitants of Lusanga. Prior to its nascence, Renzo Martens had hoped to forge a forceful critique of the art world's complicity in the Democratic Republic of Congo's devastating plantation economy. He strove to incite what he called 'reverse gentrification', grounded in the idea that not only well-positioned artists and the cultural institutions they exhibit in or the audiences they cater to should benefit from critical discourse about inequality but also the communities inhabiting these disenfranchised territories. He and CATPC worked towards building what Martens called 'a more level playing field', or an economic framework in which Indigenous communities choose to prosper through purchasing and replenishing arable land.

Though their common achievements were striking, the collaboration also raised concerns. As art historian and critic Claire Bishop wrote in 2017 regarding Martens's entanglement with CATPC: 'Can ethically troubling overidentification with neocolonial corporate capitalism productively operate in tandem with ethically reassuring social engagement, or do these two contradictory impulses neutralize each other?'[1] When Martens was invited to represent the Netherlands in La Biennale di Venezia 2024, he and CATPC chose to use it as an opportunity to rethink their partnership. After long deliberation, he made the decision to define his role more clearly as one in service to the collective and its aims. Over the last year and a half of working together, Martens (as part of

the artistic team) and I (as curator of the Dutch Pavilion) have seen ourselves foremost as mediators and translators of CATPC's evolving vision.

P. 23 [letter of 3 February 2023]

On 7 February 2023 CATPC performed *Mosi*, a sacred ritual to formally (re) define their relationship with Martens and the Institute for Human Activities. As Ced'art Tamasala explained, 'After all, Renzo returned to us only what was already ours and what we were owed.' Now, for the first time in the history of La Biennale di Venezia, a community who lives and works on a former plantation that for over a century has helped fund European museums (often the very buildings themselves) represents and speaks for itself from the international stage of the Dutch Pavilion.

This presentation marks a pivotal moment in CATPC's ongoing transformation. The artworks on view unearth different modes of storytelling in order to create a new historical record, which was destroyed together with their homeland. As Ruba Katrib, head of exhibitions at MoMA PS1 and curator of CATPC's solo exhibition at the SculptureCenter, New York, in 2017, powerfully said of this process of cocreation: 'This is a life project. It is not a project. It is a life.'[2]

This project is many lives. Foremost, it is the lives of the people of Lusanga, who fight for basic subsistence while also struggling to recuperate their past and generate a future for their community and others like theirs. The dozens of families who live alongside each other take turns fulfilling basic needs, from farming the land, to running a school, guarding the premises and cooking. They grow acacia trees to replenish the soil, while manioc is cultivated as ground cover and as a staple food along with fruit trees. Power comes from solar panels and a battery. The community practices they have developed are not just expressions of an ideal but a matter of survival.

The Violence of Consumption

In 1911, the Belgian government handed the Lever Brothers (today Unilever) control over hundreds of thousands of hectares of land in what then constituted Belgian Congo. Over the ensuing decades, the Anglo-Dutch company razed entire forests to erect palm oil plantations that were cultivated and harvested by coerced labour. The cruel efficiency of this economy and those of colonies across the globe created the mass markets we know today. As prices of precious raw materials decreased with cheap labour and land theft at the turn of the 20th century, the global trade of sugar, palm, oil, cacao and other commodities exploded. New foodstuffs and consumer products became accessible to an ever-expanding consumer class in Europe and North America. This was soon coupled with innovative advertising strategies and the creation of new consumer markets. With clever marketing, Unilever transformed palm oil from Lusanga into Blue Band margarine and Sun Light soap, whose compelling ads effectively scrubbed them of any link to the gutted lives and landscapes from which they were wrought.[3] As selective ways of perceiving and experiencing the world were privileged, others were further subjugated or erased.

1. Claire Bishop, 'Cercle d'Art des Travailleurs de Plantation Congolaise: SculptureCenter', *Artforum* 55, no. 9 (May 2017), www.artforum.com/events/cercle-dart-des-travailleurs-de-plantationcongolaise-2-230139.

2. From the recorded interview by Hicham Khalidi with Ruba Katrib, Renzo Martens and Amanda Sarroff, 8 October 2023.

3. See also Roland Barthes, 'Soap-powders and Detergents', in *Mythologies* (New York: Noonday Press, 1972).

Museums have played a critical role in shaping this regime of taste and the senses. As postcolonial scholar and author of the book *Slavery and the Culture of Taste* (2011) Simon Gikandi tells Tamasala and Matthieu Kasiama in the series of filmed interviews *Plantations and Museums* (2021):

> If you put money in a museum, people always assume that a museum is a clean institution, is a good place. In the process, we don't always make the connection between the bonded labour, which is violent and where people are impoverished, with the production of enormous amounts of money, which we can then put in a museum. So, in that sense, one could say if you took away the plantation, you would not have the money to build all those great museums we see in Europe.[4]

Museums, from Tate Modern in London to the Stedelijk Museum in Amsterdam, the Van Abbemuseum in Eindhoven and Museum Ludwig in Cologne, were all founded, at least in part, on plantation profits. In just one example, recent research shows that the wealth of the Van Eeghen family, the main benefactors behind the Stedelijk Museum's construction in 1895, was indebted to colonial imports, including cacao, coffee and tobacco, that were grown almost exclusively on plantations in Indonesia.[5-6]

As Martens points out in an editorial he published in the Dutch newspaper *NRC* on 23 June 2023, families such as the Van Eeghens went on to package ownership of these plantations into financial products sold as shares.[7] They built a speculative market that endures to this day on the promise of extraction and the perpetuity of the plantation economy. It is no coincidence that the Stedelijk Museum sits less than fifteen kilometres from the Port of Amsterdam, the world's biggest import hub for cacao and one of the largest repository of plantation labour. Although Unilever presumably sold its remaining Congolese plantations for 3.8 million US dollars in 2009, many of its former workers serve today as hired hands for companies, furnishing raw materials still used in its products. According to a 2019 Human Rights Watch report, these companies — financed in part by Belgian, British, German and Dutch development banks — pay day laborers as little as $1.20 a day for full-time work under life-threatening conditions.[8]

4. Simon Gikandi, *Plantations and Museums Part 4: The Museum*, www.humanactivities.org. Films coproduced by Pieter van Huystee Film and VPRO in collaboration with CATPC and Human Activities supported by the NPO-Fund, www.humanactivities.org/en/balot-videos/.

5. See Laura van Hasselt, *Geld, geloof en goede vrienden: Piet van Eeghen en de metamorfose van Amsterdam, 1816–1889*, PhD diss. (University of Amsterdam, 2022), and an exhibition in the Amsterdam city archives.

6. As cultural historian Nancy Jouwe wrote in the Stedelijk Museum's in-house journal *Stedelijk Studies* in 2021: 'This means that profits made by the Van Eeghens were made at the expense of countless enslaved people and barely paid workers, disrupting indigenous ways of life and environments. Yet elite families gave generously back to their city, contributing to the construction of a "modern, imperiaL" Amsterdam.'

7. Renzo Martens, 'Erken dat uitgebuite plantagearbeiders co-auteurs van het Stedelijk Museum zijn', www.nrc.nl, 7 June 2023, www.nrc.nl/nieuws/2023/06/07/erken-dat-uitgebuite-plantage-arbeiders-co-auteurs-van-het-stedelijk-museum-zijn-a4166578.

8. 'A Dirty Investment: European Development Banks' Link to Abuses in the Democratic Republic of Congo's Palm Oil Industry', Human Rights Watch, 2019, www.hrw.org/report/2019/11/25/dirty-investment/european-development-banks-link-abuses-democratic-republic.

9. Sabrina Ali, 'Ariella Aïsha Azoulay: 'It is not possible to decolonize the museum without decolonizing the world', www.guernicamag.com, 12 March 2020, www.guernicamag.com/miscellaneous-files-ariella-aisha-azoulay/.

Plantation extraction continues to finance cultural and academic institutions, often in the name of public good. The prestigious Unilever series at Tate Modern and the much-coveted Leverhulme grant are but two examples. But who this public is and how it comes to be defined is often elusive. If those working on plantations today find themselves the subject of critical discourse or trendy exhibitions, they are rarely, if ever, given the opportunity to be the authors or direct beneficiaries of it. As Martens argues in the *NRC*, until plantation worker communities of the past and present are acknowledged as true co-financiers, co-benefactors, co-owners and co-authors of the modern museum, no museum can claim to be truly invested in institutional critique or social justice. Put in other words by scholar, curator and documentary filmmaker Ariella Aïsha Azoulay: 'It is impossible to decolonize the museum without decolonizing the world.'[9]

The White Cube: A Reckoning

White cube galleries, and their intentionally atemporal, ahistorical architectures, are steeped in ideologies of progress and dominance. In 2017, the Congolese Minister of Culture Elvis Mutiri Wa Bashara laid the cornerstone of Lusanga's own 'White Cube'. Conceived by Martens and designed by renowned Dutch architecture firm OMA's managing partner David Gianotten with input from Arsene Ijambo, general secretary of the Association of Architects of Congo (SAC), it was intended as the first white cube exhibition space purposefully erected on plantation grounds. As part of his effort towards reverse gentrification, Martens hoped it would attract capital, visibility and art world legitimacy to Lusanga and other plantation communities.

PP. 149-172 [The Judgement of the White Cube]

In some ways it did, but for the members of CATPC it also accomplished something very different. Over the past six years, the inhabitants of Lusanga have turned this modernist beacon into a site of accountability. In 2023, Lusanga's White Cube was made to stand trial before the entire community. The verdict, depicted in the film *The Judgement of the White Cube* (2023), found it guilty and sentenced it to repair the lives of those it has harmed.

For CATPC, Lusanga's White Cube does not stand in isolation: it represents all white cubes throughout the world. They hope that the process of reconciliation initiated by the trial in Lusanga will trigger a rippling effect across the globe, beginning in the Dutch Pavilion. In the words of Tamasala: 'Just like former colonial states now apologize one after the other to clean their conscience, so too the White Cube will begin a process by cleansing itself, the Dutch Pavilion, and consequently all white cubes across the world.'

The *jumelage*, or twinning, of the Lusanga White Cube and the Dutch Pavilion forges a channel for this transmission. As Tamasala expressed in a letter outlining CATPC's exhibition proposal:

P. 21 [letter of 15 January 2023]

> Through this twinning [of the Lusanga White Cube and the Dutch Pavilion], CATPC presents the [two] worlds as it sees them: on one side, a white cube in an exhausted plantation transformed into a sacred forest with sacred art and, on the other, another powerful white cube in an impoverished forest of [stone] buildings. A reciprocal observation allow[s] [others] to apprehend these worlds with their differences and inequalities and to share visions and experiences for a possible common future.

Through this pairing of cubes, or this connecting of worlds the sacred crosses over to the non-sacred in order to heal the contaminated world of its capitalist spirit.

Via a livestream between the two spaces, the Lusanga audience are able to connect with the Dutch Pavilion, and visitors to the Biennale become Lusanga's invited guests. Visitors to Venice can witness the sacred sculpture *Balot* returned to its homeland as a part of the community's historical resistance to plantation labour. The livestream plays an especially significant role for the wider plantation community, who lack the visa, time and means to travel to Venice. It offers a reciprocal gaze where once a blind eye was turned.

Art as Sacred Endeavour

CATPC defines art as a living force born of a sacred earth and art making as a sacred endeavour. This endeavour is central to the community's attempts to recuperate its ancestral lands and forge more regenerative relationships. Members of CATPC create objects filled with intention as vessels of cultural memory and community protection. The sculptures created for the Biennale function much like contemporary power objects, charged with the violence of ongoing atrocities while opening new possibilities for healing.

They also tell stories. CATPC's sculptures tell stories of stories, animated across multiple scenes, much like film stills. They describe a people, a community, land, history, violence, pain, loss, love and hope. In them, we can see the forest, the river, animals, spirits, ancestors and children intertwined across multiple allegories and narrations. Some speak of the West's devastating impact on the Global South and give presence to the spirits of plantation ancestors who died as enslaved people. Others intimate a brighter future in which the community decides its own fate guided by its chosen values. Together they reflect on the past and foretell what may be to come.

CATPC produces these artworks in clay from the remaining old-growth forests around Lusanga. They are recast in cacao and palm fat in Amsterdam and sold on the international art market. The profits are used to purchase land. In the collective's words: 'There is no function for cacao and palm fat that is more sacred than to represent the sacrifices of the past and the present and to engender the future and bring back the forest.' CATPC reappropriates these materials to evidence the art world's ongoing complicity in the plantation's horrific extraction economy.

P. 25 [letter of 4 February 2023]

This is not to mistake these artworks as transactional. But the question of whether they fulfill any criteria as contemporary art is of little interest to the collective. CATPC's cosmology makes no distinction between art and Earth. As Tamasala explained in conversation: 'If the sacred Earth gives all things life, art belongs to Earth. In this way, art practices too become a sacred, life-giving endeavour.' The circumstances under which these practices take place and the intentionality behind them imbue them with the potential for regeneration.

P. 23 [letter of 3 February 2023]

In Lusanga, each clay sculpture hosts seeds and earth of the liberated plantation. Those reproduced in chocolate, sugar or palm oil in the Dutch pavilion are their enchanted clones. Together, they create porosity between

the two spaces of Lusanga and Venice and open a portal for healing and transformation. When exhibited or acquired by collectors and museums abroad, CATPC hopes that the stories they impart will germinate change as they traverse the globe. For them, the sculptures on their land and in the Dutch Pavilion are a heritage for all humanity. In the collective's words: 'Each sculpture will mark the passage from a painful and dark past to an ecological future, a future in which the sacred forest will flow through the pavilion.'

P. 23 [letter of 3 February 2023]

Facing the Belgian Pavilion, Confronting History

It is no coincidence that those watching the livestream from Lusanga within the Dutch Pavilion also face the Belgian Pavilion. It is a long-held dream of CATPC to speak to those in power in Belgium about the atrocities committed in Congo. This virtual gaze onto the Belgian Pavilion folds the nation's violent history into the retelling of Congo's own.

In this retelling, the methodical eradication committed by Western nation-states and private enterprise comes to the fore. Economic imperialism was (and is), after all, a machine of dark efficiency aimed at gouging the land of its geo-genealogy and chaining it to the devouring appetites of a Eurocentric capitalist monster. Following King Leopold II's private annexation of what he named the Congo Free State, large swathes of land misleadingly called *terres vacantes*, or vacant land, were given in concession to private businesses to exploit. When the Belgian Parliament took control of this vast territory in 1908, the Lever Brothers (under the name Huileries du Congo Belge) became one of the policy's greatest beneficiaries. Companies like Unilever stripped the land of its biodiversity. They scraped the ground too of its inhabitants. As it became increasingly difficult to find laborers to work under the plantation's gruelling and often deadly conditions, men and women were coercively pulled in from different villages, breaking up families and severing ancestral lineages. The plantation became a blank slate, evacuated of history and humanity, and Leverville, Lusanga was one of the very first sites of this catastrophe in Congo. Most of CATPC's members are the children of these displaced peoples. Cleaved from their cultures and communities, today they search for remnants of their past.

Balot Returns

A fragment of this history has finally returned home, albeit temporarily. For the duration of the La Biennale di Venezia, the interior of the Lusanga White Cube has become a shrine to a Kwilu Pende sculpture, a wooden power figure known abroad as *Chief's or Diviner's Figure Representing the Belgian Colonial Officer, Maximilien Balot* (*Balot*, for short). Maximilien Balot (1890–1931) was a colonial agent dispatched to Kwilu in Congo-Kinshasa to forcefully recruit laborers for the Lever Brothers' plantations. In 1931, fed up with the abuse and in revenge for an assault on a woman named Kafutshi by another territorial agent, Balot was decapitated and dismembered. The Belgian territorial force's murderous retaliation further fuelled what would become a powerful Pende uprising. *Balot*, made that same year, was carved in an act of resistance to harness the territorial agent's malevolent spirit in service of the Kwilu Pende people. It remained hidden until 1972, when it was purchased by an American scholar who later sold it to the Virginia Museum of Fine Arts (VMFA) in Richmond, where it resides today.[10]

Although the VMFA has loaned *Balot* internationally over the years, the museum initially denied similar appeals from the Lusangan community. When, on the occasion of the La Biennale di Venezia, CATPC again petitioned for *Balot*'s temporary return, they were successful. The power object now stands in the Lusanga White Cube, where it has been blessed in a ceremonial ritual by notables of the region, local chiefs, present and former plantation workers and the children, women, men and animals of Lusanga. For the first time in half a century, the sculpture can again connect with and aid in the protection of the forest and community.[11]

Ndubuisi C. Ezeluomba, curator of African Art at the VMFA, welcomed this opportunity to collaborate with an institution on the African continent. Museums, he points out, are culturally specific, and the Lusanga White Cube would never meet Western measures of best practices for the conservation of cultural artefacts. For one, it has no means of temperature control. These institutions, he explains, are culturally (and climatically) situated in the West: 'You cannot use a one size fits all.' Rather, museums are something each culture must 'internalize' in order to 'create a version that reflects different realities'.[12]

The history of *Balot*, though specific to the Kwilu Pende people, repeats a similar narrative found across the African continent. 'We now look', Ezeluomba says, 'at how we can connect this story to the bigger project of speaking to the injustices of the past.'[13] Western museums are, at long last, beginning to reconsider the stewardship of their cultural artefacts. As Ezeluomba notes, before it was interpreted as an artwork, *Balot* was foremost 'a cultural product that had a specific function to actualise'. For the inhabitants of Lusanga, that function remains deeply pertinent today. He and fellow curators believe such objects should be treated as though on temporary loan to museums and returned to their source communities when required. 'If we say we are holding [these artefacts on] loan, at least that is a guarantee that it is not my own and whenever it is needed, we can provide it to serve the function it is needed for', he says.[14]

CATPC shares this perspective. Its members have demanded neither sole ownership nor permanent possession of *Balot*. Instead, their wish is to see that it circulates across international and intergenerational acts of Indigenous resistance. The community asks only for the privilege of recalling the statue, of holding, touching and making use of it, when it deems necessary. La Biennale di Venezia has been the first opportunity to make such a request possible and the hope is that it will be repeated for many others across countries and continents.

Luyalu, or the Force

> For the Dutch Pavilion, no fate is more sacred than to function as the mortuary ... of the plantation's dead and to be the source of regeneration of the forest.

P. 25 [letter of 4 February 2023]

For CATPC, to exhibit in the Dutch Pavilion presents a double bind. Not only must its members contend with their ambivalence towards participating in an elitist art world they have little access to and for an audience with whom they have a conflicted relationship, they feel they must be able to hold themselves accountable for the privileges this opportunity affords, while others, even within their own community, are struggling to survive, let alone make their own work visible. In the words of Tamasala:

P. 21 [letter of 15 January 2023]

For the plantation workers we are, the opportunity to exhibit in a white cube in the West is an unhealthy privilege from the perspective of our ancestors, who suffered as enslaved people, as well as our contemporaries who continue to be enslaved to provide goods to the civilised humanity of rich countries. Hence the need not merely to offer the public a beautiful spectacle but to ensure that the utmost positive impact is made — both material (economic) and immaterial (historical memory) — on exhausted plantations like the one where we live in Lusanga.

In taking this risk, CATPC hopes not only to provide income for their families but to bring greater justice to their people and the world. As Tamasala adds: 'We are not sure that good intentions will have the desired result or that good intentions will really lead to sacred forests. In reality, we are at the very beginning. And, even if it works, it is a small step on the path towards those forests [in the four corners of Congo] being regenerated.' The stakes are high.

The Congo River Basin is currently the largest carbon sink on Earth. Reforesting its expanses of depleted land is vital to the planet's health.[15] Ngongo, who now serves as CATPC's chairman and has long spearheaded and advocated for environmental protection and agroforestry in the DRC, told me that what sets CATPC apart from other initiatives he has mentored or witnessed is its grassroots organisation. Similar efforts, if politically impactful, have too often been top-heavy with local inhabitants treated as ancillary at best. 'The solution', he says, 'is not planting trees per se, it is putting people central to this endeavour.'[16]

CATPC are a powerful example of how self-organised communities can change not only local conditions but the world at large. Today, Lusanga's repatriated White Cube stands in the midst of a renewing sacred forest. Financed and made possible with the proceeds of international exhibitions, a multitude of trees now flourishes on reclaimed land, amongst them medicinal plants, climate resistant trees and vegetation harbouring insects, fruits, mushrooms and larvae. For every baby born, a tree is planted in his or her name so that they may grow together. CATPC propose a model that can instruct the world at large in what we need for a planet in transition in terms of emissions reduction but also community practices. As Katrib told me: 'The artistic project of CATPC is different from social work, as in running an NGO, in that it understands humanity in a different way. It is agency and voice at the same time.'[17]

10. For more on the power figure Balot, read Herbert F. Weiss, Richard B. Woodward, and Z. S. Strother, with a contribution from Christophe Gudijiga and Sindani Kiangu, 'Art with Fight in It: Discovering that a Statue of a Colonial Officer Is a Power Object from the 1931 Pende Revolt', *African Art* 49, no. 1 (Spring 2016).

11. In March 2024 a ceremony took place in Lusanga with notables of the region, customary chiefs, present and former plantation workers, and the community of Lusanga. This moment of the sculpture's return will ripple through and resonate with the exhibition in Venice.

12. From the recorded interview by Hicham Khalidi with Ndubuisi C. Ezeluomba and Renzo Martens, Cedart Tamasala and Amanda Sarroff, 1 October 2023.
13. Ibid.
14. Ibid.

15. 'Journey into the Congo Basin — The Lungs of Africa and Beating Heart of the World', The World Bank, 24 October 2022, 'https://www.worldbank.org/en/news/feature/2022/10/24/journey-into-the-congo-basin-the-lungs-of-africa-and-beating-heart-of-the-world.

16. From the recorded interview by Hicham Khalidi with Rene Ngongo and Renzo Martens in Lusanga, Congo-Kinshasa, 17 July 2023.

17. From the recorded interview by Hicham khalidi with Ruba Katrib, Renzo Martens and Amanda Sarroff, 8 October 2023.

These lives, as they unfold before us, enunciate and enact new possibilities for solidarity and healing across the colonial difference.

CATPC's dream of the post-plantation is as much an attempt to recuperate the past as it is to imagine a better future. The stories told sow new fictions of a better world, one which offers an active, ethical framework to redress violence and foster more just relationships amongst people and with the planet. CATPC is not just a practice born of our shared Earth, it is an endeavour to rethink the responsibility we bear to one another in this life and perhaps even a chance to make this world anew.

Governance: IHA & CATPC
About Cercle d'Art des Travailleurs de Plantation Congolaise

Part of the genesis of Cercle d'Art des Travailleurs de Plantation Congolaise (CATPC) lies with Renzo Martens and the initiation of the Institute for Human Activities. Following Martens's 2008 film *Enjoy Poverty* — in which he centred himself amid the violence inflicted on the people of Congo to argue that documentaries about impoverished plantations only serve to generate wealth for others abroad — he realised that his work, however critical of its entanglements in that violence, ultimately did little to benefit the communities where it was made. Rather than formulating a 'better' critique, or 'better' art, he resolved to devise a system through which that critique would be produced by and benefit people living on plantations. Together with environmental activist René Ngongo he founded what he called a 'reverse gentrification programme' on a former Unilever plantation in the DRC. As J. J. Charlesworth described the project in 2021:

> The goal was to no longer criticise racial capitalism from the site of Western contemporary art, but to short-circuit the division between commodity production and cultural consumption — and for dollar-a-day plantation workers to become landowners and artists. It highlighted the cultural sector's complicated and often contradictory mediations between critical art, cultural capital and the sources of the wealth that underpin them. After all, while Western institutions wring their hands over diversity and decolonisation, they remain beneficiaries of global capital, of the supply chains and value chains that lead back to communities trapped in agricultural and mineral production in the Global South.[1]

Thus was born CATPC, a foundation registered in Congo, and the Institute for Human Activities (IHA), a Dutch-registered Public Benefit Organisation chaired by a board of art, media, finance and law professionals, aimed at redressing colonialism's enduring economic and social ravages.

IHA helps facilitate CATPC's access to the international art market. All proceeds from artwork sales are delivered to CATPC, while income from other sources such as grants is centralised and shared collectively. In the DRC, where it is extremely difficult for local Congolese entities to acquire land, it is often necessary for IHA to mediate land purchases as well. Though restricted by a local system and international conditions that are deeply unjust and unequal, CATPC utilises the White Cube, the IHA and the framework Martens helped implement as tools to achieve their larger objectives of land recuperation and cultural restitution.

Internally, CATPC consists of several overlapping layers and interlocking circles. Artworks by the collective are produced in dialogue with one another and stories are shared through the making of the work. The land is owned jointly by all members of the community, which includes the artists but also land workers, guards and extended families. Each family is designated its own plot to cultivate. Acacia trees are planted to nurture the depleted soil. They are then

1. J. J. Charlesworth, 'Site of Extraction: Renzo Martens's "White Cube" in a Congolese Palm Oil Plantation', *Art Review*, 10 November, 2021, https://artreview.com/site-extraction-renzo-martens-white-cube-palm-oil-plantation/.

interspersed with manioc, fruit trees, medicinal plants and a variety of trees to provide sustenance. Looking forward, CATPC feels it is necessary to increase the representation of women. In response, they have created an apprenticeship programme with a focus on inviting women artists.

As the collective flourishes, CATPC wants others from outside communities to have equal access to wealth and potential. Their hope is to one day welcome the inhabitants of these extended constituencies to become part of the collective. It is a model of cascading privileges. As humans, we bear responsibility to one another as extensions of ourselves and of those around us. Privileges conferred on one individual or small group can benefit others in proximity. Cascading privileges offers a way to understand this responsibility and how we come to define community.

Correspondence

19-28

The following are excerpts of a conversation that began in November 2022 between Ced'art Tamasala, on behalf of CATPC, me, Hicham Khalidi, as curator of the Dutch Pavilion, and Renzo Martens. Over the ensuing months, this conversation unfolded in person as well as over Zoom, I asked Martens to join us as a translator for CATPC as well as a conversation partner. We formulated a proposal for La Biennale di Venezia 2024 in the format of a dual exhibition to address different facets and registers of injustice and inequality and to plot possibilities of connection across the colonial difference. On several occasions, CATPC chose to reflect in writing on questions I had posed during our conversations. The extracts of this dialogue (my oral questions and Ced'art Tamasala's written responses) enclosed hereafter lend insight into not only how we formulated our common proposal but how we have navigated our positions in relation to each other and the (art) world. The final letter is an excerpt of CATPC's entreaty to the Virginia Museum of Fine Arts to temporarily return the sacred Kwilu Pende sculpture called *Balot* (1931). Read together, the letters elaborate the collective's many aims, hopes, as well as concerns, in realizing its ambitious vision for this exhibition.

Hicham Khalidi

Letter of 15 January 2023

Dear Hicham,

Collective greetings from the members of CATPC in Lusanga.

Our contribution to collective memory, through an exhibition in the Dutch Pavilion, will be a wonderful opportunity to give back to humanity the fruits of our research into the history of white cubes, which are intimately and often shamefully linked to the plantations, something of which nobody speaks. Through this exhibition, we will come to the culmination of our collective journey into truths that deserve to be shared, among them the ties between plantations and museums.

As plantation workers, the opportunity to exhibit in a white cube in the West is an unhealthy privilege, in view of our ancestors as well as we, their descendants, who suffered and continue to suffer, as enslaved people, to provide goods to the civilized world and to rich countries. Hence the need not only to offer a beautiful spectacle to the audiences but to ensure that the utmost positive impact is made — both material (economic benefits) and immaterial (historical memory) — on the exhausted plantations, like the one where we live in Lusanga.

Formerly called Leverville, this village deep in Congo was once the capital of an immense palm oil empire that was invaluable to the Lever Brothers (today known as Unilever). Its extraction of nature and the enslavement of entire communities on the plantations in Lusanga and elsewhere in the world did not only allow for the accumulation of vast wealth but also for the financing and construction of white cube museums across Europe. This is just one example of the hidden truths regarding the profits of forced labour on plantations in the [Global] South. Until now, these truths have remained buried and camouflaged, a testimony to the desire of these multinationals to distance themselves from the violence that their extraction inflicted on the plantations.

PP. 149-172 [The Judgement of the White Cube]

CATPC's most recent film *The Judgement of the White Cube* shows a denunciation by plantation workers: accusations and testimonies against the white cube, that is, our white cube in Lusanga, which also represents all other white cubes of the world at once.

Today there should no longer be any doubt: the history of the plantation is linked directly to the history of the white cube, and it is guilty of directly benefiting from the enslavement of all these humans who are forced to work until they collapse from exhaustion on the plantation. Chocolate is impure, like all other products that come from the plantation, including the white cube. The opportunity to now pair a white cube on a plantation with one at the summit of the art world allows for a direct look into these two worlds and into the inequalities between them. Meaningful and sincere reflections will be produced from these different but related realities coming together.

Questions of care, repair, healing and restitution become unavoidable, as no white cube can claim to decolonize as long as the plantations are not decolonized; hence the need for the temporary return of the sacred sculpture representing [Maximilien] Balot, back to the plantation, now a post-plantation. Through this exhibition, CATPC will present the world the way it sees it: on one side, a white cube standing on a plantation, now transformed into a sacred

forest with sacred art. On the other side, a white cube captured in a forest of stone buildings, the so-called privileged world where nature is absent. Here, art will slowly become sacred again through its connection with the sacred of the post-plantation.

Reappropriating once confiscated land by buying it back, and then bringing back biodiversity, through the regeneration of forests: this is the key to decolonizing the plantations. These forests were once eradicated and replaced by monoculture plantations: the plantations without which the white cube would not have seen the light of day. The white cube is indebted to the plantations. It has benefitted from forced labour that enslaved many people, it is culpable for and complicit in the cruelty of a murderous system of extraction that has exhausted and continues to exhaust these lands.

The consequences of this violence: the destruction of the forests and all the abuses and excesses of the plantation system are numerous for those who live on these exhausted plantations: no infrastructure worthy of the name, no education for the young, no access to health care, no paid work, no land to cultivate ... the list of precarity is long.

We view the exhibition as a celebration, bringing together two worlds: one is sacred and the other one is not sacred. Through this twinning [of the Lusanga White Cube and the Dutch Pavilion], CATPC presents the two worlds as it sees them: on one side, a white cube in an exhausted plantation transformed into a sacred forest with sacred art and, on the other, another powerful white cube in an impoverished forest of [stone] buildings. A reciprocal observation allows others to apprehend these worlds with their differences and inequalities and to share visions and experiences for a possible common future. Through this pairing of cubes, or this connecting of worlds the sacred crosses over to the non-sacred in order to heal the contaminated world of its capitalist spirit. Through this pairing of cubes, or this connecting of worlds, confidence in the sacred is revealed, not to say violated, by the commodification that art generates. These exchanges of energies will give this exhibition its truthful meaning, a cohabitation of good and evil that we want to call: *The International Celebration of Blasphemy and the Sacred*.

The goal of this exhibition is to write a scenario in which good contaminates evil and in which problems become solutions. A scenario in which the sweat and the proceeds of plantation labour (cacao or palm oil) are transformed from impure stains into tools for repair, as we, CATPC, exhibit and express our ideas in these same fruits that we have produced, allowing us to buy back confiscated land, to regenerate the sacred forest and to allow for peaceful coexistence between humans and nature. Without further ado, let us take a look at the exhibition itself, at how we see the relationship between these two worlds and what it means to put them together. We do this in a spirit of mutual decolonisation to bring about a peaceful and harmonious future among humans who can complete each other.

Ced'art Tamasala for CATPC

Letter of 3 February 2023

The following letter was written in response to a specific question I posed to CATPC in one of our Zoom sessions regarding the role of Renzo Martens: 'If the White Cube has received a ceremony of cleansing, then why not Renzo as well? If it is about taking back the means of production — restituting the means of production from the point of view of the decolonizer — then what role does Renzo play in this? Does this role need to be reconsidered?'

Dear Hicham,

We have reflected on your words and suggestions and have decided that this is indeed the right time to sever the historical link between our collective CATPC and Renzo Martens who, since his arrival in Lusanga, has helped to set up our cooperative and repatriate the White Cube.

Our cooperative now has the means of production — land, art, its own white cube museum, as well as other infrastructures that are useful to our environment. We also have now found a place in national and international debates. After listening and appreciating your wise advice and after collective consultation within CATPC — we have decided to create a ceremony that will not only be physical but also traditional and spiritual. In this ceremony the earth, the air and the water in union with all beings (humans, plants, animals ...) will be recognized by the Indigenous people living on site. Then it will be the time for workers from other monoculture plantations, whom we will invite to bless the post-plantations.

CATPC will meet with the local community who are also part of the project, for the *Mosi* ceremony; This ceremony will allow us to move to a next stage, another methodology, a normalization, in which CATPC invites partners and responds to invitations with any organization if and when it wishes. We confirm our autonomy and engage in partnerships with whomever it pleases us or does us good. After this ceremony, we will normalize our relationships; after all, Renzo has returned to us only what was already ours, and what we were owed. It will also help Renzo to move on to the next stage in our collaboration, if we ask him to and if he agrees of course.

We are pleased that as the last act of this historical engagement, Renzo and you are now forwarding us the invitation to propose an exhibition at the Dutch Pavilion. Many thanks to you, Hicham, for your advice and for catalysing these constructive thoughts of a harmonious future.

You should know that Lusanga is built at a confluence. This is where the two great rivers (Kwilu and Kwenge) meet. We are building a new world at this confluence, where energies meet. These combined energies also allow us to rebuild a connection between barely paid plantation labour and the art world. This confluence, we do not want to establish it only at home, but at the other end of this river, at the other end of this relationship of power.

In Venice, the sculptures and other works we want to install represent neither an external reality, nor guilt. They are reality themselves, and through them, one can glimpse the soul and vision of our work and collective spirit. Each sculpture

contains the past and the future. To transmit them from Lusanga to Venice, we will use the yields of the plantation sweat (cacao, palm oil) and mix in the soil that we will bring from Lusanga. Into this mixture, we will also plant the seeds of the plants that now grow again in the post-plantation, the former plantation that we have secured, and these seeds will also grow in the sculptures. Each sculpture will mark the passage from a painful and dark past to an ecological future, a future in which the sacred forest will flow through the pavilion.

The Mosi Ceremony

The ceremony will take place on 7 February 2023. The *Mosi* ceremony will serve to normalize our relationships, to reconcile the alliance in the name of our ancestors, as well as with the land and the sacred forest that we create.

1. Lusaku

Sealing (with the aid of palm wine and kola nuts) the *Lusaku* (a word that contains *Luyalu* force, or a prayer to the ancestors), in three different places of the post-plantation, to cut the link and affirm our autonomy.[1] The ceremony will take on the following sites:

a. The Luyalu Nursery
b. The White Cube
c. The newly purchased and not yet regenerated lands of the post-plantation, in the presence of the former workers of the monoculture plantations, either still living or deceased (disappeared), whom we will invite and with whom we will bless the post-plantation as the work of their descendants.

2. Kimakulu

For things to go well, the living and deceased of the plantation will bless the earth, the water, and all beings to inaugurate new era with success and accomplishment.

For the occasion, three different trees will be planted at three different sites. In this way, the earth, water, and air will be reconciled with the living people of the plantation (which has now become the post-plantation) and we will identify together with them as the autonomous and free owners of the lands once confiscated by Unilever, now recovered or whose freedom was purchased through the fruits of our collective labour at CATPC.

For CATPC
Ced'art Tamasala

1. *Luyalu* means 'reign' or 'power' in Kikongo.

Letter of 4 February 2023

The following letter was a response to questions I had asked about why CATPC chooses to exhibit casts made of cacao and palm fat instead of their original clay works. Why not show the clay works themselves in Venice? Also, I wondered, if the purpose of using these materials is to carry out an indictment against white cubes, then what does it mean to inflict pain in the context of sacrality? Do CATPC's sculptures risk becoming objects of pain, only showing everything wrong with the system, rather than becoming objects of transformation?

Dear Hicham,

Once again, we would like to tell you that we have appreciated our exchanges which are not only constructive for a harmonious future, but also offer the foresight of an egalitarian future between humans who are conscious and responsible for their acts — putting ourselves together to find sustainable solutions to the problems of our societies.

To express ourselves properly, while remaining true to who we are (artists from the plantation), we want to invoke the crucial importance for us to express and share our thoughts and vision by using the materials that speak to us. Our need to use cacao or palm oil or other plantation materials is no accident. These materials concern us directly. If some artists who have no connection to plantations have the right to use cacao or sugar to criticize the system (in a sterile way), although they have also been fed by plantations, and while their artworks do not generate any return for those communities living and working on the plantations, where everything started, then we feel legitimate and worthy to do so too.

Enslaved labourers and involuntary investors in a system from which they reap no returns: they are forgotten in the past, the present and will be the forgotten ones of the future if we remain inactive and indifferent about ongoing injustices that seem to have become normalized in everyone's eyes. They are entitled to recognition for their unseen efforts.

We believe that the time has come to pay tribute to all those who grow and harvest the fruits of plantations. These fruits are transformed by ungrateful machinery that erases the labour, love and hopes of those who work on the plantations. This produce consumer products, but also museums. These machines put people to sleep in an unconscious consumption that makes them complicit in ruthless carnage. But the soil has a memory, and it remembers the thousands of kilogrammes of raw material (coffee beans, cacao, palm oil) that have been extracted from it. Now the soil asks these materials to return their confiscated and accumulated energies. The only way to free the earth is for the earth to ask these materials to return their energies to where they were taken from.

We make these raw materials messengers, and we ask the people who consume them as processed products (coffee, sugar, cocoa, soap ...) for their emotional support. Their emotional support with their hearts ♥♥♥, brains, bodies, as well as souls, will participate in creating new worlds, and if their acts are real and sincere, we can dream of bringing back the forest.

There is no function for cacao and palm fat more sacred than to represent the sacrifices of the past and the present and to engender the future and bring back the forest. For the Dutch Pavilion, no fate is more sacred than to function as the mortuary, the cellar of the plantation's and white cube's dead, and to be the source of regeneration of the forest of their children. Suppose we will be offered the opportunity to use the pavilion in Venice. In that case, it will be the occasion to erect a monument in homage to the souls of the plantation that fed the art world of the past and feed the art world of the present, souls still trapped in the same labour regime. This labour remains nearly unpaid, and this regime continues to impose monoculture. These plantations replace natural forests, eradicated by an unwitting accumulation of wealth, to the detriment of the Indigenous communities enslaved on their land.

These countless humans who are disappearing silently without any care for them will be able to recover their strength — with the support of the many. What our future partners will give, we will accept with joy. Anyone who volunteers to support (including you and Renzo) and anyone who shows the desire to contribute even the smallest brick to the construction of the huge edifice that is the post-plantation is welcome to work with us, in all humanity and equality.

We consider the idea of using chocolate from the plantations as a contribution to this collective work that we have initiated. This should not be seen as a problem, but rather as the first step towards a solution, a solution that will require many more steps. The sincerity and truthfulness of our proposal for Venice lie in the fact that we express through our art the ideas that really can change our conditions, rather than avoiding ruffling any feathers, or rather than making art that is not transformative. The public needs to be informed about the disastrous (often hidden) realities that people experience on the plantations, expressed in products that, once processed, become beyond their reach.

Sincerely yours,
Ced'art Tamasala
CATPC

Letter of 11 November 2023

The following letter is a shortened version of the letter that was sent by the CATPC to the Virginia Museum of Fine Arts requesting the temporary return of the Balot sacred sculpture.

Dear Members of the Board of Trustees presided by Lynette L. Allston, Director and Chief Executive Officer Alex Nyerges and Chief Curator Michael Taylor, of the museum in possession of the sculpture of 'Balot'.

It is with a grateful heart that we, the members of the Cercle d'Art des Travailleurs de Plantation Congolaise, or CATPC, express our relief to finally be able to engage in a dialogue with you on the issue of the temporary return of the Balot sculpture to its native Congo. We welcome the openness and dialogue that was not possible three years ago when Matthieu Kasiama and I visited the Virginia Museum of Fine Arts (VMFA) and we failed to encounter this ancestor because it was in a museum in Switzerland.

The fact that this work of art, sculpted in wood, coming from the Congo, was able to migrate from one place to another — from the United States to Switzerland — gave us hope that one day the 'Balot' would also go travel to Lusanga, the plantation for which labour was forcibly recruited, and against which the sculpture was made. This gives us the determination and hope to get closer to our ancestors through this sculpture. Our efforts to reconnect with this sculpture, after several unfruitful attempts, did not distract us from our main objective: to reconnect with the sculpture and recover some of its force.

We, the plantation workers in Lusanga, know that we have the moral and intellectual legitimacy to connect with this cultural and spiritual artefact to which we are naturally linked. We, the plantation workers, are firm in our fundamental belief in the circulation of people, ideas, and artefacts for the benefit of humanity. We believe this is part of connecting with our history and a way to correct the injustices of the past.

Over the past few years, our application for a temporary loan from your institution (VMFA), which we have made several times, has met with many obstacles. This year, on the occasion of our participation at the 60th Biennale in Venice, where we will present work in the Dutch Pavilion, (and together with our partners, including the Dutch Mondriaan Fund) we have renewed our request for a temporary loan. The exhibition will take place simultaneously in Lusanga and Venice, and we would like Balot to be live-streamed to Venice, hence the urgency for the sculpted Balot to come to Lusanga next year.

Your letters, based on our request and discussions, list conditions that we will have to meet to be eligible for a loan of the Balot sculpture. We consider a home return to have deeper ecological, moral, and spiritual significance than Western ideas around security or conservation. Artefacts are carted away and sequestered in Western institutions whose condition reports determine how these objects are seen and circulated. It is a colonial hierarchy we would rather not have imposed on us.

It would be a mistake for institutions to normalize the fact that they are at the top, forcing us to kneel when unjust laws, infested with gross inequality, try to drag us into a new vicious cycle that deprives us of our dignity as a people.

However, it was Brother Azu Nwagbogu who said, 'Comparing our pain is not the way to go. And establishing who has suffered the most between one side and the other won't change much for either side.' I think his advice is divine wisdom.

For us, artists and members of the CATPC, the most important thing is that we now have had fruitful exchanges with you. It is only together that we can succeed, you and us. This is the only way this will be possible: through dialogue, mutual consideration, and openness in exchange, which implies that we act in good faith and goodwill.

We have reached an important milestone in our exchange. It is the fruit of the efforts of all of our collective, of you at the VMFA, but above all of the support and accompaniment of Ndubuisi C. Ezeluomba, to whom we, the members of the CATPC, would like to express our collective gratitude for his commitment and open-mindedness, without which we could never have dreamed of one day making Balot's sculpture travel to Congo.

If this becomes a reality soon, it will be a great achievement for all of us, with glory for the VMFA, La Biennale di Venezia, and for the whole world. So, I'd like to take this opportunity, on behalf of all the members of our CATPC collective, to congratulate and thank everyone involved in this impending success. And to all the heroes in the shadows, so numerous that I can't mention them all here: a big thank-you to the community of artist-planters of Lusanga for their determination, their commitment to archival research, the process of long-term emancipation and the continuation of the reforestation programme and the inspiration that we are happy to share with our community of Lusanga, with your community in Richmond, and with the rest of humanity.

I dare to hope that together, dear members of the board, directors, and curators at the VMFA, great things await us on the horizon. And we will always be ready to work together and move in the same direction on this long-standing issue.

Kind regards, Luyalu!
Ced'Art Tamasala, for CATPC

Biographies

29-31

CATPC

CATPC — in full 'Cercle d'Art des Travailleurs de Plantation Congolaise' or 'Congolese Plantation Workers Art League" — is an art cooperative of plantation workers from Lusanga, DR Congo. It was founded in 2014, together with well-known environmental activist René Ngongo. In 2017, the New York Times called their solo exhibition at the SculptureCenter 'the most challenging show of the year'. With the proceeds of their art, CATPC has built a practice of securing hundreds of hectares of former plantation land for future generations. In the midst of this land, they have built a museum: the White Cubec is indicted for its involvement in colonialism and forced labour. On this land, they are restoring worker-owned, ecological and inclusive food forests: the post-plantation.

Current CATPC members:
Djonga Bismar (1978)
Alphonse Bukumba (1994)
Irène Kanga (1994)
Muyaka Kapasa (1963)
Matthieu Kasiama (1987)
Jean Kawata (1980)
Huguette Kilembi (1993)
Mbuku Kimpala (1986)
Athanas Kindendi (1970)
Felicien Kisiata (1945)
Charles Leba (1992)
Philomène Lembusa (1989)
Richard Leta (1964)
Jérémie Mabiala (1950)
Plamedi Makongote (2001)
Blaise Mandefu (1968)
Daniel Manenga (1974)
Mira Meya (1983)
Emery Muhamba (1970)
Tantine Mukundu (1985)
Olele Mulela (1952)
Daniel Muvunzi (1981)
René Ngongo (1961)
Alvers Tamasala (1990)
Ced'Art Tamasala (1983)

Renzo Martens

Renzo Martens (1973) studied political science and art. After creating the films *Episode I* (2000-2003) and *Episode III: Enjoy Poverty* (2008), Martens founded Human Activities and its 'reverse gentrification programme' on a plantation in the DRC. He supports the plantation workers of the Cercle d'Art des Travailleurs de Plantation Congolaise (CATPC) by using artistic critique to build a new world — not symbolically, but materially. Together, they established the White Cube to return capital and visibility to communities of plantation workers. In Martens' latest documentary *White Cube* (2020), CATPC sets a new precedent and successfully uses the concept of the 'white cube' to liberate their land and restore ancient forests.

Hicham Khalidi

Hicham Khalidi (1972) has been director of the Jan van Eyck Academy in Maastricht (NL) since 2018. From 2015 until 2018, he was associate curator at Lafayette Anticipations in Paris. He was also the curator of the group exhibition ACT II for the Sharjah Biennale in Beirut in 2017, cultural attaché of the Sydney Biennale in 2016 and chief curator of the Marrakech Biennale in 2014. As a curator, Khalidi is interested in the context and conditions related to contemporary art and art-institutional practice. In particular, Khalidi is interested in how climate change, the accumulation of crises and processes of colonialism affect this. He considers curatorship as working in service of and in coalition with other people.

The International Celebration of Blasphemy and the Sacred

20 April — 24 November 2024
Dutch Pavilion
La Biennale di Venezia 2024

Artists
Cercle d'Art des Travailleurs de Plantation Congolaise (CATPC): Djonga Bismar, Alphonse Bukumba, Irẽne Kanga, Muyaka Kapasa, Matthieu Kasiama, Jean Kawata, Huguette Kilembi, Mbuku Kimpala, Athanas Kindendi, Felicien Kisiata, Charles Leba, Philomẽne Lembusa, Richard Leta, Jérẽmie Mabiala, Plamedi Makongote, Blaise Mandefu, Daniel Manenga, Mira Meya, Emery Muhamba, Tantine Mukundu, Olele Mulela, Daniel Muvunzi, Alvers Tamasala, Ced'art Tamasala. CATPC is presided by Renẽ Ngongo

Artistic Team
Hicham Khalidi (curator)
Renzo Martens (artist)

Commissioner
Mondriaan Fund
Eelco van der Lingen (director)

Production Team
Janke Brands, David van den Berg, Hans Lentz, Ankie Schellekens, Anniek Vrij, the CATPC team at White Cube Lusanga

Communications and PR
Esther Schussler, Rhiannon Pickles, Madelon van de Pas

Finance
Edgar Tepe

Editor
Milo Vermeire

Graphic Design Exhibition
Michaël Snitker

Graphic Design Communications
Das Buro

Exhibition Installation
Landstra Ontwerp en Uitvoering

Audio Visual
Indyvideo

Publication

Editor
Milo Vermeire

Authors
Hicham Khalidi, Amanda Sarroff, Ced'art Tamasala and CATPC, Renzo Martens

Introduction
Eelco van der Lingen

Copy Editing & Proofreading
Eleonoor Jap Sam, Aaron Bogart (English), Natasha Leeman (French)

Translation to French
Het Vertaalcollectief

Translation to English
Renzo Martens
Marie Louise Schoondergang

Photography Sculptures in Cacao
Peter Tijhuis

Photography Sculptures in Clay
CATPC

Film Stills
Jurgen Lisse

Cover image
CATPC (Richard Leta), *Vengeance Pende 1931*, 2021, © Peter Tijhuis

Graphic Design
Michaël Snitker

Typeface
Paralucent

Paper
Constellation Snow E07 240 gsm
Muskat Brown 290 grs
Circle Offset White 95cie 110 gsm
Maxi Gloss 115 gsm

Lithography
Wilco Art Books (Mariska Bijl)
Sanne Peper

Printing and Binding
Wilco Art Books
Patist Boekbinders (PATAbind)

Publisher
Mondriaan Fund

Partner
Jap Sam Books

Acknowledgements

The Mondriaan Fund wishes to thank: The Dutch Ministry of Education, Culture and Science, Foundation Rietveld Pavilion Venice and the advisory committee of the Dutch Entry (Raul Balai, Hendrik Folkerts, Franziska Nori, Suzanne Swarts, Fatos Üstek and chairman Eelco van der Lingen).

With special thanks for their contribution: The team and board of Human Activities, Scenery, Jan Hein van Joolen and Virginia Museum of Fine Arts.

The artistic team and the artists wish to thank: Ariella Aïsha Azoulay, Ruba Katrib, Dr. Ndubuisi C. Ezeluomba, Jean Kimwanga, Petit Mboma, Paulin Madia, Kiwenge Kibua, Nzete Malulu, Basile Malongi, Elie Lutondo, Fils Maniania, Kasiama Ngumbu, Mangala Mbo, Isaac Munanga, Sara Mapaya, Jan van Eyck Academie (Ton van de Ven, Solange Roosen), Ibrahim Mahama, Michel Ekeba, Elẽonore Hellio and Joyce Lufimpadio.

ISBN 978-90-76936-59-8

JAP SAM BOOKS

CATPC

mondriaan fund

Mondriaan Fund
Brouwersgracht 276
PO box 773
NL — 1000 AT Amsterdam
www.mondriaanfonds.nl
www.dutch-pavilion.com

Dutch Pavilion

Pavillon néerlandais, 1954
Venise, Italie
Conçu par Gerrit Rietveld
16 × 16,3 mètres = 260,8 m²

Dutch Pavilion, 1954
Venice, Italy
Designed by Gerrit Rietveld
16 × 16.3 meter = 260.8 m²

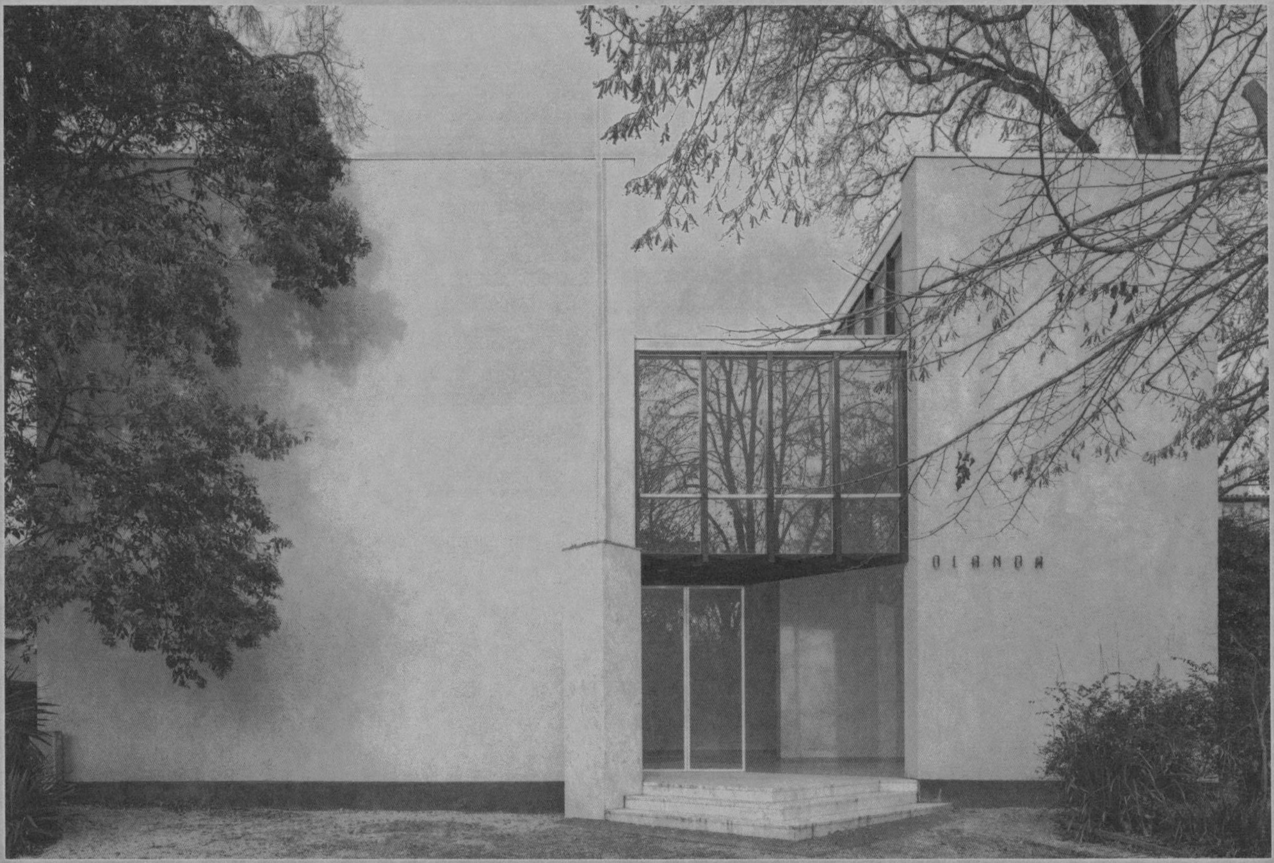

Photo: Andrea Avezzù

Pavillon néerlandais

Sculptures in Cacao and Palm Fat

CATPC creates sculptures with clay from remaining old-growth forests around Lusanga. The stories told through these sculptures are intended to generate change as they travel the world. The works are photographed from every side so a digital 3D model can be made. This model is sent to a 3D printer in Amsterdam where it prints a copy of the sculpture. A layer of silicone is applied around the printed model to create a flexible mould. Next, cacao is mixed with palm fat and sugar and cast in the silicone mould to recreate the clay sculpture in cacao. By using the raw materials (cacao, palm oil and sugar) that come from plantations like theirs, CATPC feels that the sweat and proceeds of plantation labour are transformed from impure stains into tools for repair. They exhibit their ideas in the same fruit that they have produced on the plantation. This is readily available in Amsterdam since the port is one of the world's largest cacao clusters. The following pages feature photos of the sculptures in cacao made at the studio in Amsterdam by photographer Peter Tijhuis.

All captions written by Ced'art Tamasla and CATPC.

Le CATPC crée des sculptures avec de l'argile provenant des forêts anciennes restantes autour de Lusanga. Les histoires racontées à travers ces sculptures ont pour but de susciter des changements alors qu'elles parcourent le monde. Les œuvres sont photographiées sous tous les angles afin qu'un modèle numérique 3D puisse être réalisé. Ce dernier est envoyé à une imprimante 3D à Amsterdam où une copie de la sculpture est imprimée. Une couche de silicone est appliquée autour du modèle imprimé pour créer un moule flexible. Ensuite, du cacao est mélangé avec de la graisse de palme et du sucre, puis coulé dans le moule en silicone pour recréer la sculpture originale en argile en cacao. En utilisant des matières premières (cacao, huile de palme et sucre) provenant de plantations comme les leurs, le CATPC estime que la sueur et les bénéfices du travail en plantation sont transformés de taches impures en outils de réparation. Ils exposent leurs idées dans les mêmes fruits qu'ils ont produits sur la plantation. Ceux-ci sont facilement disponibles à Amsterdam car le port est l'un des plus grands pôles de cacao au monde. Les pages suivantes présentent des photos des sculptures en cacao réalisées dans le studio à Amsterdam par le photographe Peter Tijhuis.

Toutes les légendes ont été rédigées par Ced'art Tamasla et le CATPC.

37-148

‘Mvuyu is the virile bird that crunches white cube museums across the world. It is sensitive to the pain of its fellow creatures: when it finds another bird or an animal trapped by hunters, it intervenes to help the creature free itself. Here, it is cracking open guilty white cubes in order to liberate the energy captured in them and to decolonize plantations.’

« Le Mvuyu est l’oiseau viril qui croque les musées cubes blancs à travers le monde. Il est sensible à la douleur de ses congénères : lorsqu’il trouve un autre oiseau ou un animal piégé par des chasseurs, il intervient pour aider la créature à se libérer. Ici, il ouvre des cubes blancs coupables pour libérer l’énergie qu’ils contiennent et décoloniser les plantations. »

CATPC (Blaise Mandefu)
Mvuyu Liberator, 2023

cacao, palm fat, sugar
cacao, graisse de palme, sucre
80.5 × 78.7 × 128 cm

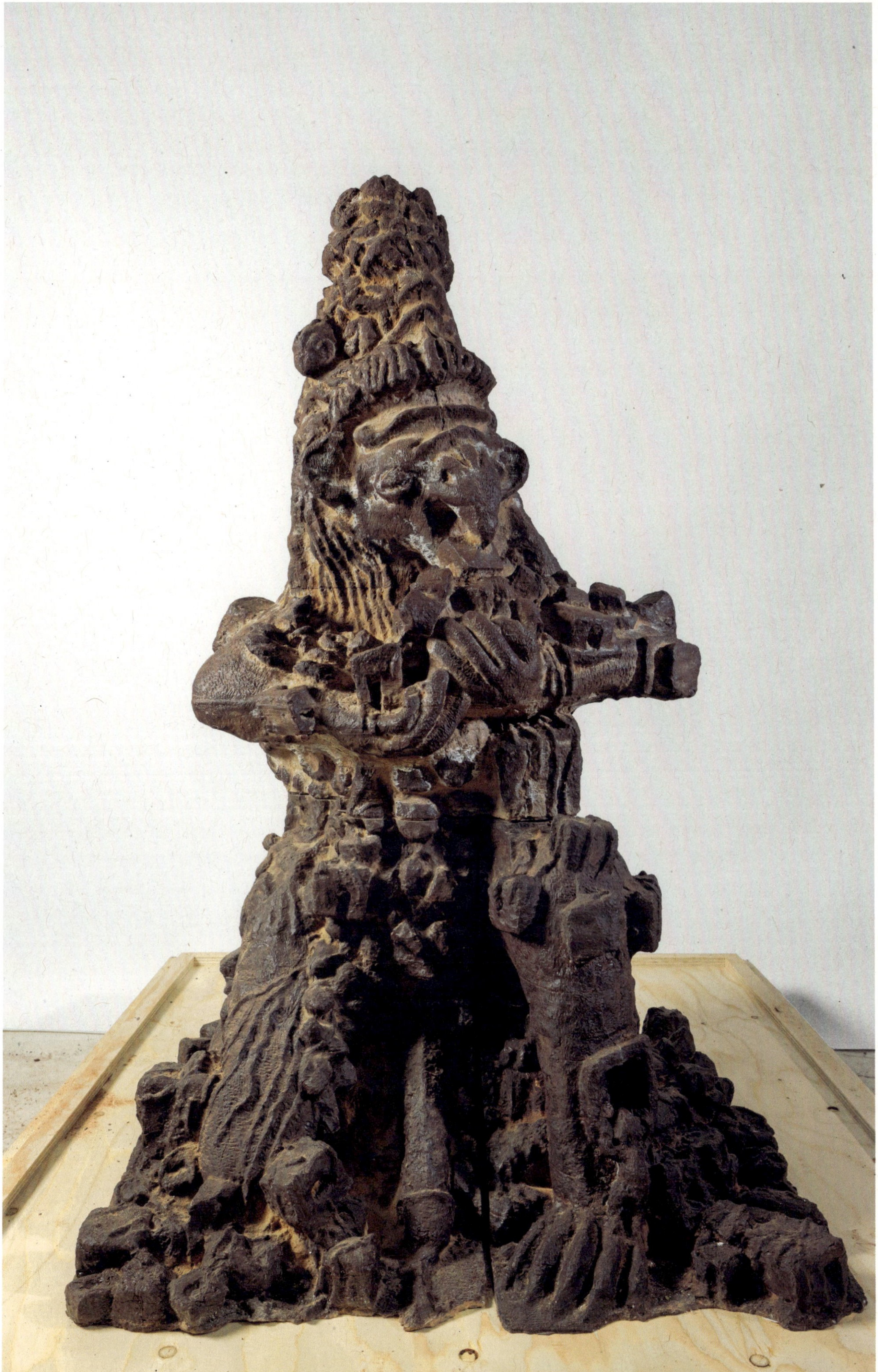

Mvuyu Liberator, 2023

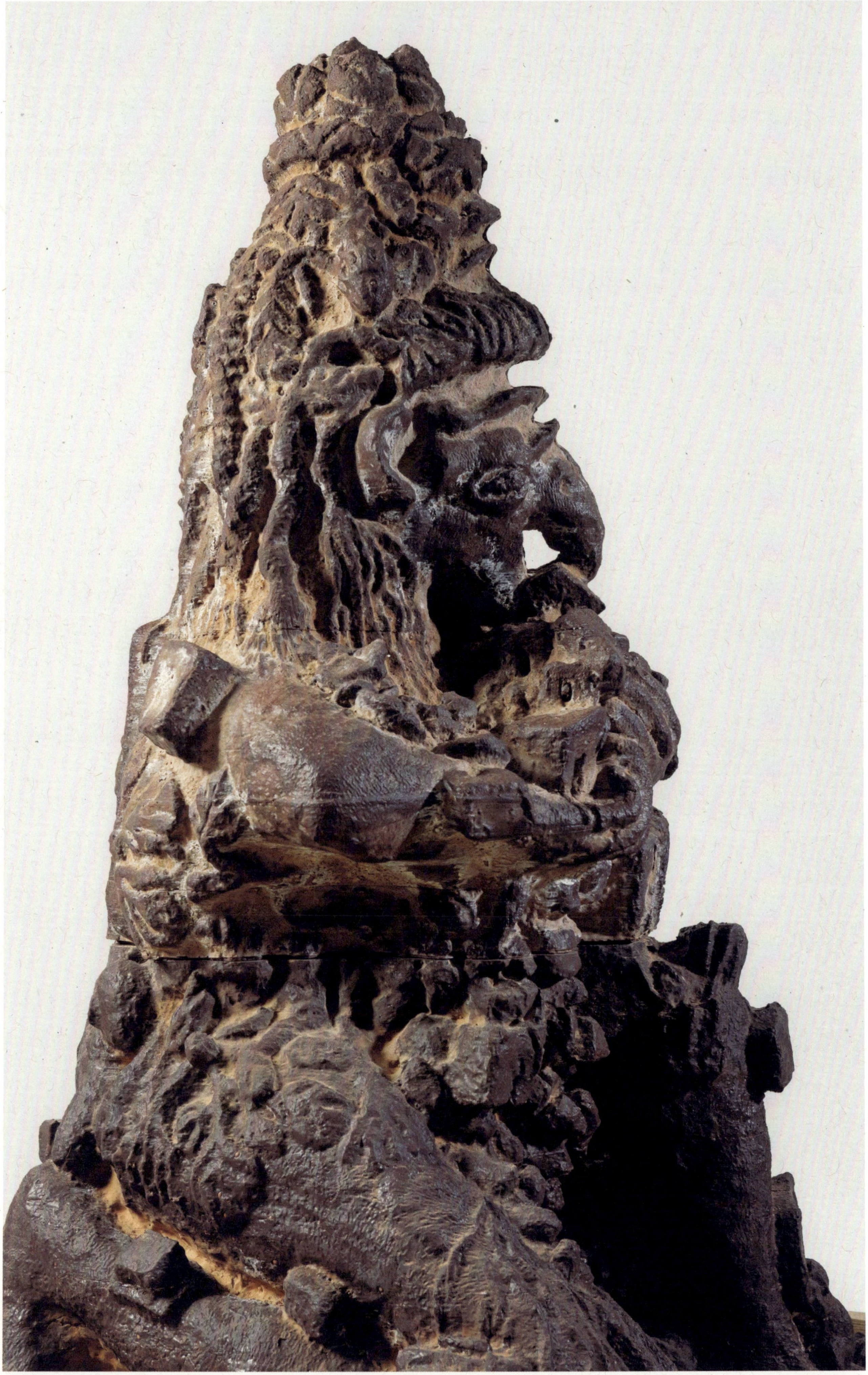

Mvuyu libérateur, 2023

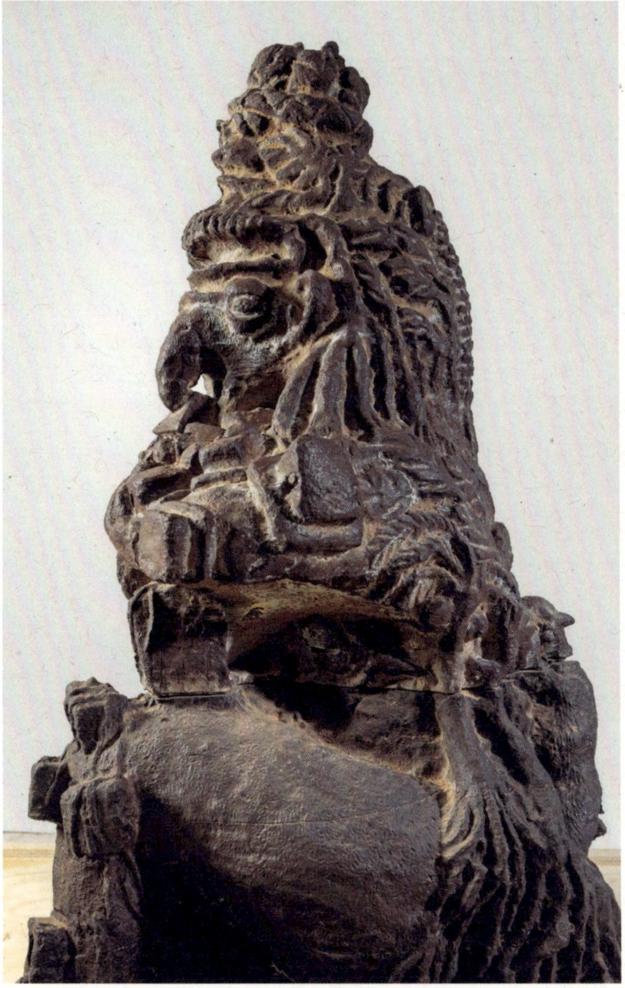

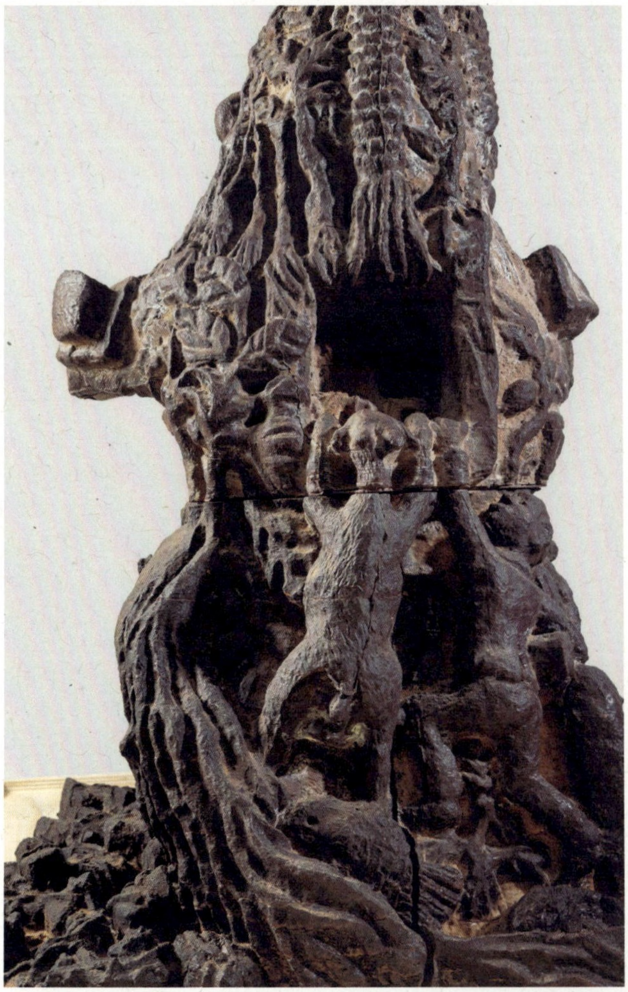

Mvuyu Liberator, 2023

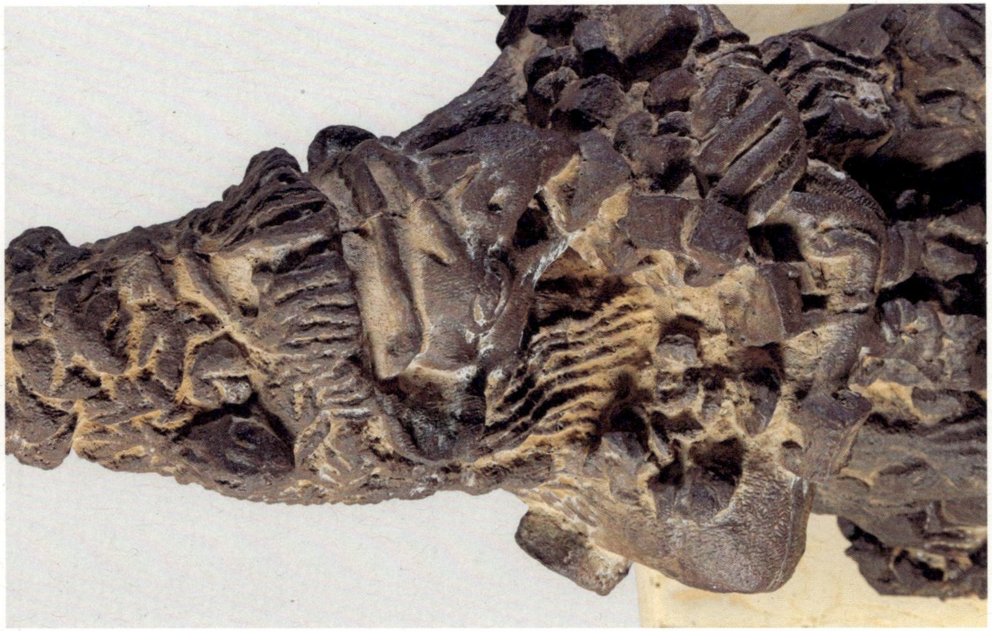

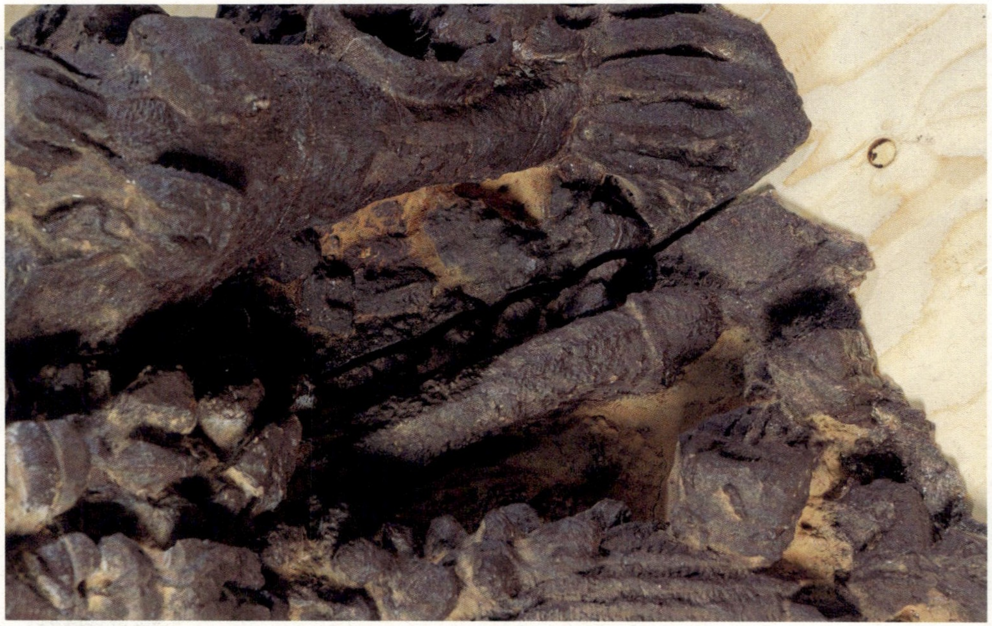

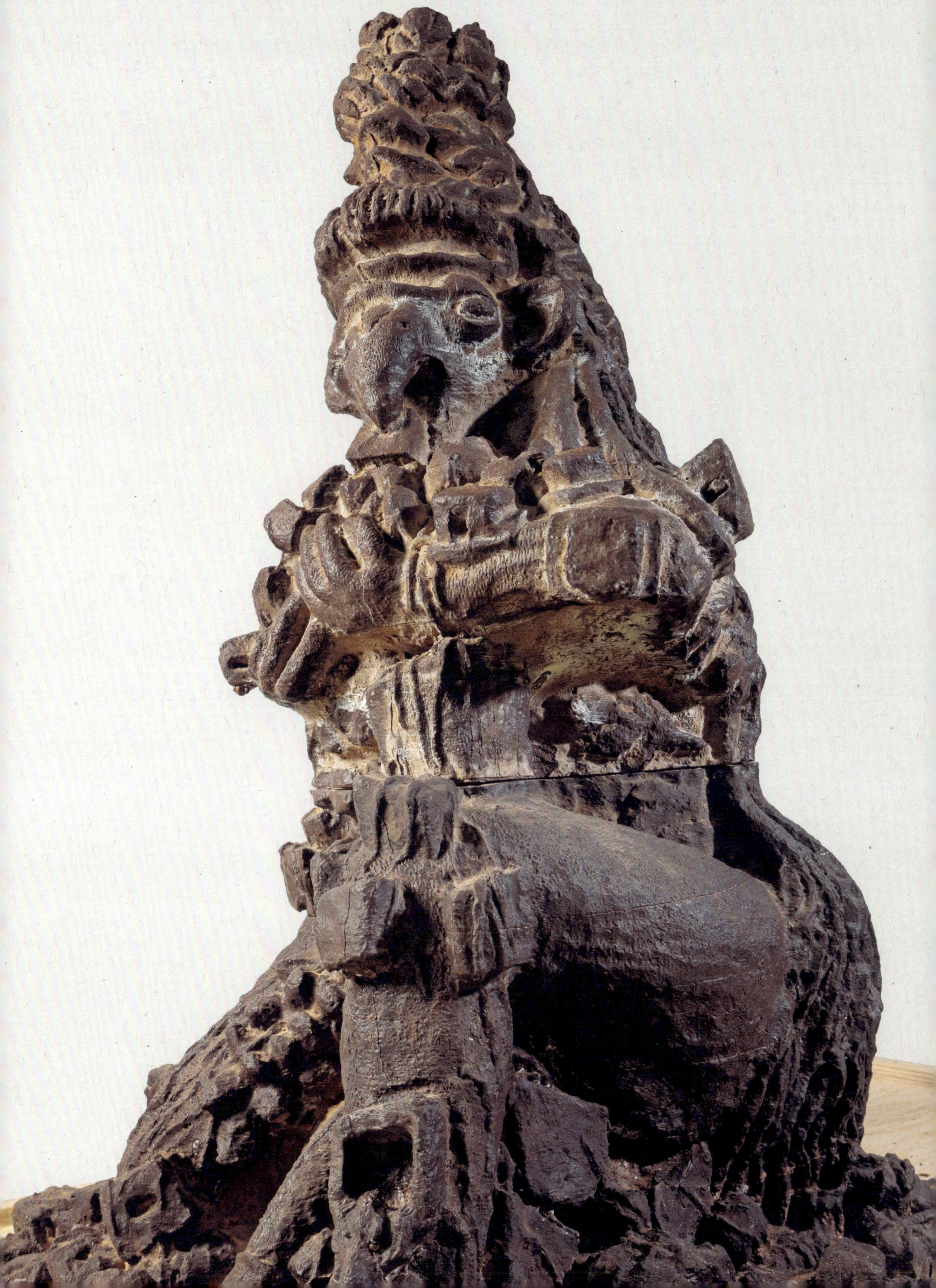

'A big beast feeds from the basket of a kneeling blind girl. Her heavy burden is attached permanently to her head. She feeds the ungrateful pig — the 'civilized' Western world — while she herself lacks enough to eat. She is not living, she is surviving. Between the hunger and the daily threat of disease, she is obliged to work in silence and without complaint. To ensure that every cup of coffee or bar of chocolate can be consumed by this beast, she needs to harvest more and more from the plantation. Behind his back, the beast holds a package, as if to hide or protect it from the enslaved girl. Even as she grows, she will always be preoccupied with feeding the frightening stranger, causing her to have little time to look after her own life.'

« Une grosse bête se nourrit du panier d'une jeune fille aveugle agenouillée. Son lourd fardeau est attaché en permanence à sa tête. Elle nourrit le cochon ingrat — le monde occidental « civilisé » — alors qu'elle-même n'a pas assez à manger. Elle ne vit pas, elle survit. Entre la faim et la menace quotidienne de la maladie, elle est obligée de travailler en silence et sans se plaindre. Pour que chaque tasse de café ou barre de chocolat puisse être consommée par cette bête, elle doit récolter toujours plus dans la plantation. Derrière son dos, la bête tient un paquet, comme pour le cacher ou le protéger de la jeune fille asservie. Même si elle grandit, elle sera toujours préoccupée par l'alimentation de l'effrayant étranger, ce qui lui laissera peu de temps pour s'occuper de sa propre vie. »

CATPC (Jean Kawata & Ced'art Tamasala)
Forced Labour, 2020

cacao, palm fat, sugar
cacao, graisse de palme, sucre
69.8 × 90.9 × 82.5 cm

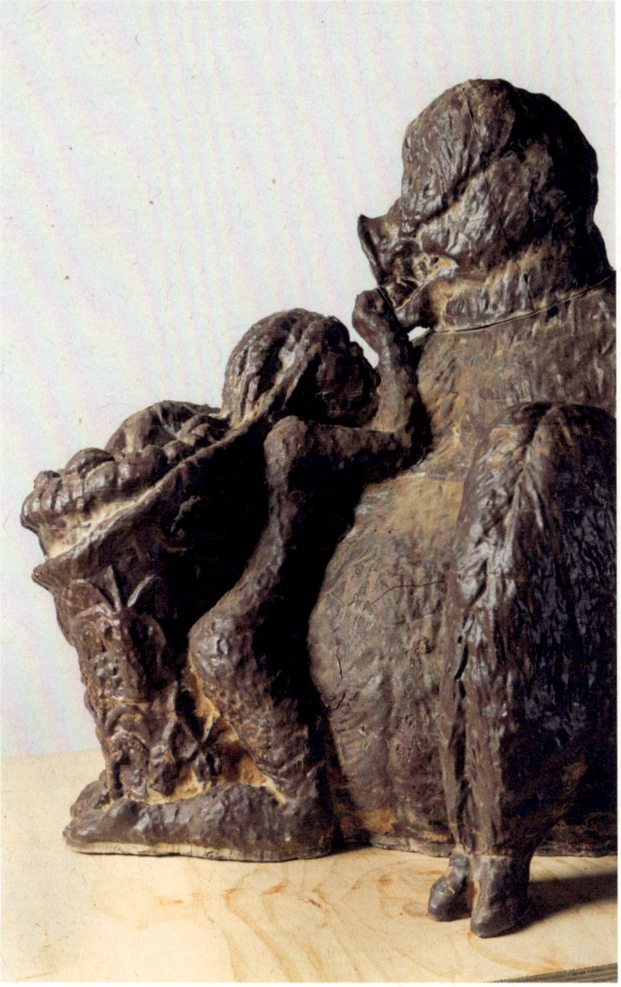

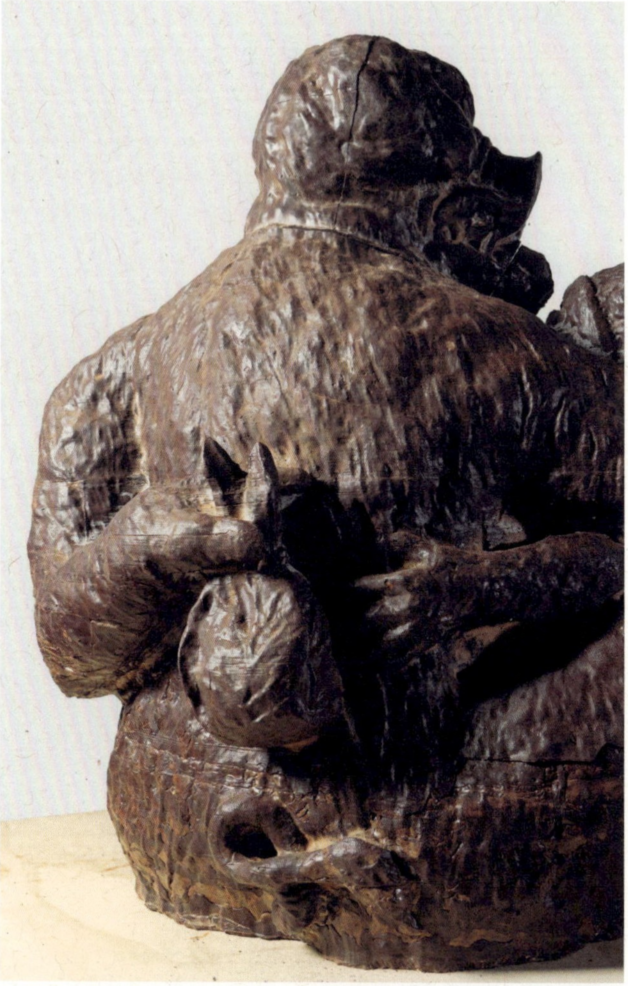

Forced Labour, 2020

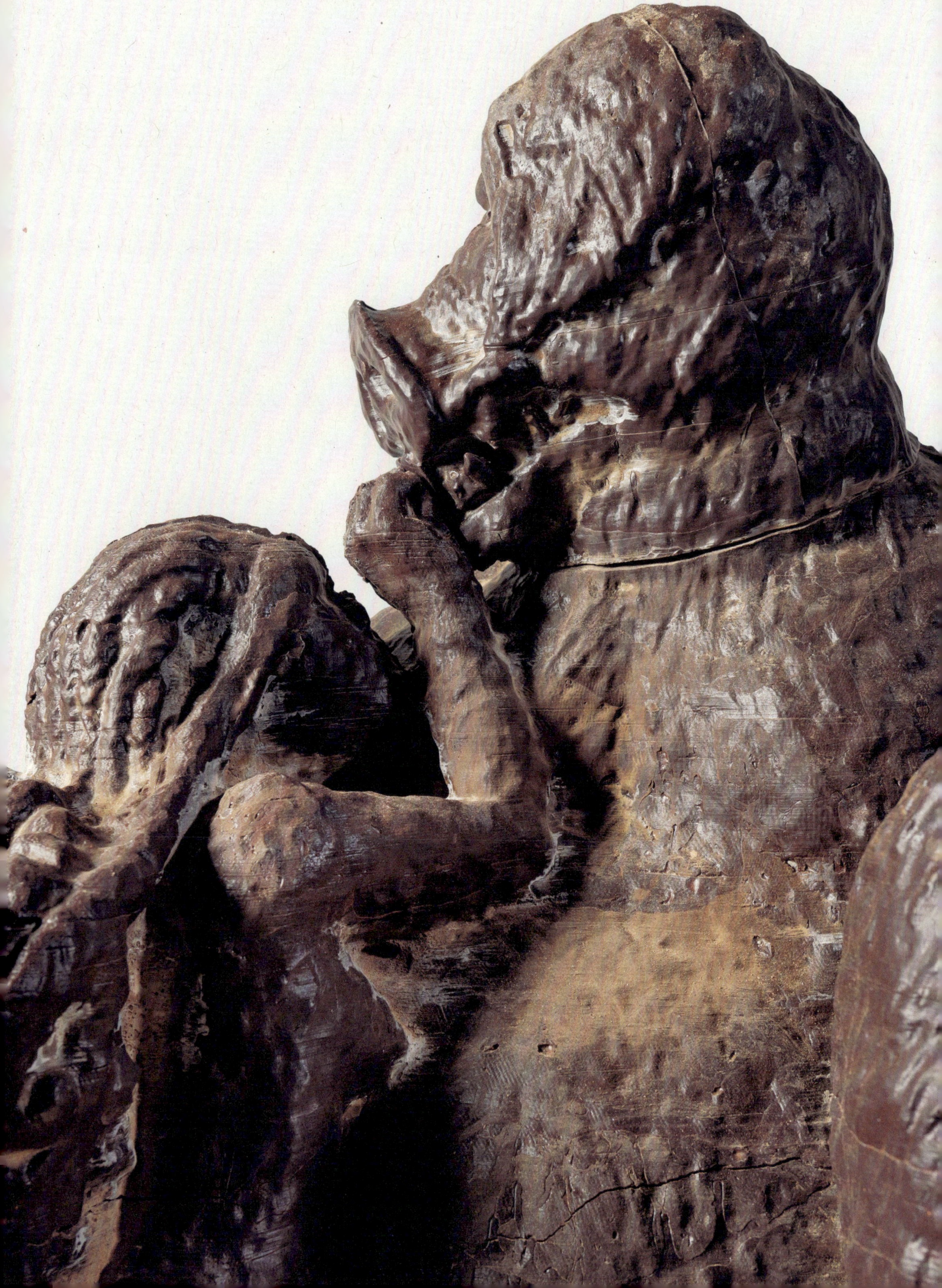

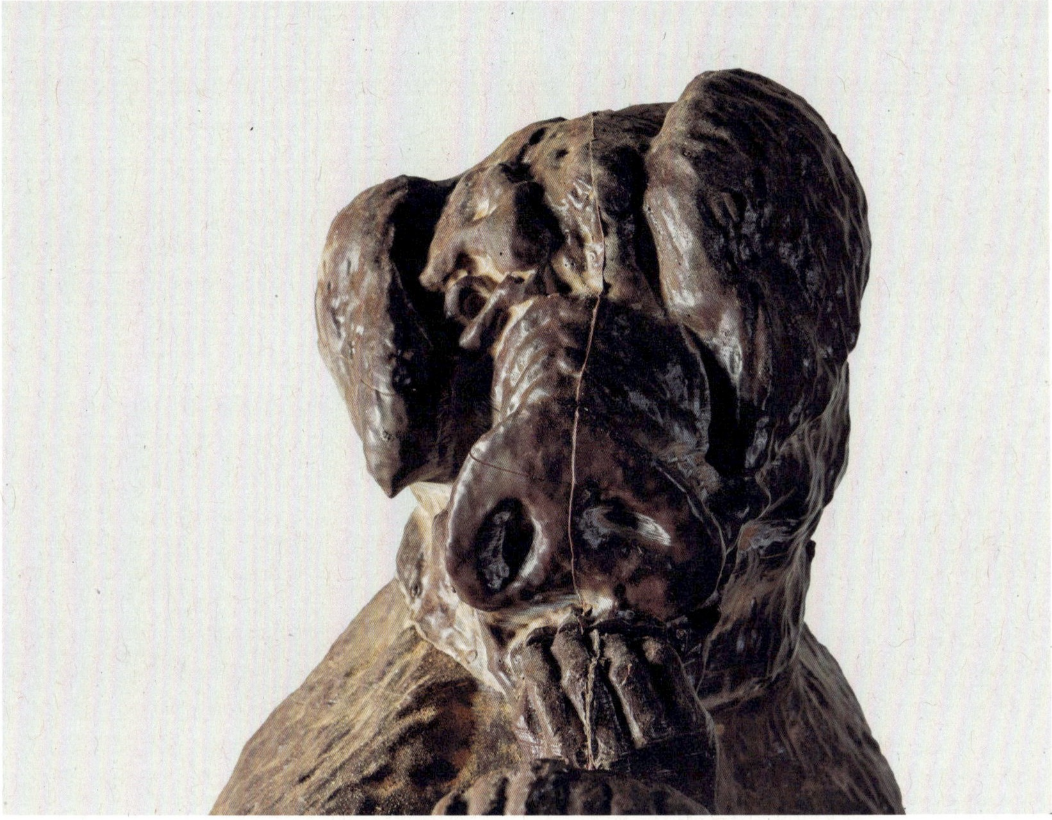

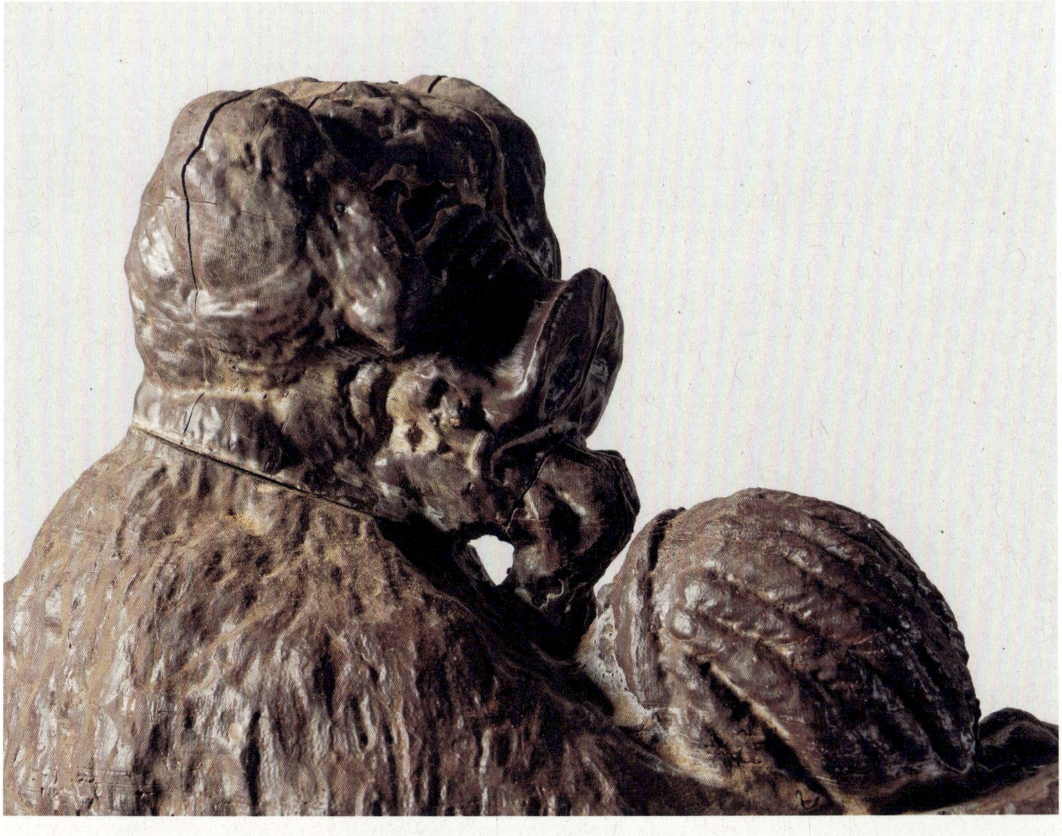

'The mother, the plantation, is the inspiration of and vector in the creation and continued existence of white cubes around the world. The world's art and financial institutions are constantly sucking at her brains, the organ that enables every human being to think. Subjugated without consent, she continues to help her tormentor. Despite herself, she gives away her brain and her strength to birth museums. These murderous, colonial institutions claim to be decolonizing, but why doesn't this decolonization extend to the plantations from which their wealth was cruelly extracted? The mother lives every day with the pain of childbirth. Her exhausted and martyred belly looks as if it has undergone multiple caesarean operations to give life to ungrateful, unrepentant museums of the North. This work is also a tribute to Dr Denis Mukwege, the gynaecologist who has helped tend to more than 60,000 women who have been raped in the war-torn east of Congo since 1998.'

« La mère, la plantation, est l'inspiratrice et le vecteur de la création et de la pérennité des cubes blancs dans le monde. Les institutions artistiques et financières du monde entier ne cessent de lui sucer le cerveau, l'organe qui permet à tout être humain de penser. Soumise sans consentement, elle continue d'aider son bourreau. Malgré elle, elle donne son cerveau et sa force aux musées dès sa naissance. Ces institutions coloniales et meurtrières prétendent décoloniser, mais pourquoi cette décolonisation ne s'étend-elle pas aux plantations dont les richesses ont été cruellement extraites ? La mère vit au quotidien la douleur de l'accouchement. Son ventre épuisé et martyrisé semble avoir subi de multiples césariennes pour donner vie à des musées du Nord ingrats et impénitents. Cet ouvrage est aussi un hommage au Dr Denis Mukwege, le gynécologue qui a aidé à soigner plus de 60.000 femmes violées dans l'est du Congo en guerre depuis 1998. »

CATPC (Mbuku Kimpala)
Lady of Museums, 2023

cacao, palm fat, sugar
cacao, graisse de palme, sucre
96.4 × 98.8 × 88.2 cm

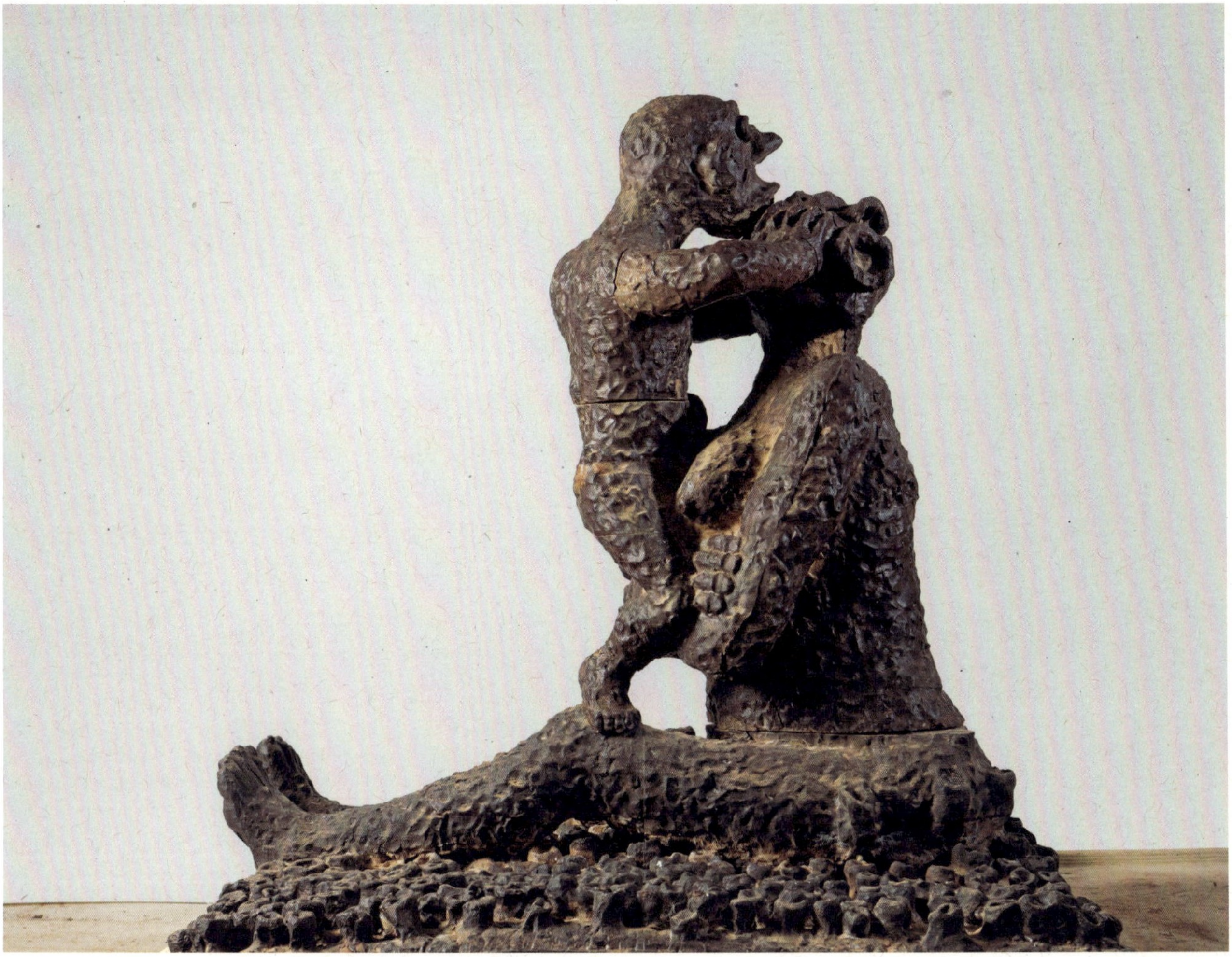

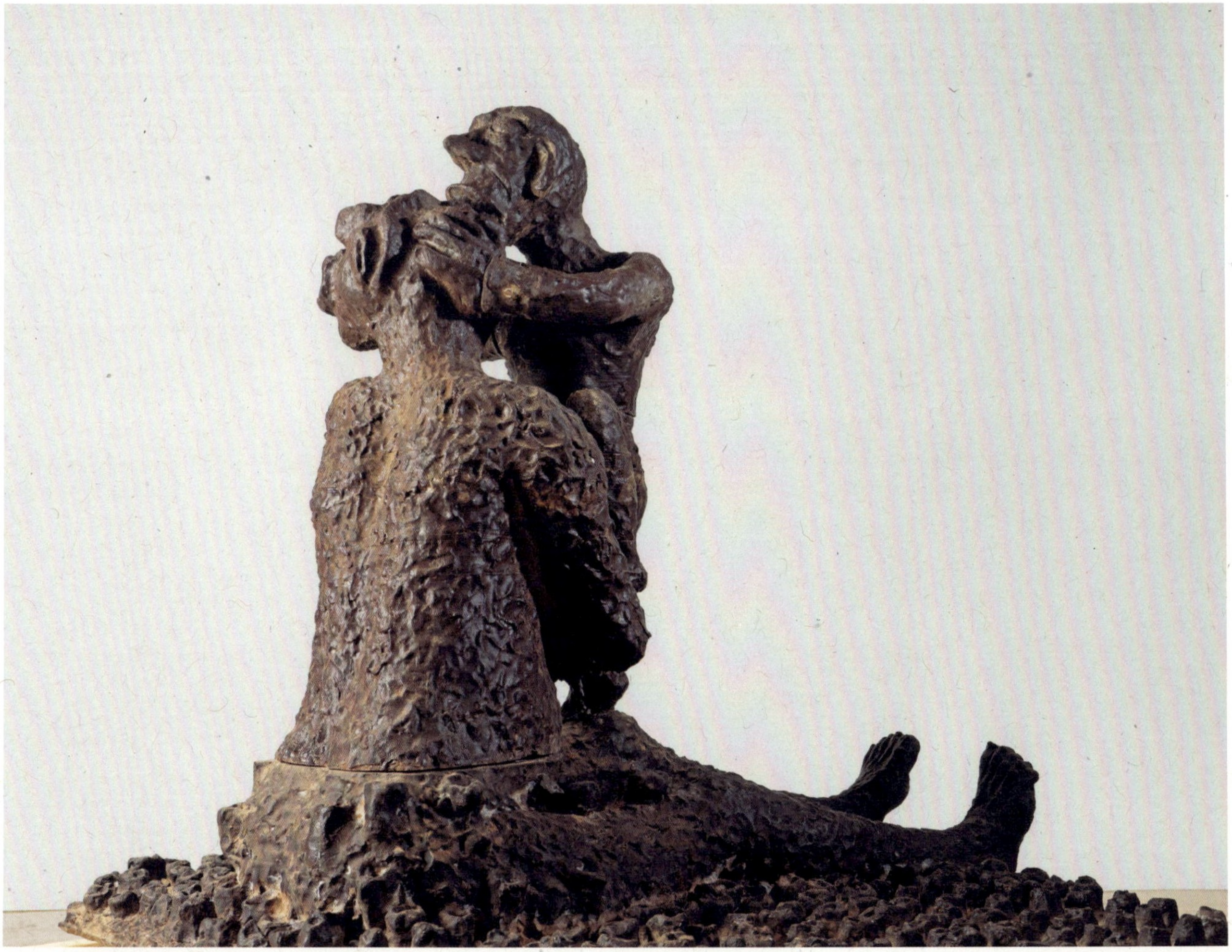

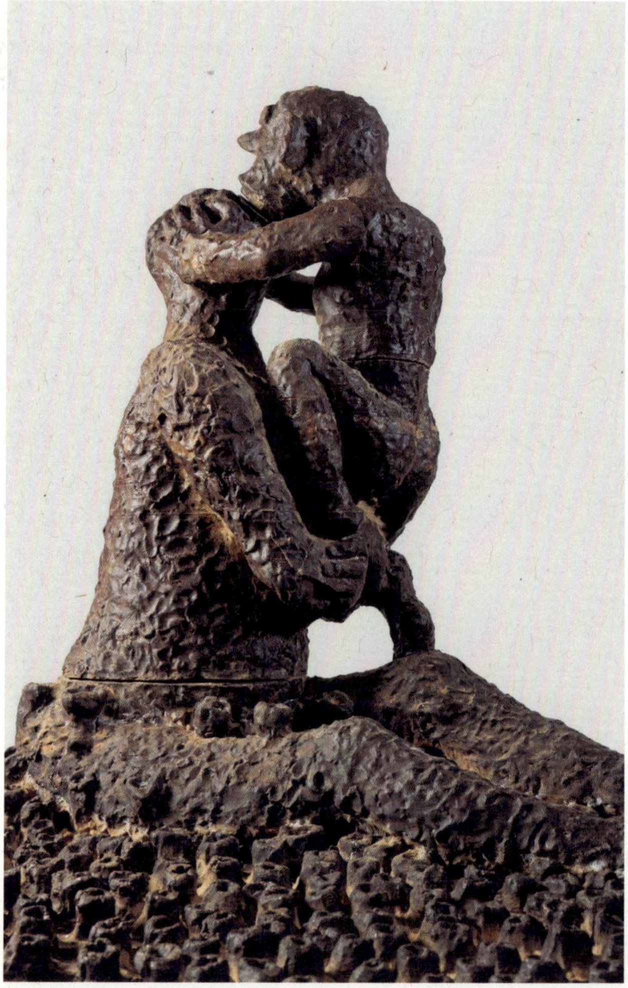

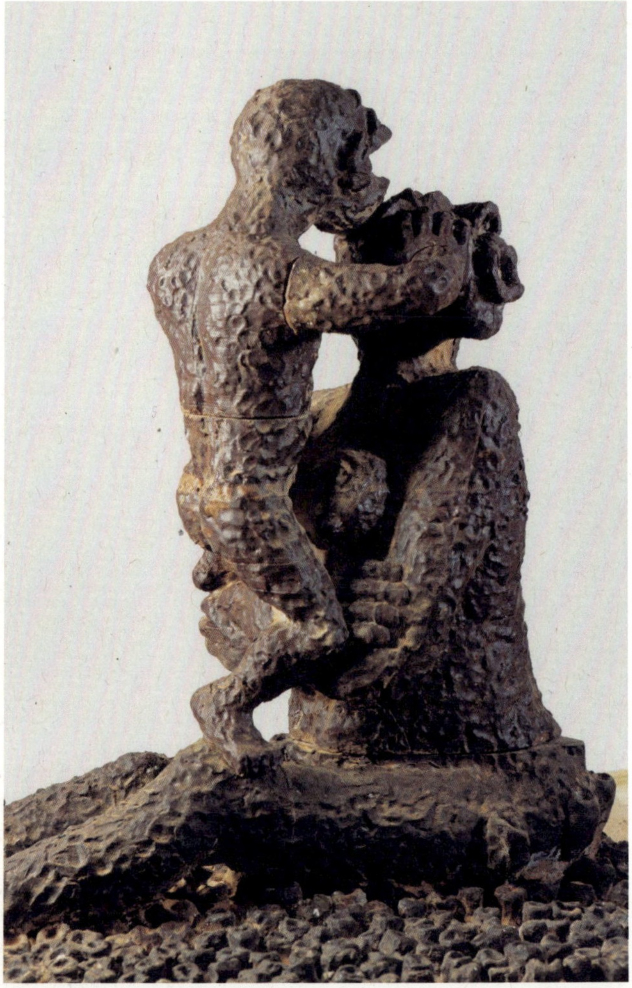

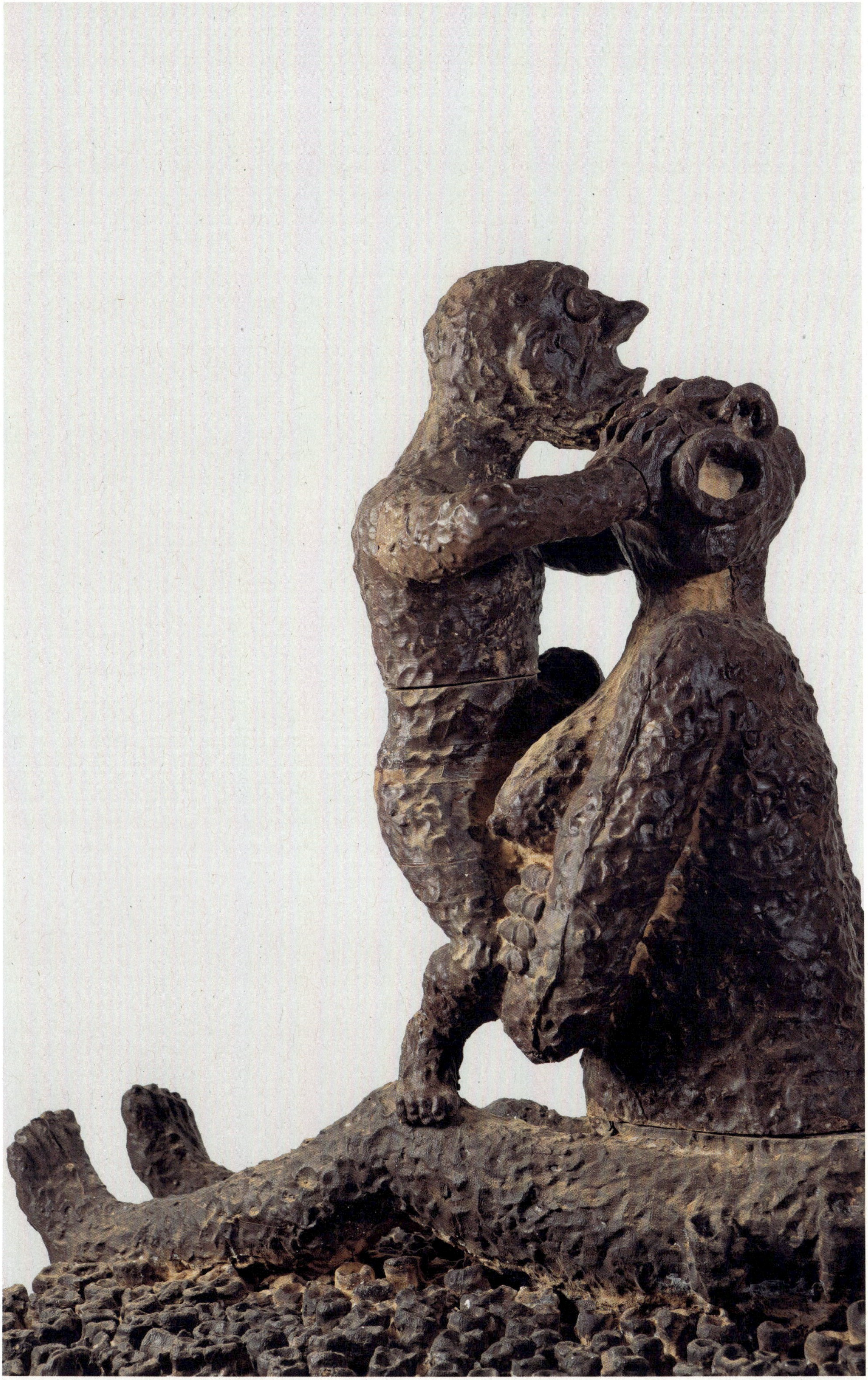

'This upright figure is the one who exterminates Congolese people. He will pursue them anywhere to murder them. He is merciless and kills men, women and children alike with his bloody machete while spreading terror. He has no heart and burns down entire villages, raping women all the while. Sometimes he likes to bury his victims alive. Life has no value to him. He is the exterminator of all the places in eastern Congo that are currently under attack. There are so many refugees and no one to help them. Children no longer go to school. Instead, schools and churches have become places for refuge. Life is in turmoil. Wherever there is unrest in our country these are the truths that are impossible to hide. Our hearts go out to our people in Goma, Bunagana, Walikale, Kibumba, Masisi, Rutshuru, Ituri, Bēni and Kivu. Never alone again.'

« Ce personnage en position debout est celui qui extermine les Congolais. Il les poursuit partout pour les assassiner. Il est sans pitiē et tue hommes, femmes et enfants avec sa machette ensanglantēe en semant la terreur. Il n'a pas de cœur et brûle des villages entiers en violant les femmes. Parfois, il aime enterrer ses victimes vivantes. La vie n'a aucune valeur pour lui. Il est l'exterminateur de tous les endroits de l'est du Congo qui sont actuellement attaqués. Il y a tant de rēfugiēs et personne pour les aider. Les enfants ne vont plus à l'ēcole. Les écoles et les églises sont devenues des lieux de refuge. La vie est bouleversēe. Partout oū il y a des troubles dans notre pays, ce sont des vēritēs qu'il est impossible de cacher. Pensées de cœur avec les nôtres à Goma, Bunagana, Walikale, Kibumba, Masisi, Rutshuru, Ituri, Bēni et Kivu. Plus jamais seul. »

CATPC (Muyaka Kasapa)
Congo Massacre, 2023

cacao, palm fat, sugar
cacao, graisse de palme, sucre
73.1 × 57.7 × 116.3 cm

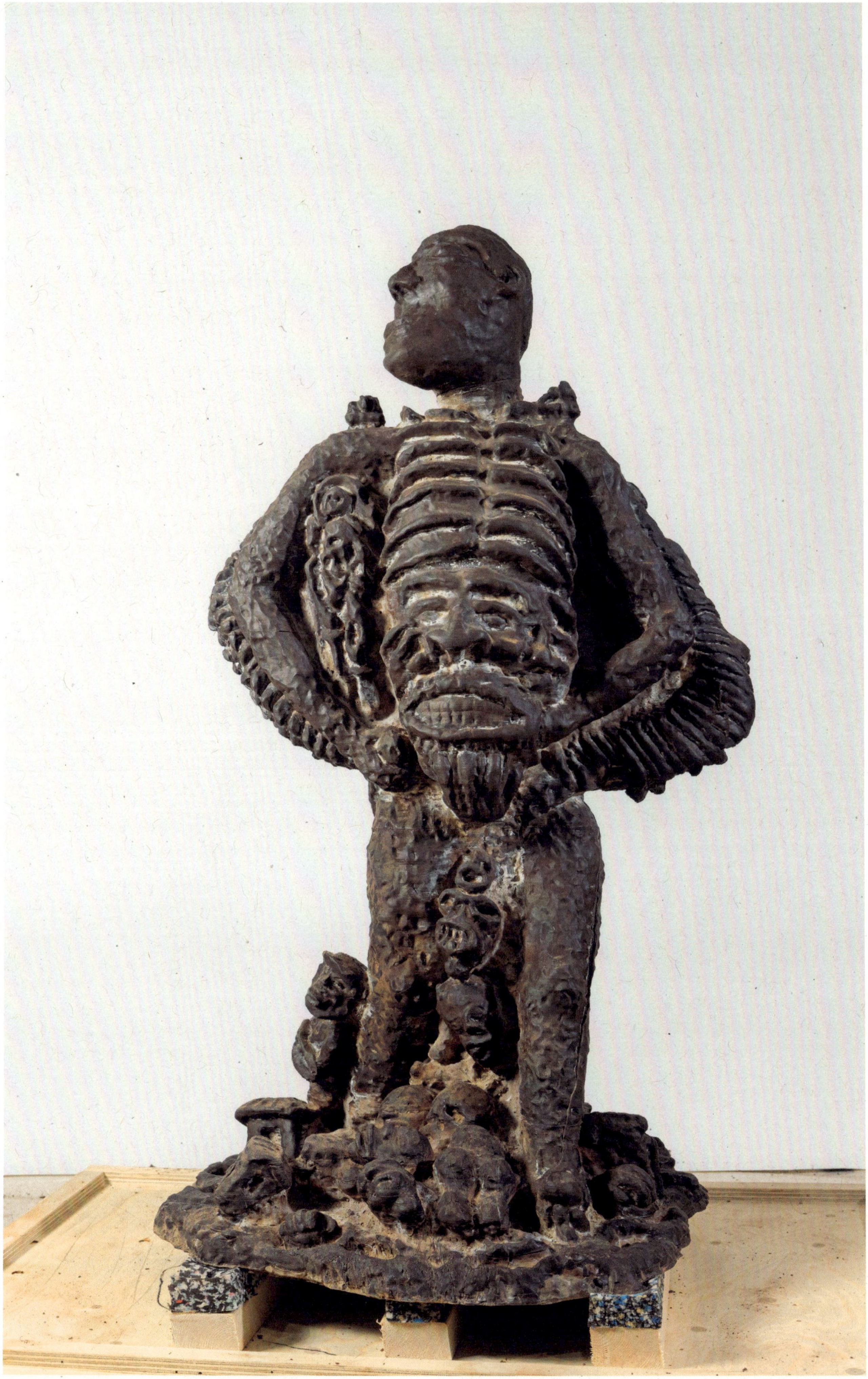

Congo Massacre, 2023

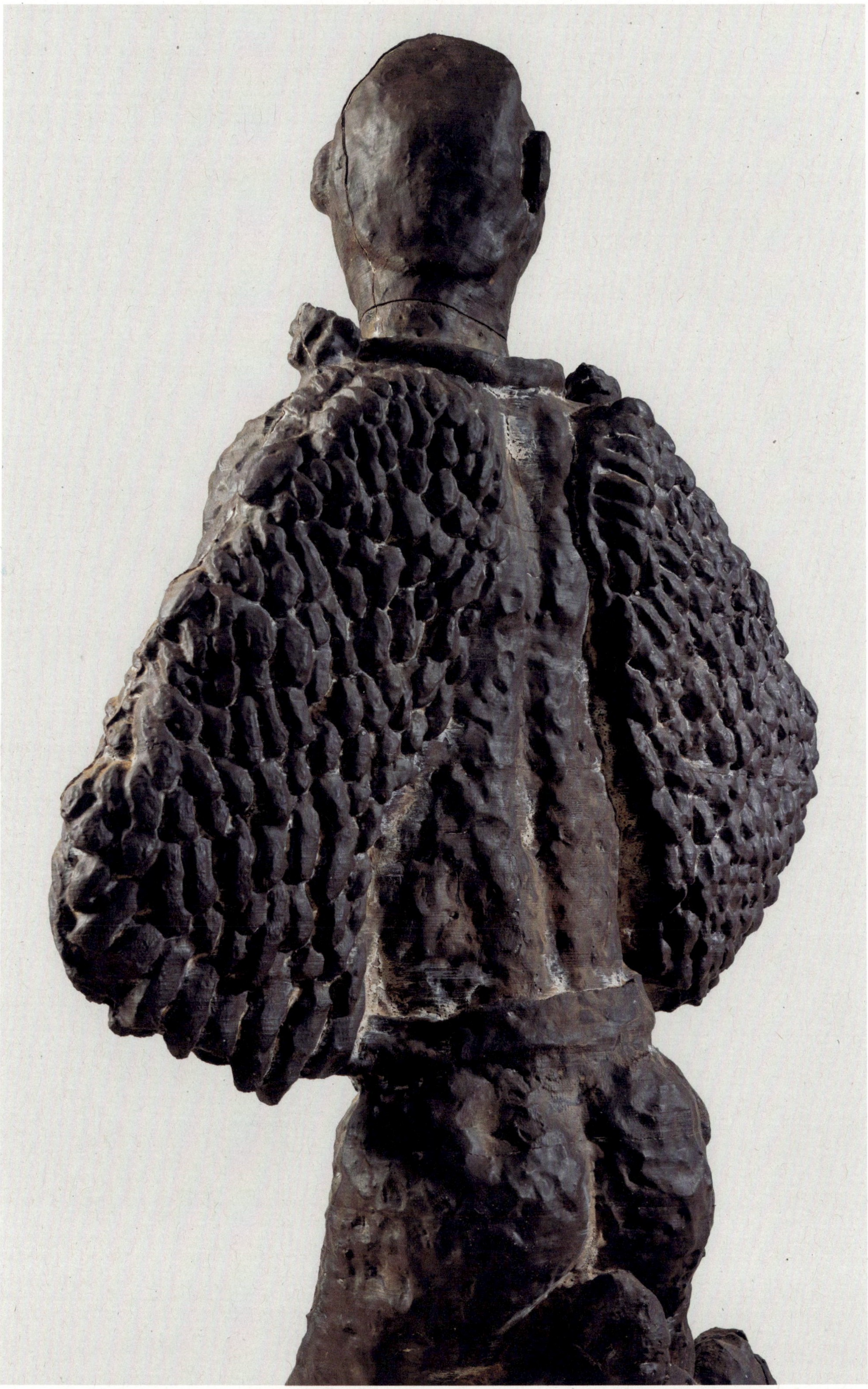

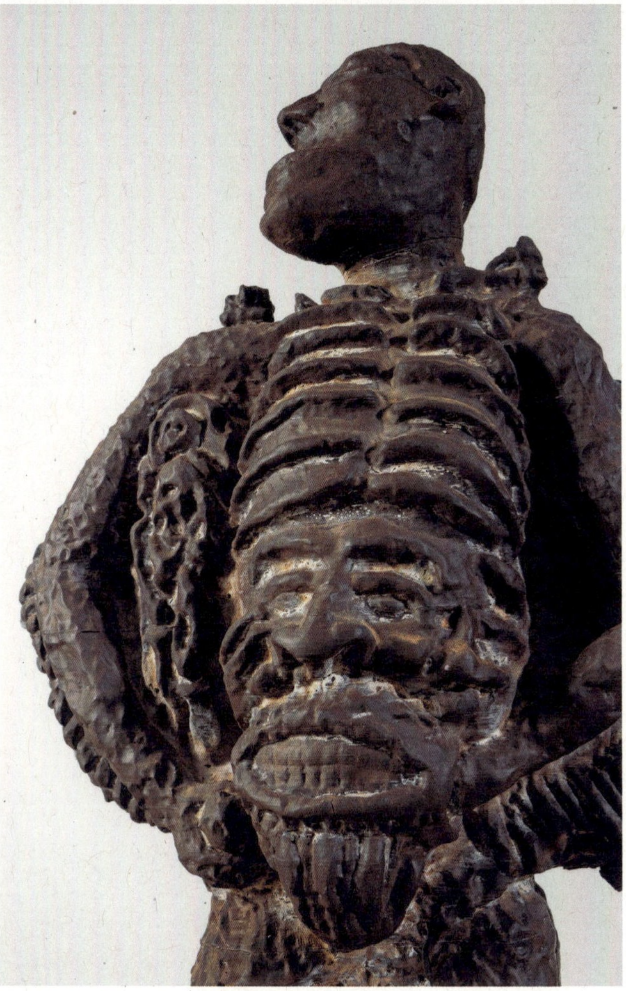

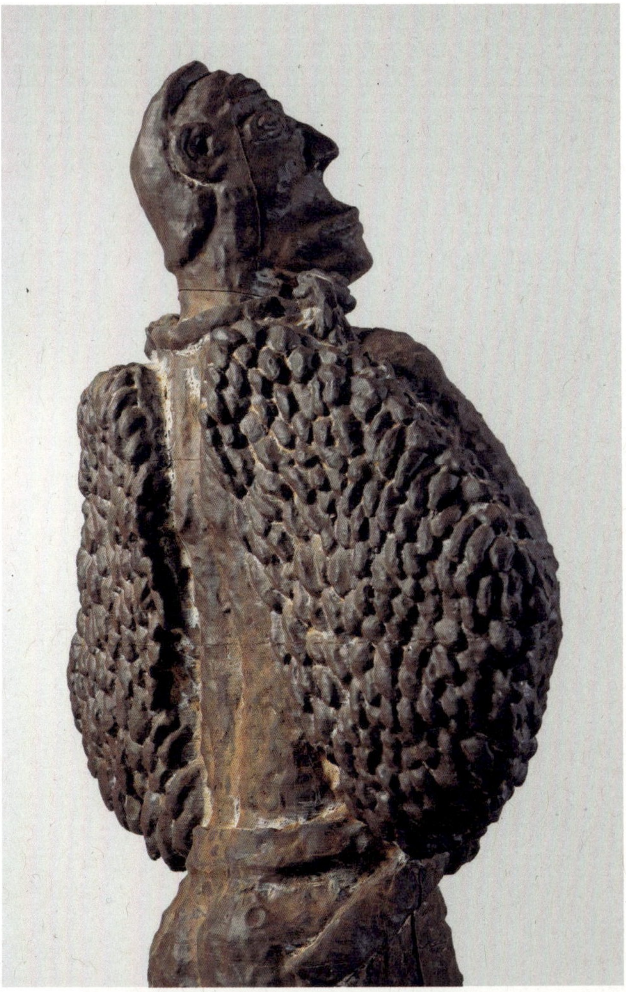

Congo Massacre, 2023

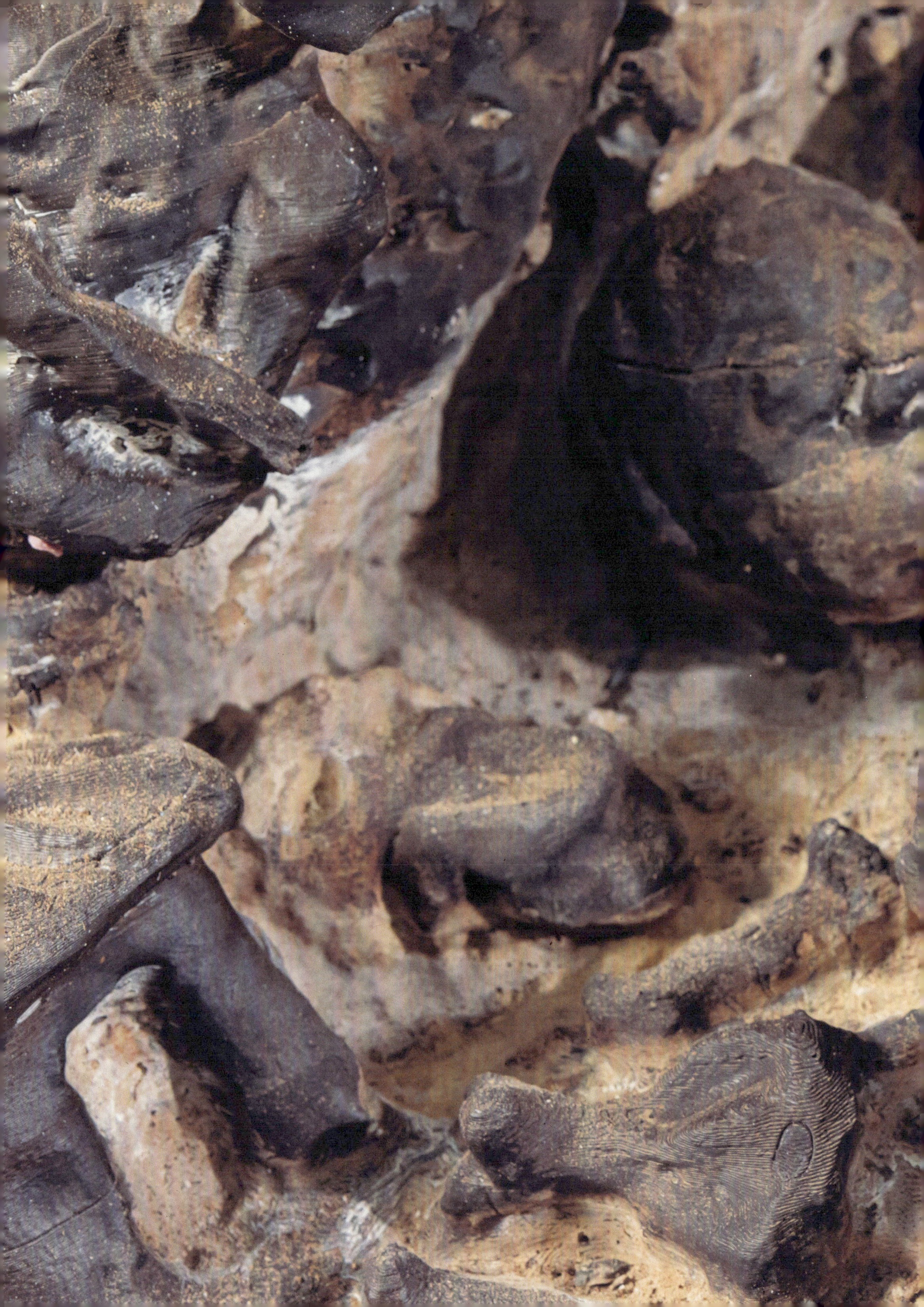

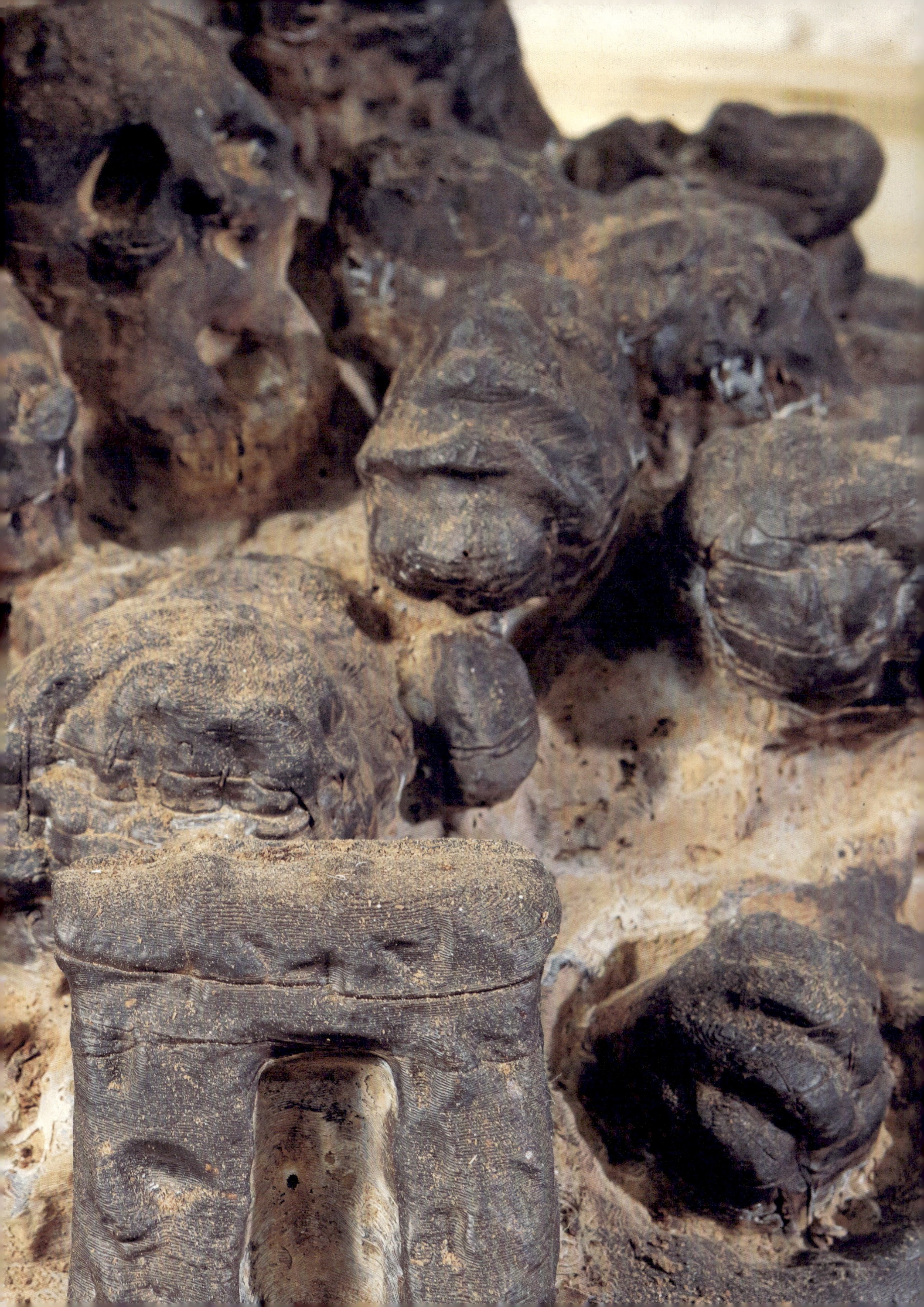

'Shakindungu is Balot's executioner. In 1931, the Belgian colonial agent Maximilien Balot was executed in the village of Kilamba. He had been ordered by his superiors to use every means possible to persuade the Pende to pay taxes and forcibly recruit able-bodied men from the Pende population (reputed expert palmists) for forced labour on the Huileries du Congo Belge (HCB) plantations in Lusanga. Waves of arrests and violence ensued, including sexual violence against women and the imprisonment of children in bamboo cages. The list of atrocities is long. After a woman named Kafutshi was raped by another colonial agent, her husband chief Matemo a Kalenge decided to lead a revolt. Balot was pierced with arrows before being decapitated by Shakindungu. His body was dismembered and distributed to Pende notables and warriors, who kept parts of the oppressor's body as war trophies and symbols of victory.'

« Shakindungu est le bourreau de Balot. En 1931, l'agent colonial belge Maximilien Balot a été exécuté dans le village de Kilamba. Il avait reçu l'ordre de ses supérieurs d'utiliser tous les moyens possibles pour persuader les Pende de payer des impôts et de recruter de force des hommes valides parmi la population Pende (réputée experte en chiromancie) pour le travail forcé dans les plantations des Huileries du Congo Belge (HCB) au Lusanga. Des vagues d'arrestations et de violences ont suivi, y compris des violences sexuelles contre les femmes et l'emprisonnement d'enfants dans des cages en bambou. La liste des atrocités est longue. Après le viol d'une femme nommée Kafutshi par un autre agent colonial, son mari, le chef Matemo a Kalenge, décida de mener une révolte. Balot est transpercé de flèches avant d'être décapité par Shakindungu. Son corps est démembré et distribué aux notables et guerriers Pende, qui conservent des parties du corps de l'oppresseur comme trophées de guerre et symboles de victoire. »

CATPC (Richard Leta)
Pende Vengeance 1931, 2021

cacao, palm fat, sugar
cacao, graisse de palme, sucre
76.1 × 73.1 × 122.7 cm

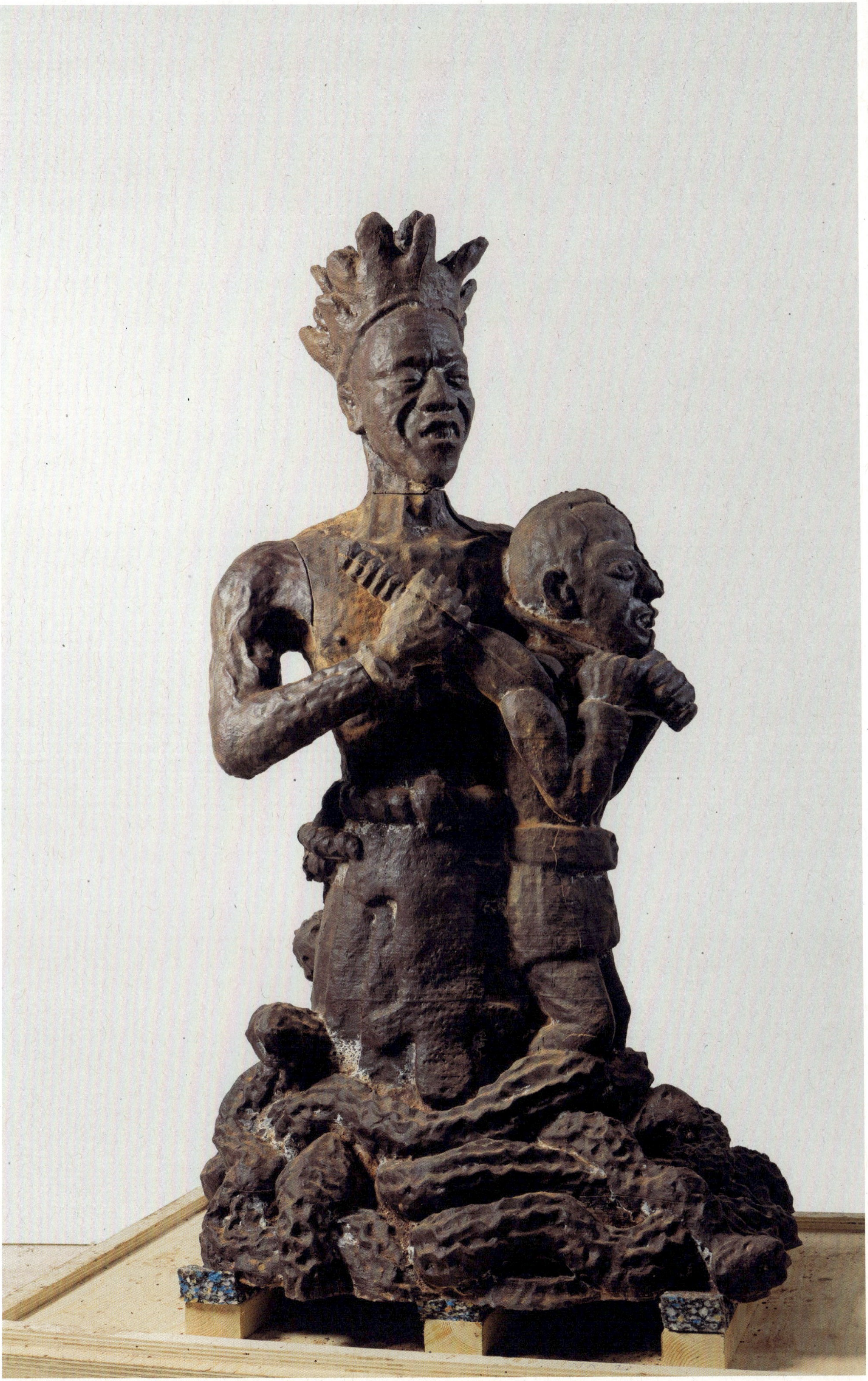

Pende Vengeance 1931, 2021

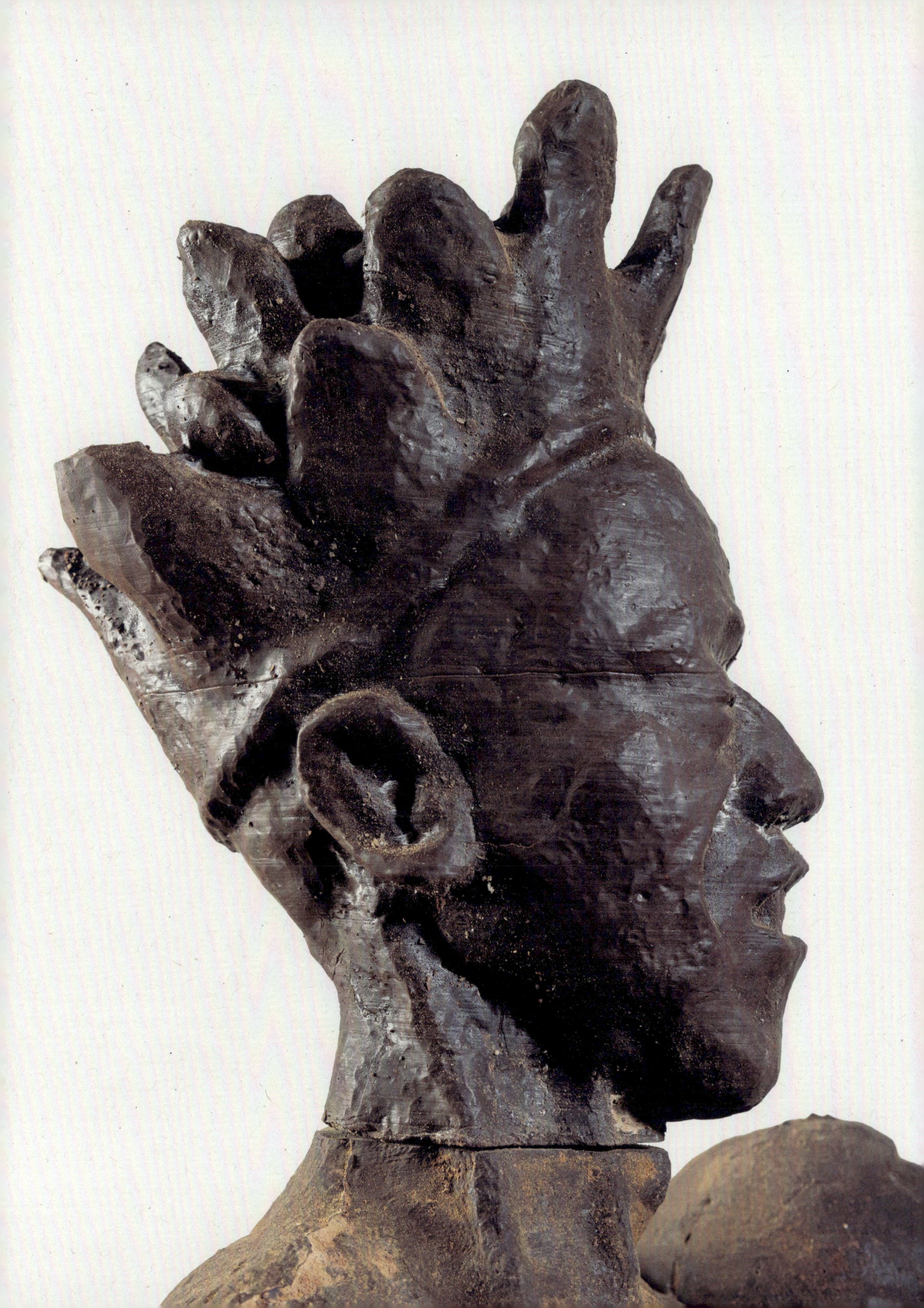

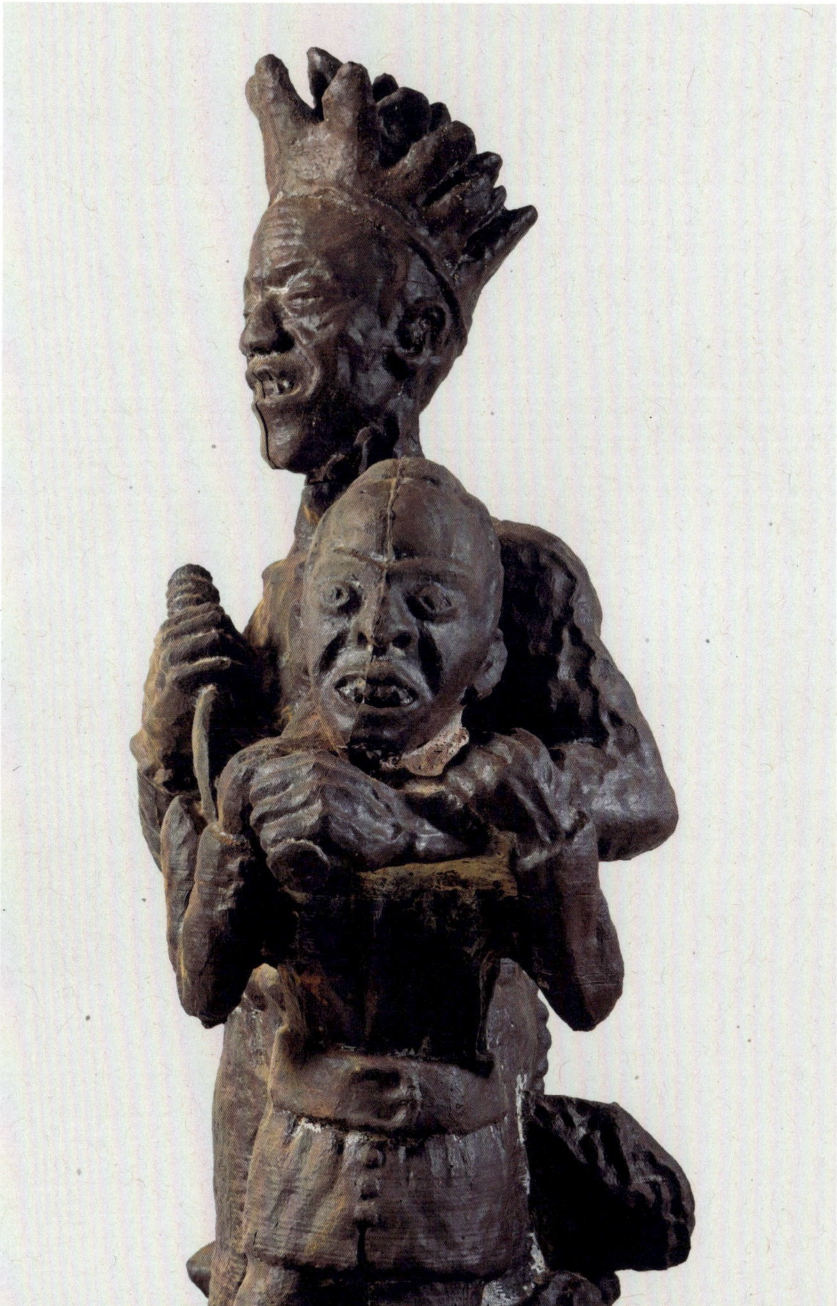

Pende Vengeance 1931, 2021

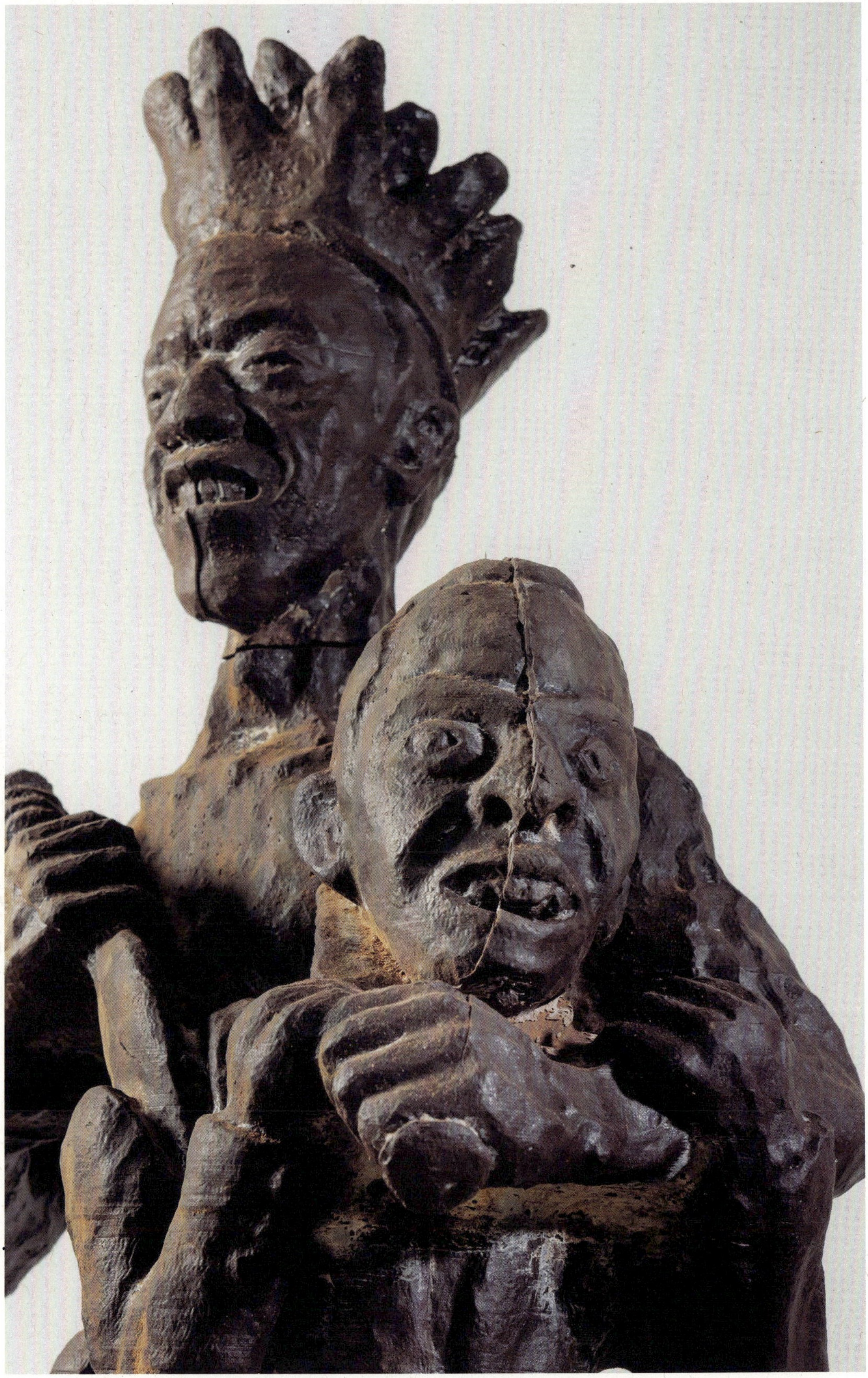

Vengeance Pende 1931, 2021

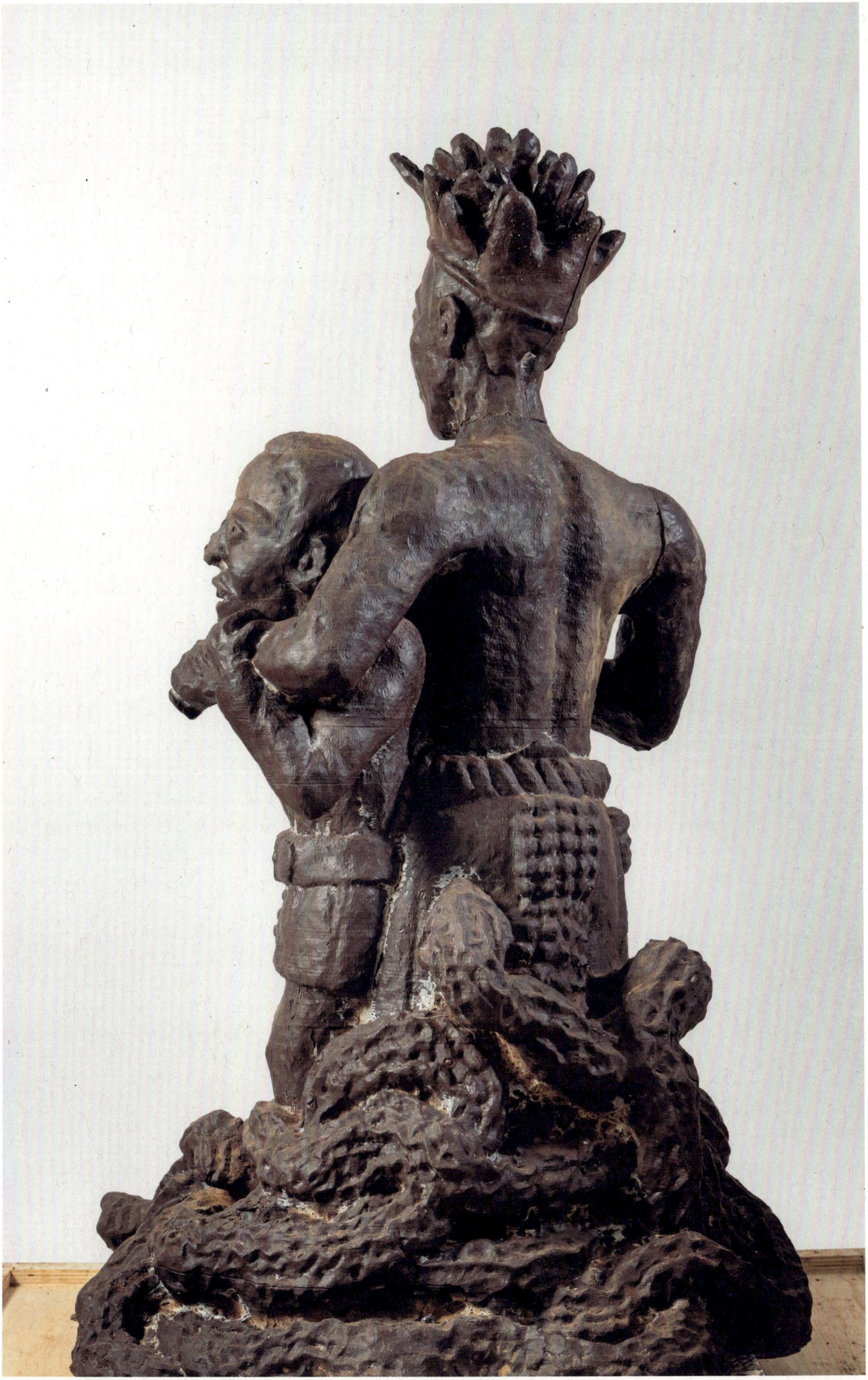

Pende Vengeance 1931, 2021

'Irene Kanga links her personal experiences to an historic event: the rape of a Pende woman by a Belgian colonial agent in 1931, in the midst of one of many campaigns to forcibly round up men to become palm cutters for the Lever Brothers plantation in Lusanga (formerly known as Leverville). During such a round-up, able-bodied men hid in the forest to avoid recruitment. In their absence, Kafutshi, one of the wives of chief Matemo a Kelenge, was forced against an enclosure and raped by colonial agents. According to the historian Charles Sikitele Gize, this rape was one of the key events that led to the decapitation and dismemberment of colonial agent Maximilien Balot, and to the great Pende revolt of 1931, one of the last open rebellions before independence. Fought with bows and arrows against the machine guns of the colonial state, an untold number of Pende lost their lives, including many of the political and religious elite.'

« Irene Kanga relie son expérience personnelle à un événement historique : le viol d'une femme Pende par un agent colonial belge en 1931, au cours d'une des nombreuses campagnes visant à rassembler de force les hommes pour en faire des coupeurs de palmiers pour la plantation Lever Brothers à Lusanga (anciennement connue sous le nom de Leverville). Lors de ces rafles, les hommes valides se cachaient dans la forêt pour éviter d'être recrutés. En leur absence, Kafutshi, l'une des épouses du chef Matemo a Kelenge, a été plaquée contre un enclos et violée par des agents coloniaux. Selon l'historien Charles Sikitele Gize, ce viol fut l'un des événements clés qui conduisit à la décapitation et au démembrement de l'agent colonial Maximilien Balot, et à la grande révolte des Pende en 1931, l'une des dernières rébellions déclarées avant l'indépendance. Luttant avec des arcs et des flèches contre les mitrailleuses de l'État colonial, un nombre incalculable de Pende ont perdu la vie, y compris une grande partie de l'élite politique et religieuse. »

CATPC (Irene Kanga)
Forced Love, 2019

cacao, palm fat, sugar
cacao, graisse de palme, sucre
124 × 49 × 66 cm

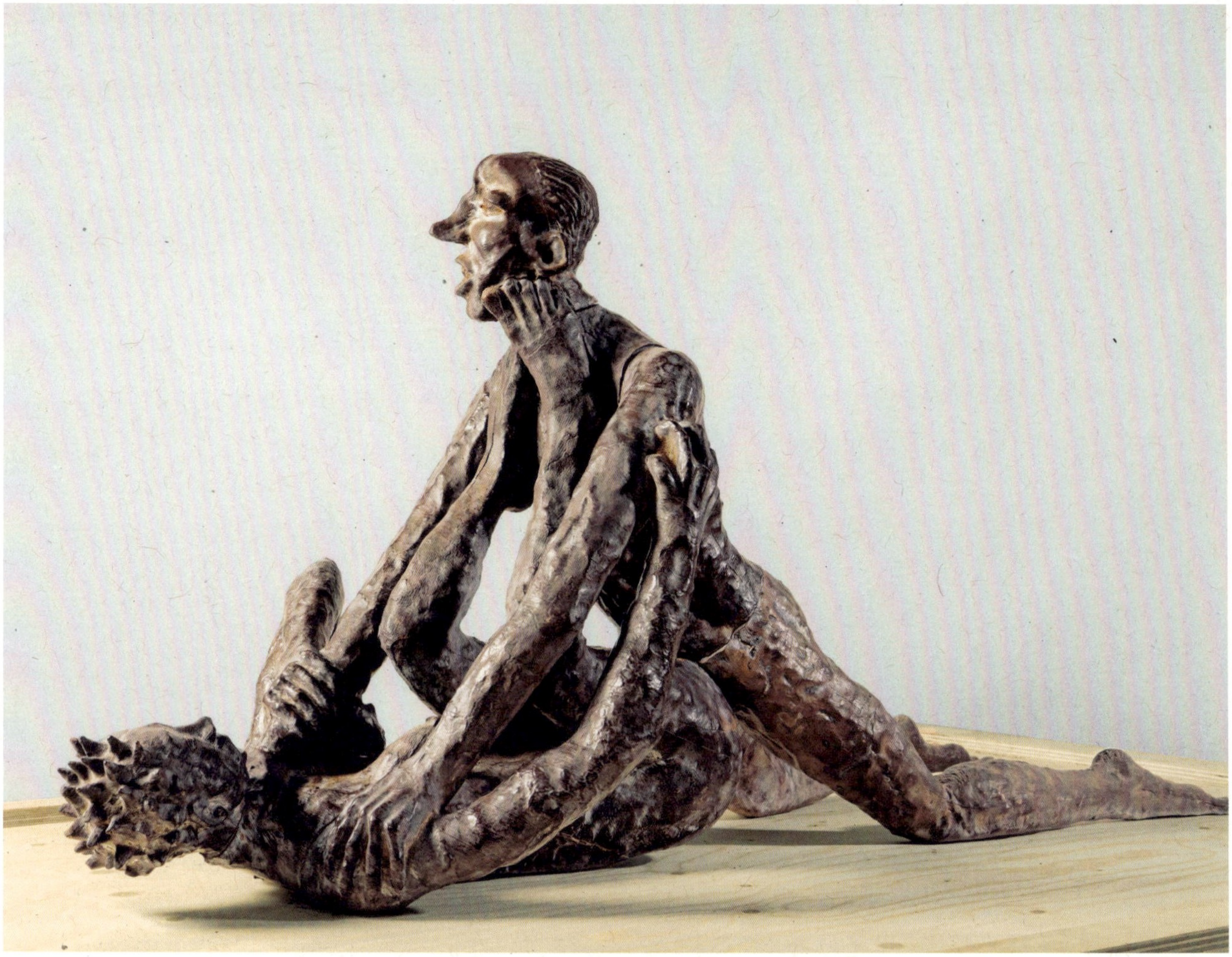

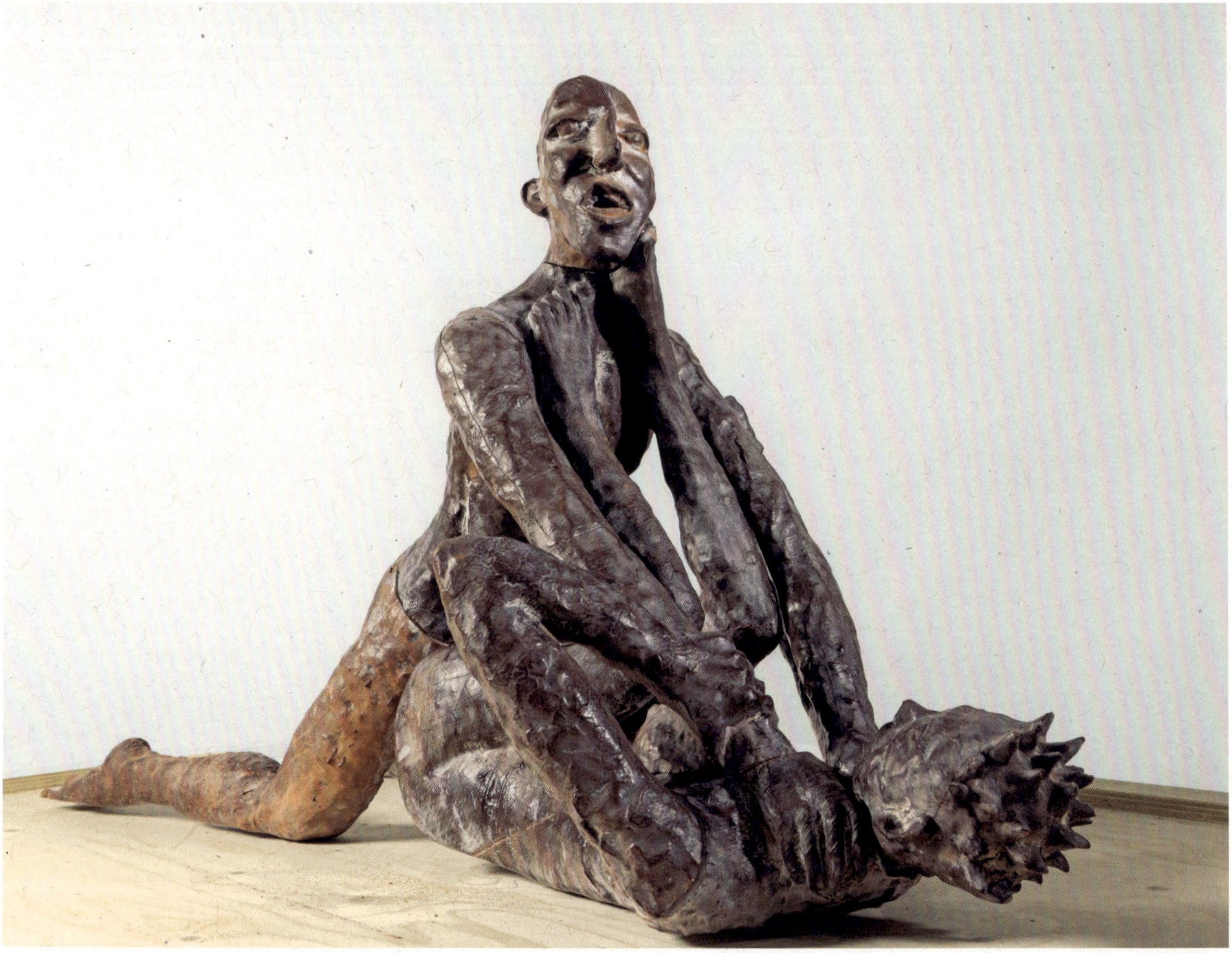

Forced Love, 2019

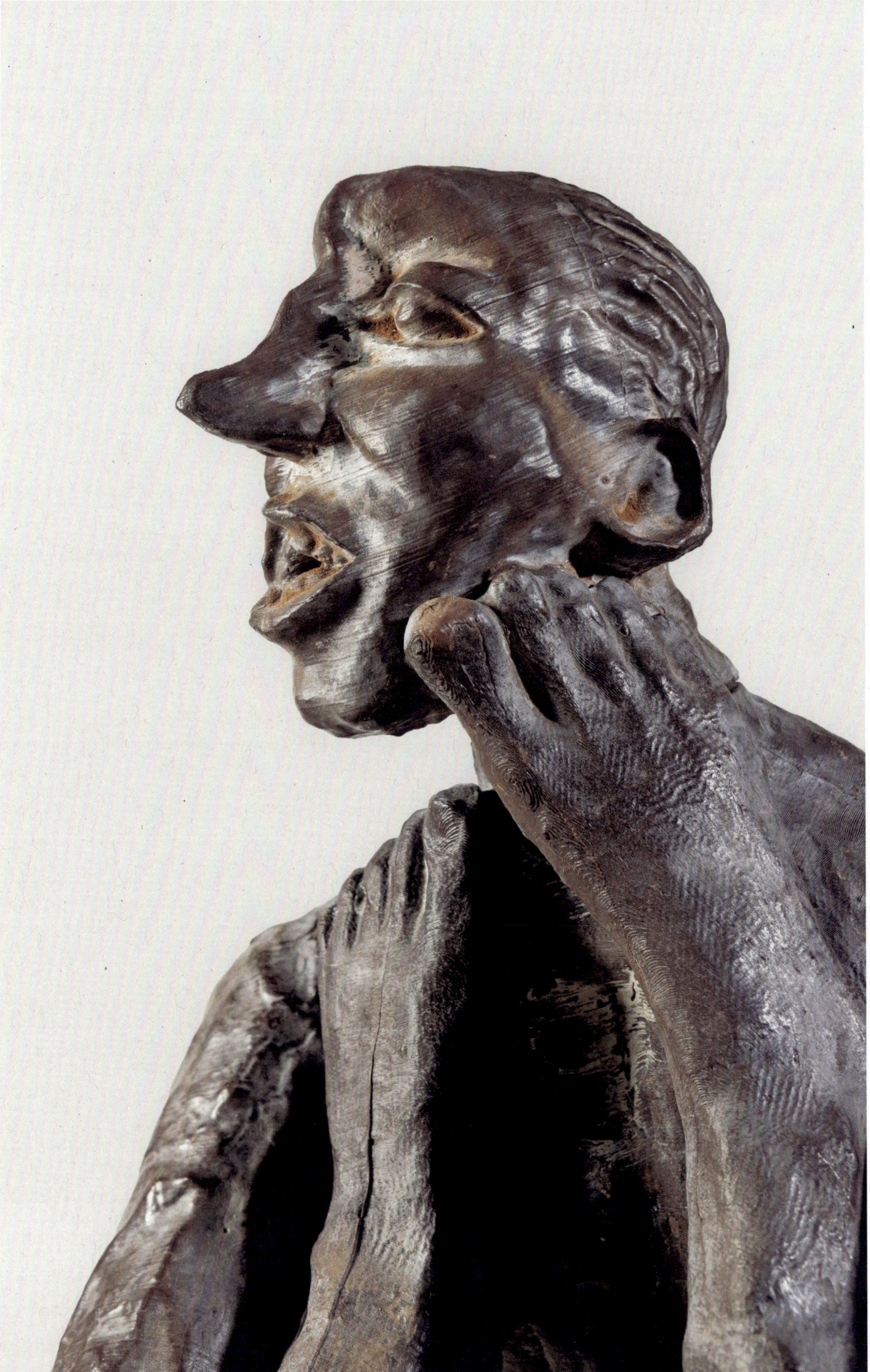

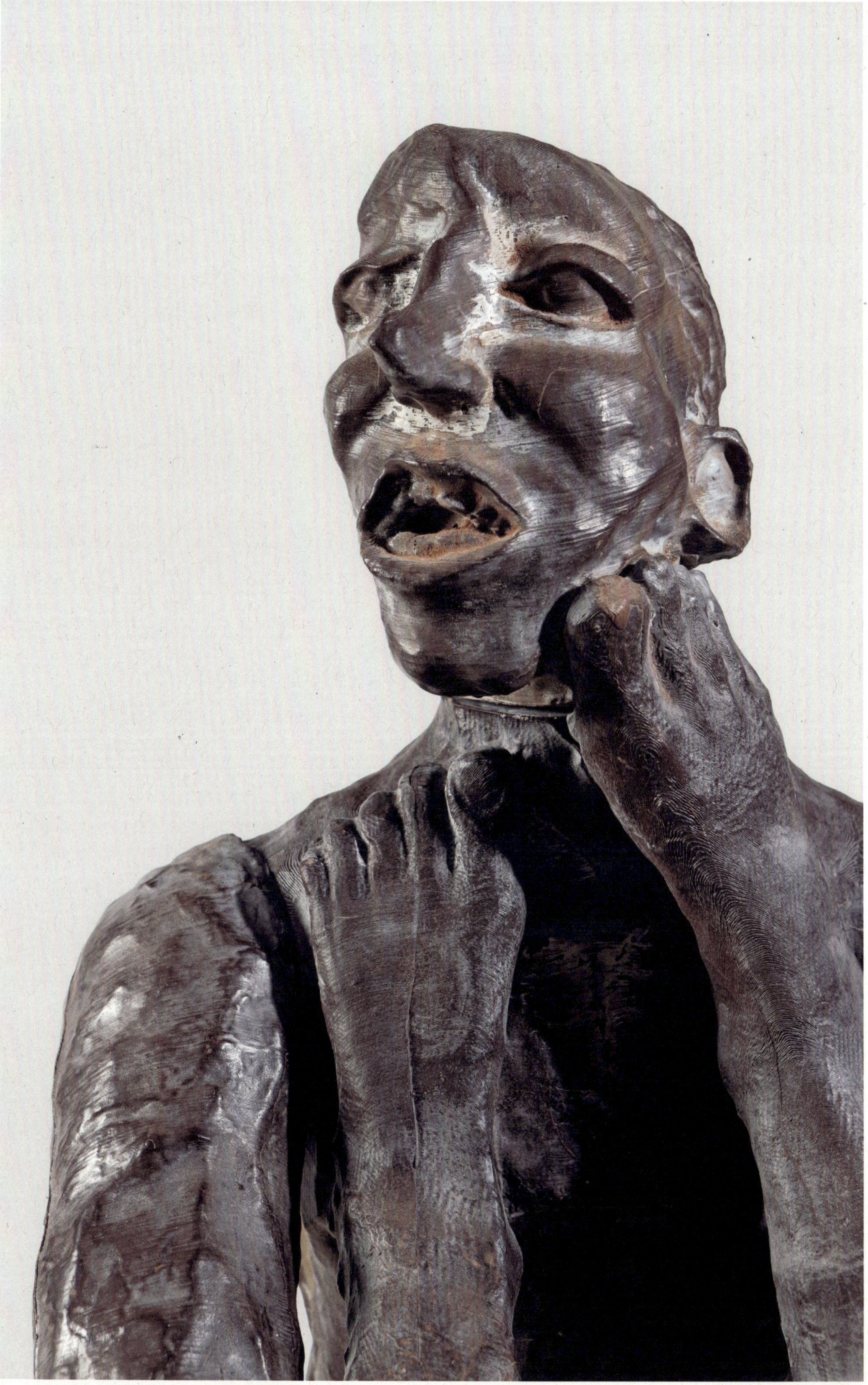

Forced Love, 2019

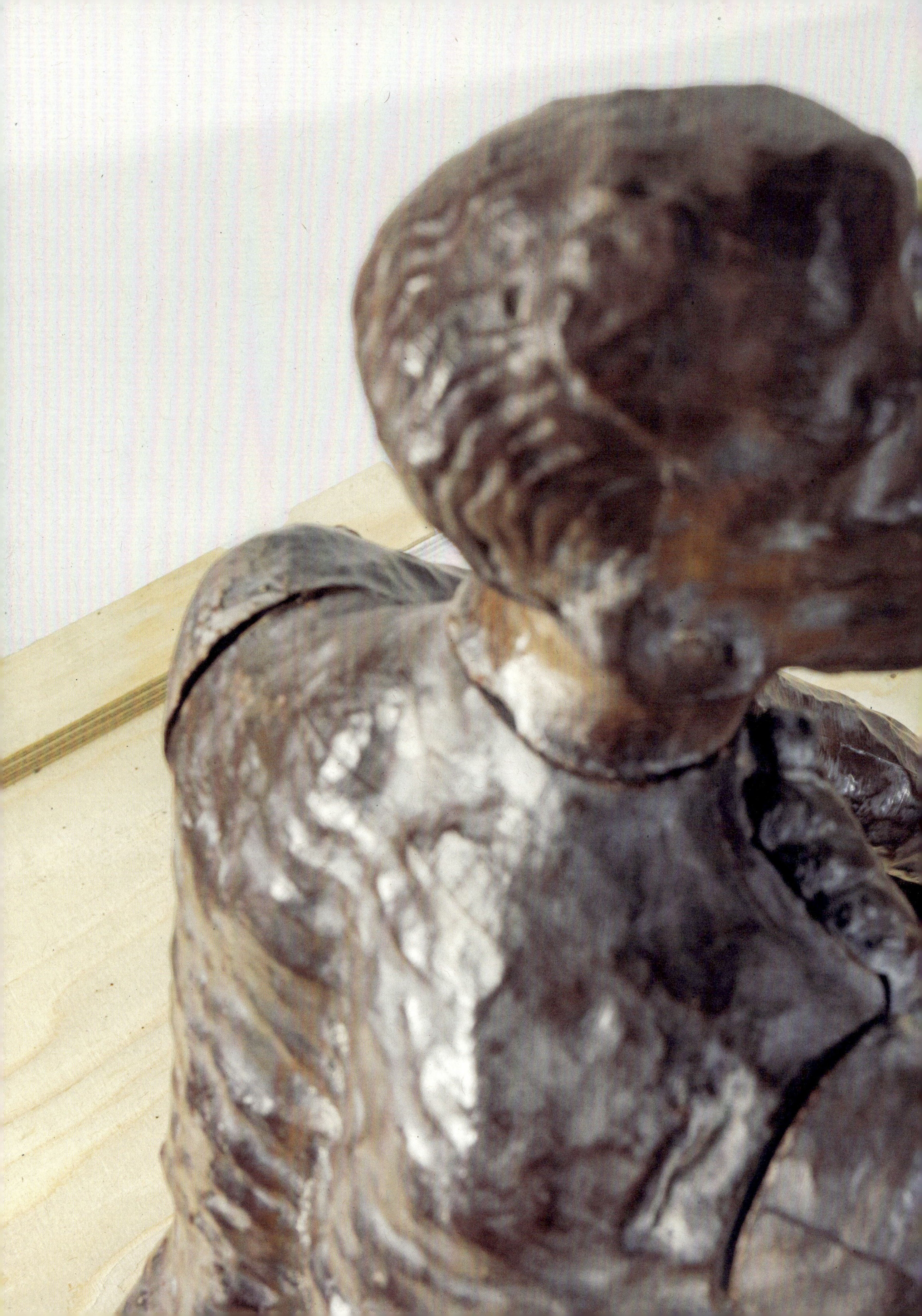

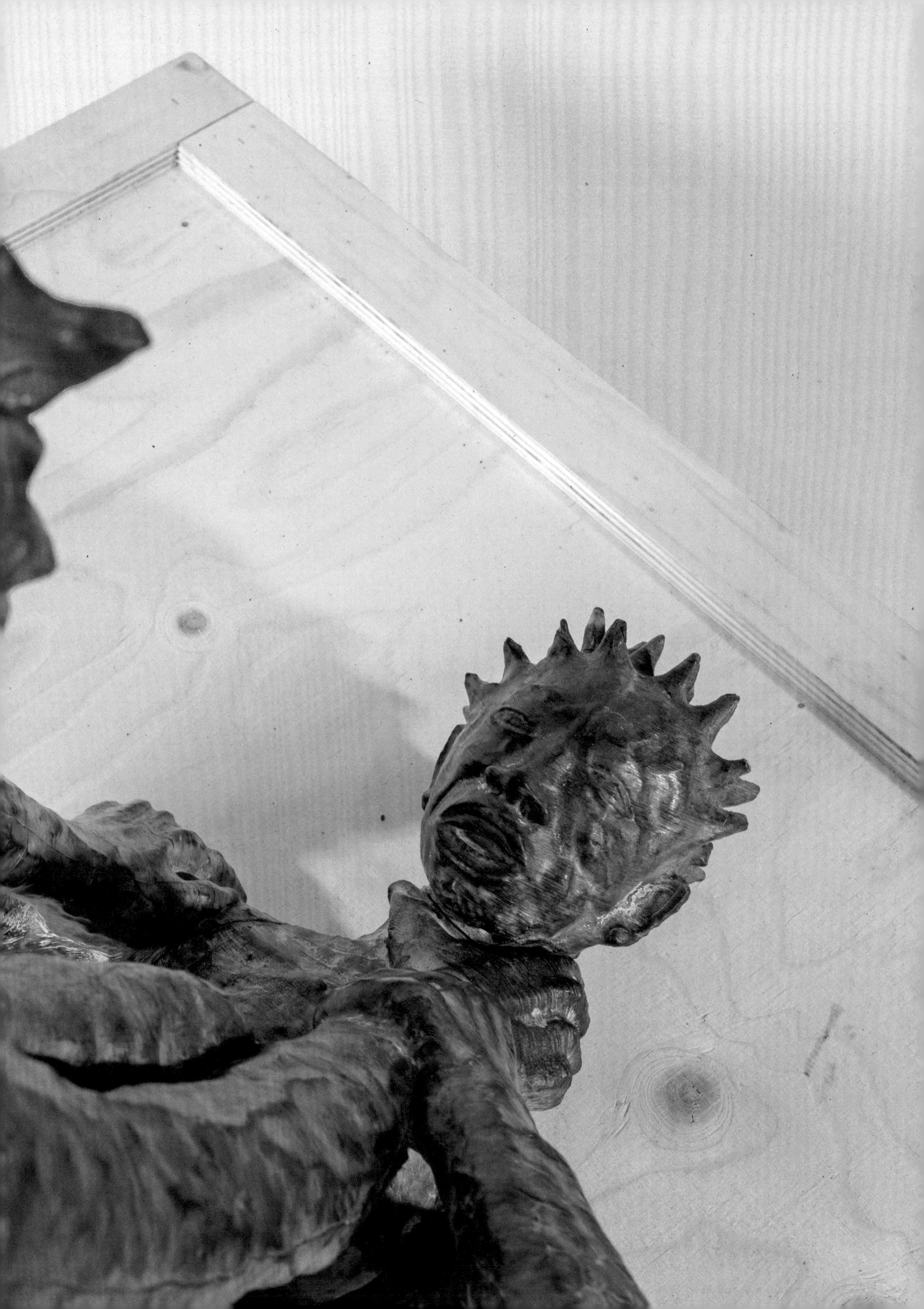

‘A chameleon-like animal has sunk its teeth into a woman’s left foot. Her expression shows her pain and alarm. Her long arms reach for the animal to let go, while her left leg becomes dotted with blisters. The sculpture recounts an allegorical tale: a grandmother is bitten by a chameleon in the forest and subsequently found to be possessed by evil. Blisters bloom across her skin but later they miraculously transmute into flowers. The story emblematizes the moment when an earlier generation first came into contact with the type of money introduced by Belgian colonizers. Like a chameleon, capitalism adapts to each new environment and spreads like the poison in its bite. It takes possession of every human. The sculpture shows this profound and perhaps traumatic moment of transformation. Thomas Leba leaves it to the spectator to decide whether this transformation is ultimately positive or catastrophic.’

« Un animal ressemblant à un caméléon a enfoncé ses dents dans le pied gauche d’une femme. L’expression de la femme montre sa douleur et son inquiétude. Ses longs bras tendent la main pour que l’animal lâche prise, tandis que sa jambe gauche est parsemée d’ampoules. La sculpture raconte un conte allégorique : une grand-mère est mordue par un caméléon dans la forêt et se trouve ensuite possédée par le mal. Des cloques fleurissent sur sa peau, mais plus tard, elles se transforment miraculeusement en fleurs. Cette histoire symbolise le moment où une génération antérieure est entrée en contact avec le type d’argent introduit par les colonisateurs belges. Tel un caméléon, le capitalisme s’adapte à chaque nouvel environnement et se propage comme le poison de sa morsure. Il s’empare de chaque humain. La sculpture montre ce moment de transformation profonde et peut-être traumatisante. Thomas Leba laisse au spectateur le soin de décider si cette transformation est finalement positive ou catastrophique. »

CATPC (Thomas Leba)
Poisonous Miracle, 2015

cacao, palm fat, sugar
cacao, graisse de palme, sucre
139 × 57 × 86 cm

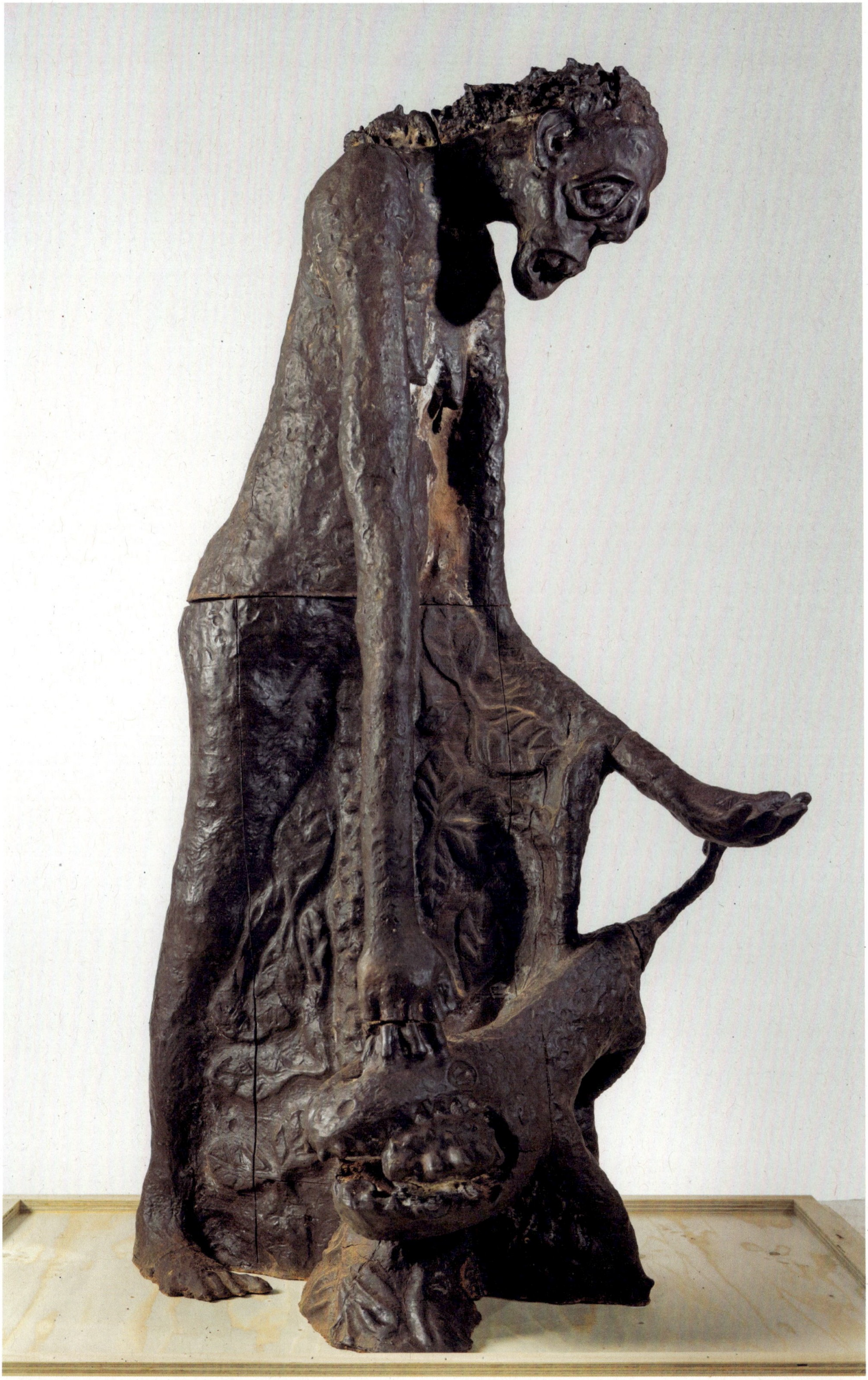

Poisonous Miracle, 2015

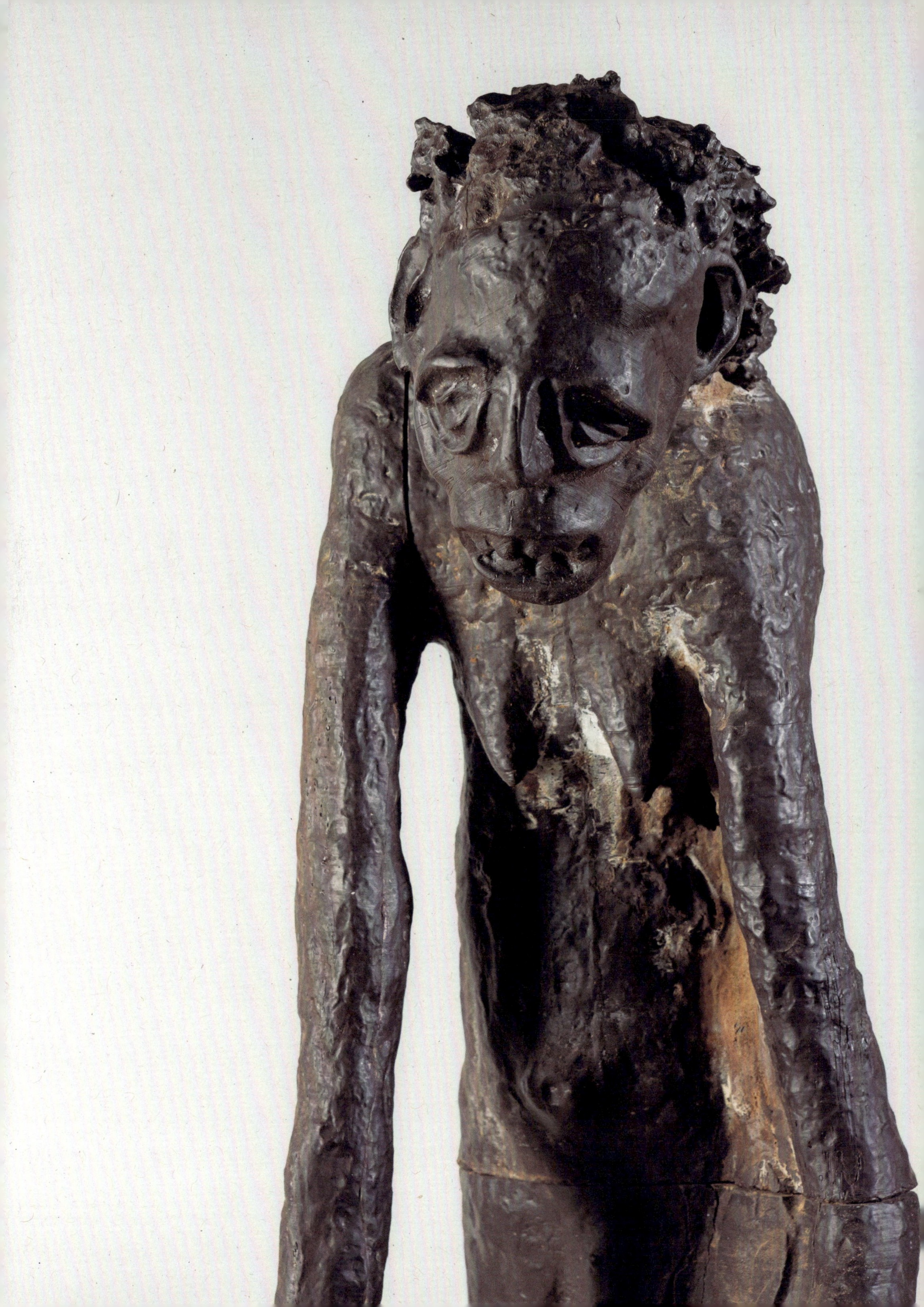

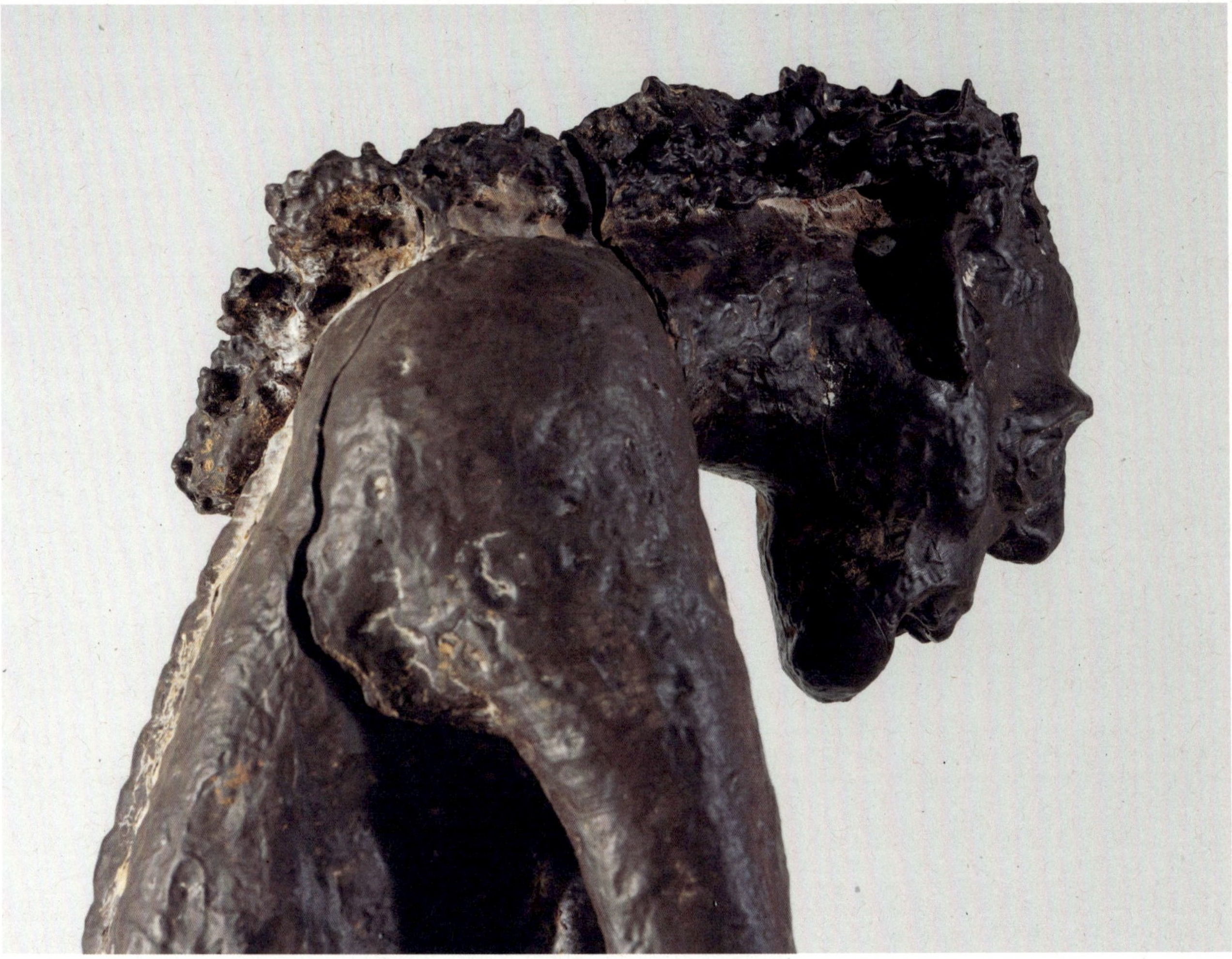

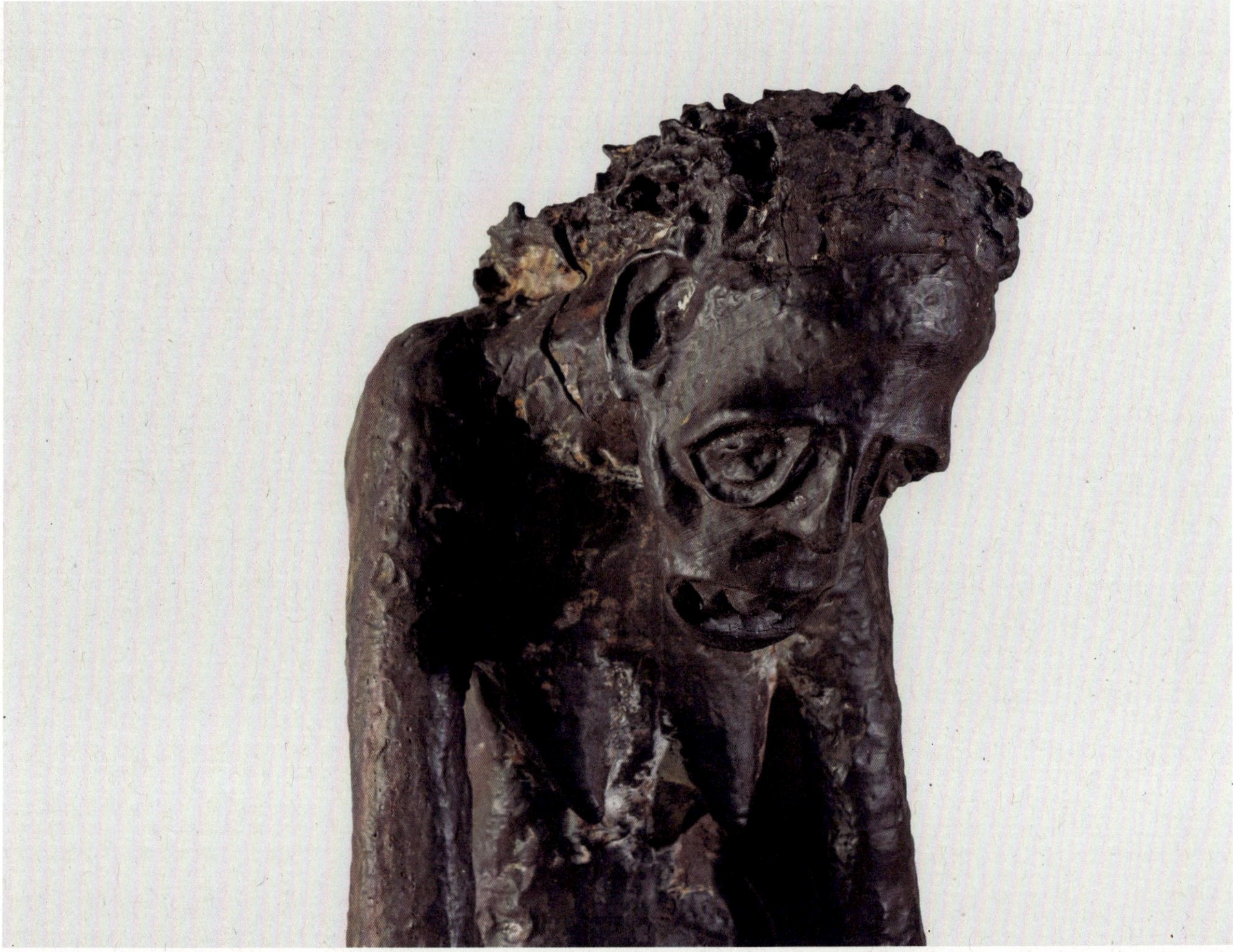

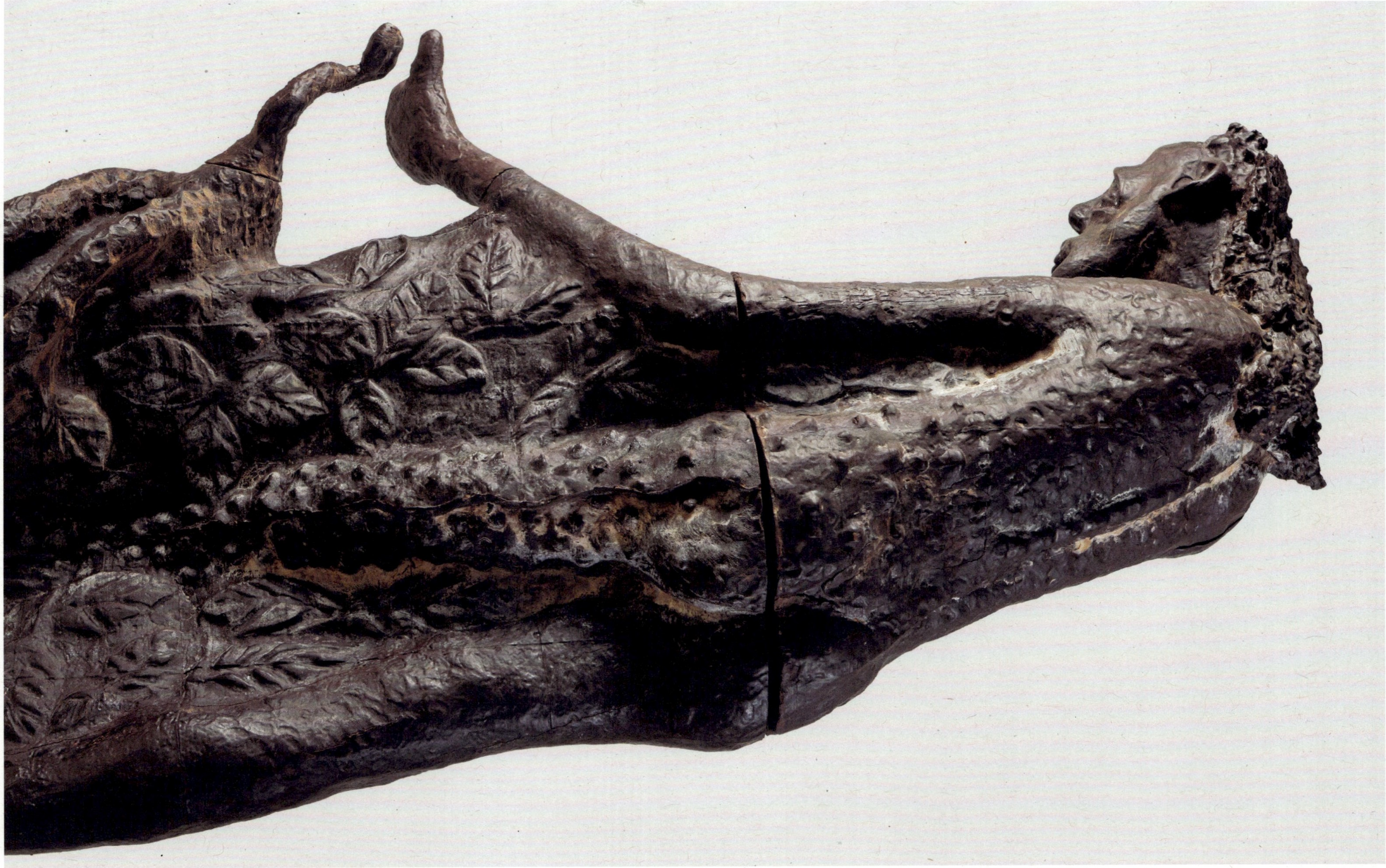

'Ced'art Tamasala has sculpted the story of his grandfather. He became an orphan after his father fell from a palm tree and died while working for the plantation company. This same company financed a missionary who took the child in and gave him an European-style education. This contaminated Tamasala's grandfather with the Western way and caused him to become alienated from his native culture, which the clergyman actively helped to destroy. The larger man of the pair represents the missionary. He has a long beard and a gown draped in the style of classical material. Above his ears, hair peeks out like tiny devil's horns. In a paternal gesture, he rests his hand on the other man's shoulder. This smaller man, representing Tamasala's grandfather as a child, innocently brings his hand to his chest as if swearing an oath to the words of the Gospel. He does not really understand the words because the writing is upside down. The book they are holding together reads: "Blessed are the poor."'

« Ced'art Tamasala a sculpté l'histoire de son grand-père. Enfant et orphelin,après que son père soit tombé d'un palmier et soit mort pour la société de plantation qui finançait le missionnaire; l'enfant est recueilli par celui ci (le missionnaire) qui l'instruira selon l'éducation à l'européenne. Apres cette contamination a l'occidentale de l' enfant naïf Tamasala par le missionnaire, il s'est éloigné de sa culture d'origine, que l'ecclésiastique a activement contribué à détruire. L'homme le plus grand du duo représente le missionnaire. Il porte une longue barbe et une robe drapée dans un style classique. Au-dessus de ses oreilles, des poils ressemblent à de minuscules cornes de diable. Dans un geste paternel, il pose sa main sur l'épaule de l'autre homme. Le personnage plus petit, qui représente le grand-père de Tamasala enfant, porte innocemment la main à sa poitrine comme pour prêter serment à ces mots de l'évangile sans vraiment comprendre vu que les écrits sont à l'envers donc difficile à lire. Sur le livre qu'ils tiennent ensemble, on peut lire « Heureux les pauvres ». »

CATPC (Ced'art Tamasala)
How My Grandfather Survived, 2015

cacao, palm fat, sugar
cacao, graisse de palme, sucre
38 × 21 × 24 cm

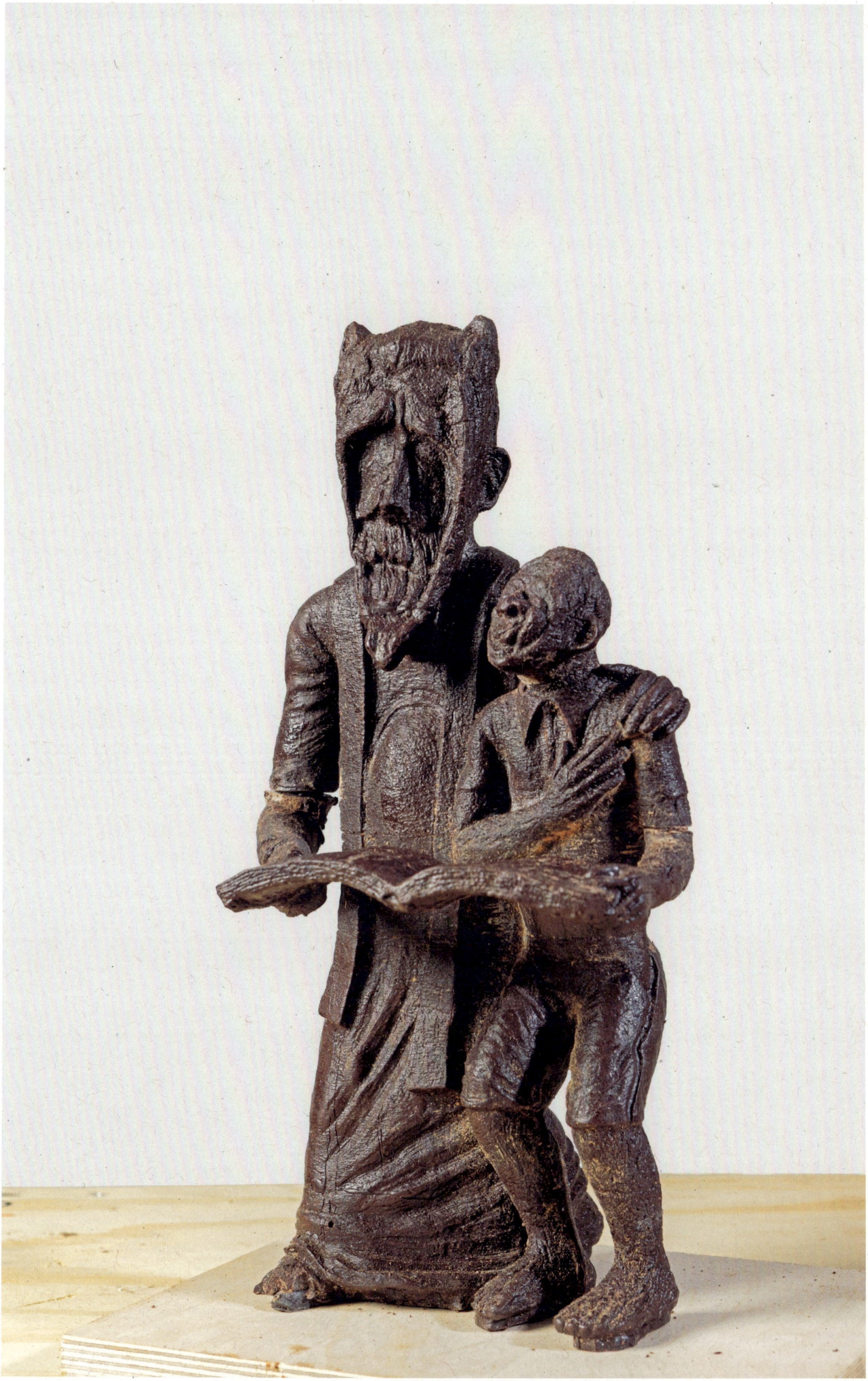

How My Grandfather Survived, 2015

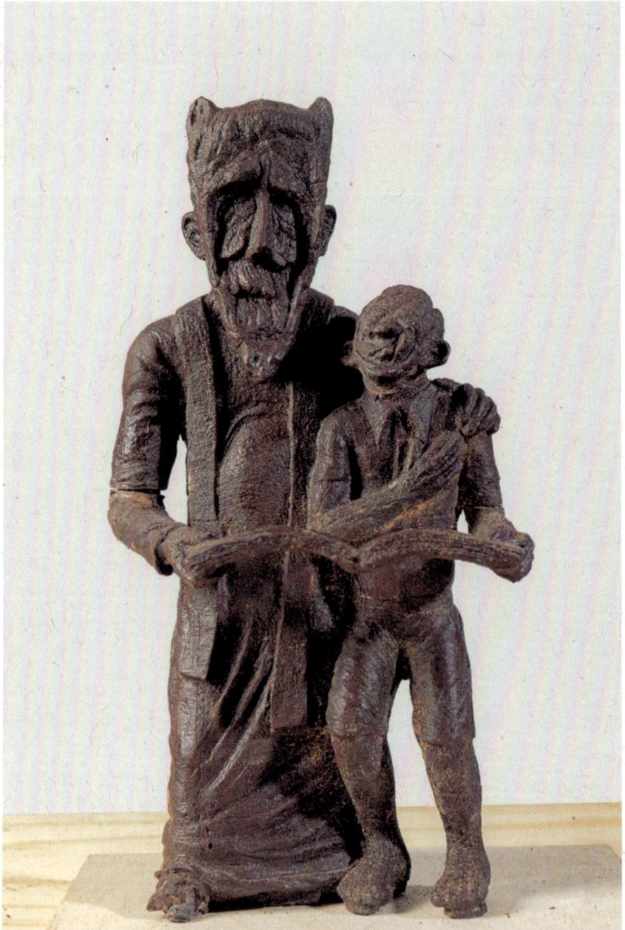

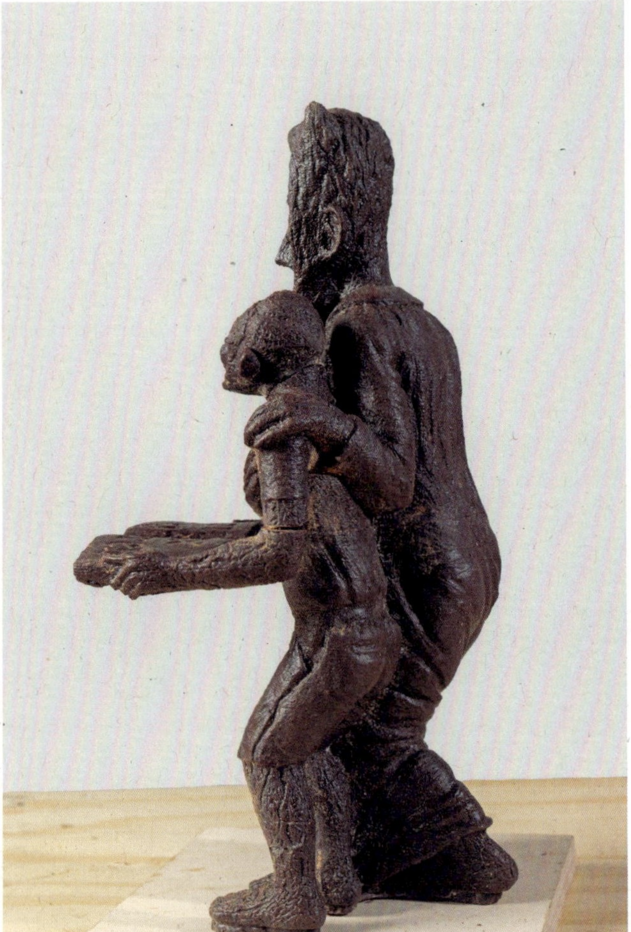

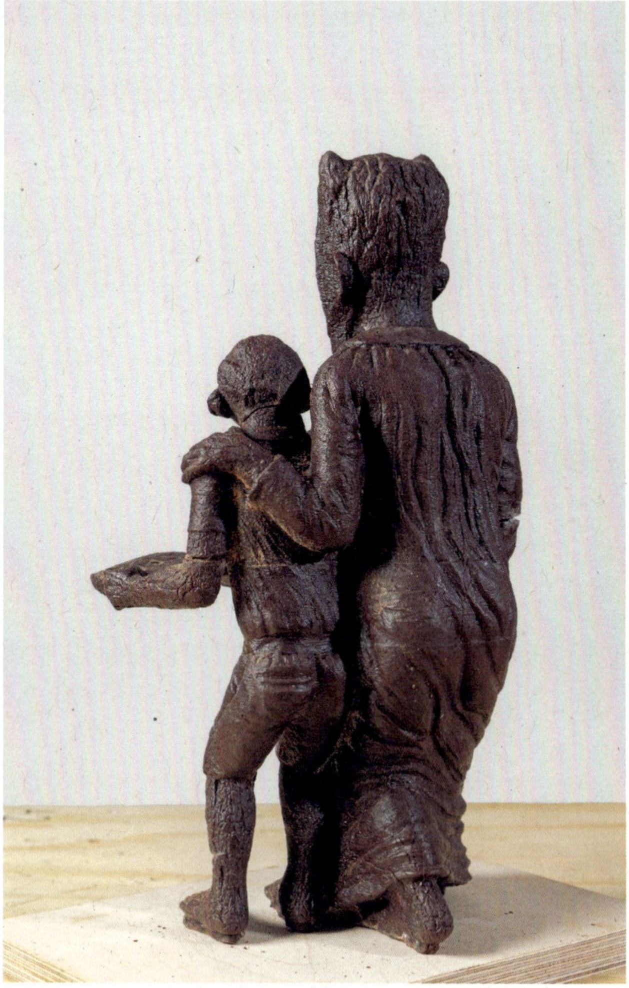

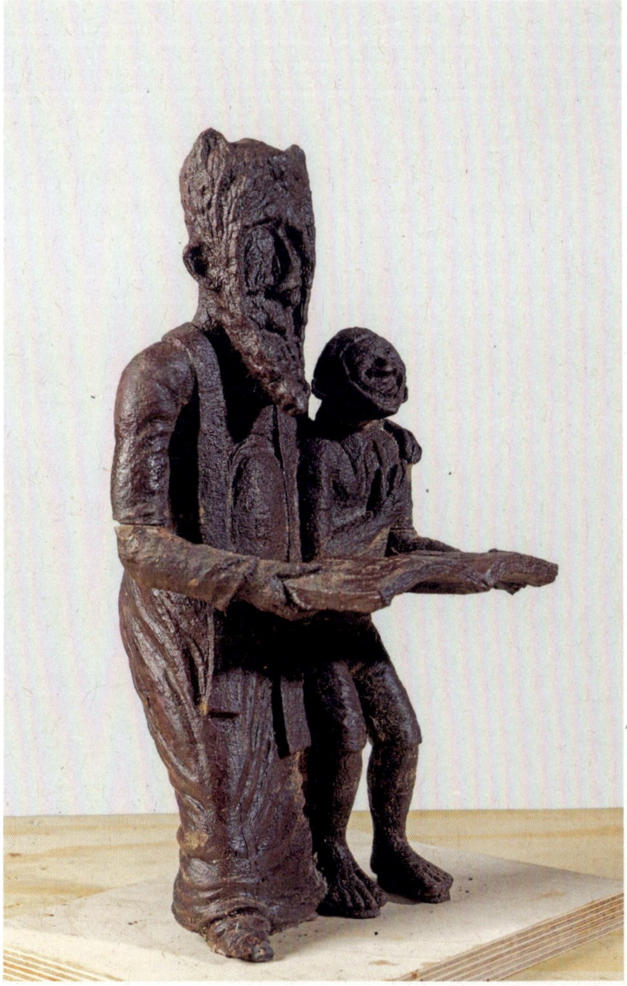

How My Grandfather Survived, 2015

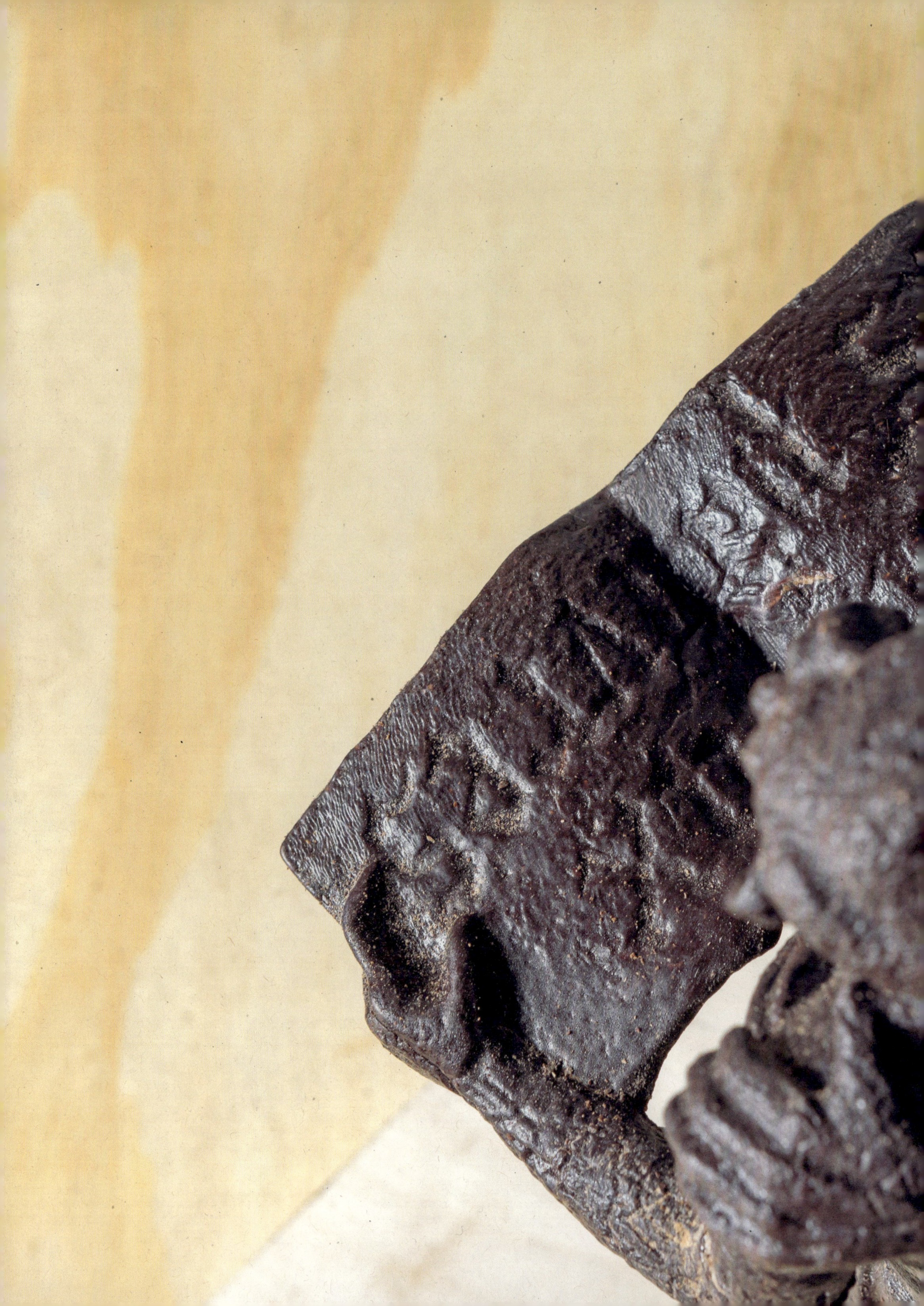

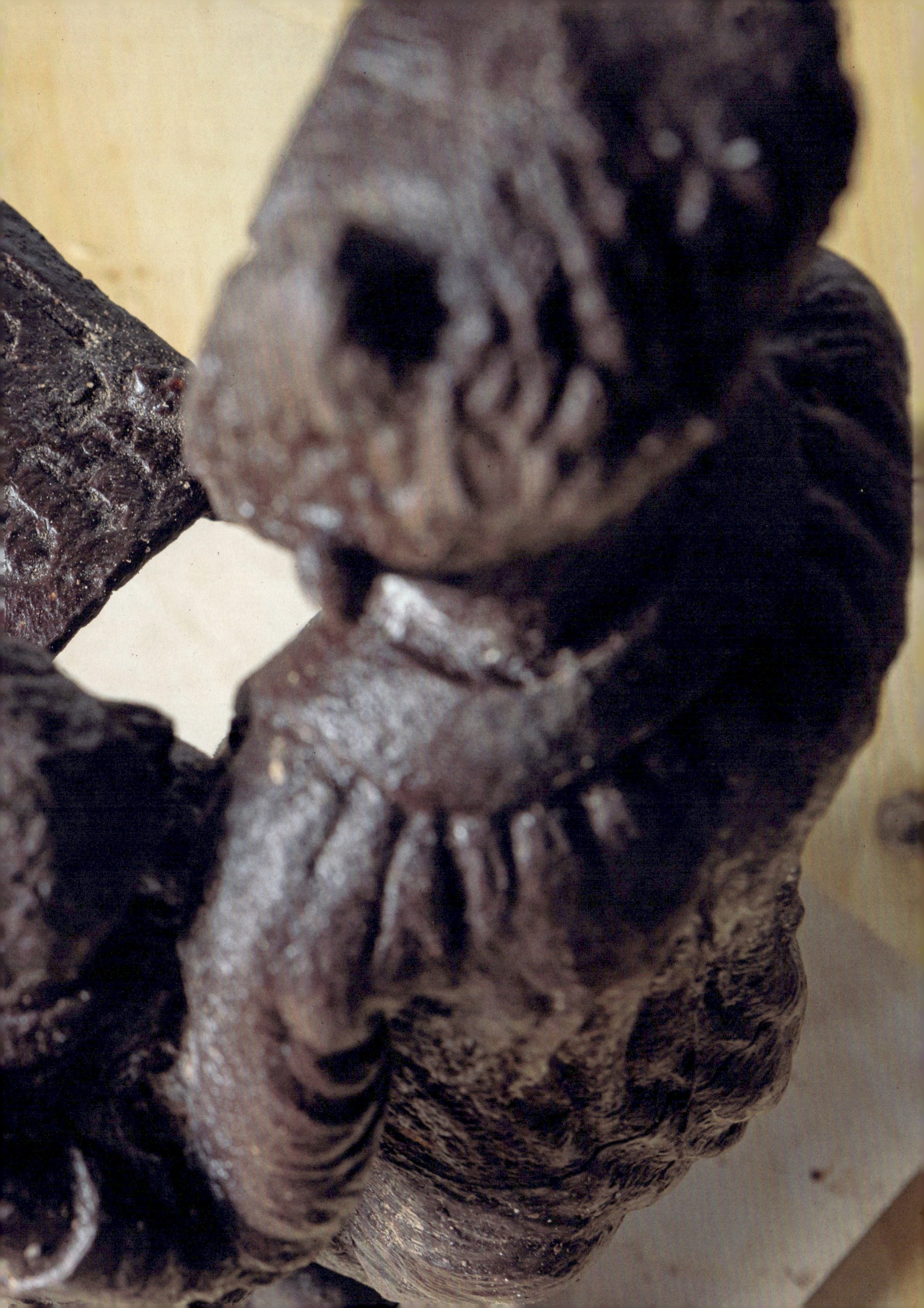

'A pond is infested with a *kasendele nzundu*, a giant rat, that massacres all the fish. This beast symbolizes the power of banks, while the fish represent the accumulation of wealth in the Global North. In the name of 'aid,' the 'banker' rat will give you a loan that you will never be able to repay. Before lending his money, he lays out his conditions, one of which is that you must always leave your doors and windows open so that he may enter freely whenever he wants and help himself to whatever he pleases. This beast dominates all the economies of the planet and rules them with his strange laws that he alone understands.'

« Un étang est infesté par un *kasendele nzundu*, un rat géant, qui massacre tous les poissons. Cette bête symbolise le pouvoir des banques, tandis que les poissons représentent l'accumulation de richesses dans le Nord global. Au nom de l'« aide », le rat « banquier » vous accordera un prêt que vous ne pourrez jamais rembourser. Avant de vous prêter son argent, il pose ses conditions, dont l'une est que vous laissiez toujours vos portes et fenêtres ouvertes pour qu'il puisse entrer librement quand il le souhaite et se servir à sa guise. Cette bête domine toutes les économies de la planète et les gouverne avec ses lois étranges qu'il est le seul à comprendre. »

Muyaka Kapasa (CATPC)
Money and/is the Beast, 2021

cacao, palm fat, sugar
cacao, graisse de palme, sucre
140.2 × 64.1 × 78.2 cm

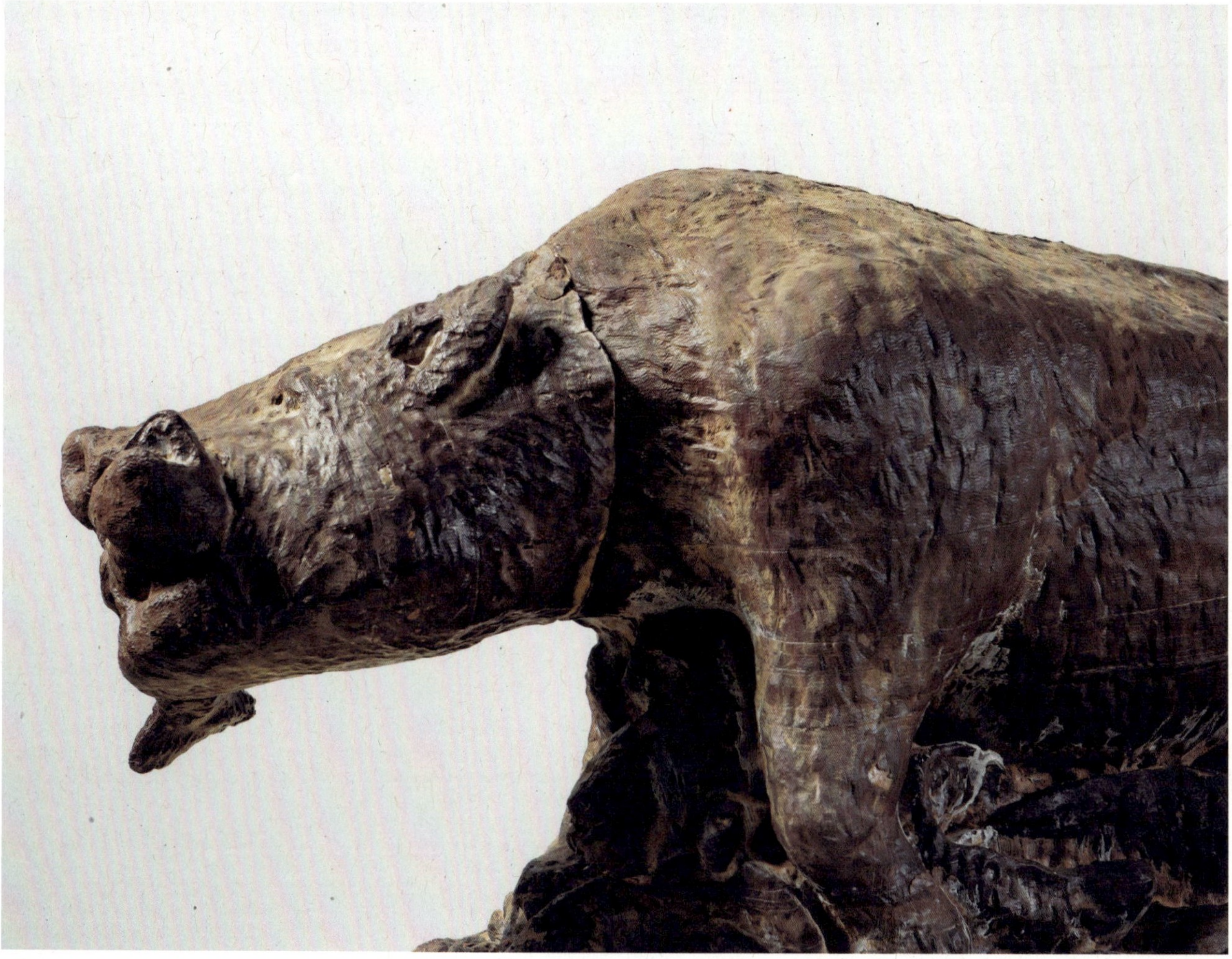

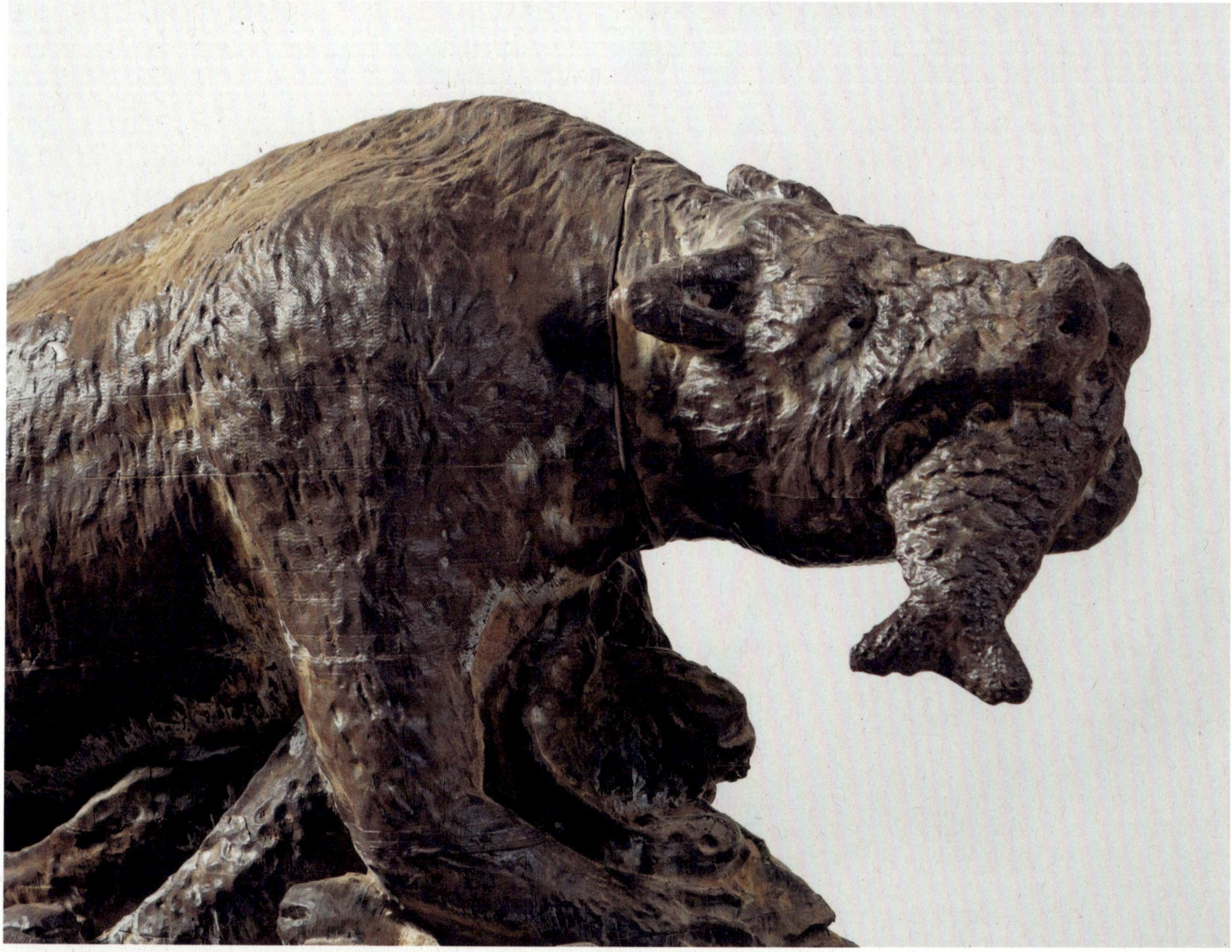

Money and/is the Beast, 2021

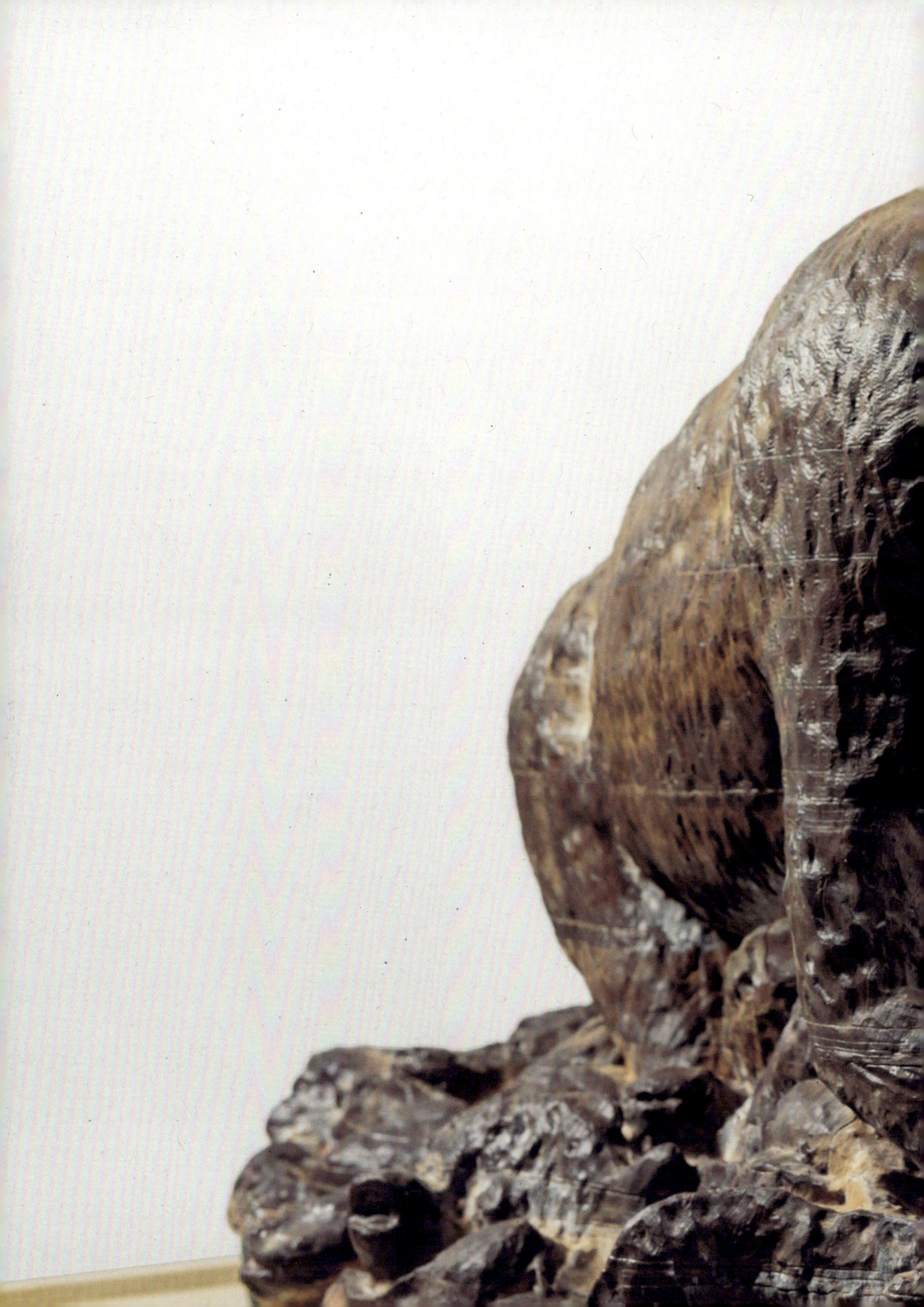

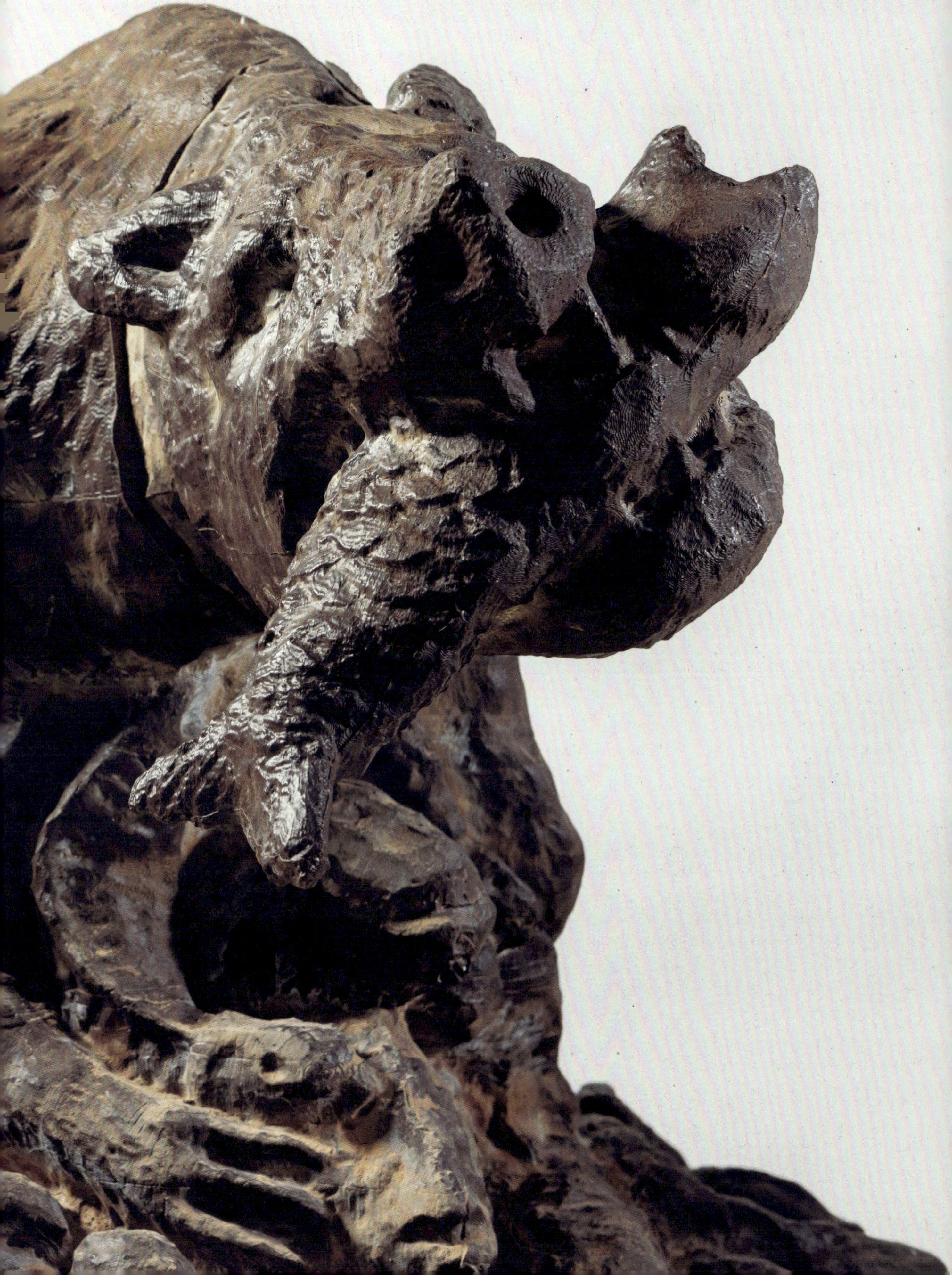

'This imposing bird is a spirit who deepens inequalities and fuels colonialist capitalism. As an angel of evil it uses money to drive people to war. The coins that cover its body signify its influence over humanity. On the back of its left wing, we see the powerful dollar, accompanied by other currencies that dance with the dollar in its uncontrollable, colonizing and merciless rhythm. These other currencies include the euro, the Nigerian naira, the Central CFA franc and the Congolese franc. On the bird's right wing, we see BRIC [Brazil, Russia, India and China] currencies taking the lead. They join forces to counter their common adversary, the dollar, and to create their own institutions. They struggle against the Money Angel, the beast, who controls them and pushes humanity towards self-annihilation through economic wars, which in turn lead to military wars all over the planet.'

« Cet oiseau imposant est un esprit qui creuse les inégalités et alimente le capitalisme colonialiste. En tant qu'ange du mal, il utilise l'argent pour pousser les gens à la guerre. Les pièces de monnaie qui recouvrent son corps signifient son influence sur l'humanité. Sur le dos de son aile gauche, on voit le puissant dollar, accompagné d'autres monnaies qui dansent avec le dollar dans son rythme incontrôlable, colonisateur et impitoyable. Ces autres monnaies sont l'euro, le naira nigérian, le franc CFA central et le franc Congolais. Sur l'aile droite de l'oiseau, les monnaies des BRIC (Brésil, Russie, Inde et Chine) prennent la tête. Elles s'unissent pour contrer leur adversaire commun, le dollar, et pour créer leurs propres institutions. Elles luttent contre l'Ange Monnaie, la bête, qui les contrôle et pousse l'humanité à l'auto-anéantissement par des guerres économiques, qui entraînent à leur tour des guerres militaires sur toute la planète. »

Philomène Lembusa (CATPC)
Money Angel, 2023

cacao, palm fat, sugar
cacao, graisse de palme, sucre
158.1 × 91.7 × 82.5 cm

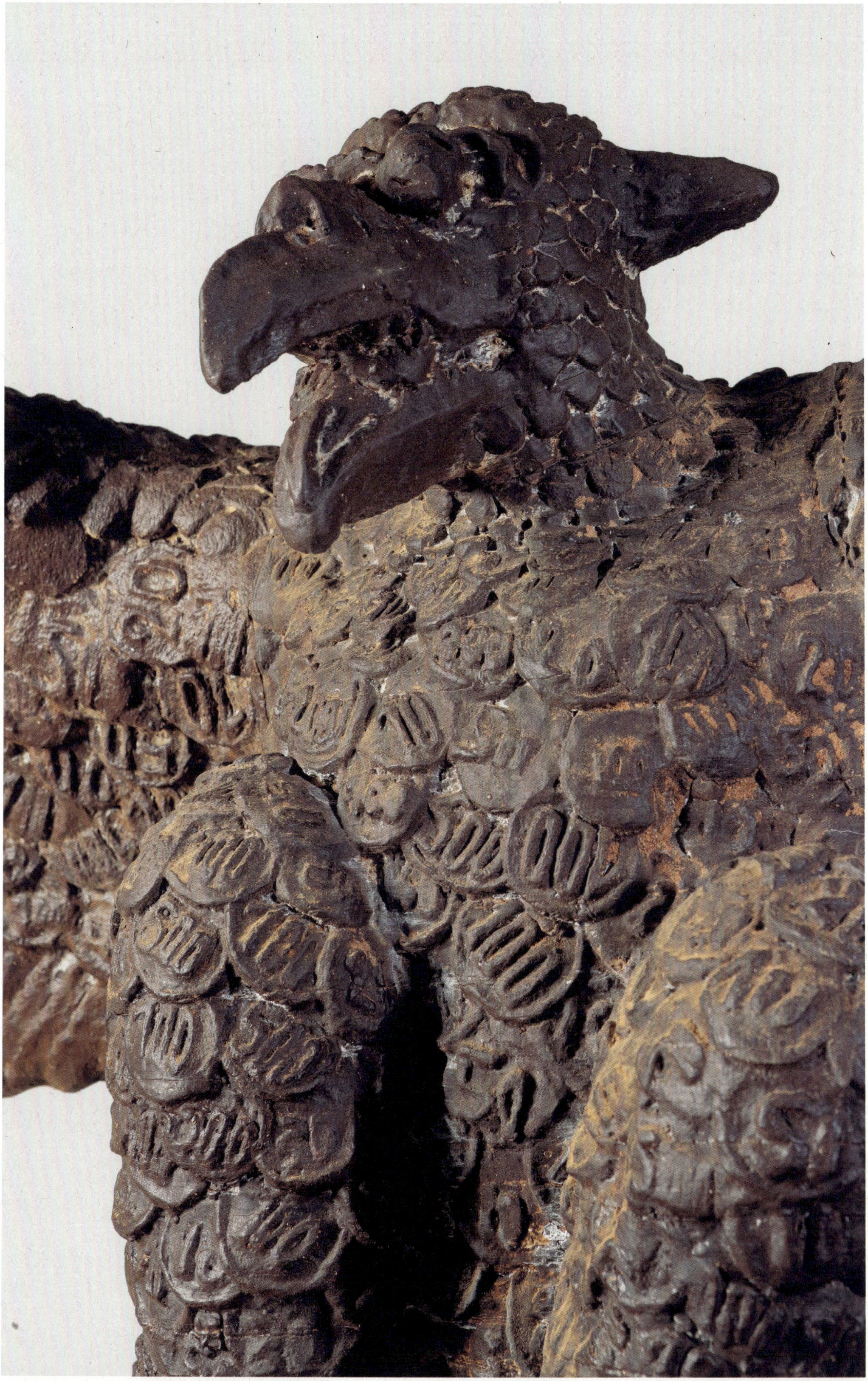

Money Angel, 2023

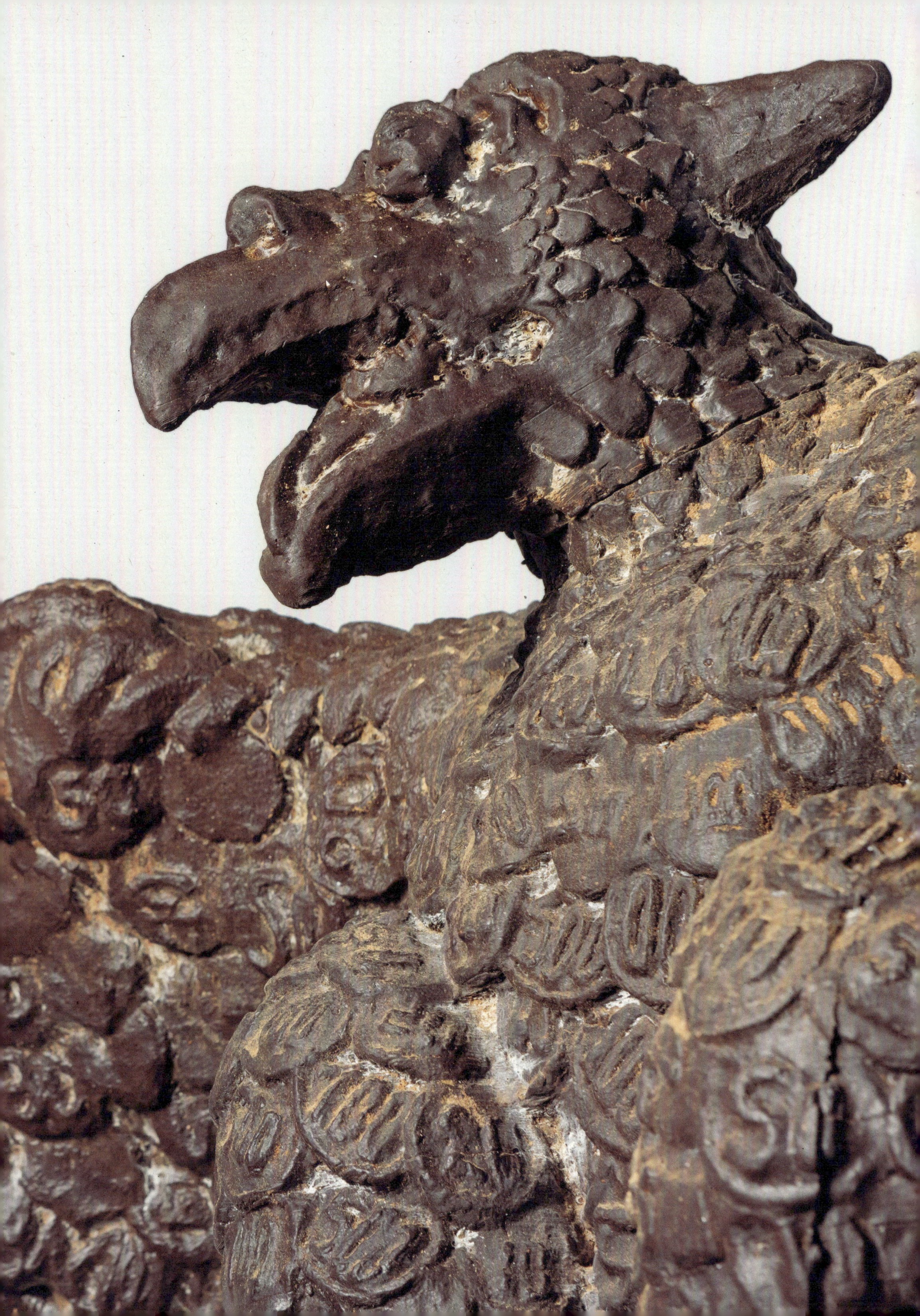

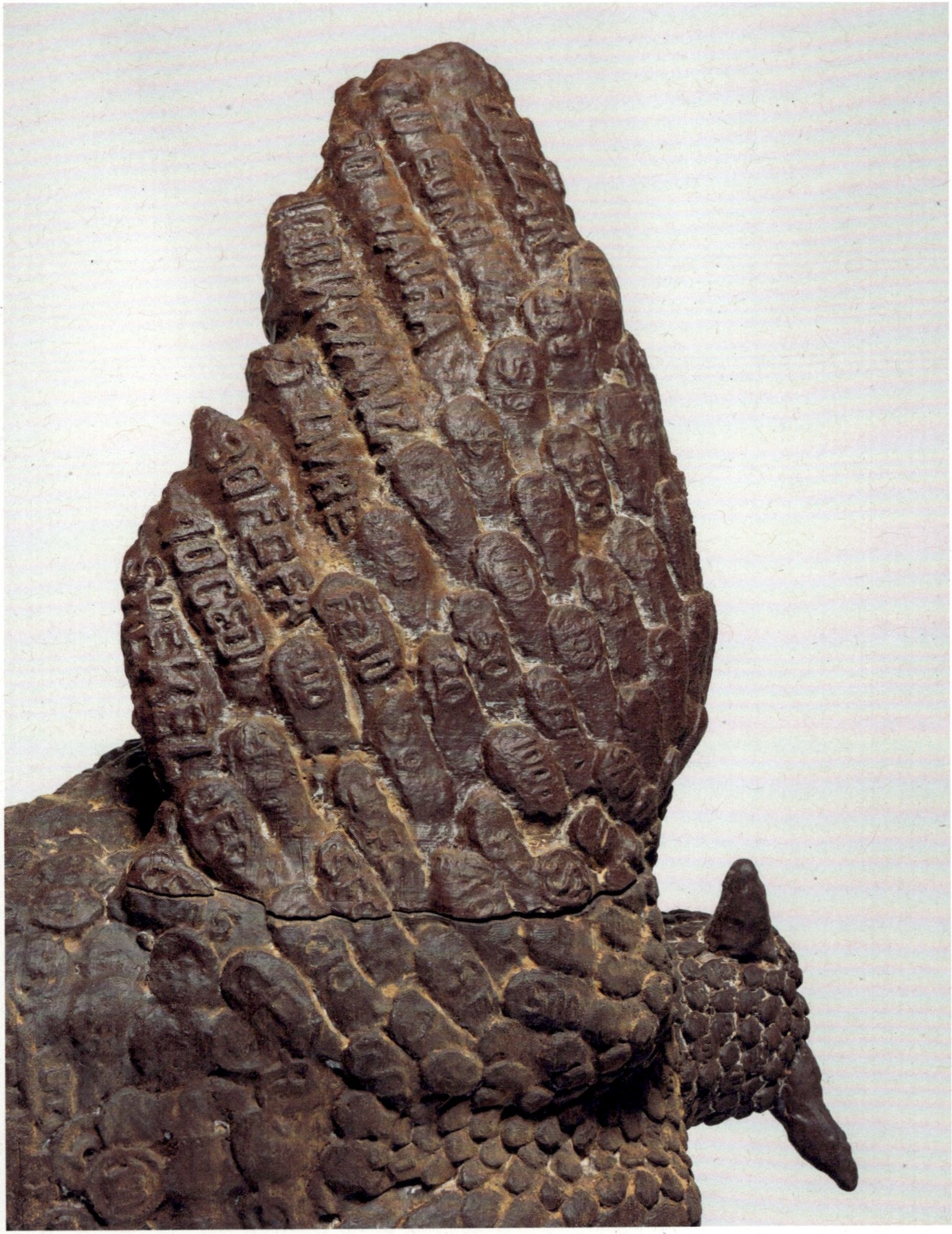

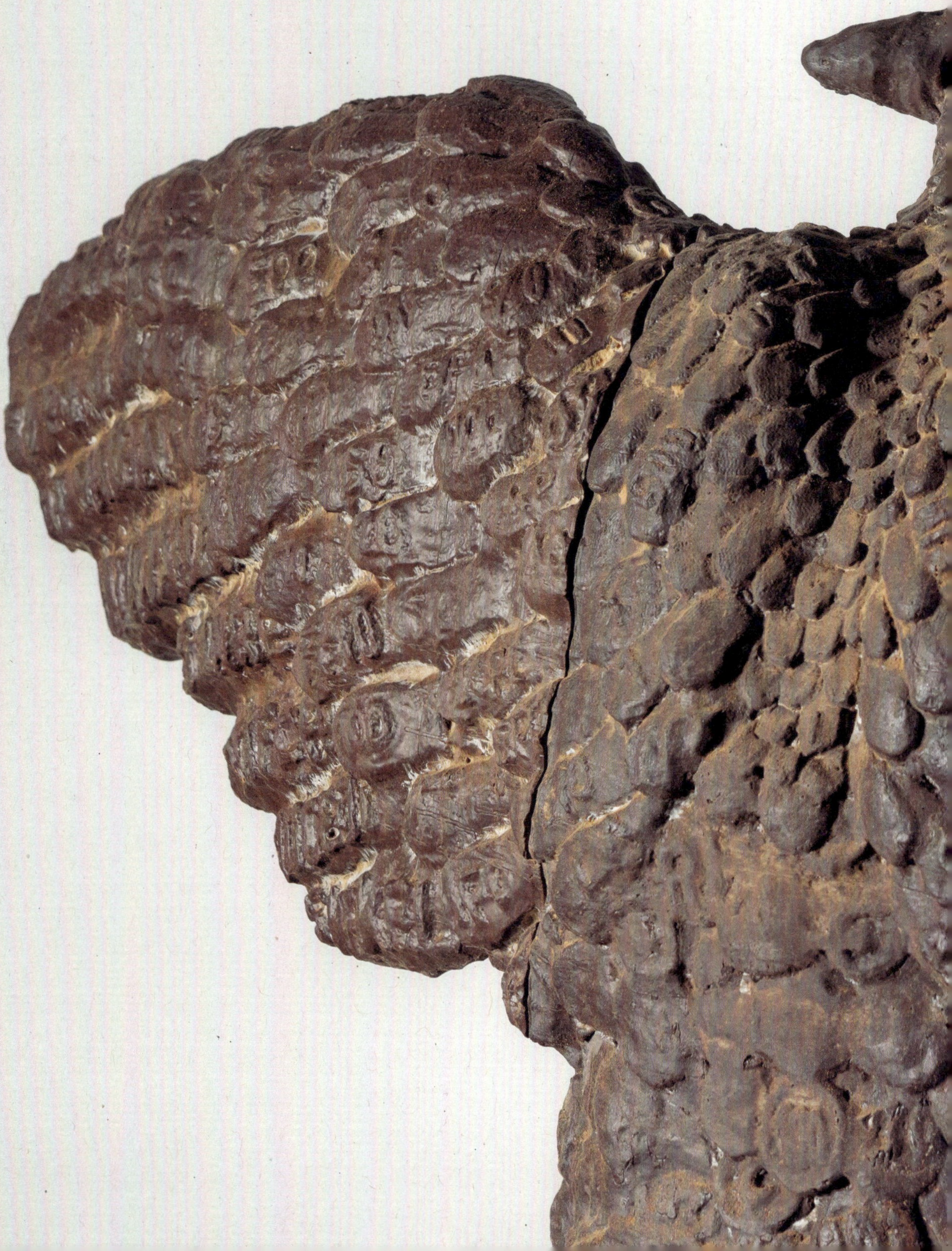

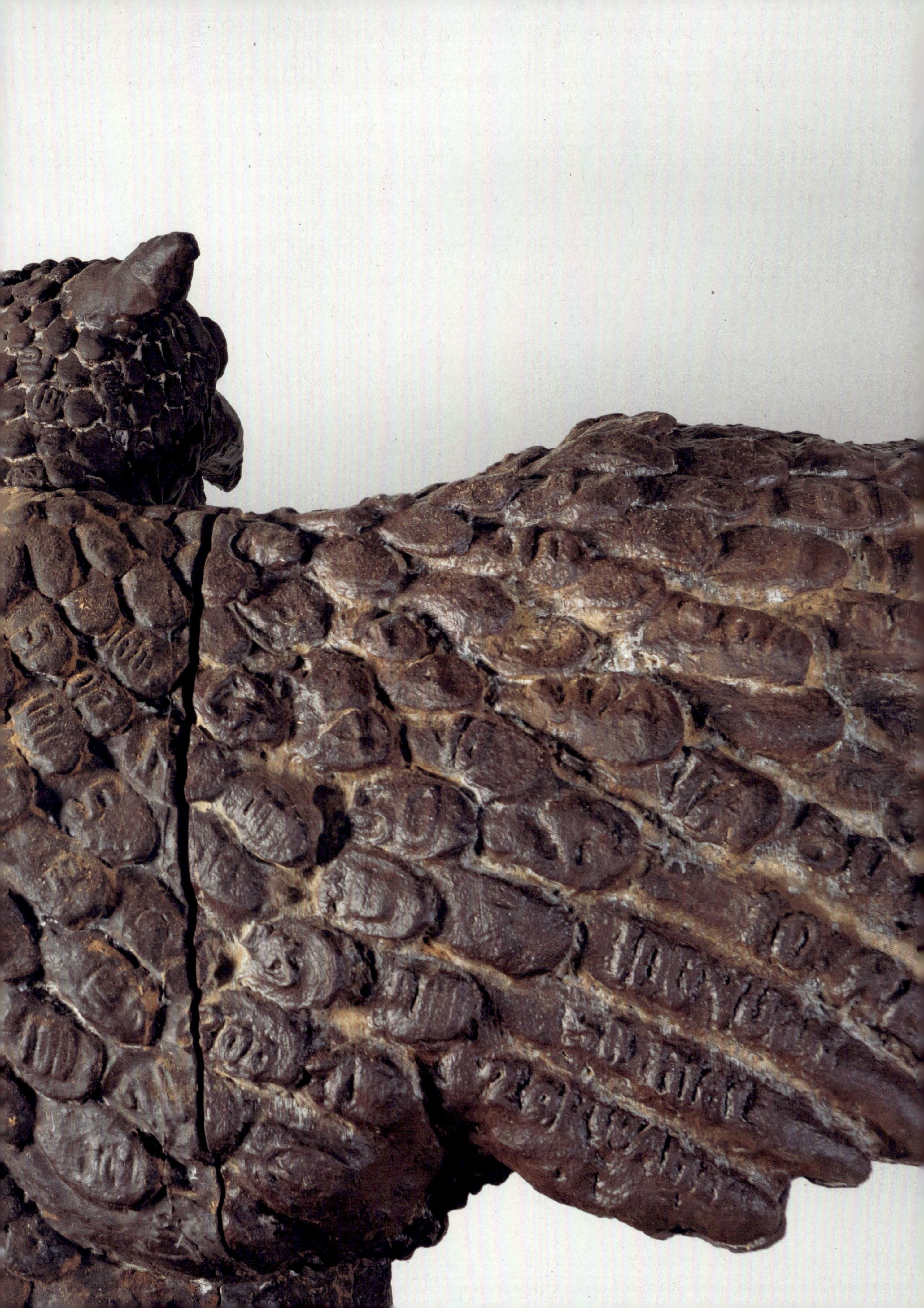

'This mysterious fish in human form knows when and how to protect its offspring from the dangers that can threaten the survival of its young. When danger threatens the family, the mother protects her babies by swallowing them whole and keeping them safe in her belly only to vomit them up later in a more secure place. This sculpture illustrates how a people united can give each other strength and camouflage themselves collectively when menaced by danger. Together, they can arrive at the destination the plantation workers aspire to reach: the decolonization of the plantation.'

« Ce mystérieux poisson à forme humaine sait quand et comment protéger sa progéniture des dangers qui peuvent menacer la survie de ses petits. Lorsque le danger menace la famille, la mère protège ses bébés en les avalant tout entiers et en les gardant en sécurité dans son ventre, pour les vomir plus tard dans un endroit plus sûr. Cette sculpture illustre comment un peuple uni peut se donner de la force et se camoufler collectivement lorsqu'il est menacé par un danger. Ensemble, ils peuvent arriver à la destination à laquelle aspirent les travailleurs de la plantation : la décolonisation de la plantation. »

CATPC (Daniel Mvunzi)
Fish Protector, 2023

cacao, palm fat, sugar
cacao, graisse de palme, sucre
69.9 × 96.8 × 89.5 cm

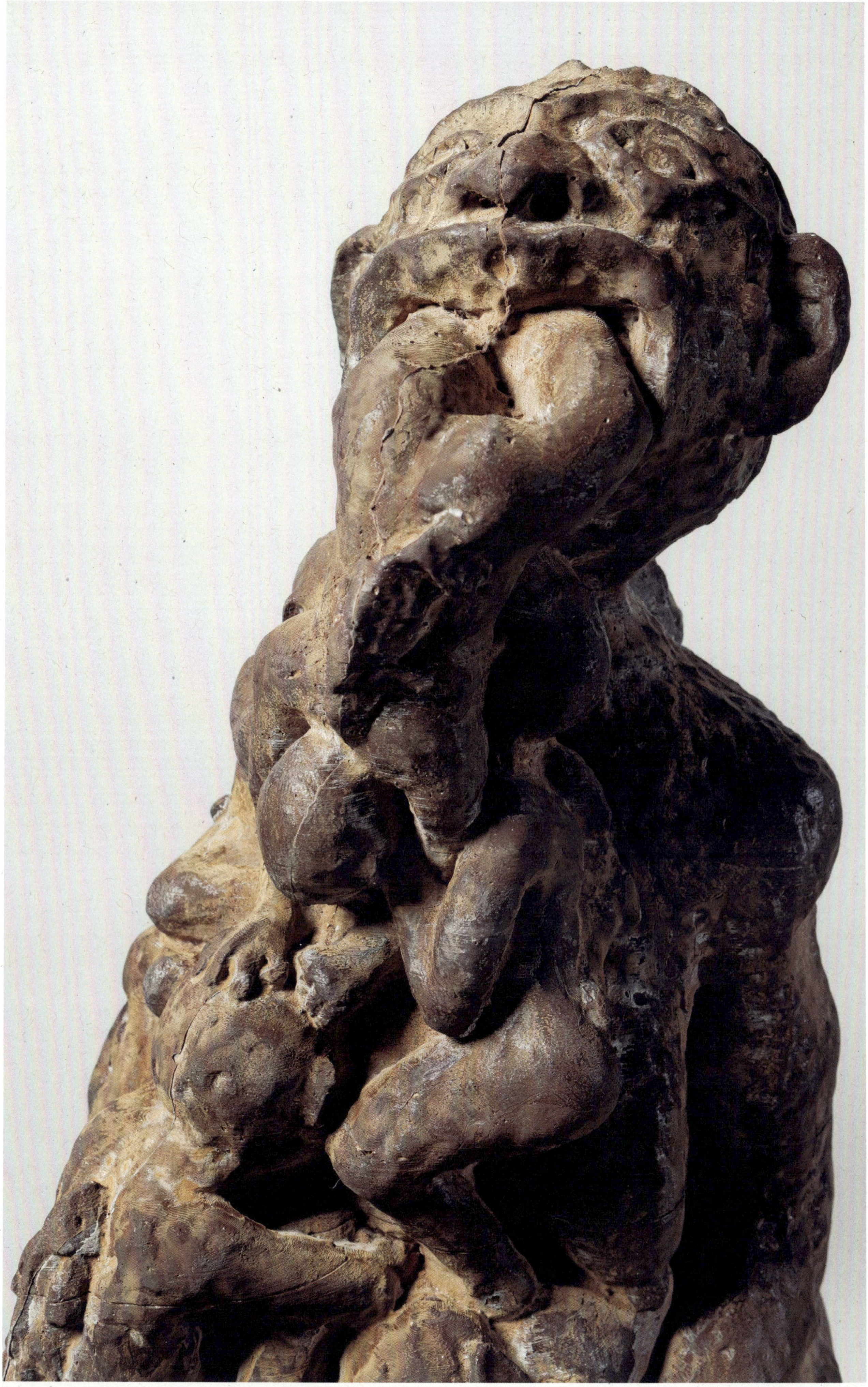

Fish Protector, 2023

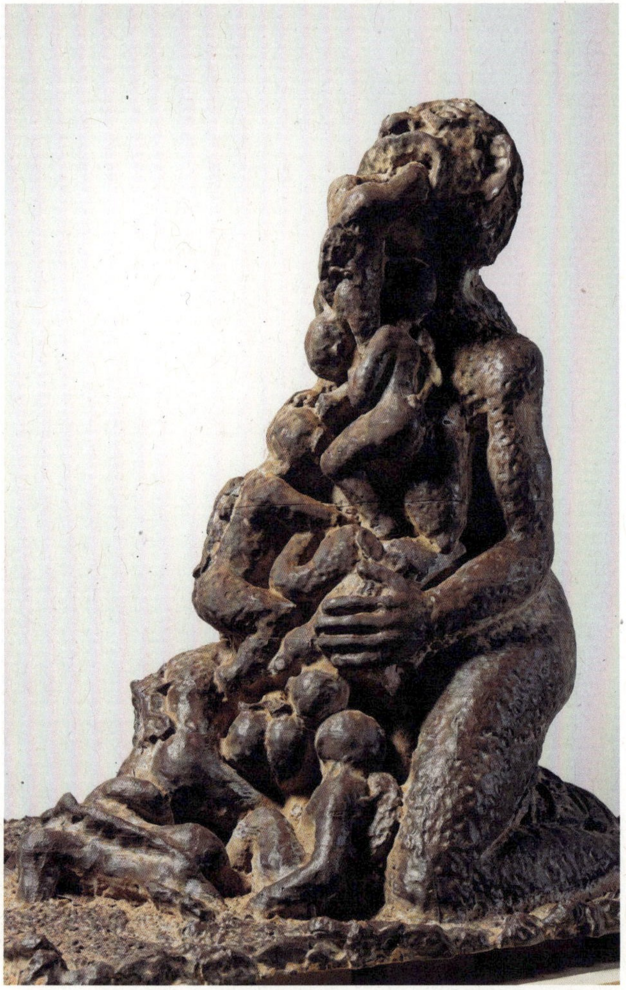

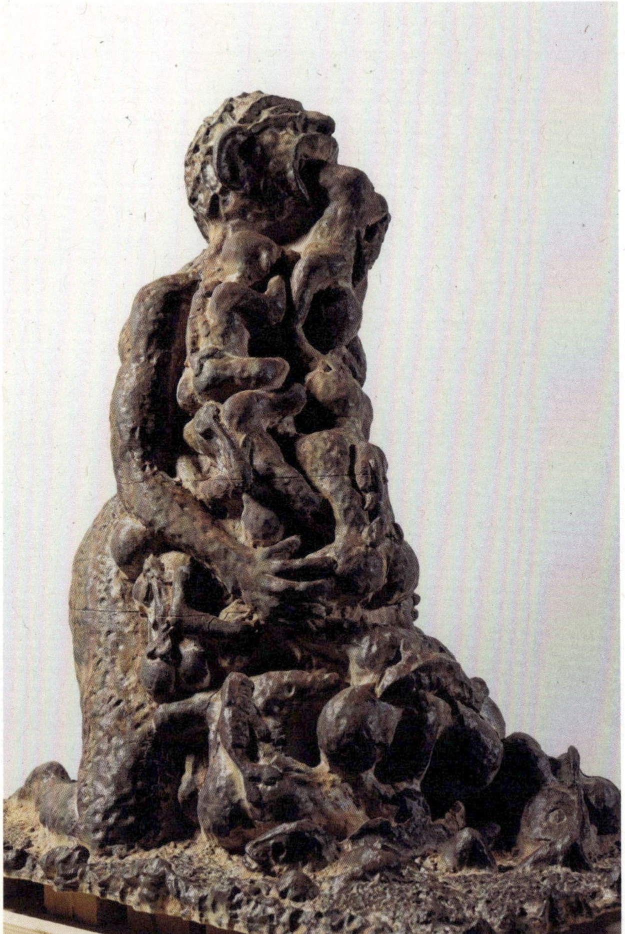

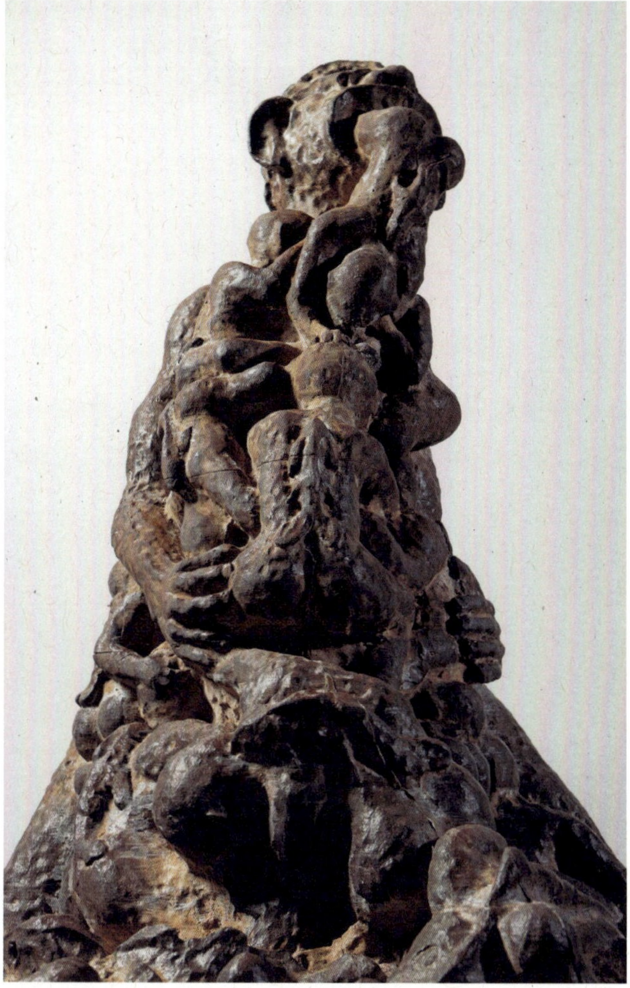

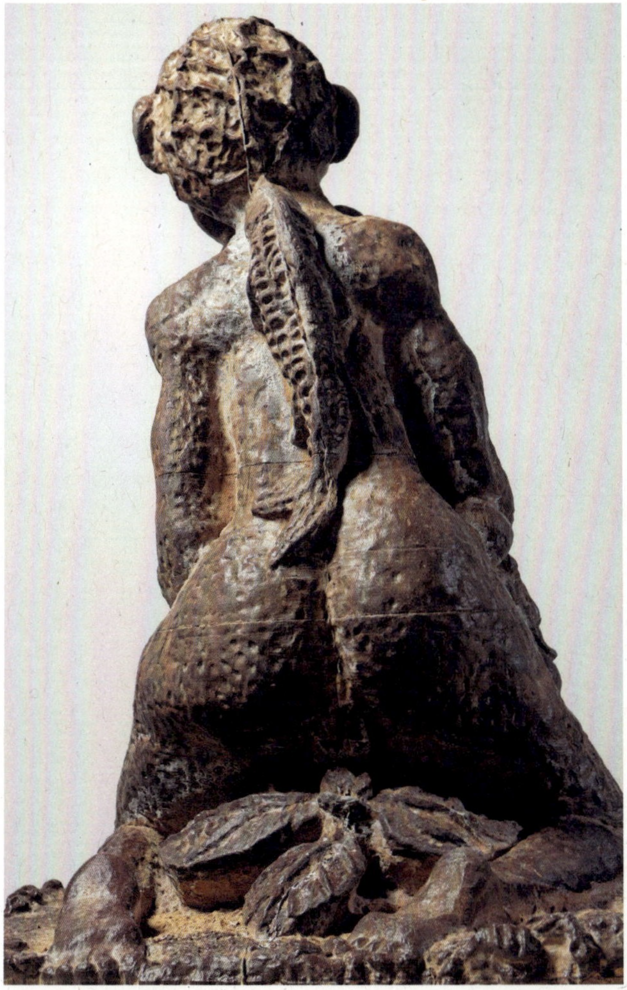

Fish Protector, 2023

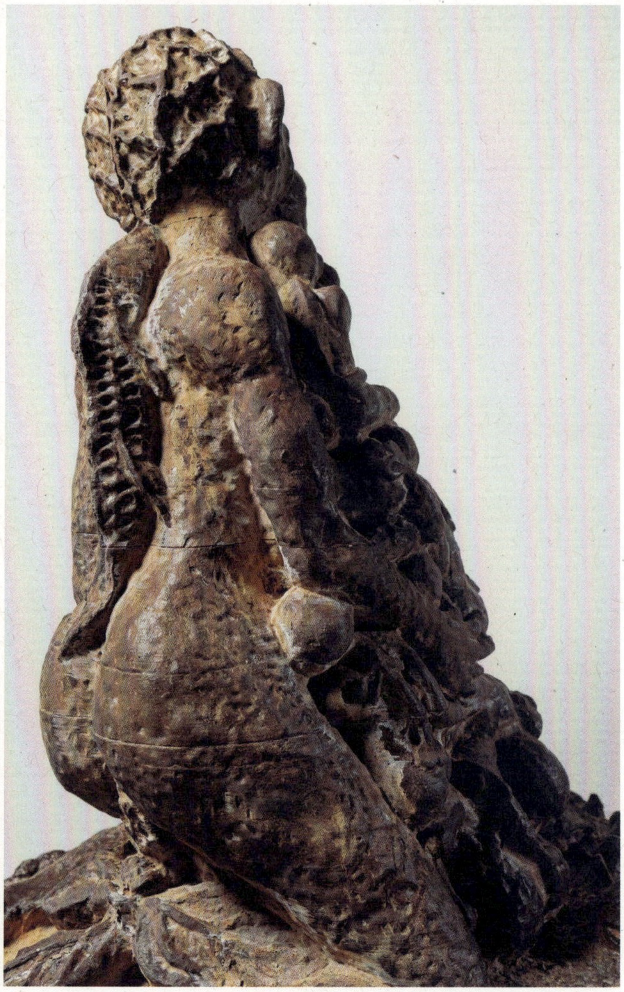

Poisson Protecteur, 2023

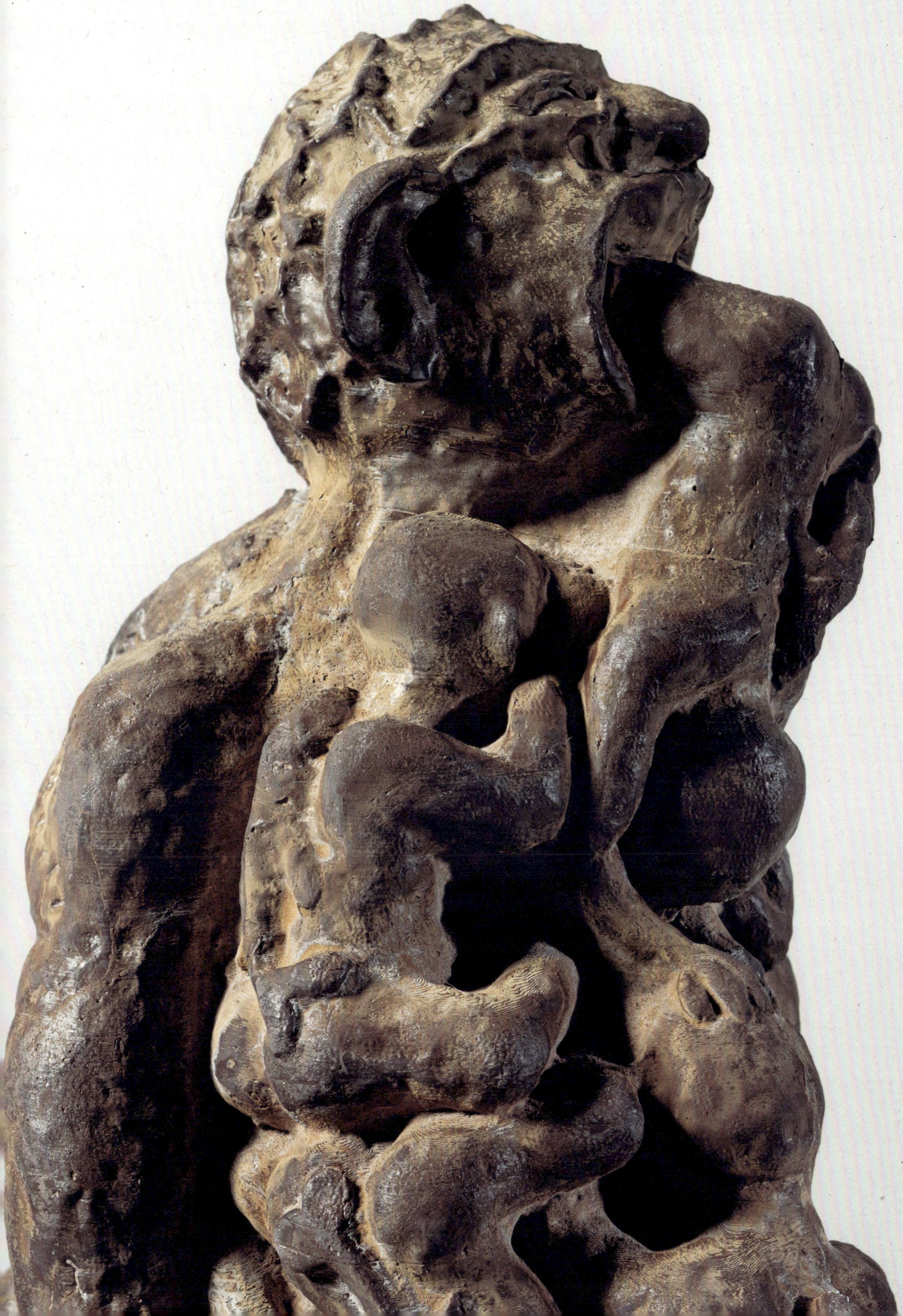

'This sculpture is a testament to the importance of roots. Good roots, like those from which the post-plantation grows, facilitate a connection between us, the earth and the sacred forests. Bad roots can harm. If the roots are rotten, you will not have a good tree. Art institutions can have bad roots. When the foundations of these institutions are corrupt, everything that grows from them becomes contaminated. The same goes for the multinational corporation Unilever. This is a tree that was planted with bad roots. This means that the investments that were made in the past into the plantations continue to exploit the land and the people.'

« Cette sculpture témoigne de l'importance des racines. Les bonnes racines, comme celles à partir desquelles la post-plantation pousse, facilitent le lien entre nous, la terre et les forêts sacrées. De mauvaises racines peuvent nuire. Si les racines sont pourries, vous n'aurez pas un bon arbre. Les institutions artistiques peuvent avoir de mauvaises racines. Lorsque les fondations de ces institutions sont corrompues, tout ce qui en découle est contaminé. Il en va de même pour la multinationale Unilever. C'est un arbre qui a été planté avec de mauvaises racines. Cela signifie que les investissements réalisés dans le passé dans les plantations continuent d'exploiter la terre et les gens. »

CATPC (Irène Kanga)
Roots, 2023

cacao, palm fat, sugar
cacao, graisse de palme, sucre
87.4 × 69.1 × 84.3 cm

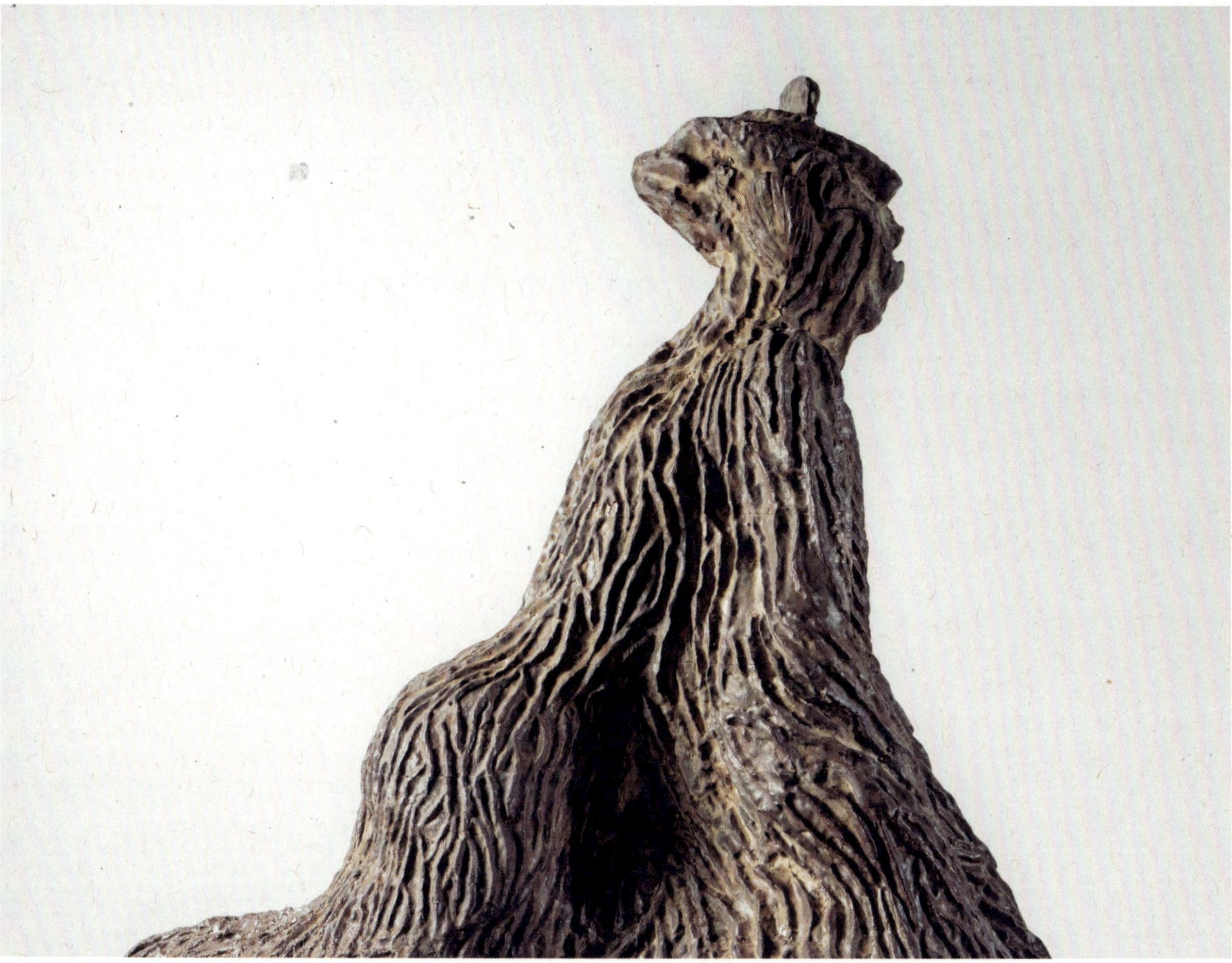

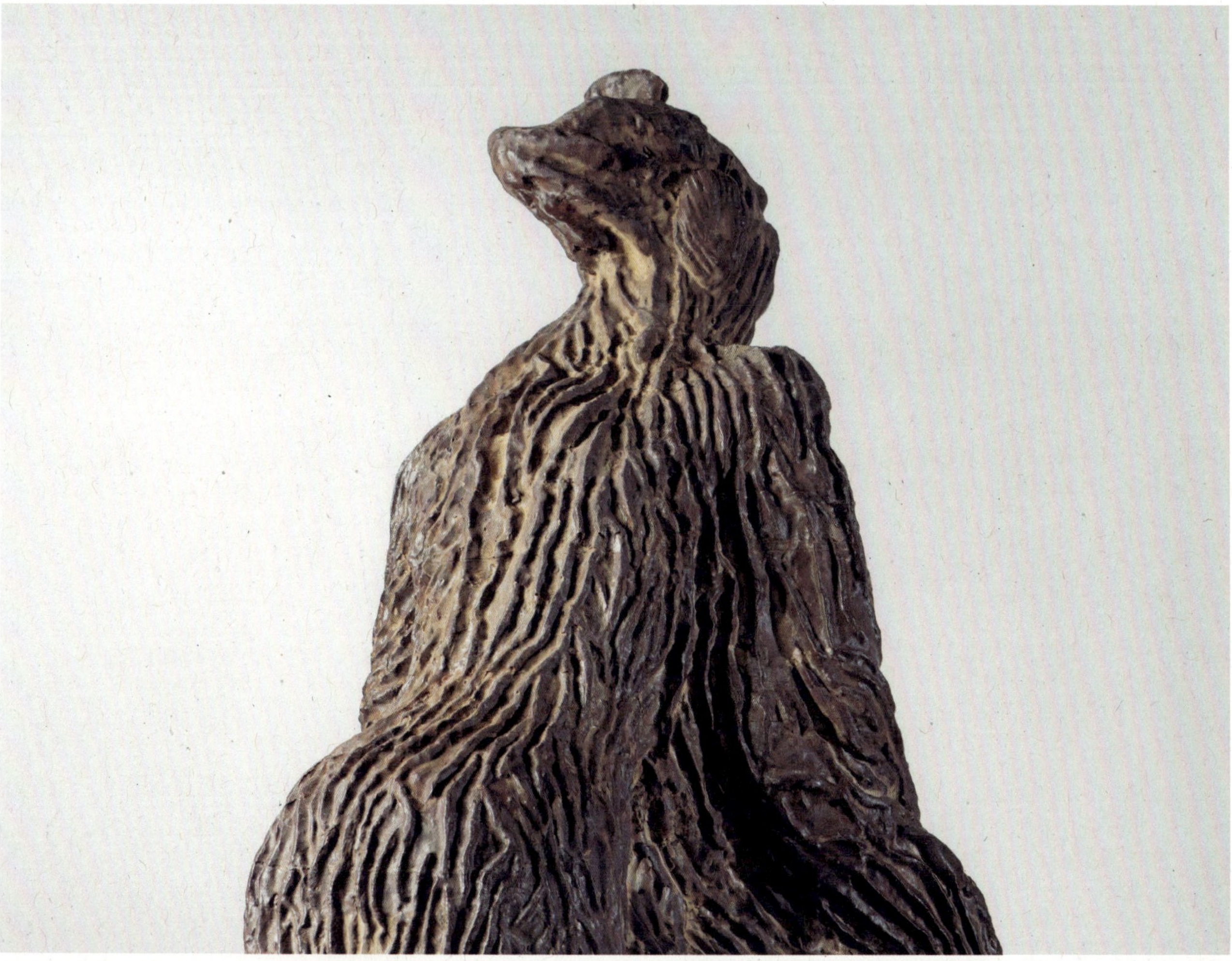

Roots, 2023

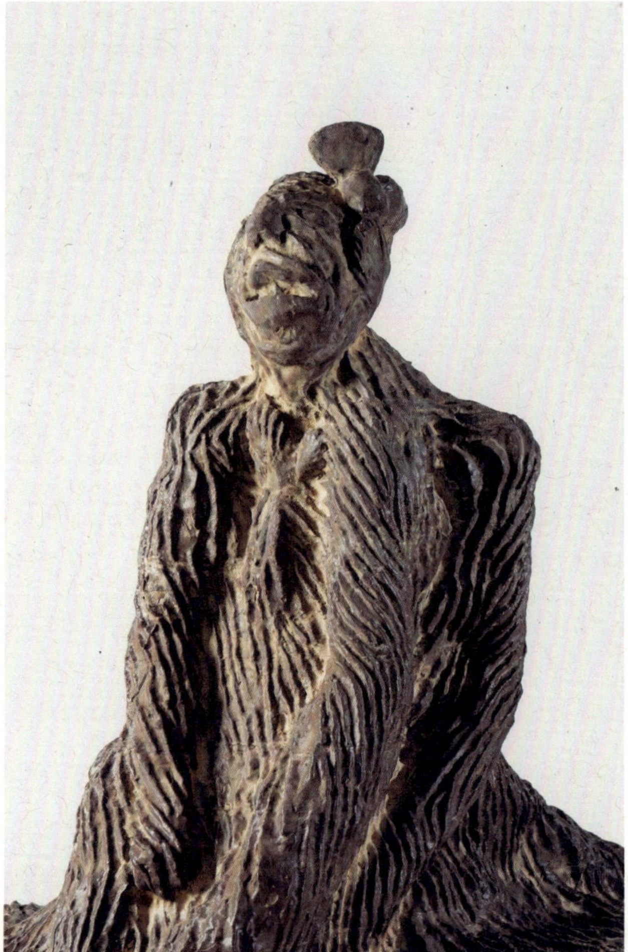

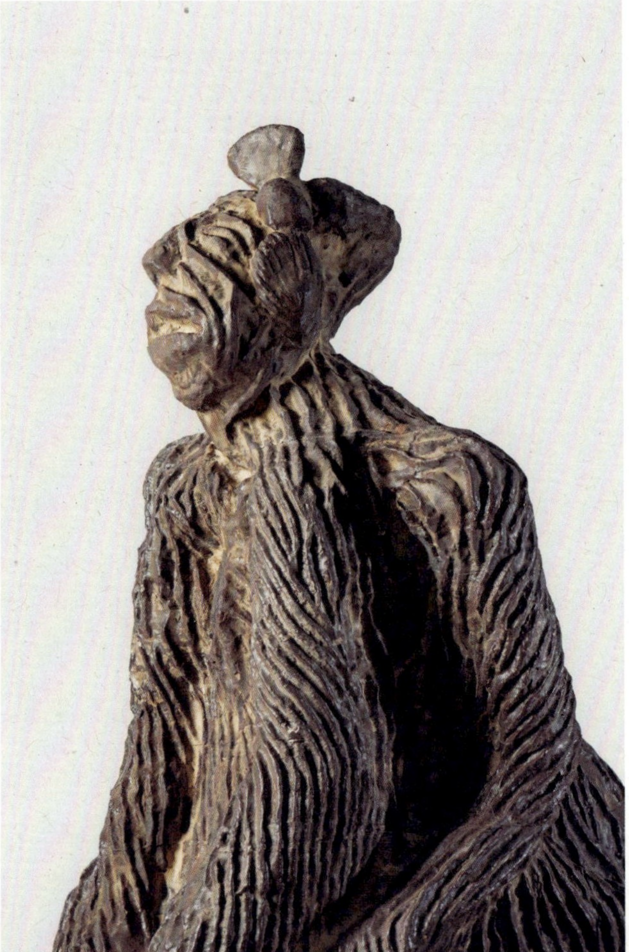

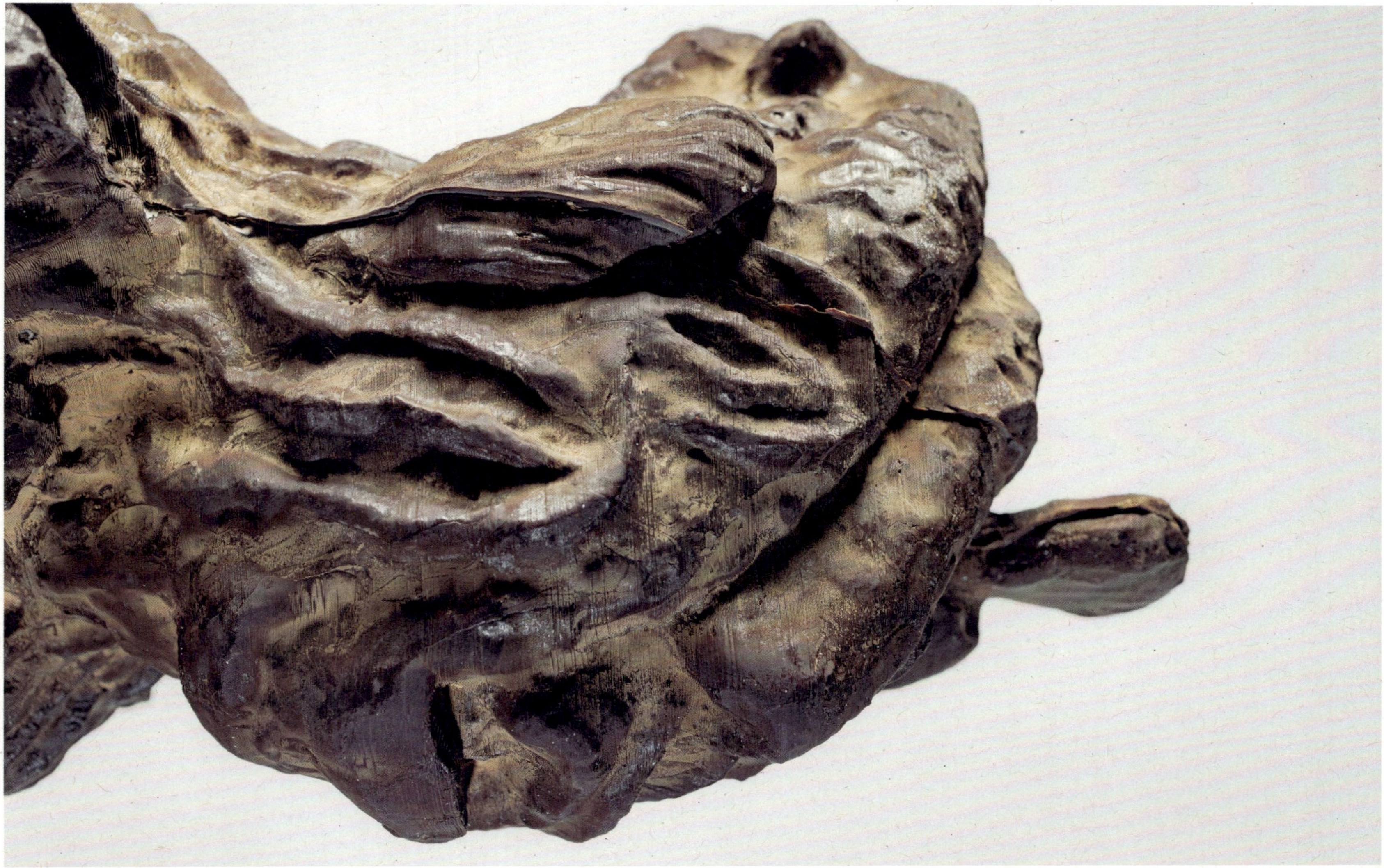

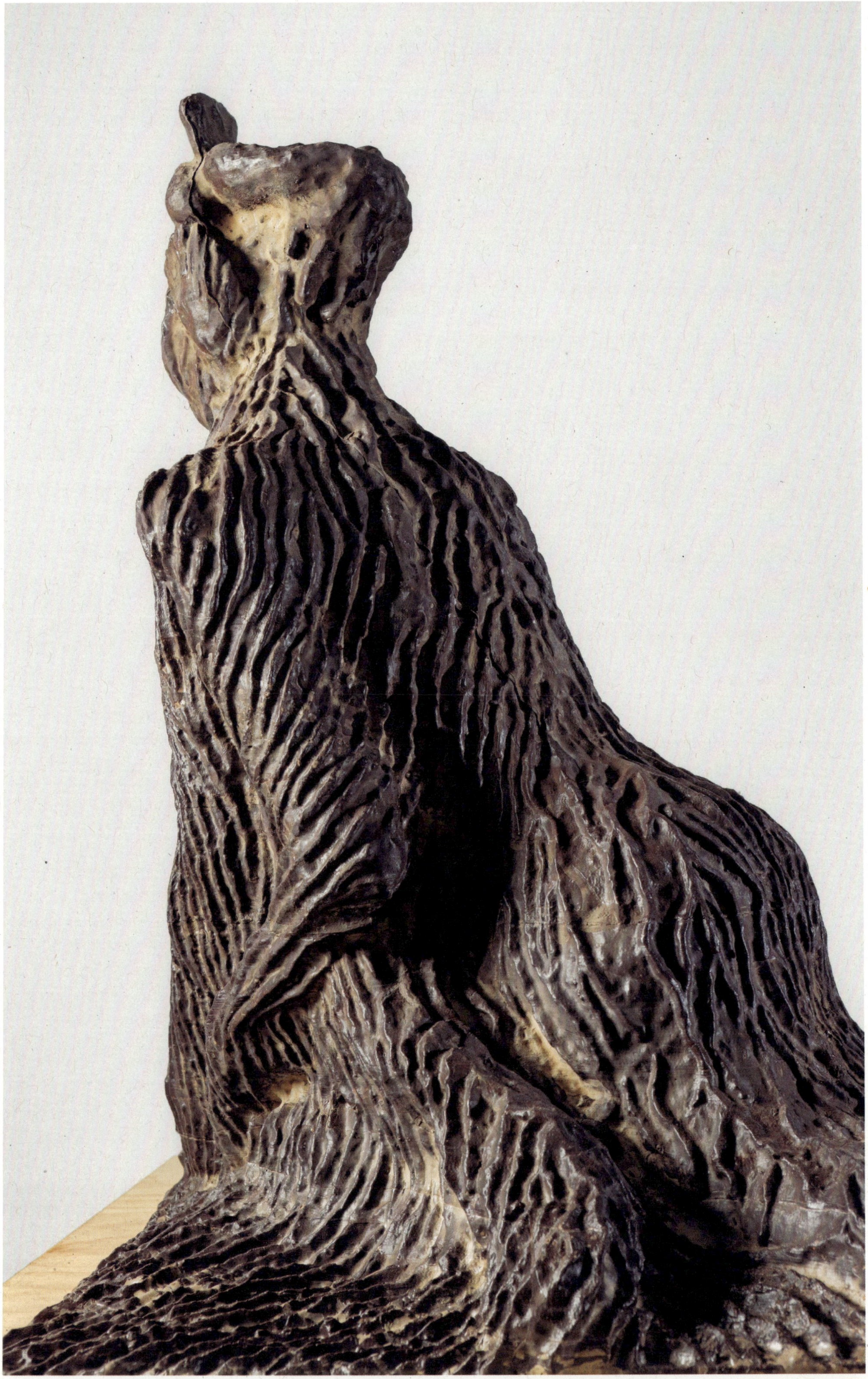

Racines, 2023

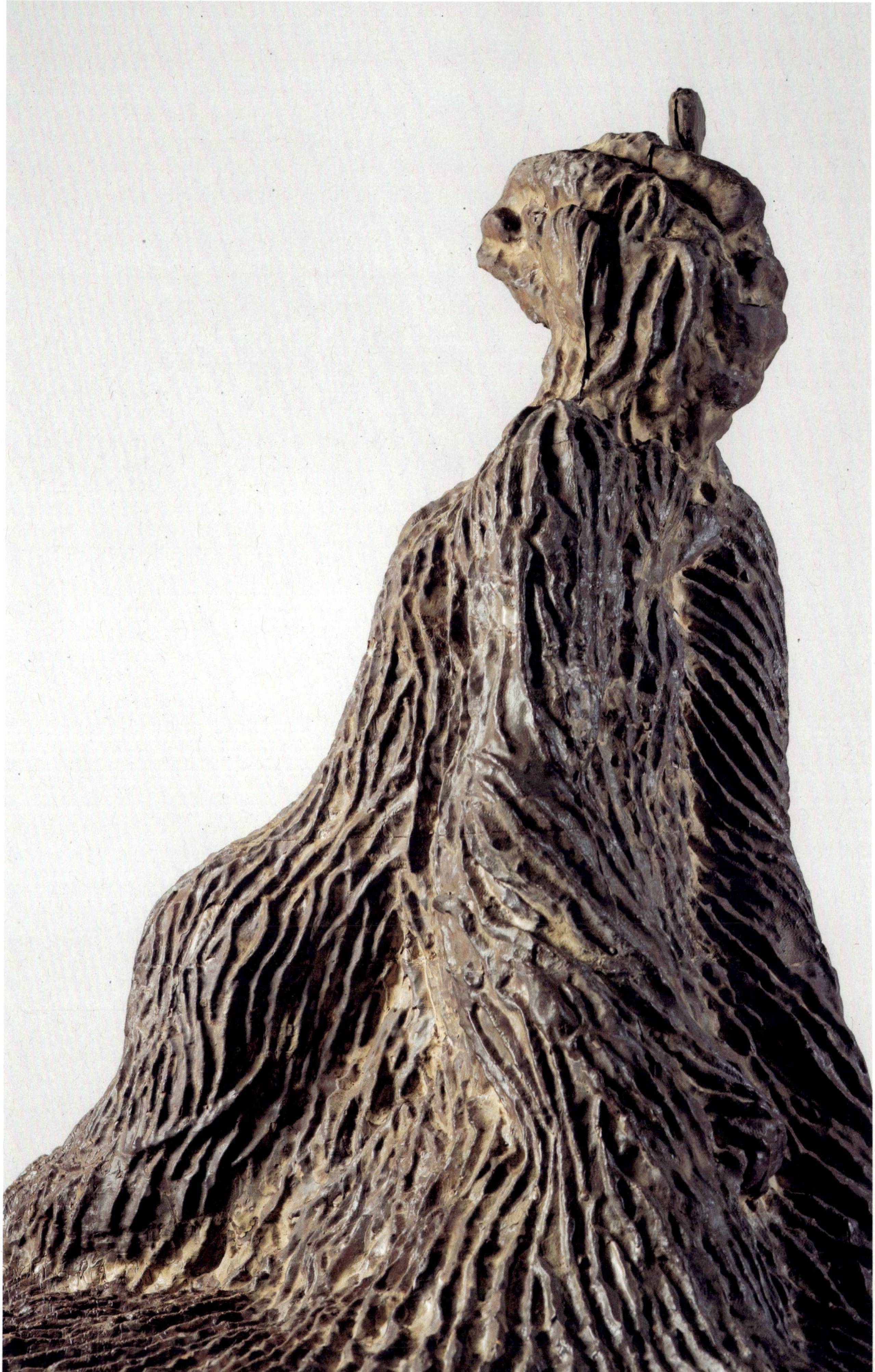

Roots, 2023

'This figure, dressed head to toe in nature, holds a brain in his hands. On opening his right eye, he discovers a secret: how to connect with the earth the spirits of his ancestors, who bequeathed to us a similar connection with nature. This strange human now knows how to think in complicity with nature. This intelligence drives us to reject monoculture and propagate polyculture on all the reclaimed lands, now arid, that will be regenerated along with the rest of the post-plantation, in Lusanga and elsewhere.'

« Ce personnage, vêtu d'éléments naturels de la tête aux pieds, tient un cerveau dans ses mains. En ouvrant son œil droit, il découvre un secret : comment relier à la terre les esprits de ses ancêtres, qui nous ont légué un lien similaire avec la nature. Cet étrange humain sait désormais raisonner en complicité avec la nature. Cette intelligence nous pousse à rejeter la monoculture et à propager la polyculture sur toutes les terres récupérées, aujourd'hui arides, qui seront régénérées avec le reste de la post-plantation, à Lusanga et ailleurs. »

CATPC (Athanas Kindendie & Charles Leba)
Polyculture Brain, 2023

cacao, palm fat, sugar
cacao, graisse de palme, sucre
62.2 × 72.1 × 72.6 cm

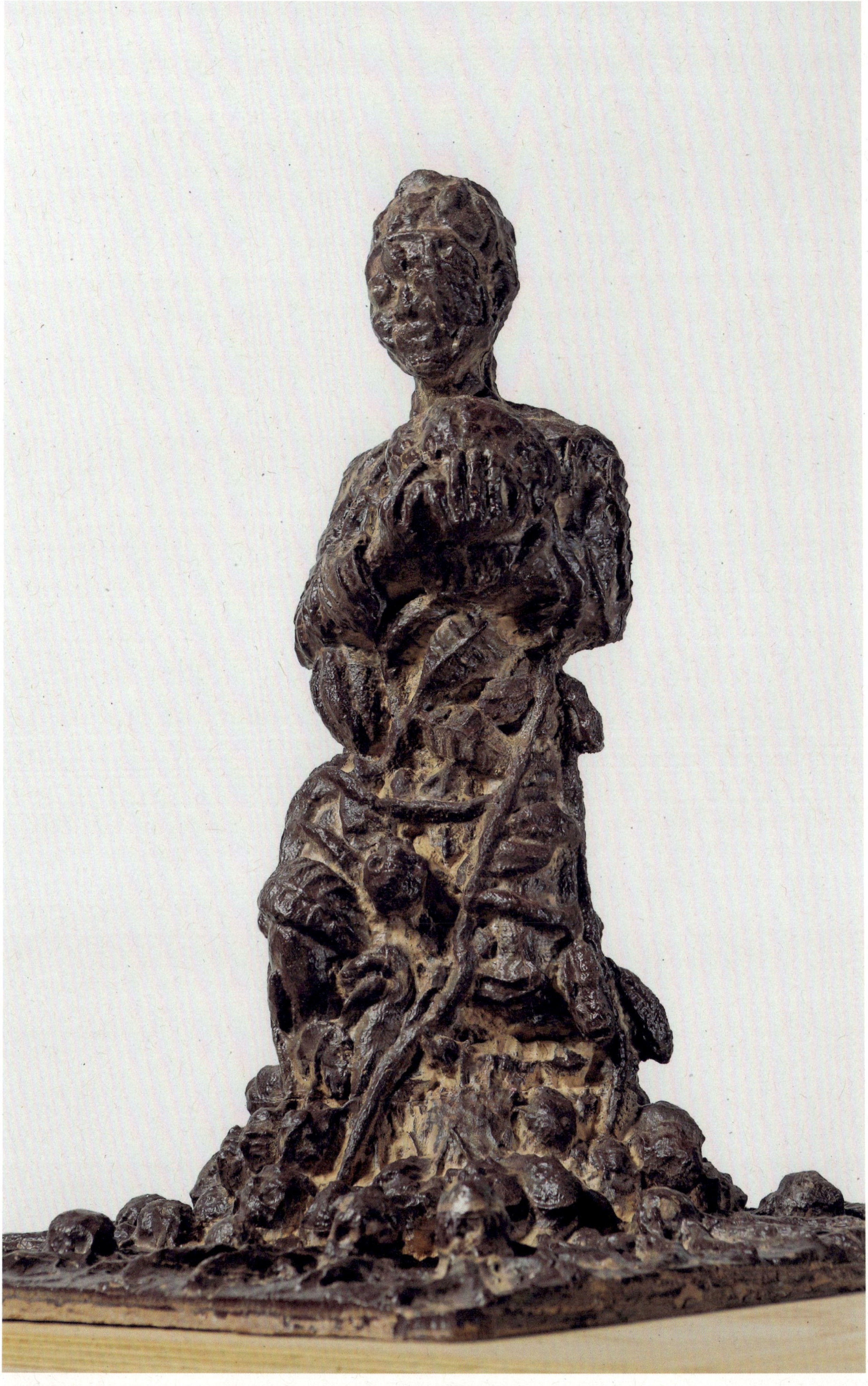

Polyculture Brain, 2023

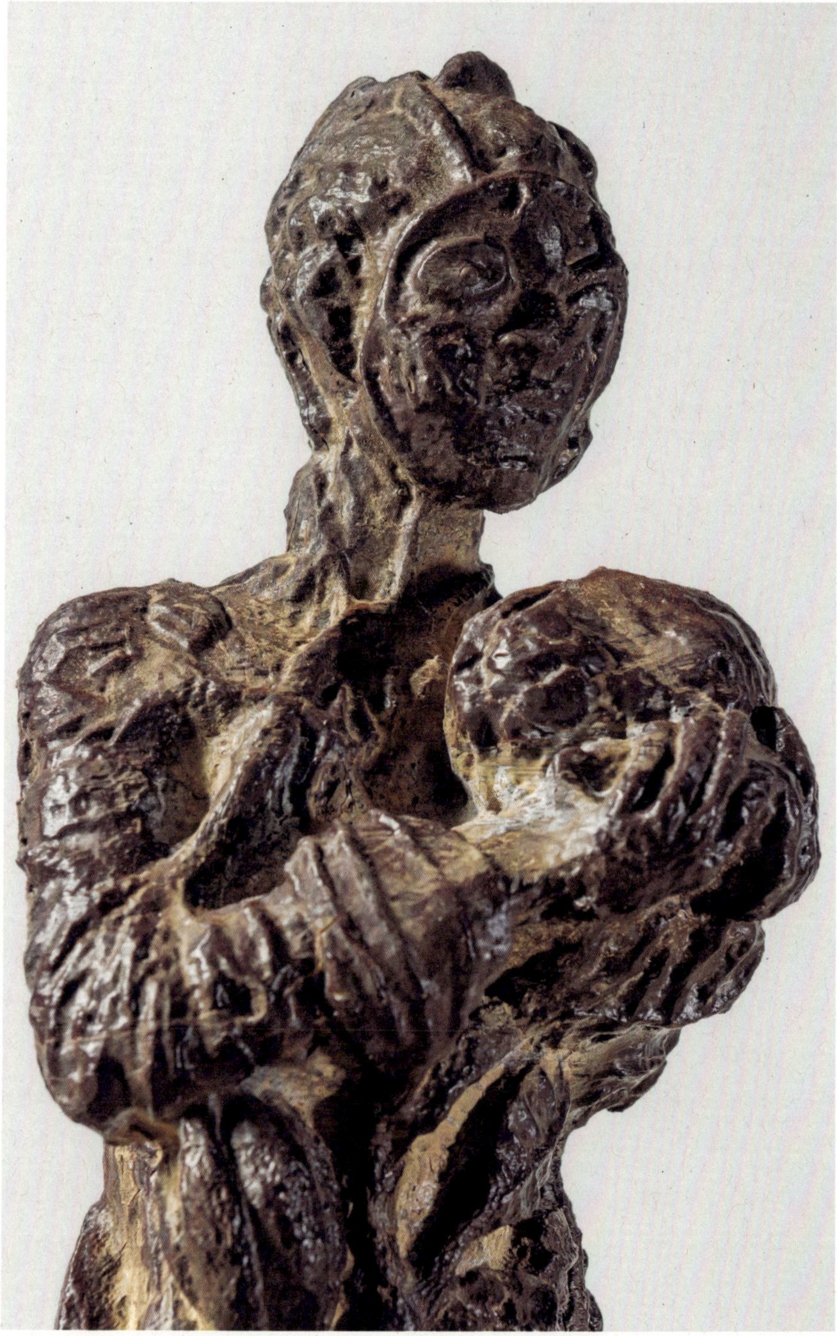

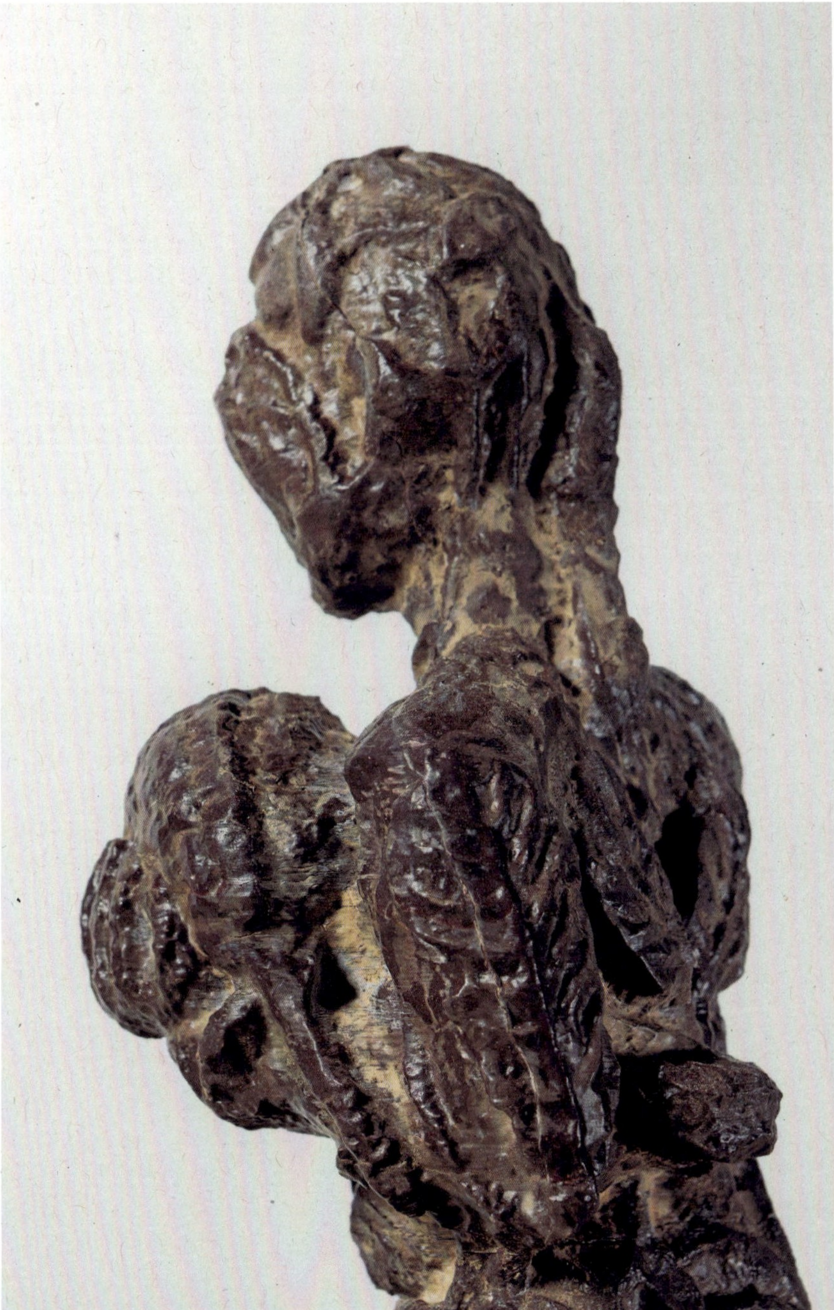

Polyculture Brain, 2023

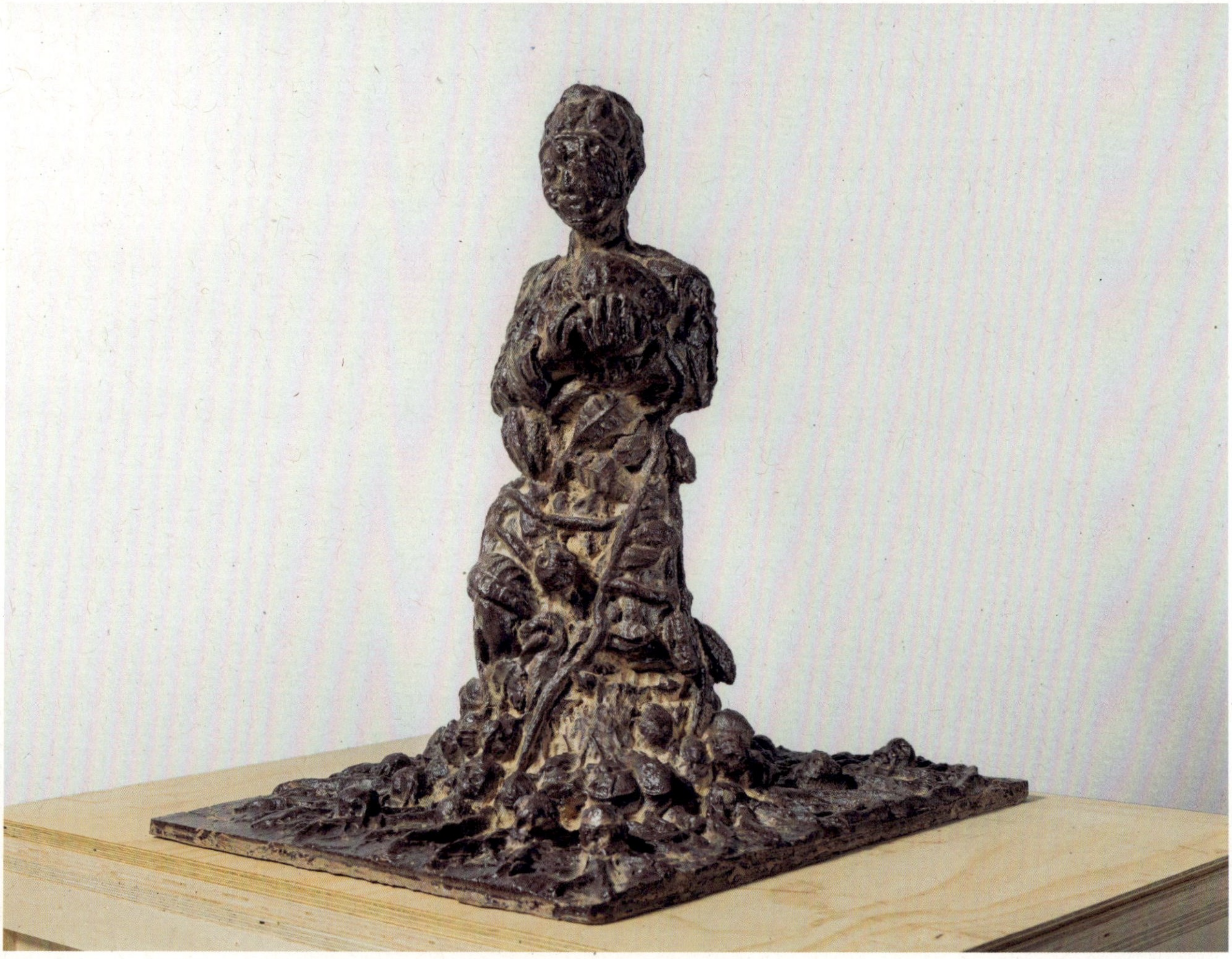

Cerveau Polyculture, 2023

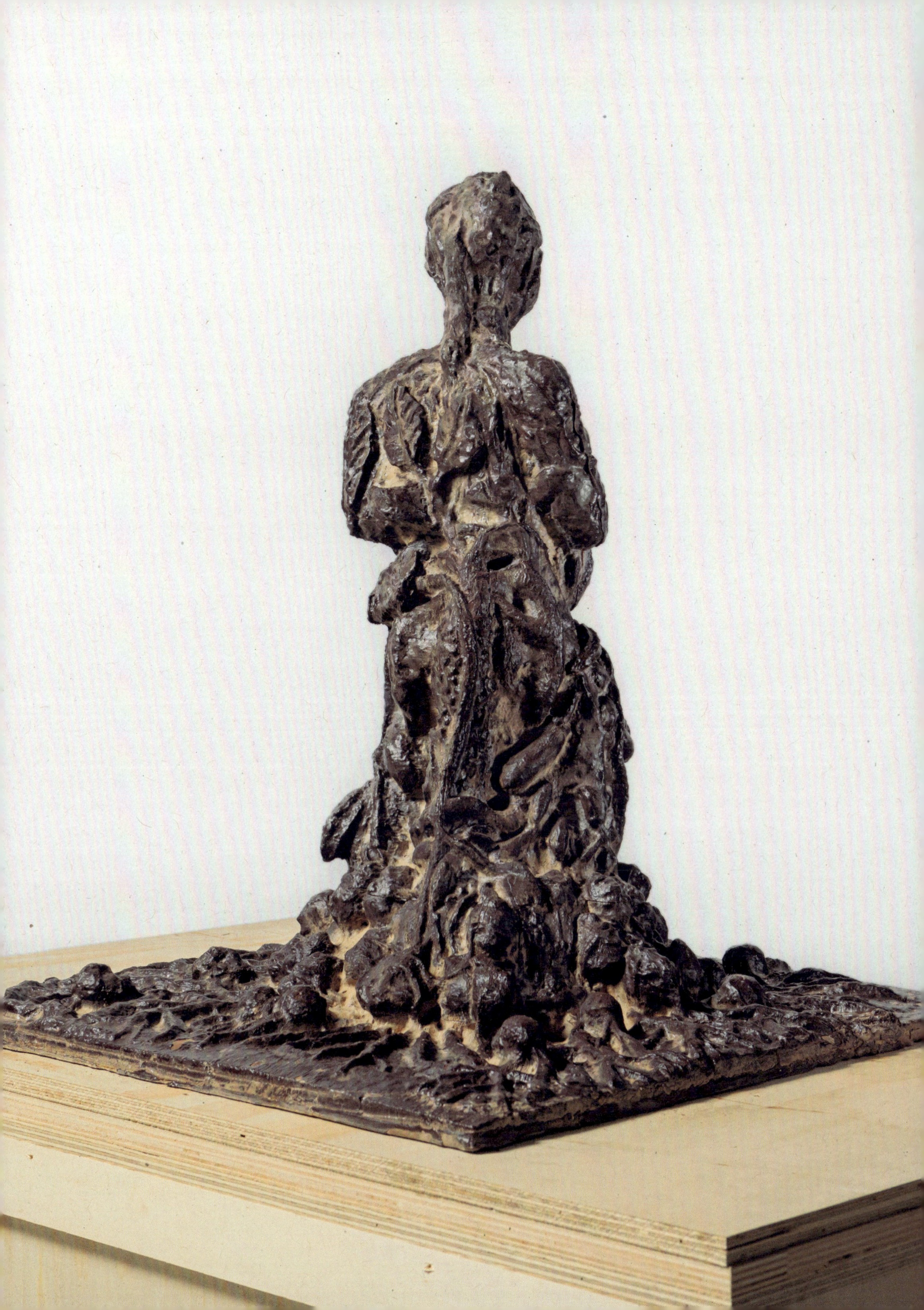

‘A woman sits on the trunk of a felled palm tree belonging to a withering monoculture plantation. She holds a seed in one hand while gesturing with the other for the world to stop. She is a farmer who has banned genetically engineered seeds from her fields. Sitting on this devastated plantation, she urges others to save the land and use natural seeds for agroforestry. While genetically manipulated seeds often grow only once, natural seeds continue to provide fruit and generate new seeds. The title of the work references this idea of protecting unmodified seeds in nurseries. These seeds enable a wonderful birth which can produce endless offspring for the future.’

« Une femme est assise sur le tronc d’un palmier abattu appartenant à une plantation monoculture en voie de disparition. Elle tient une graine dans une main et fait un geste de l’autre pour que le monde s’arrête. C’est une agricultrice qui a banni les semences génétiquement modifiées de ses champs. Assise sur cette plantation dévastée, elle exhorte les autres à sauver la terre et à utiliser des semences naturelles pour l’agroforesterie. Alors que les semences génétiquement manipulées ne poussent souvent qu’une seule fois, les semences naturelles continuent à produire des fruits et à générer de nouvelles graines. Le titre de l’ouvrage fait référence à cette idée de protéger les semences non modifiées dans toutes les pépinières. Ces semences permettent une naissance merveilleuse qui peut produire une progéniture à l’infini. »

CATPC (Huguette Kilembi & Mirra Meya)
Wonderful Birth, 2023

cacao, palm fat, sugar
cacao, graisse de palme, sucre
48.6 × 48.3 × 34.4 cm

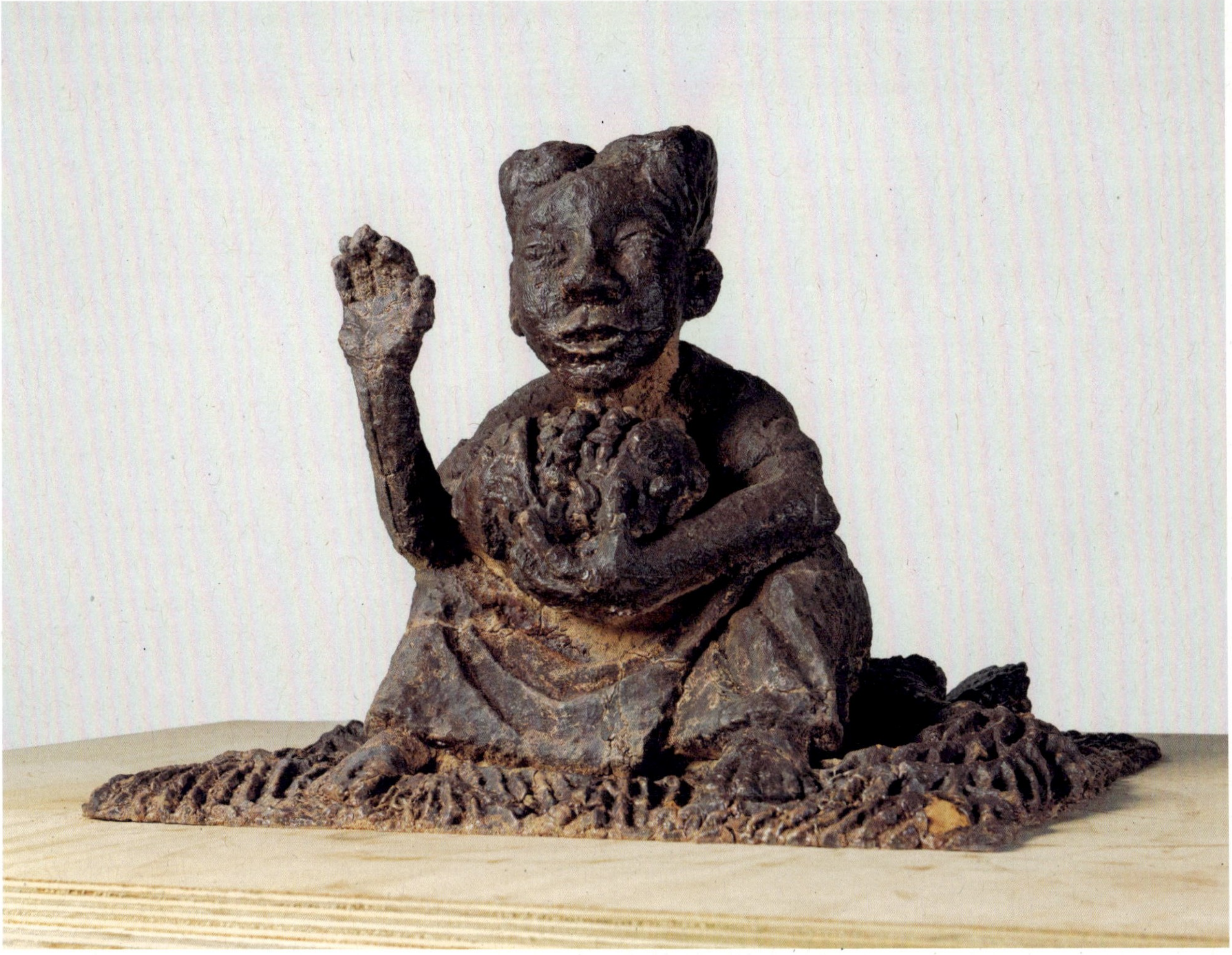

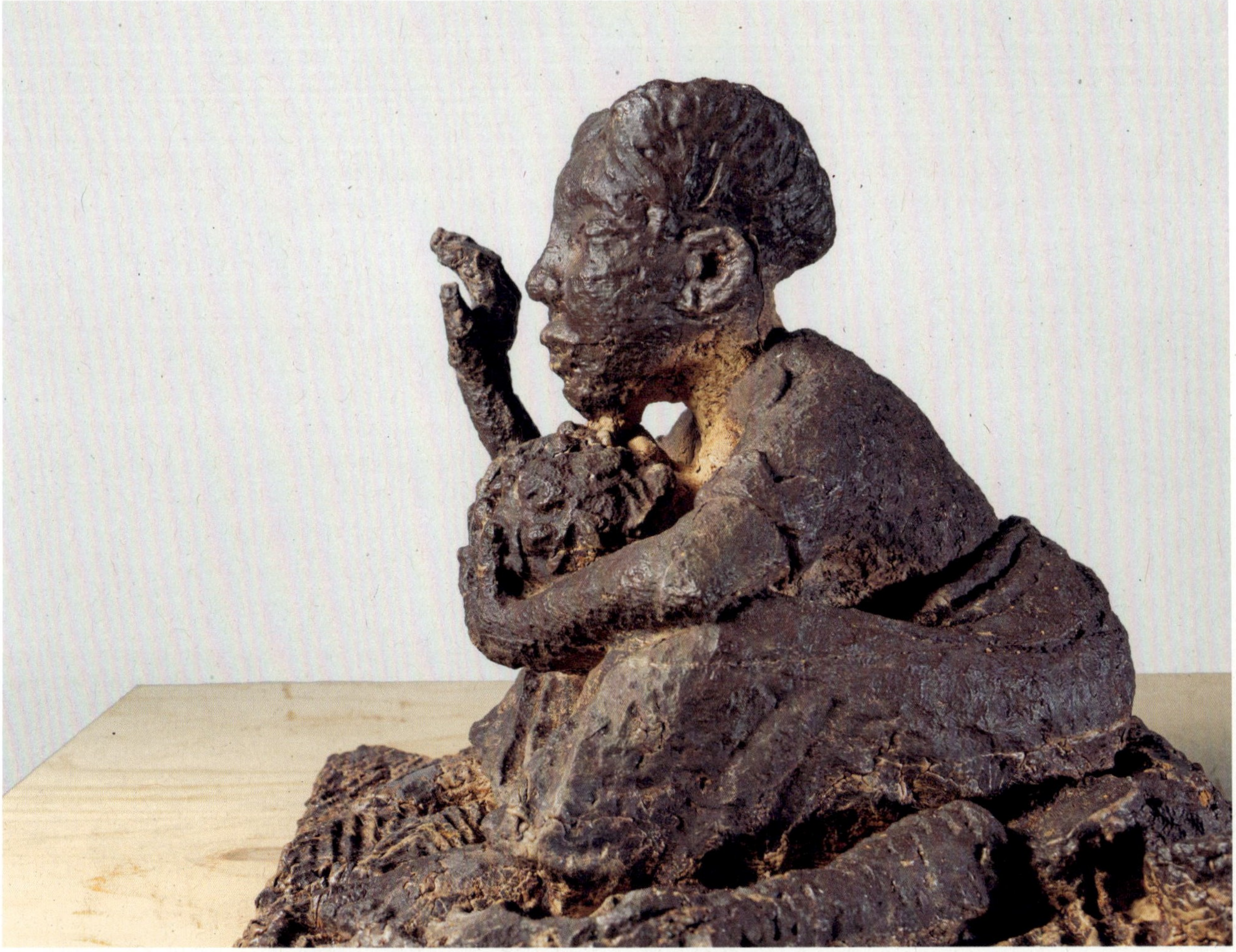

Wonderful Birth, 2023

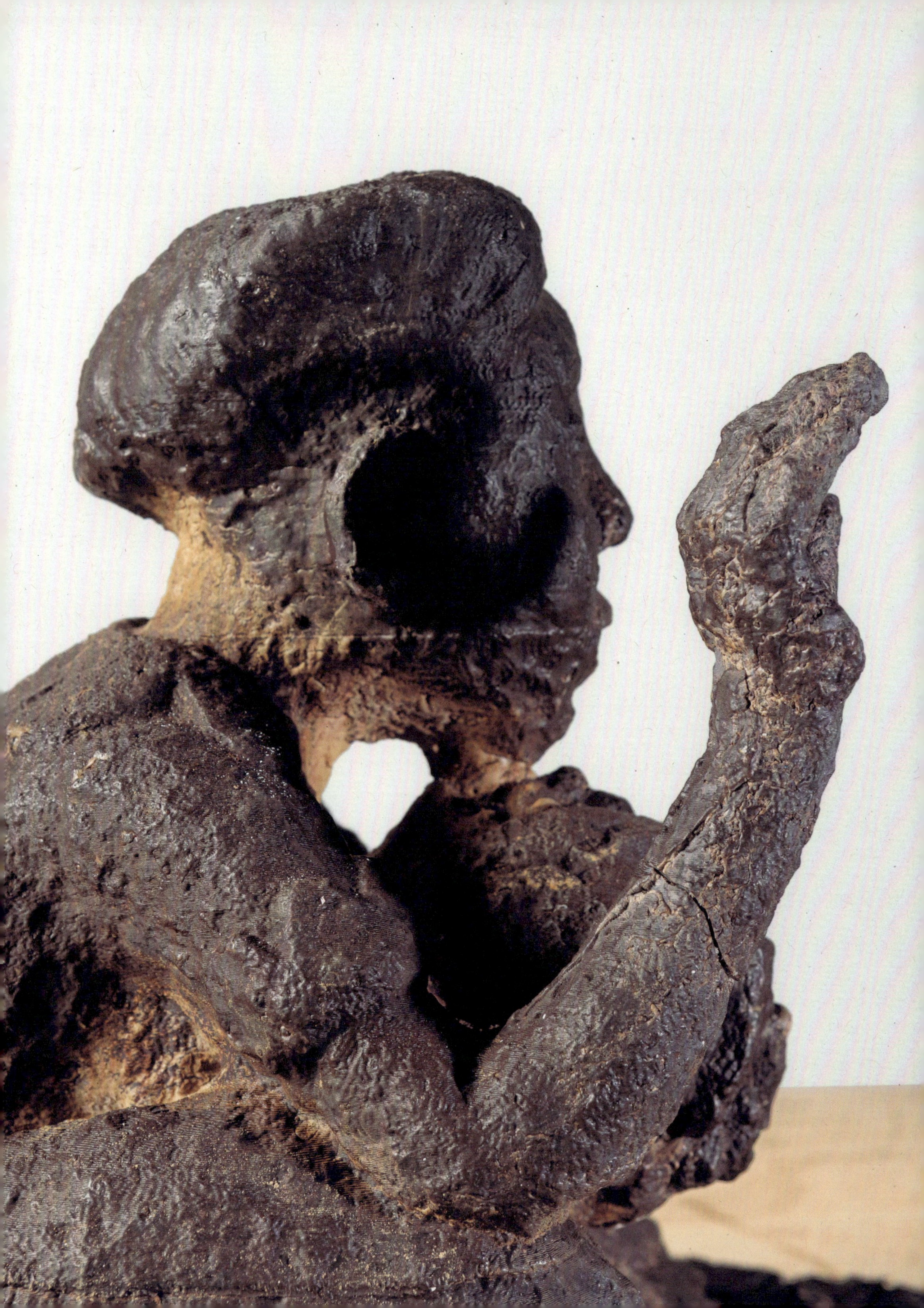

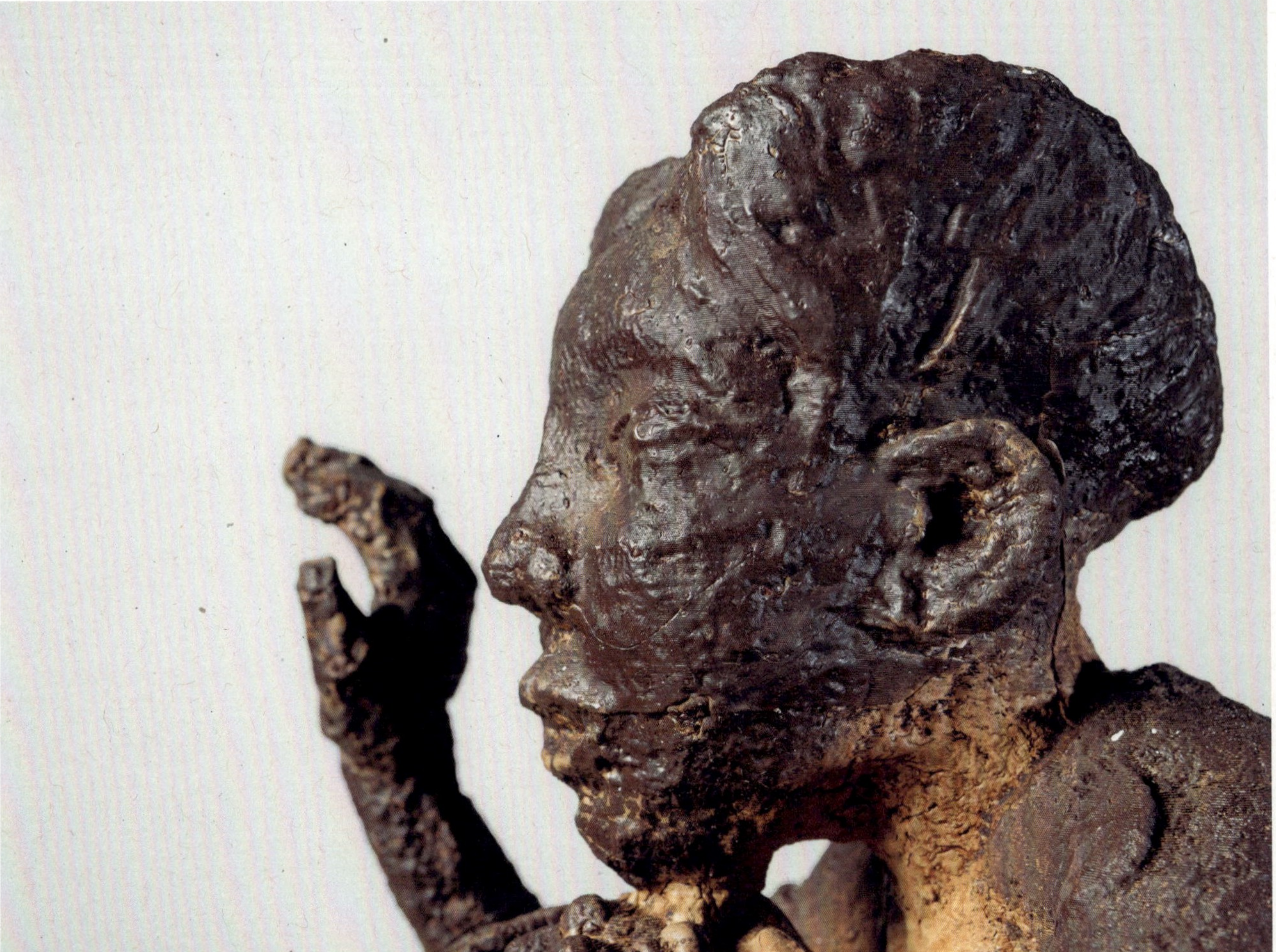

Wonderful Birth, 2023

'Wherever this man goes, he gives seeds to those he meets. Muyaka Kapasa saw this man in a dream: he was picking seeds from trees. One of the seeds landed on Kapasa's foot and he realized it bore the face of a man. From this dream image, Kapasa began creating this sculpture in the shape of a man. After a while, Ced'art Tamasala joined him and together they transformed the figure into a woman. Since they believe that a man's fertility only becomes visible in the womb of a woman, it made more sense to focus on a female shape. Integral to CATPC is that seeds from plants should be shared to nourish the Sacred Forest. To be able to share, you must think with your mind and heart. This connection, by our dear departed colleague, Thomas Leba, is also called *luyalu*. We should not think with our brains alone. If we think with our hearts, we will act with solidarity and kindness. The power of the heart and the intelligence of the mind can work together to forge the generosity to share seeds with everyone.'

« Où que cet homme aille, il donne des graines à ceux qu'il rencontre. Muyaka Kapasa a vu cet homme en rêve : il cueillait des graines sur les arbres. L'une des graines a atterri sur le pied de Kapasa et il s'est rendu compte qu'elle portait le visage d'un homme. À partir de cette image de rêve, Kapasa a commencé à créer cette sculpture en forme d'homme. Au bout d'un certain temps, Ced'art Tamasala le rejoignit et, ensemble, ils transformèrent la figure en femme. Comme ils croient que la fertilité d'un homme ne devient visible que dans l'utérus d'une femme, il était plus logique de se concentrer sur une forme féminine. L'idée que les graines des plantes doivent être partagées pour nourrir la forêt sacrée fait partie intégrante du CATPC. Pour pouvoir partager, il faut penser avec son esprit et son cœur. Ce lien, établi par notre cher collègue disparu, Thomas Leba, est également appelé luyalu. Nous ne devons pas penser uniquement avec notre cerveau. Si nous pensons avec notre cœur, nous agirons avec solidarité et gentillesse. La puissance du cœur et l'intelligence de l'esprit peuvent travailler ensemble pour forger la générosité de partager les semences avec tout le monde. »

CATPC (Muyaka Kapasa & Ced'art Tamasala)
Seedbed, 2023

cacao, palm fat, sugar
cacao, graisse de palme, sucre
27.4 × 28.1 × 66.8 cm

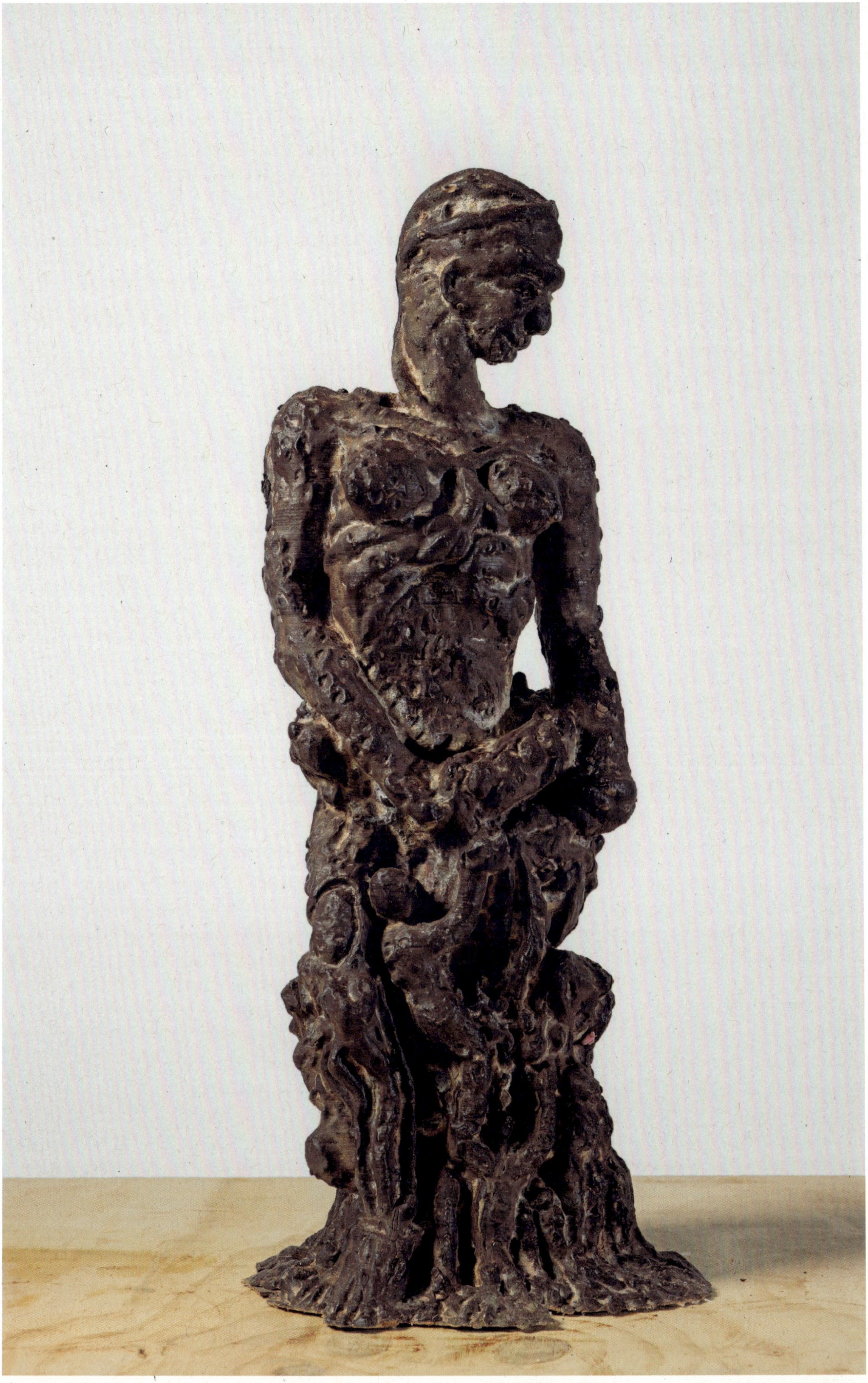

Seedbed, 2023

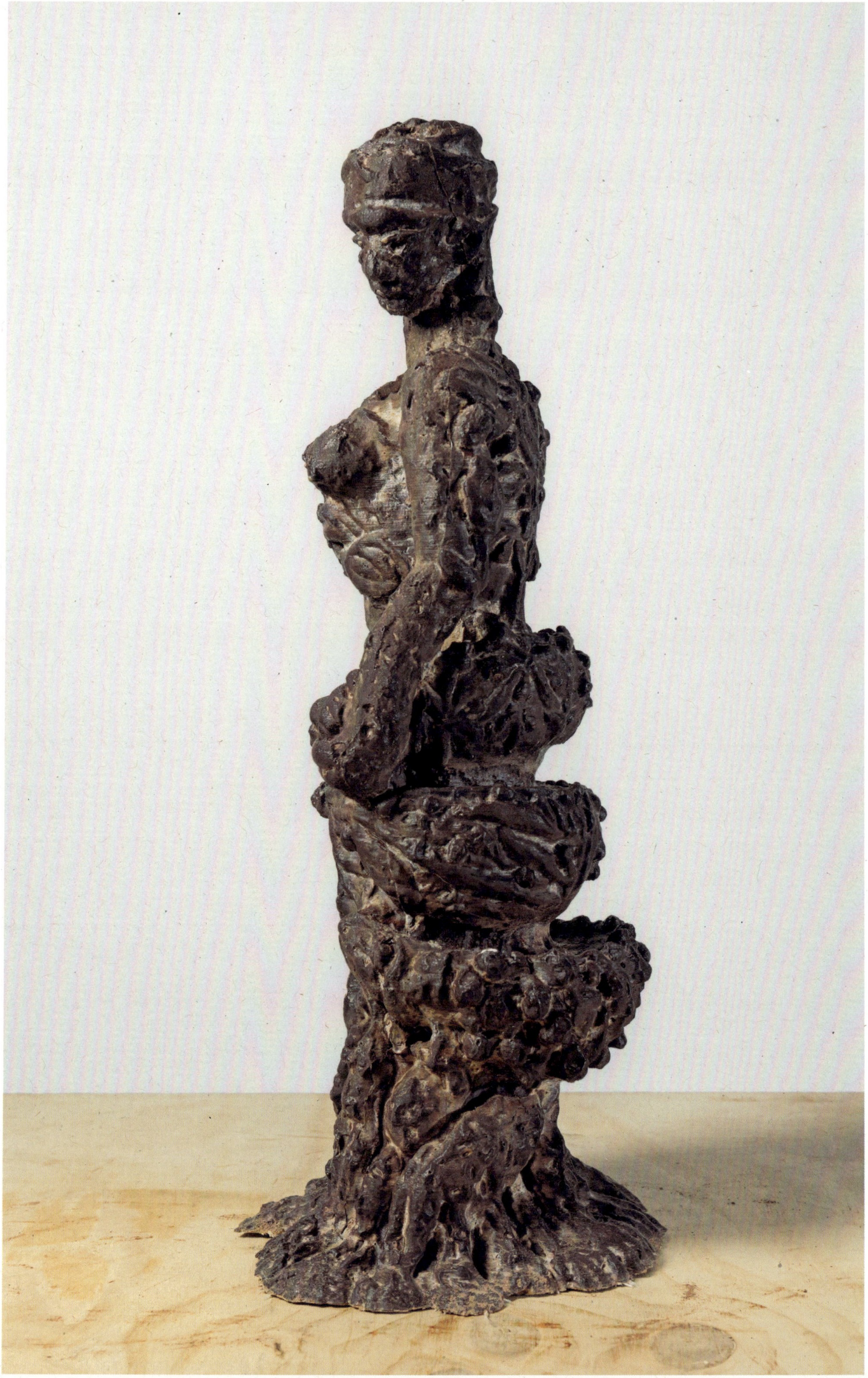

Germoir, 2023

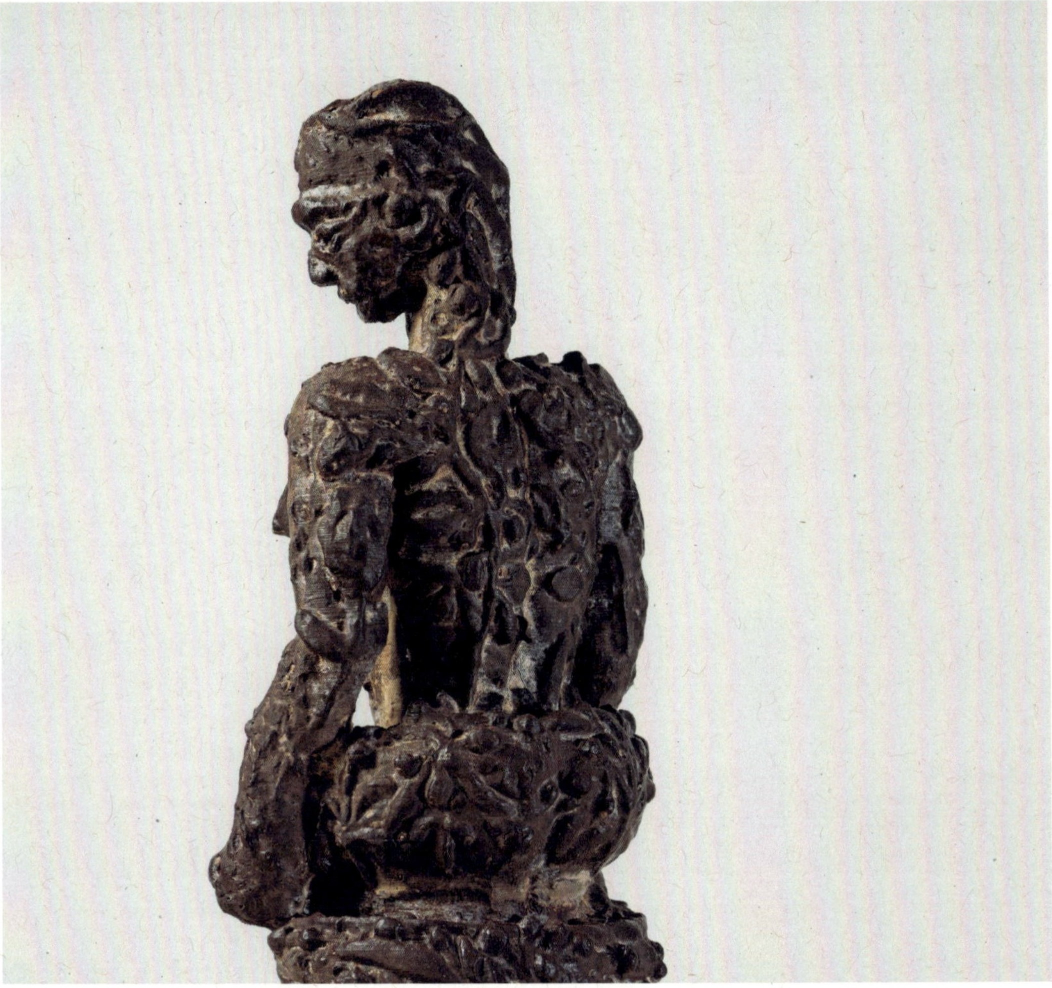

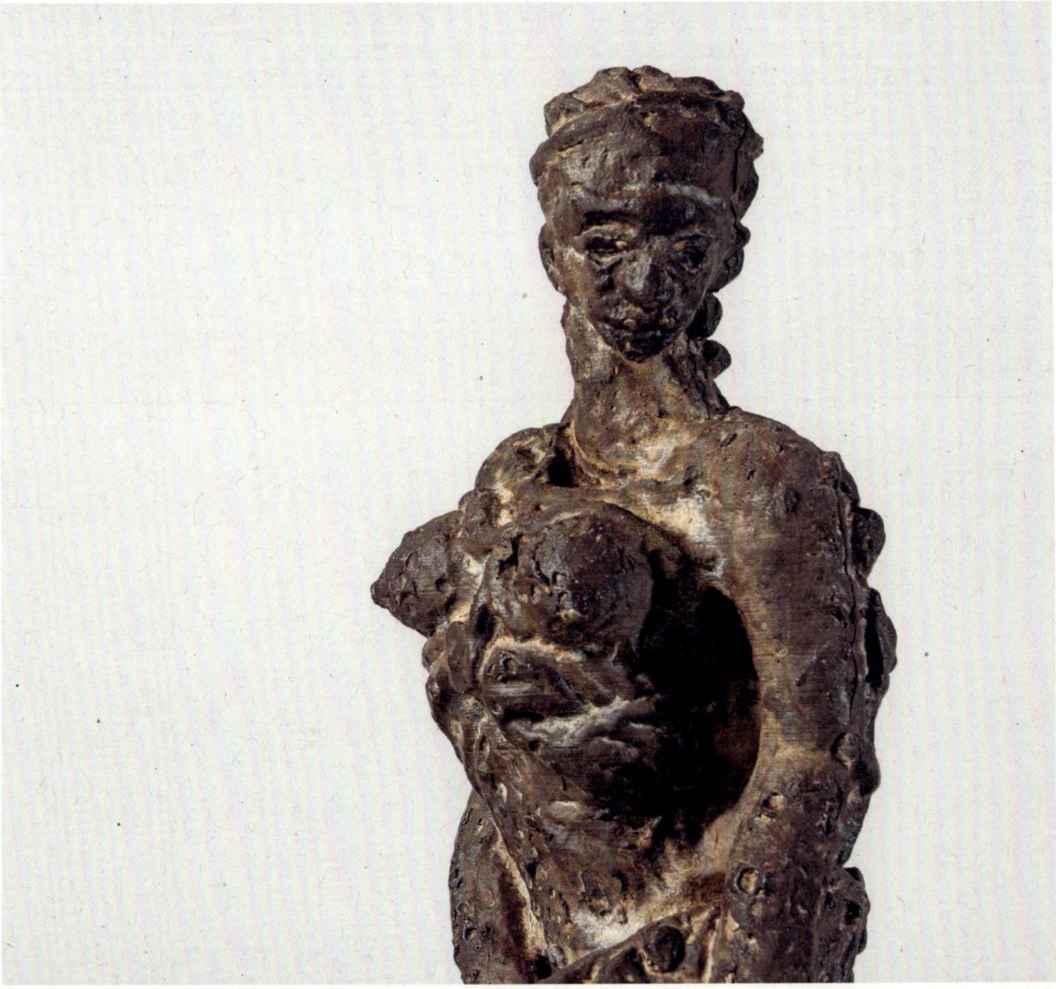

Germoir, 2023

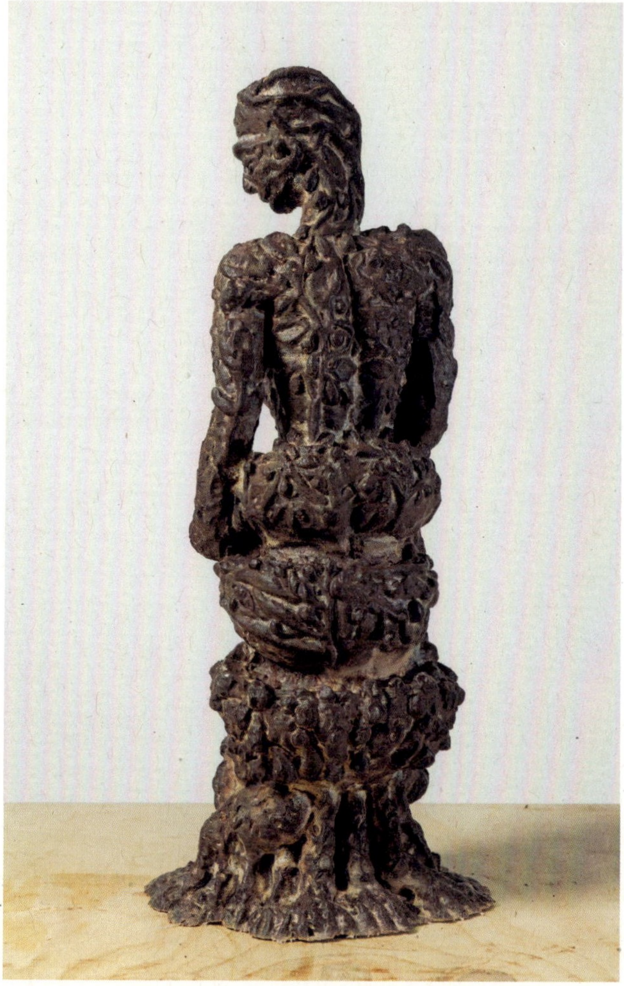

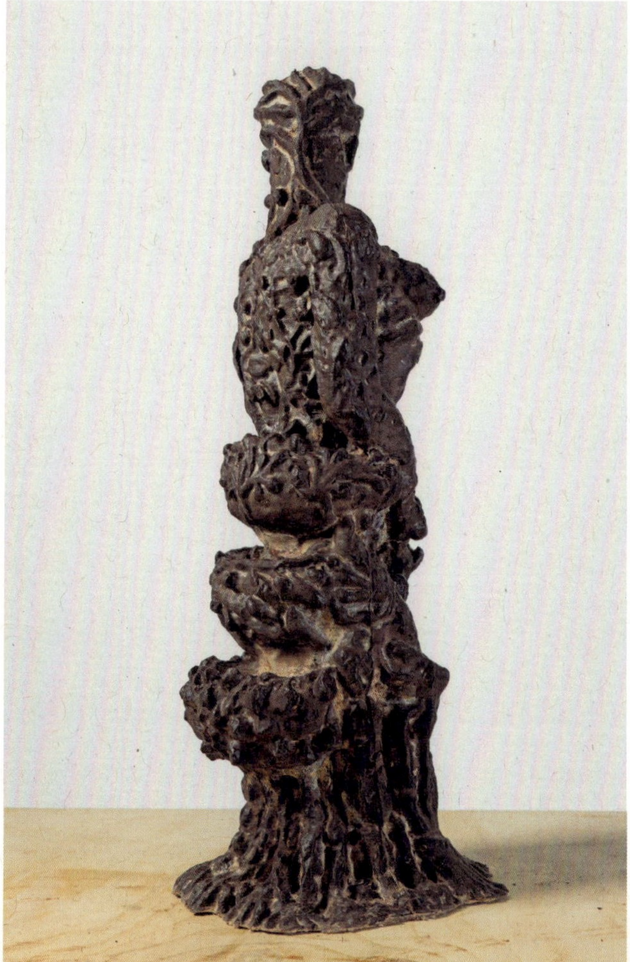

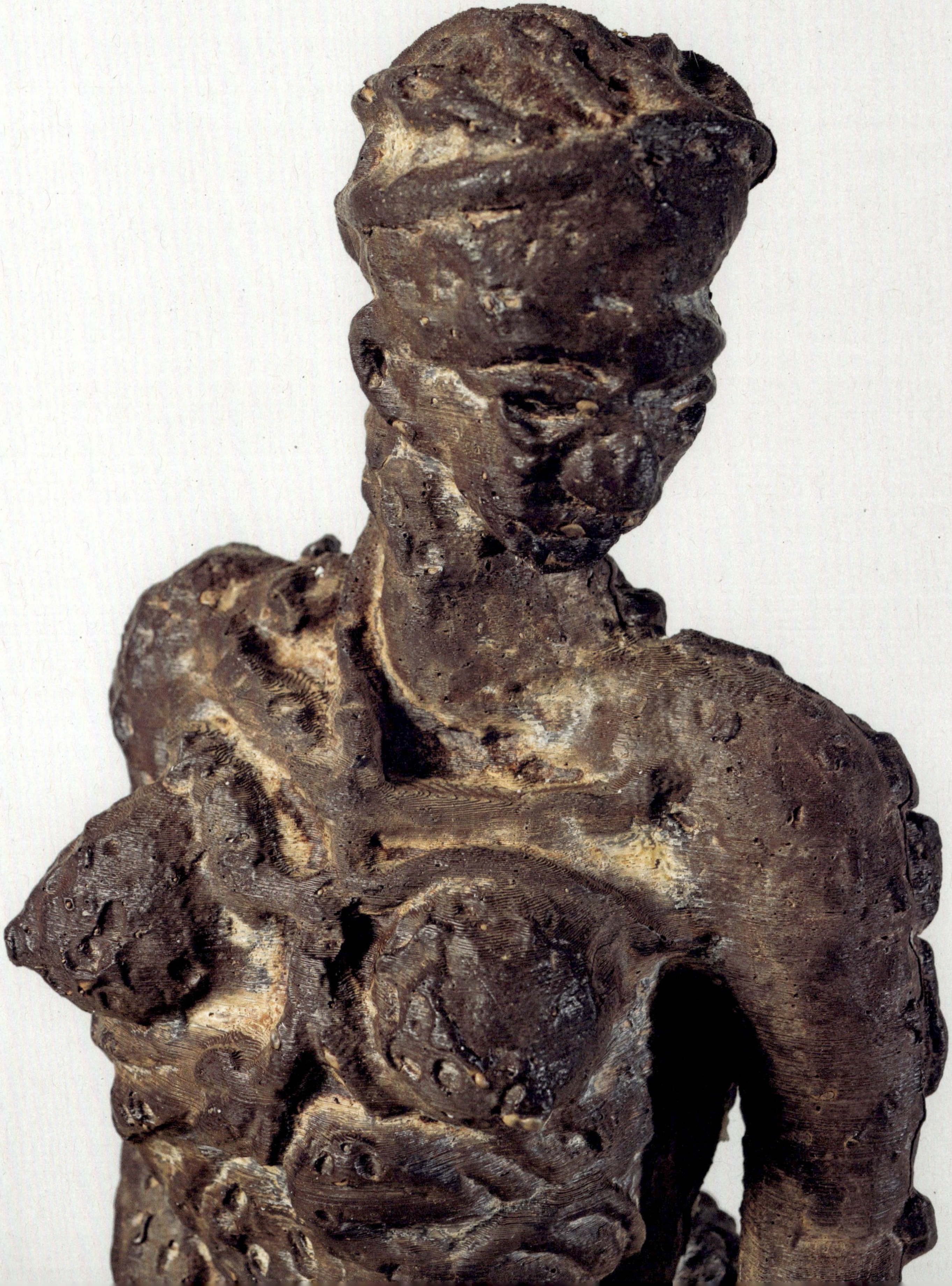

‘There are some people on the post-plantation who do not want to work. This sculpture shows how one of them has been caught by the master because his feet are unsoiled by dirt. The master wants to reprimand him, but instead gives him tools to be able to work properly. Here, the master represents the CATPC community, which ensures that rules are being followed. Recently, the collective elected a committee to keep track of all work on the post-plantation. The committee is now responsible for checking that those who come to the post-plantation contribute. When someone is spotted not working, overseers approach them slowly to catch them by surprise. They then give them a task to complete with others. This matter concerns the fruit of the plantation, its income and CATPC's finances. In reality, there isn't just one leader; everyone jointly embodies this master of the plantation.’

« Il y a des gens dans la post-plantation qui ne veulent pas travailler. Cette sculpture montre comment l'un d'entre eux a été attrapé par le maître parce que ses pieds ne sont pas souillés par la saleté. Le maître veut le battre, mais au lieu de cela, il lui donne des outils pour qu'il puisse travailler correctement. Ici, le maître représente la communauté du CATPC, qui veille à ce que les règles soient respectées. Récemment, le collectif a élu un comité chargé de suivre tous les travaux effectués sur la post-plantation. Le comité est désormais chargé de vérifier que les personnes qui viennent à la post-plantation contribuent. Lorsque quelqu'un est repéré comme ne travaillant pas, les surveillants s'approchent de lui lentement pour le surprendre. Ils lui donnent alors une tâche à accomplir avec d'autres. Cette question concerne les fruits de la plantation, ses revenus et les finances du CATPC. En réalité, il n'y a pas un chef, mais tous incarnent ensemble ce maître de la plantation. »

CATPC (Olele Mulele Labamba)
Plantation Master, 2023

cacao, palm fat, sugar
cacao, graisse de palme, sucre
60.8 × 48.9 × 78.2 cm

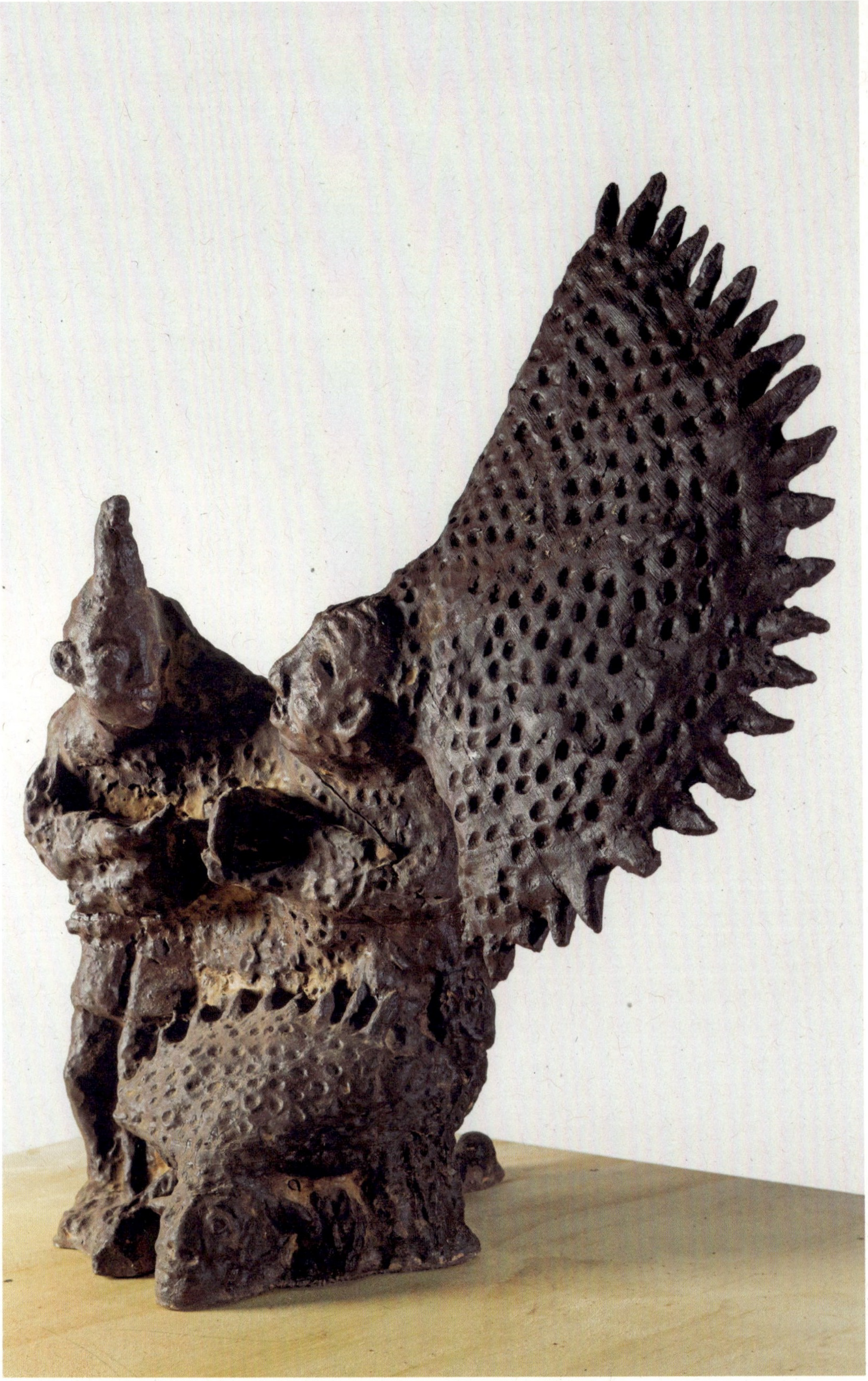

Plantation Master, 2023

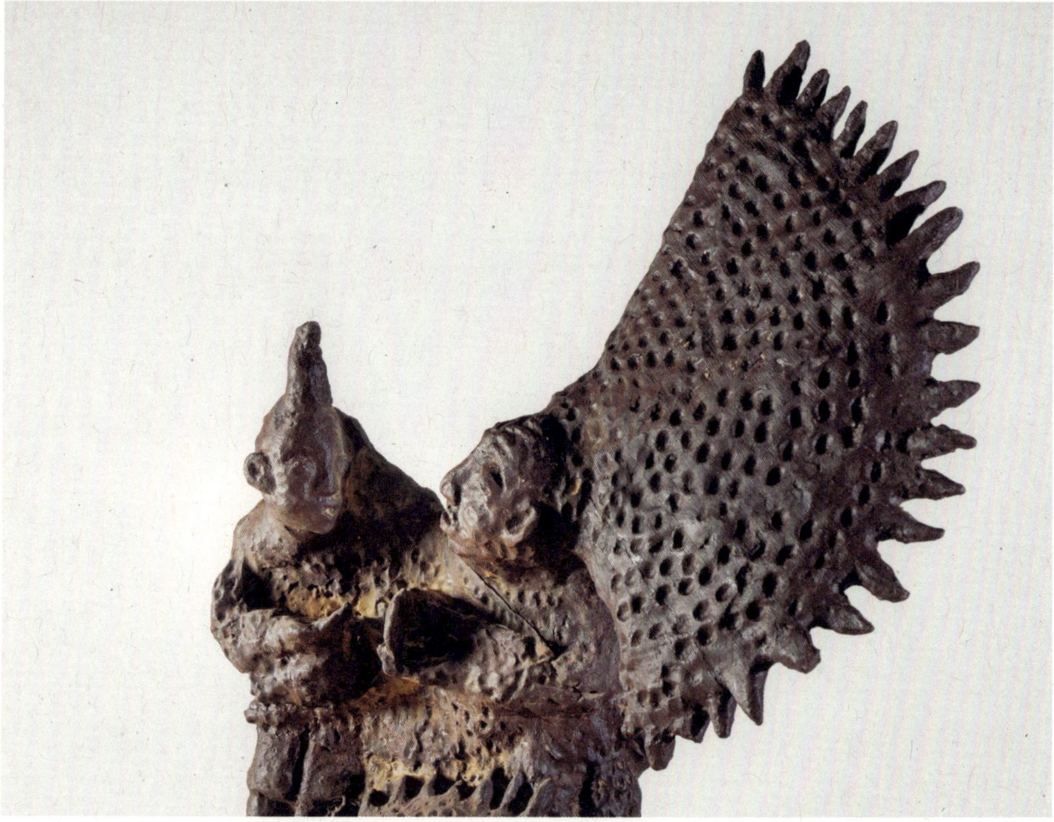

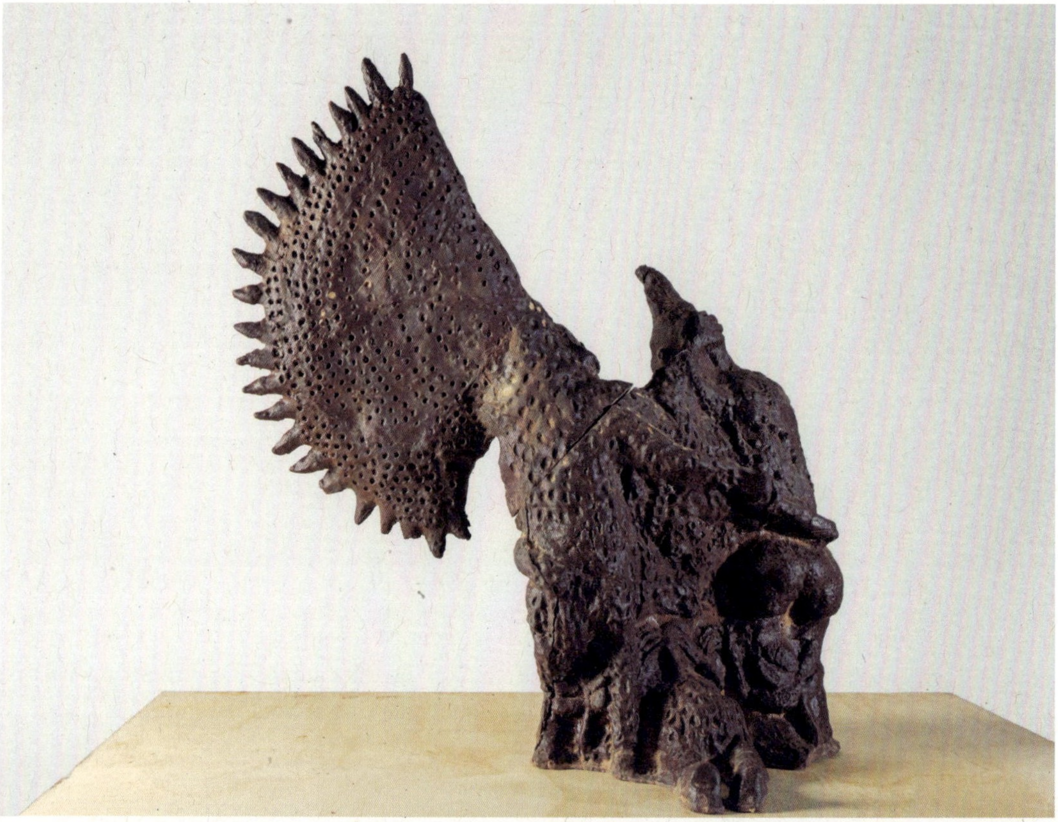

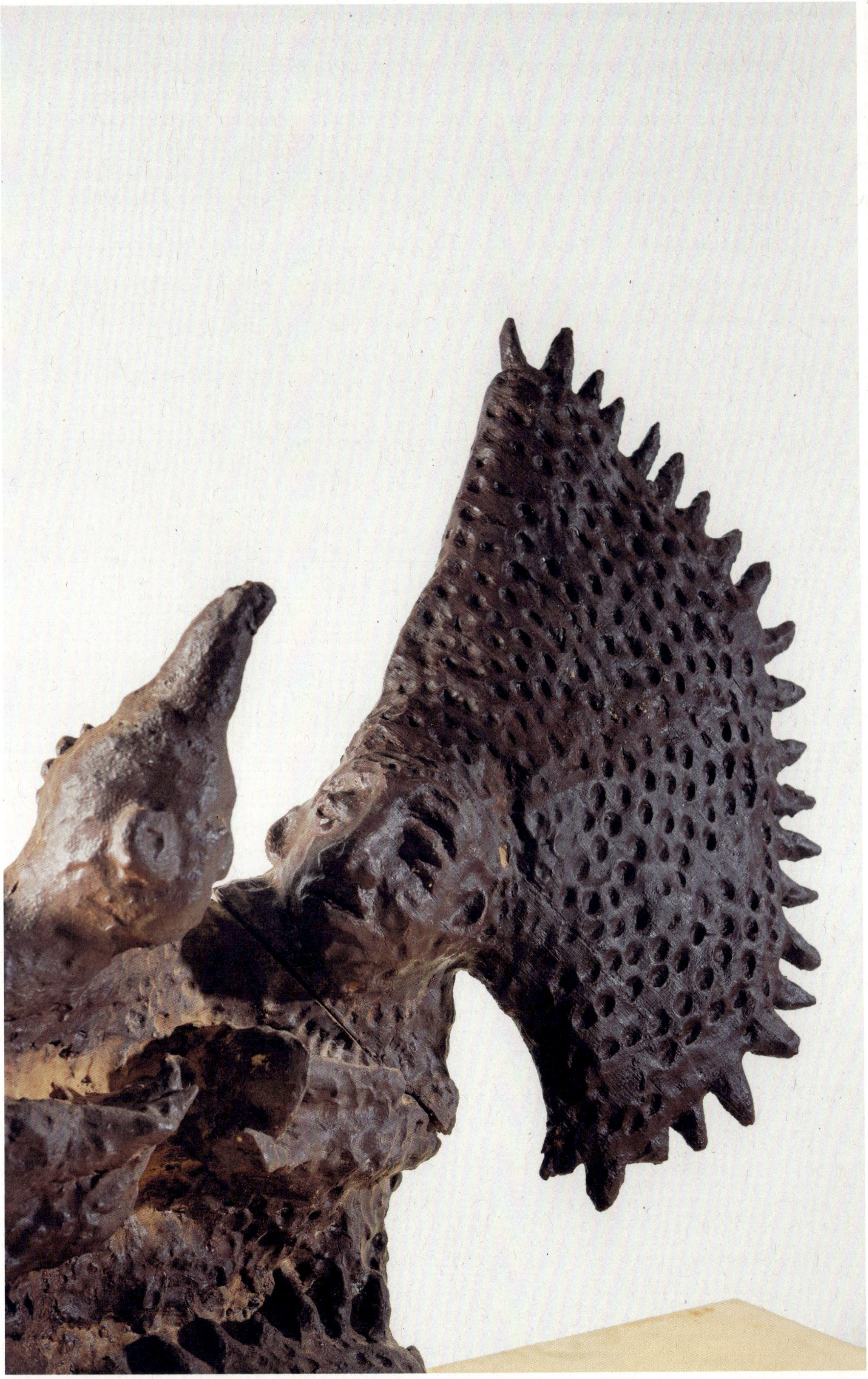

Plantation Master, 2023

'We see a creature with wings and two heads that seems to want to fly away. The two heads represent a couple, a woman and a man. The small head is that of a man who has fallen very ill, while the other is that of a woman who must care for him and the family alone. This is, in fact, the story of the artist, Mbuku Kimpala. After her husband fell sick, she assumed all responsibility. This portrayal of a woman in charge counters the more traditional image of a Congolese family. They are in the midst of flying away together. One of the woman's knees is bent, representing the burden of a sick family member.'

« Nous voyons une créature avec des ailes et deux têtes qui semble vouloir s'envoler. Les deux têtes représentent un couple, une femme et un homme. La petite tête est celle d'un homme qui est tombé très malade, tandis que l'autre est celle d'une femme qui doit s'occuper seule de lui et de sa famille. C'est en fait l'histoire de l'artiste Mbuku Kimpala. Après que son mari soit tombé malade, elle a assumé toutes les responsabilités. Cette représentation d'une femme responsable va à l'encontre de l'image plus traditionnelle de la famille congolaise. Ils sont en train de s'envoler ensemble. L'un des genoux de la femme est plié, représentant le fardeau d'un membre de la famille malade. »

CATPC (Mbuku Kimpala)
Couple of Equality, 2021

cacao, palm fat, sugar
cacao, graisse de palme, sucre
68.1 × 99.7 × 81.2 cm

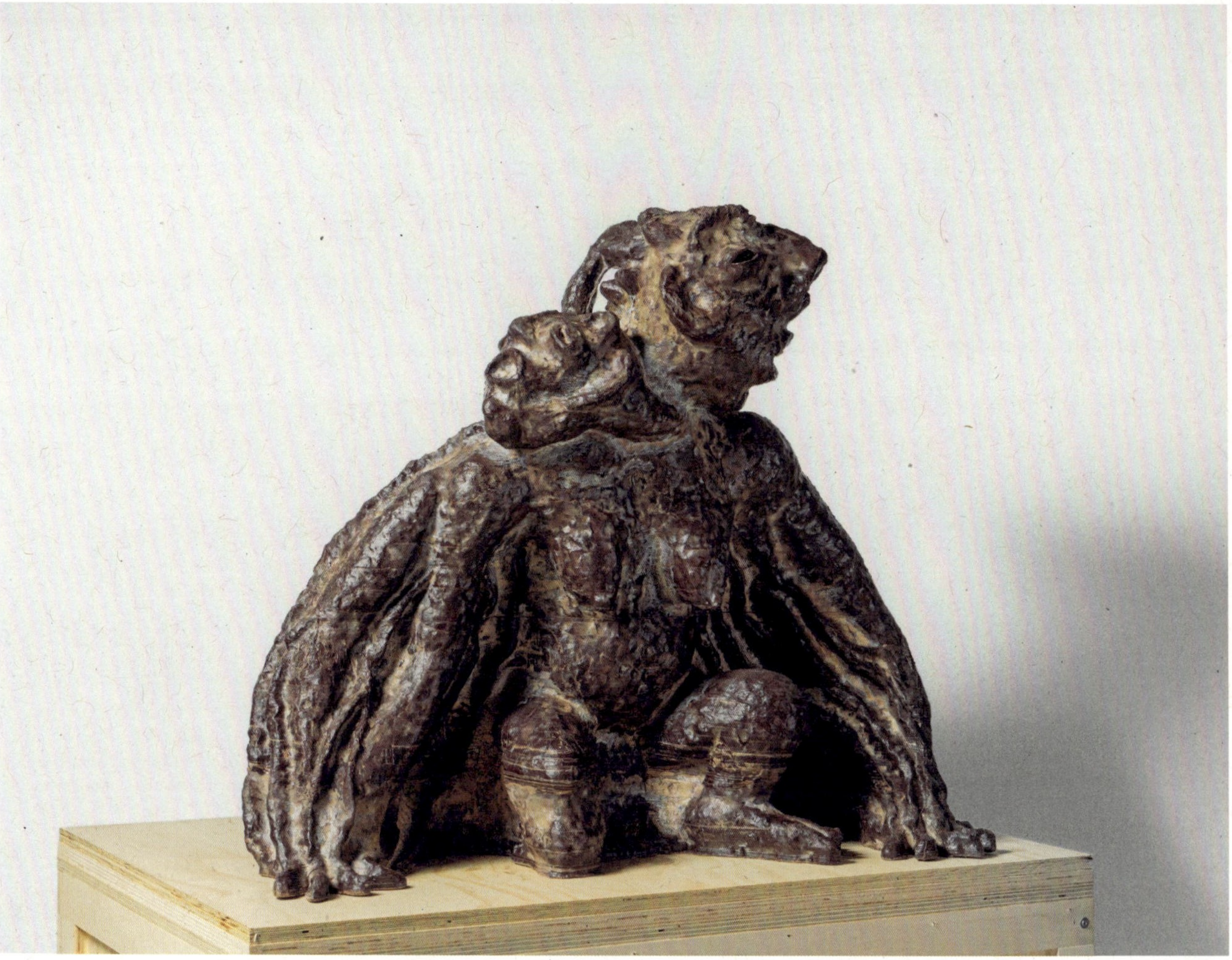

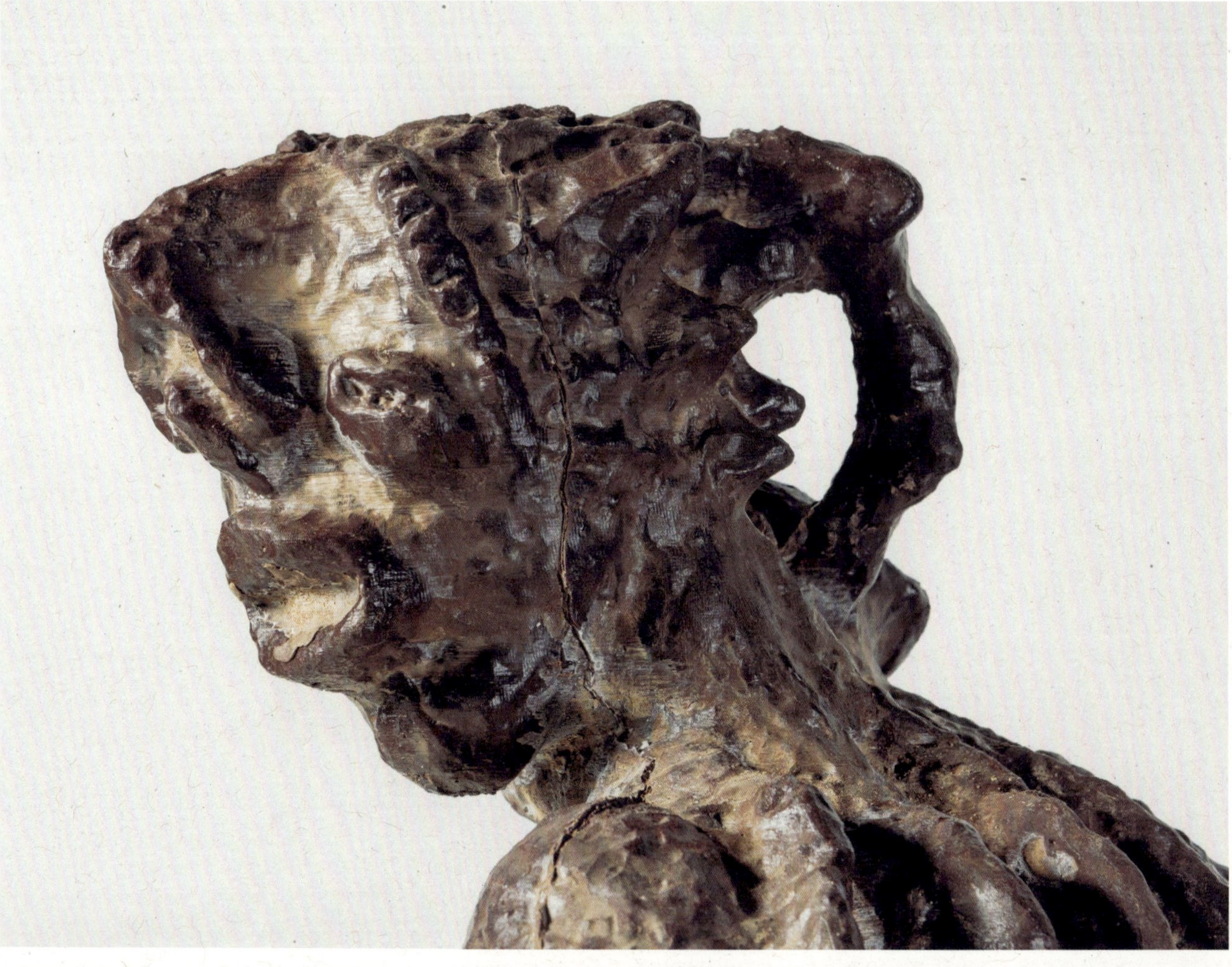

Couple of Equality, 2021

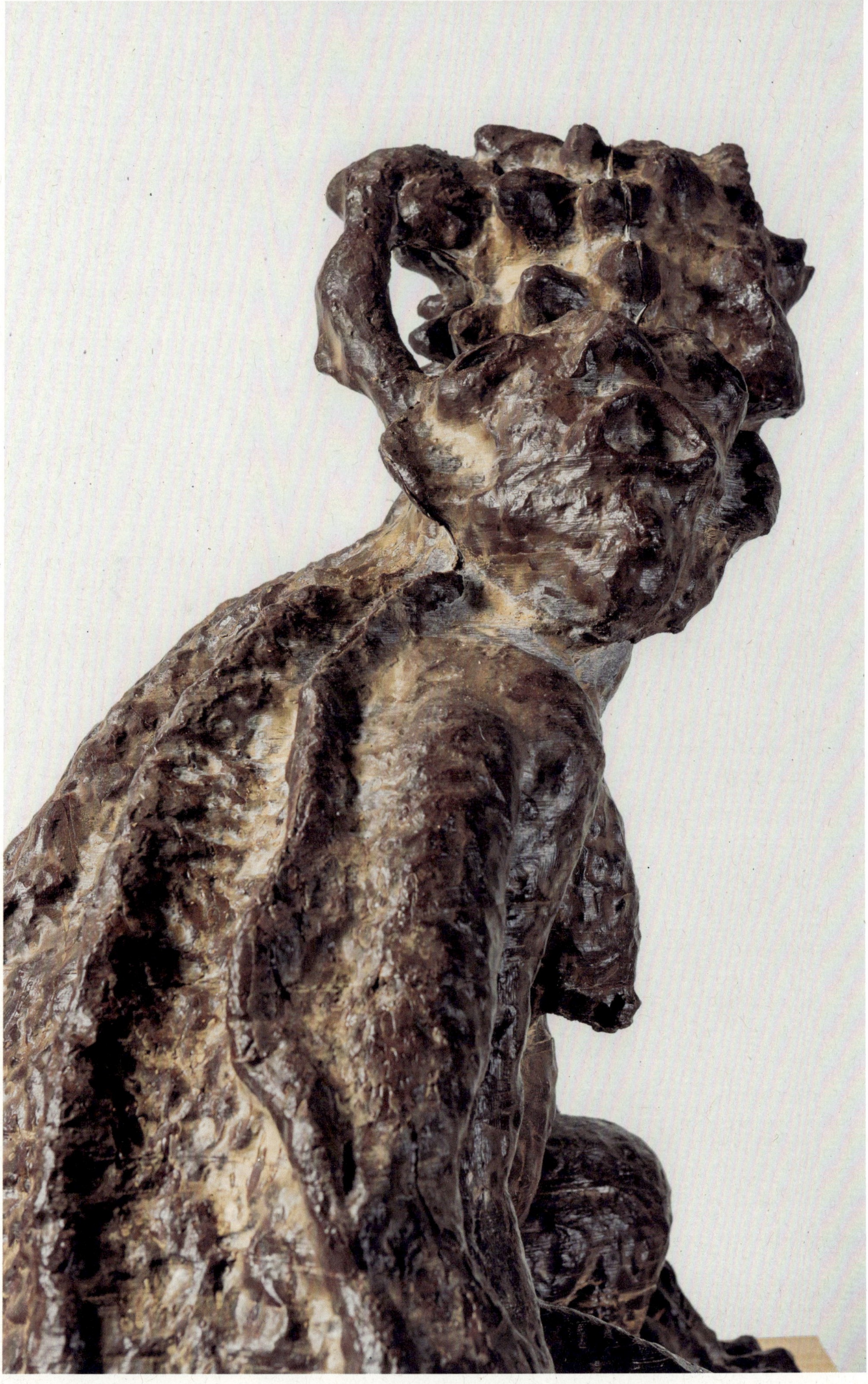

Couple d'Égalité, 2021

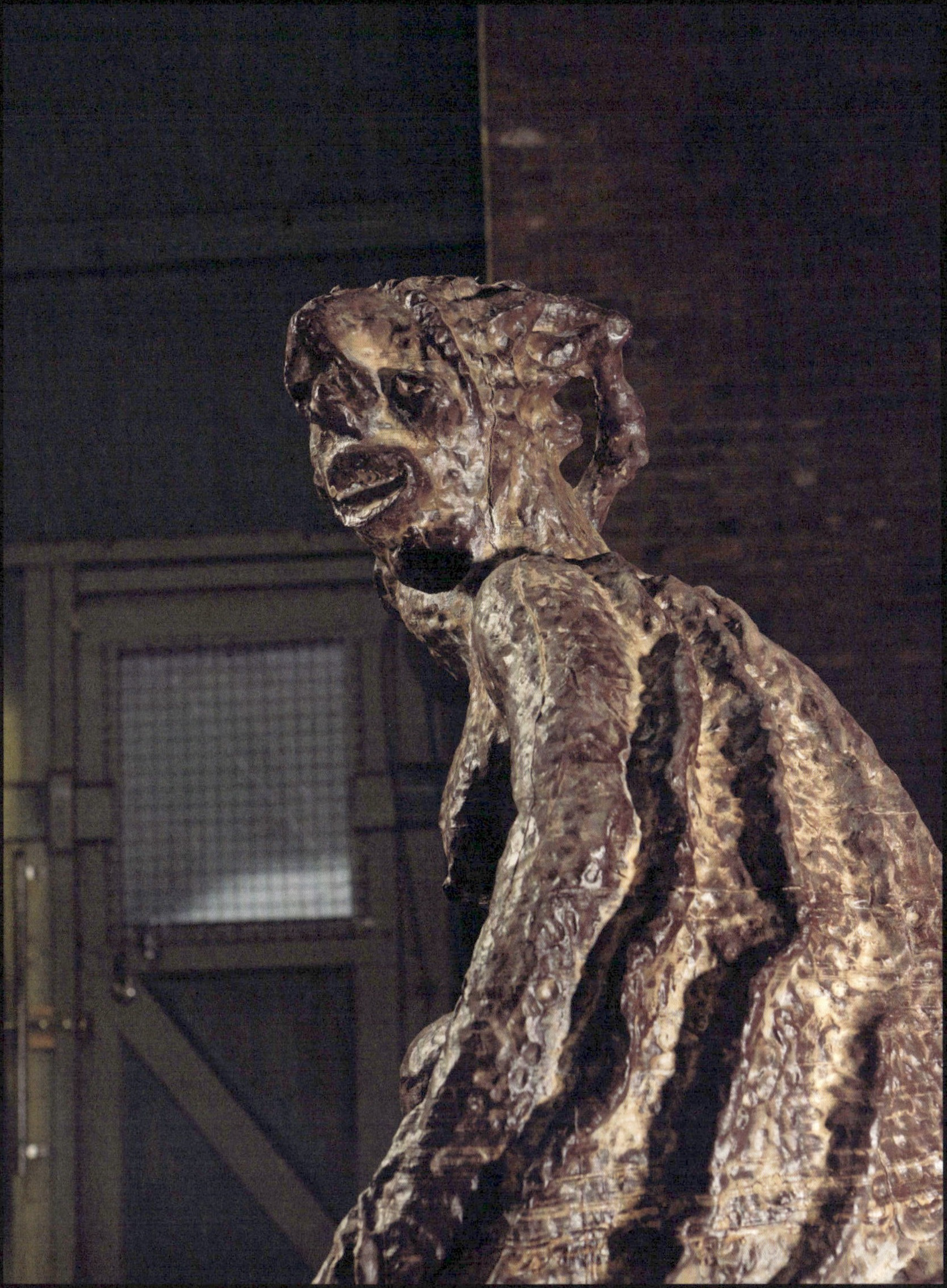

Couple of Equality, 2021

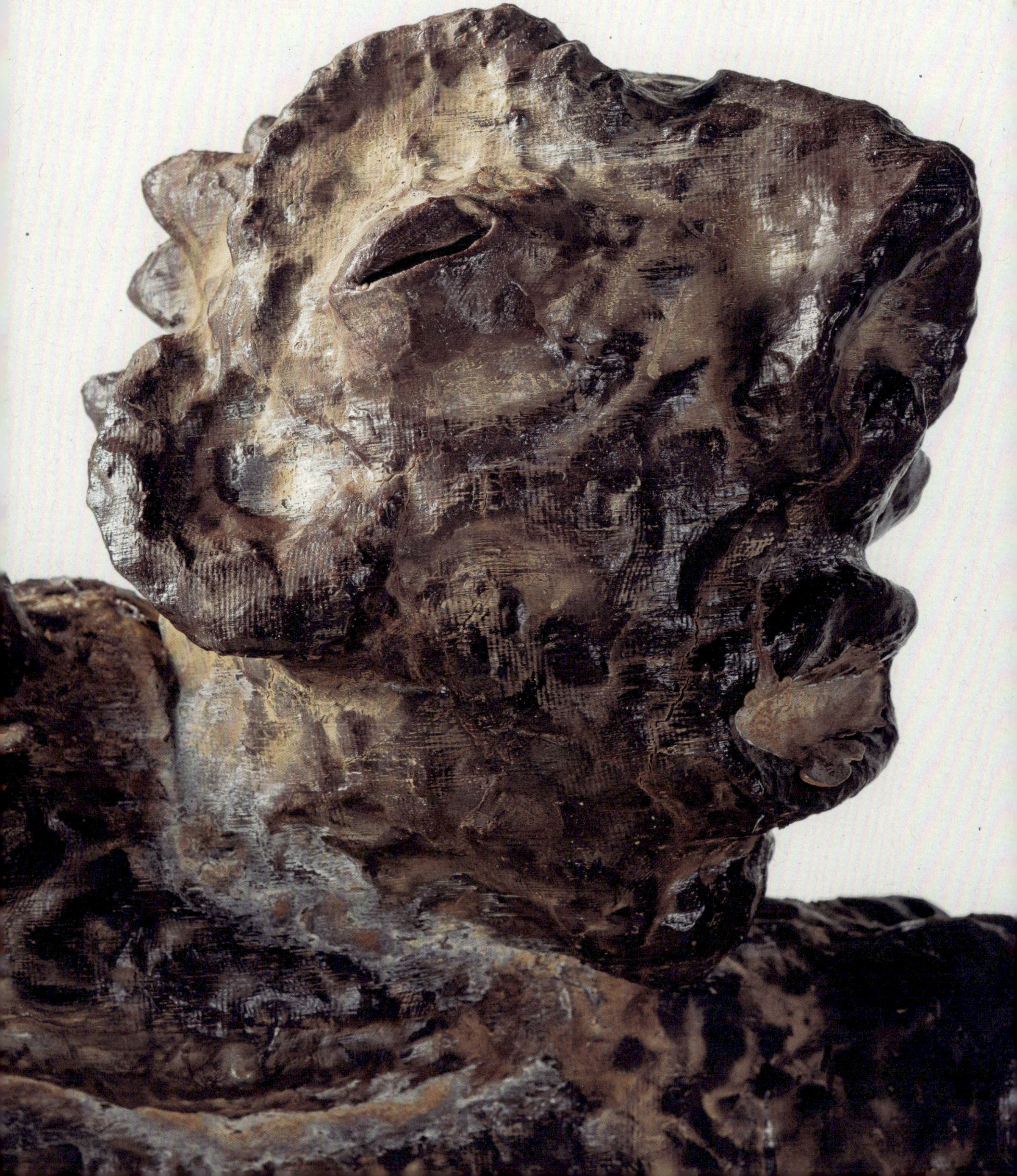

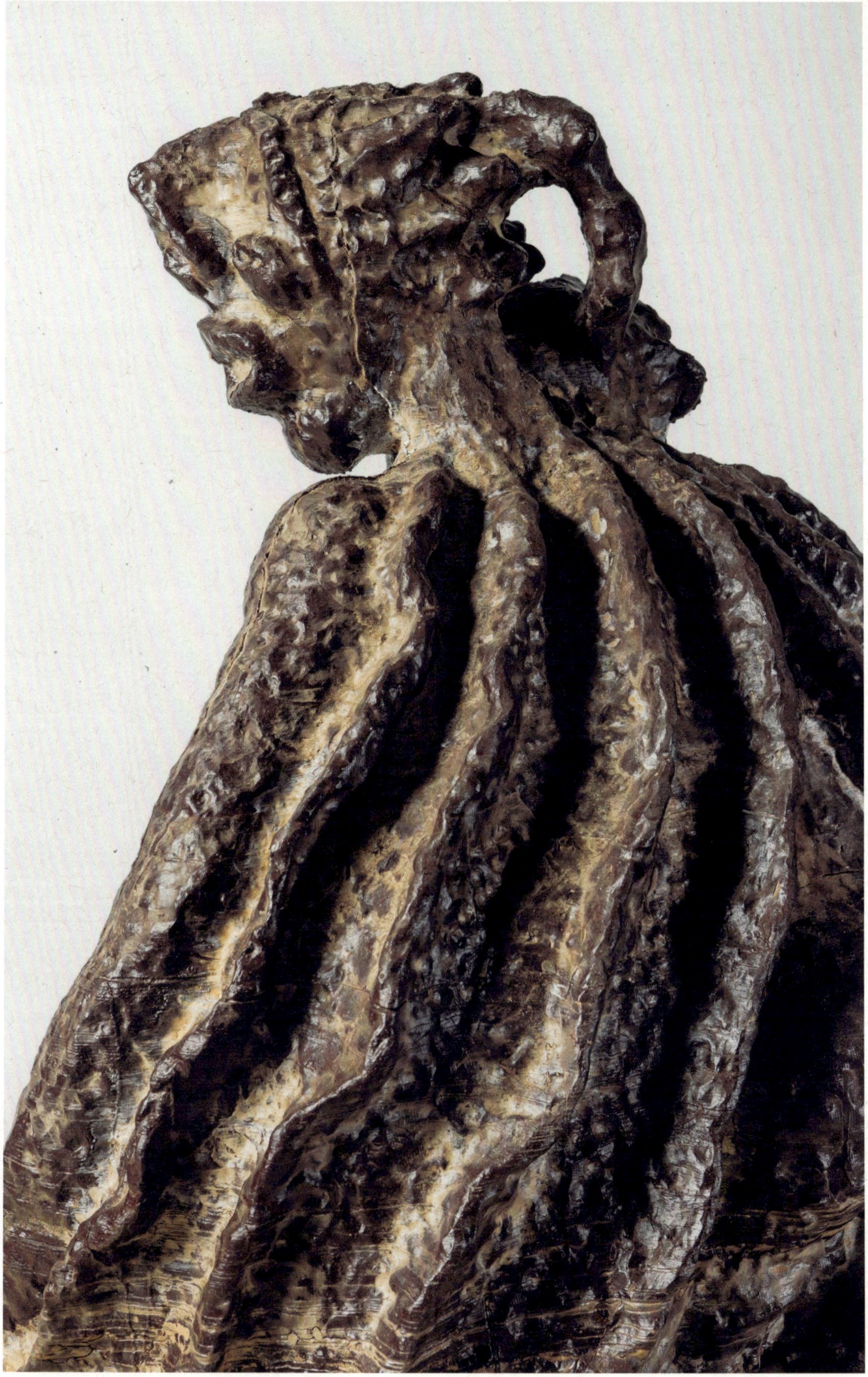

'A man sits on a box to which he appears to be shackled. Bald, dressed in a suit and wearing glasses, he sticks out his tongue. He wears a defiant posture to conceal that he has found himself in a tricky situation. Jérémie Mabiala and Djonga Bismar, who created this work together, say it shows a man rich in money and possessions who faces a choice: whether to share his wealth — an option symbolized by the vines and flowers that twine around him — or to keep it for himself — as suggested by the snake stretching out its tongue. The work is a message to everyone who has the means to buy CATPC's sculptures.'

« Un homme est assis sur une boîte à laquelle il semble être enchaîné. Chauve, vêtu d'un costume et portant des lunettes, il tire la langue. Il adopte une posture de défi pour cacher qu'il s'est retrouvé dans une situation délicate. Jérémie Mabiala et Djonga Bismar, qui ont créé cette œuvre ensemble, disent qu'elle montre un homme riche en argent et en biens qui est confronté à un choix : partager ses richesses — option symbolisée par les vignes et les fleurs qui s'enroulent autour de lui — ou les garder pour lui — comme le suggère le serpent qui tire la langue. L'œuvre est un message adressé à tous ceux qui ont les moyens d'acheter les sculptures du CATPC. »

CATPC (Jeremie Mabiala & Djonga Bismar)
The Art Collector, 2015

cacao, palm fat, sugar
cacao, graisse de palme, sucre
120 × 65 × 62 cm

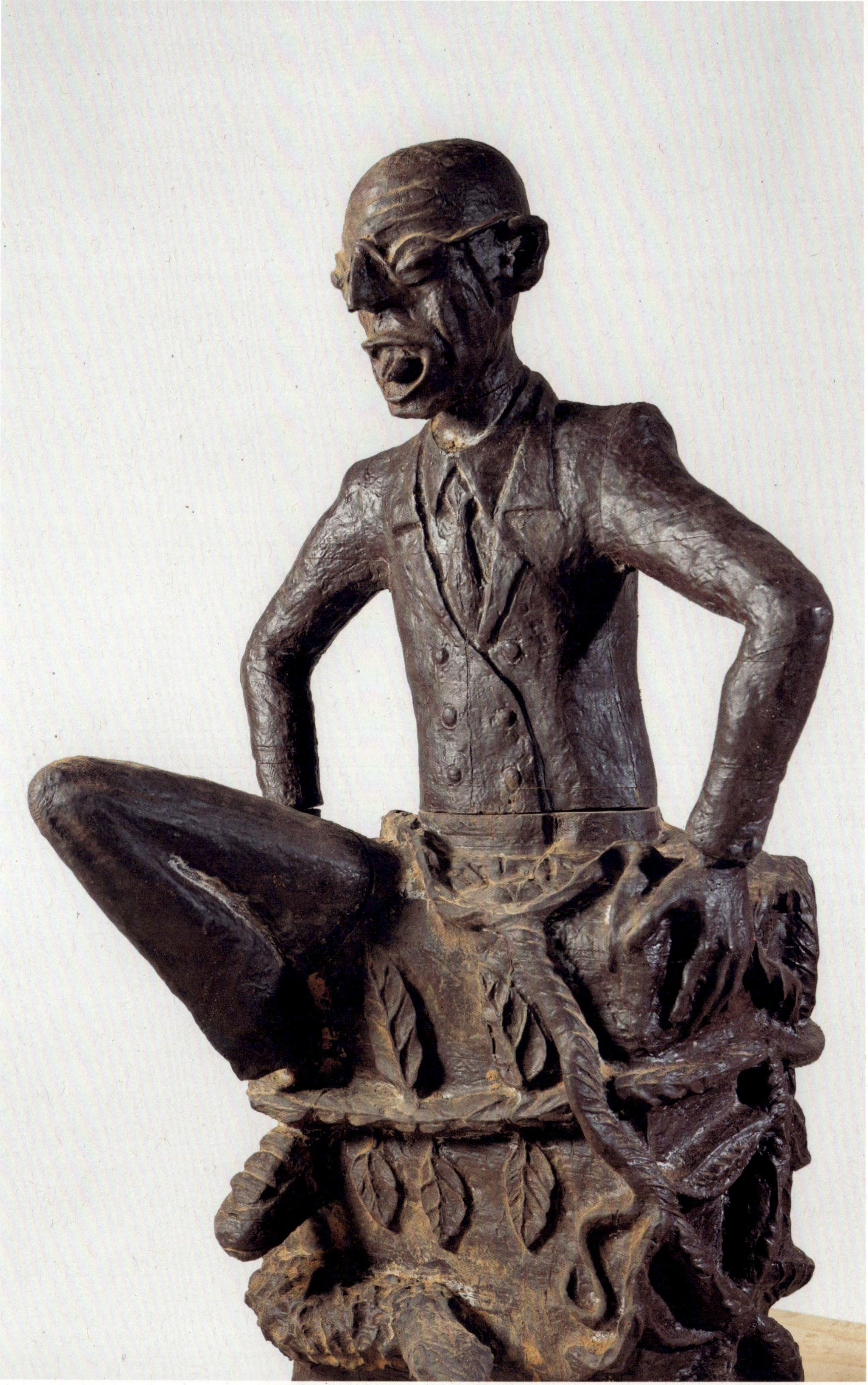

The Art Collector, 2015

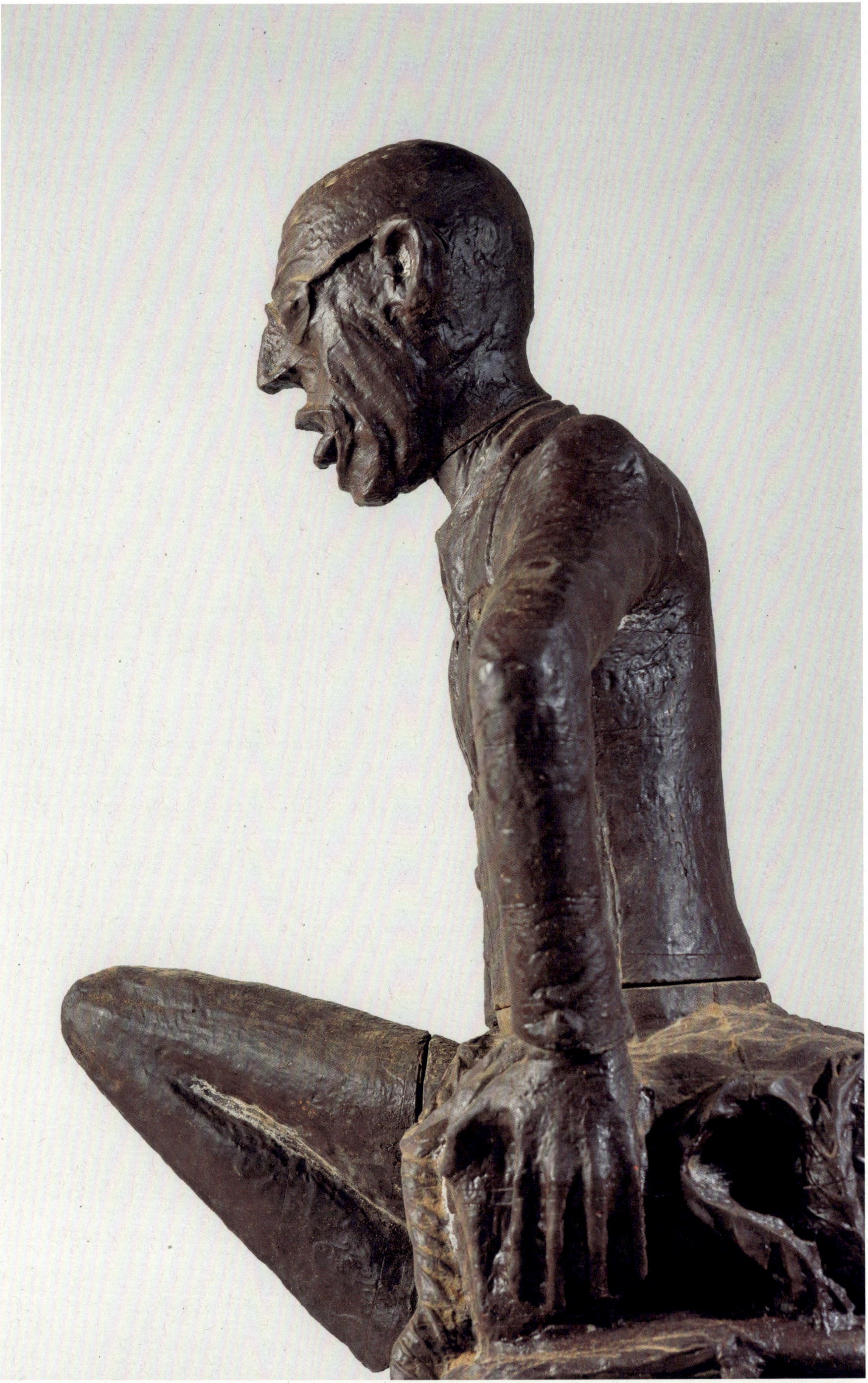

Bailleur des Fonds, 2015

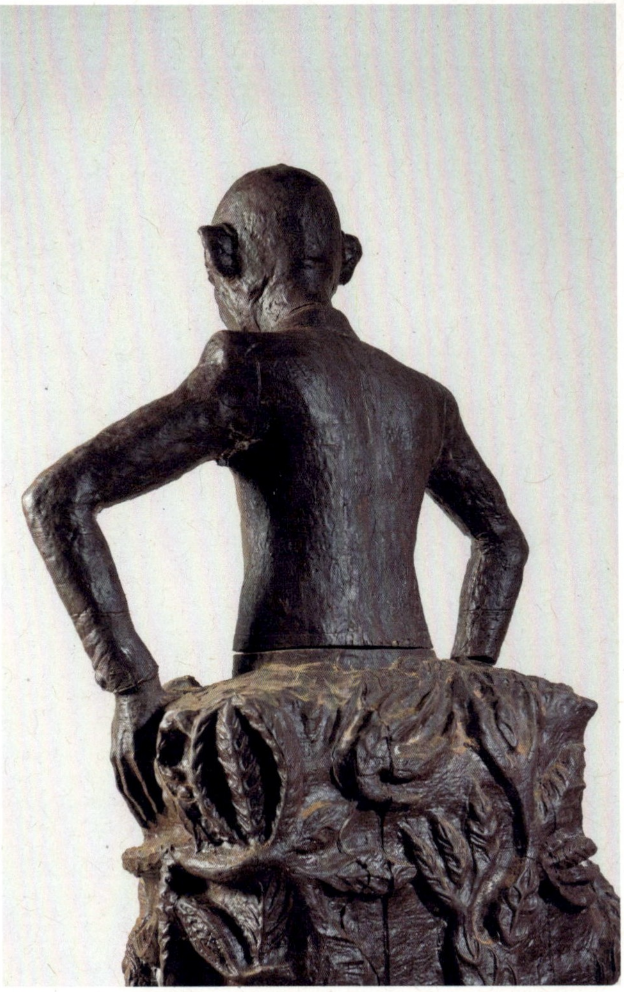

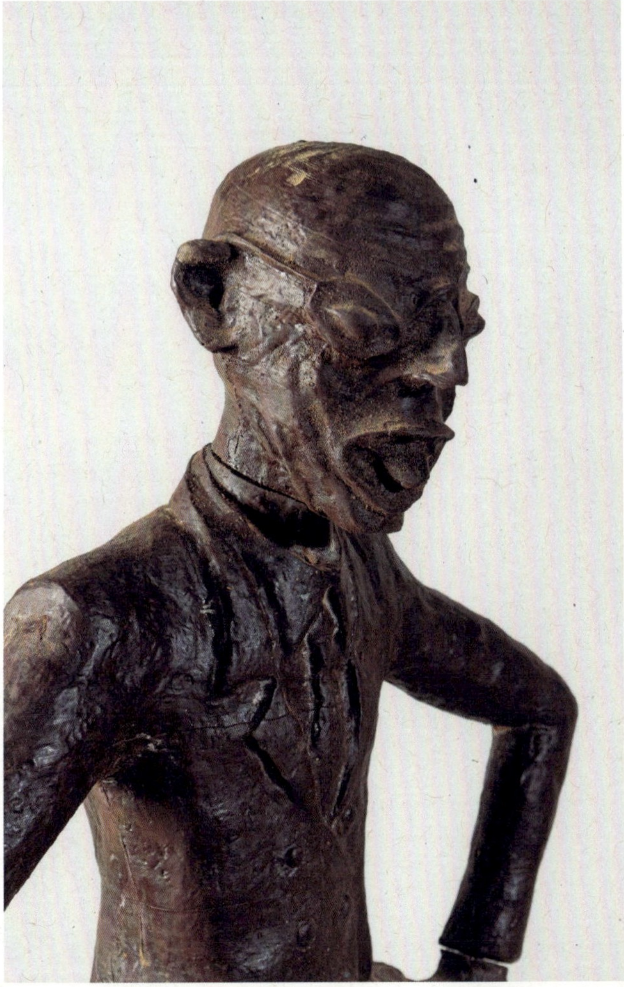

The Art Collector, 2015

'A bull is mounted by the art collector who holds it by the horns and tail as if to control it, but to no avail: the animal is mad with rage and charges at full speed. The bull represents the sacred works that have been plundered and imprisoned in art institutions. He who mounts the bull represents the power of the institutions that try to contain something they do not understand and rarely respect.'

« Un taureau est monté par le personnage Bailleur de Fond qui le tient par les cornes et la queue comme pour le maîtriser, mais en vain : l'animal est fou de rage et suit sa course à toute vitesse. Le taureau représente les œuvres sacrées qui ont été pillées et emprisonnées dans les institutions artistiques. Celui qui monte le taureau représente le pouvoir des institutions qui tentent de contenir quelque chose qu'elles ne comprennent pas et qu'elles respectent rarement. »

CATPC (Emery Muhamba)
The Mad Art Collector, 2020

cacao, palm fat, sugar
cacao, graisse de palme, sucre
134.8 × 65.6 × 98.9 cm

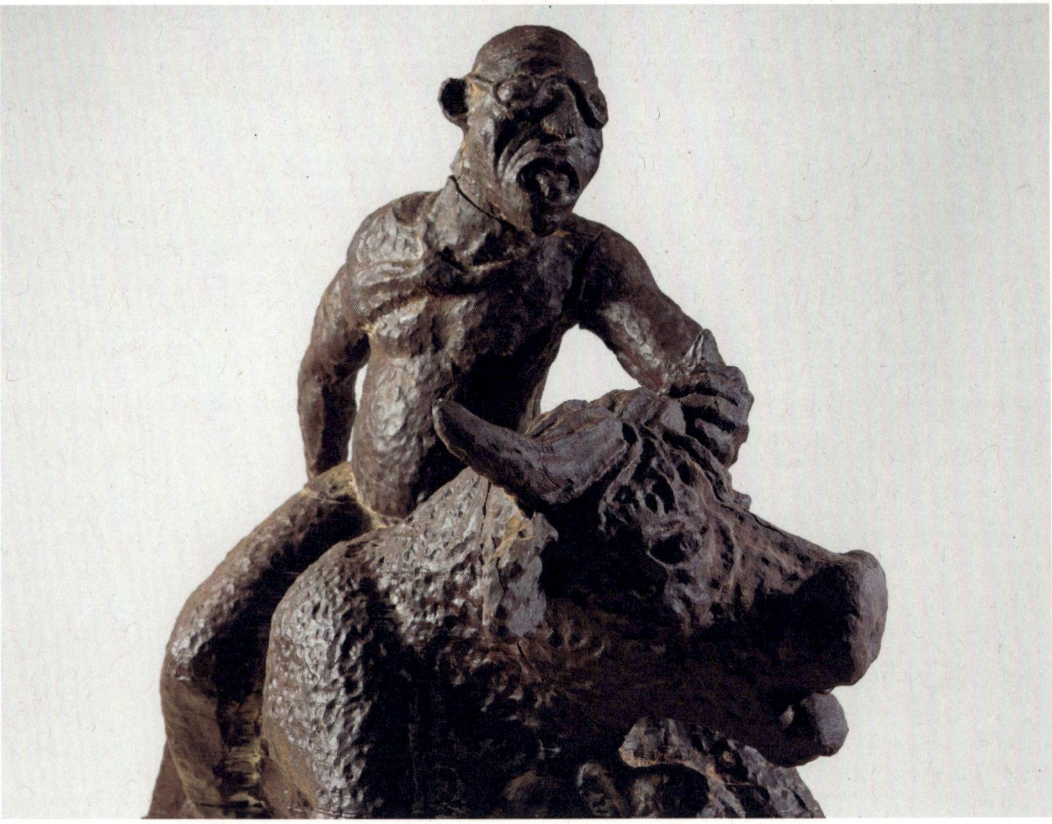

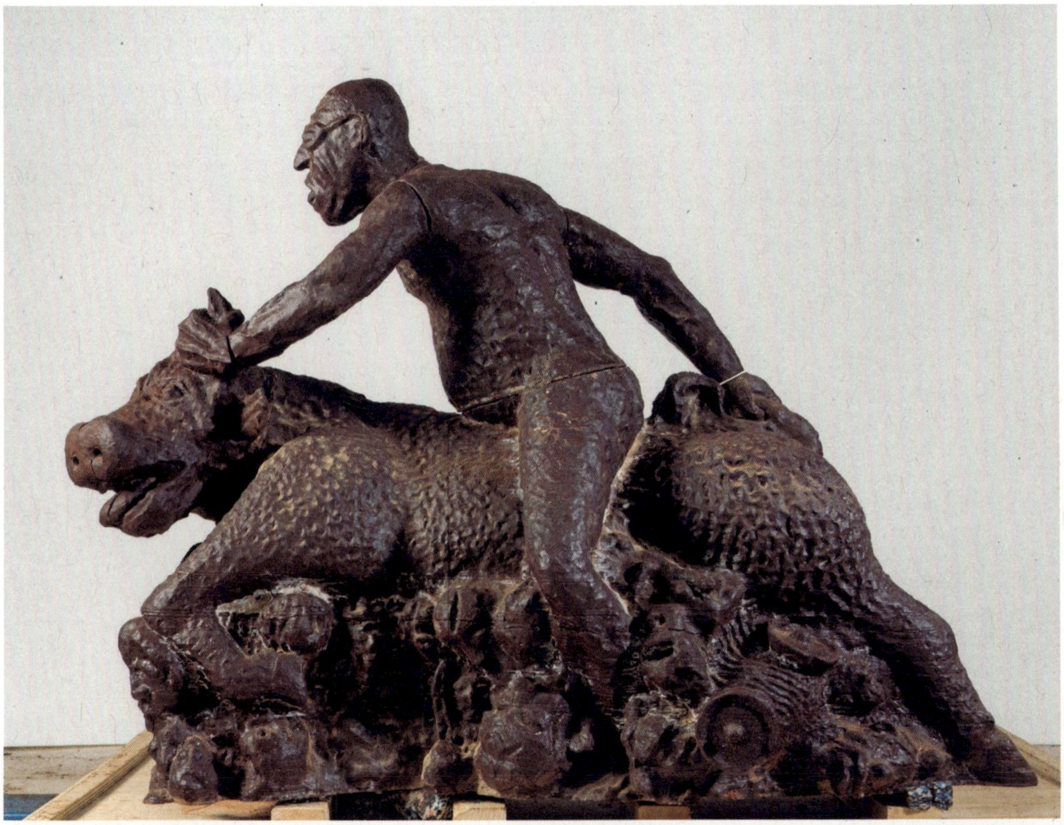

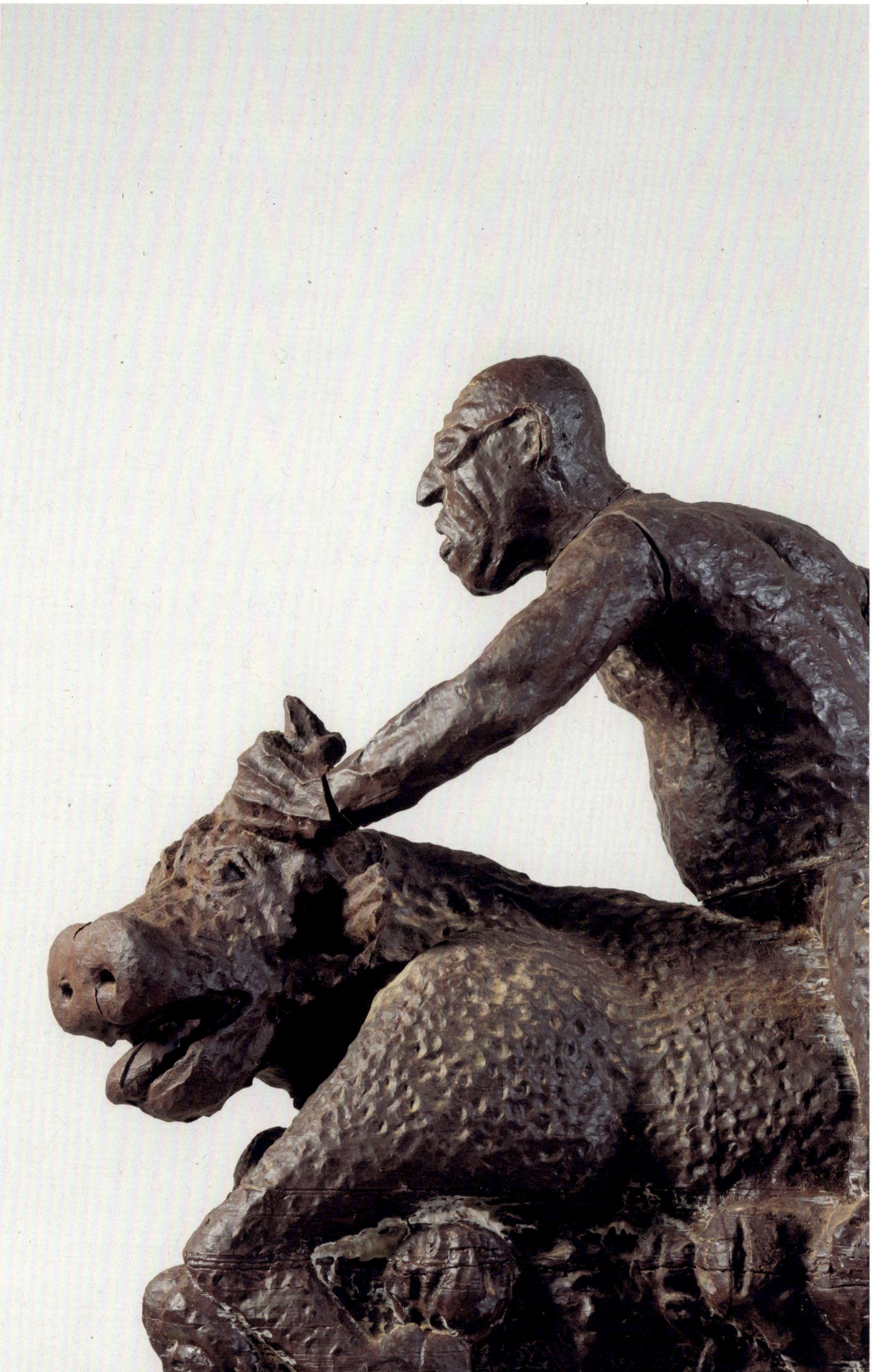

Bailleur des Fonds Fou, 2020

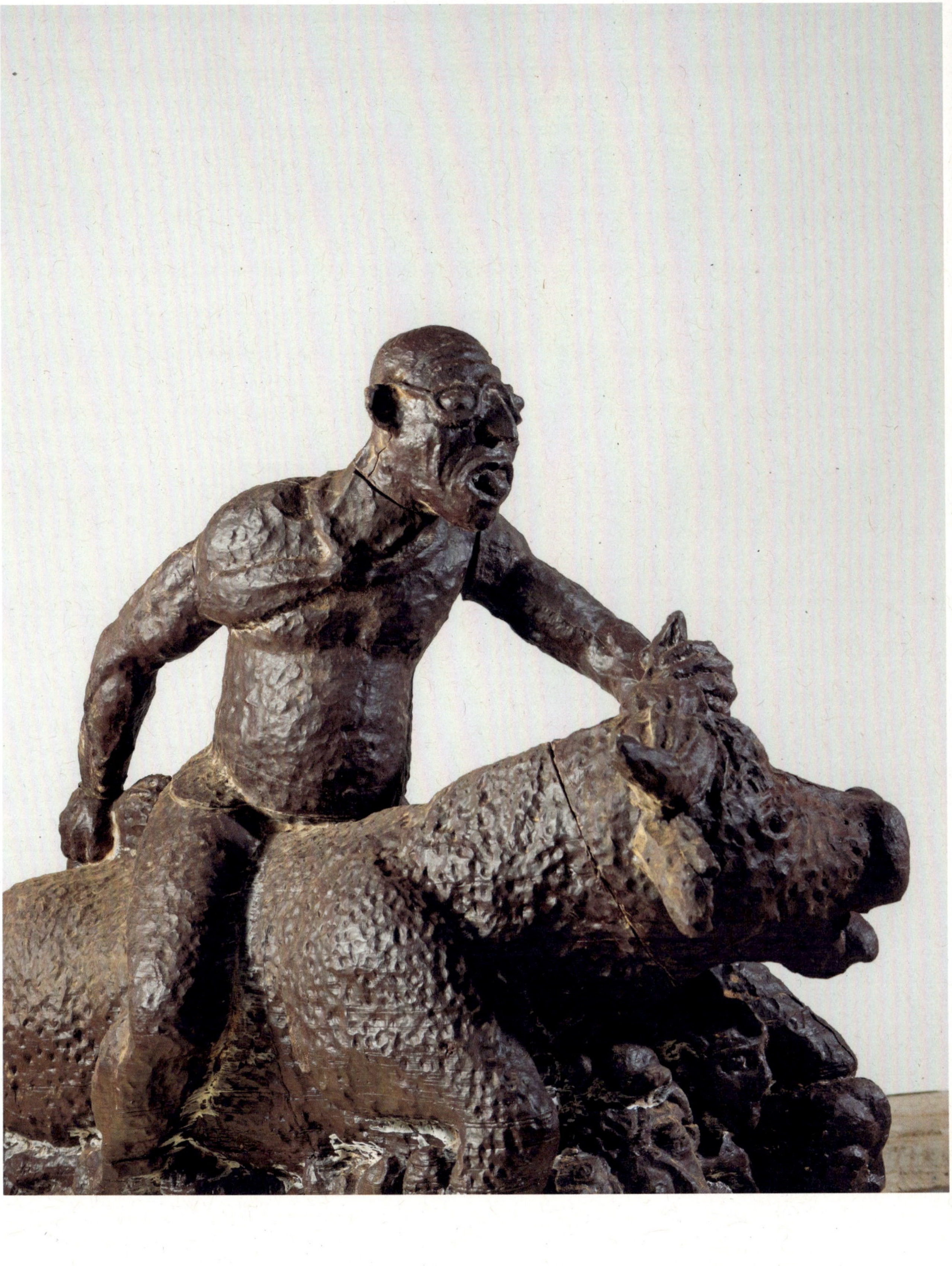

'This story of the art collector is a parable of Jesus. A rich young man asks Jesus how he can inherit the kingdom of heaven. Jesus tells him that if he wants to guarantee his entry into heaven, he must sell everything he has and share it with the poor. The rich young man surveys all his wealth and becomes fearful of losing it. He tries to force himself to get rid of it but is unable. So, he chooses an alternative. He follows Jesus's words: "He who is worthy of me must take up his cross, climb up on the cross with Jesus, die and rise with him." To rid himself of his sins of imposing monoculture agriculture and destroying the land, he decides to be crucified. After his death, he is resurrected along with the post-plantation. Monoculture agriculture is replaced with biodiversity. This too, must be the path of Unilever, its offshoots, and all those who are cultivating monoculture plantations today. They must end monoculture to be reborn with the post-plantation.'

« L'histoire du bailleur de fond est une parabole de Jésus. Un jeune homme riche demande à Jésus comment il peut accéder au royaume des cieux. Jésus lui dit que s'il veut garantir son entrée au paradis, il doit vendre tout ce qu'il possède et le partager avec les pauvres. Le jeune homme riche passe en revue toutes ses richesses et craint de les perdre. Il essaie de se forcer à s'en débarrasser, mais n'y parvient pas. Il choisit alors une autre solution. Il suit les paroles de Jésus : « Celui qui est digne de moi doit se charger de sa croix, monter sur la croix avec Jésus, mourir et ressusciter avec lui ». Pour se débarrasser de ses péchés d'imposer la monoculture et de détruire la terre, il décide d'être crucifié. Après sa mort, il ressuscite avec la post-plantation. La monoculture est remplacée par la biodiversité. Tel doit être le chemin d'Unilever, de ses filiales et de tous ceux qui cultivent aujourd'hui des plantations en monoculture. Ils doivent mettre fin à la monoculture pour renaître avec la post-plantation. »

CATPC (Matthieu Kasiama & Ced'art Tamasala)
Crucifixion of the Art Collector, 2023

cacao, palm fat, sugar
cacao, graisse de palme, sucre
74 × 36.7 × 110.6 cm

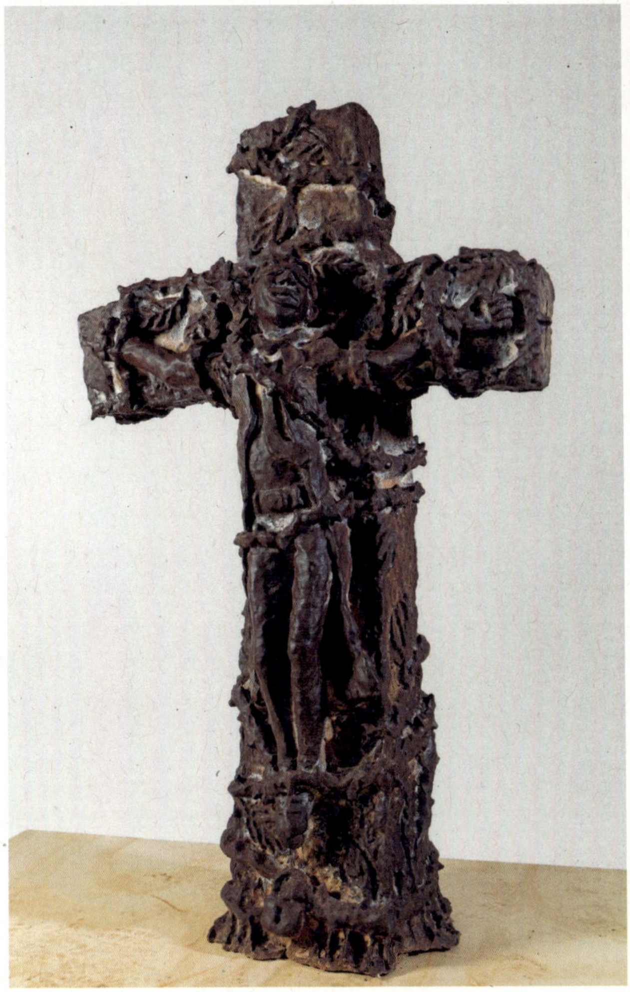

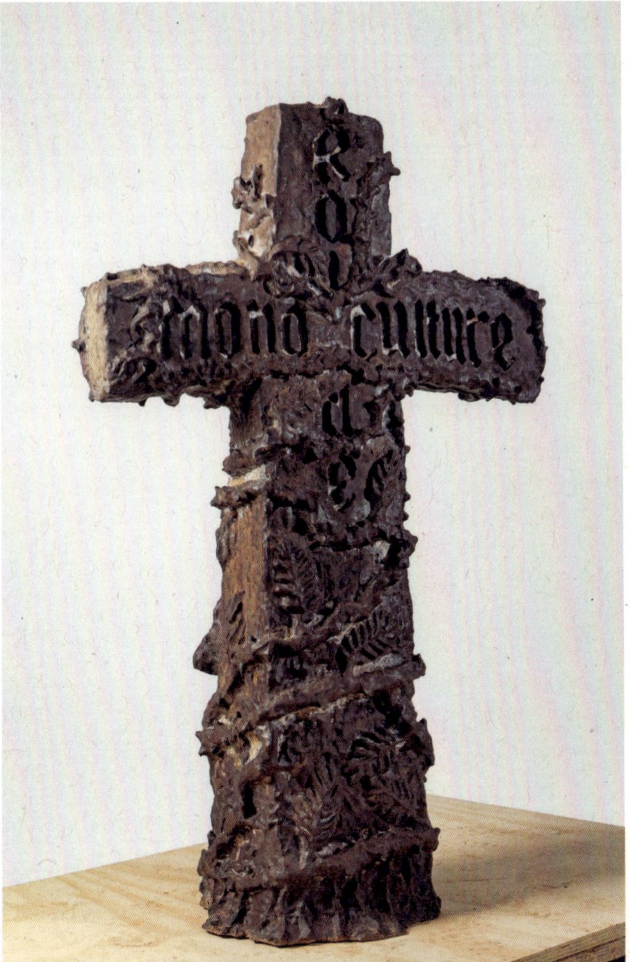

Crucifixion of the Art Collector, 2023

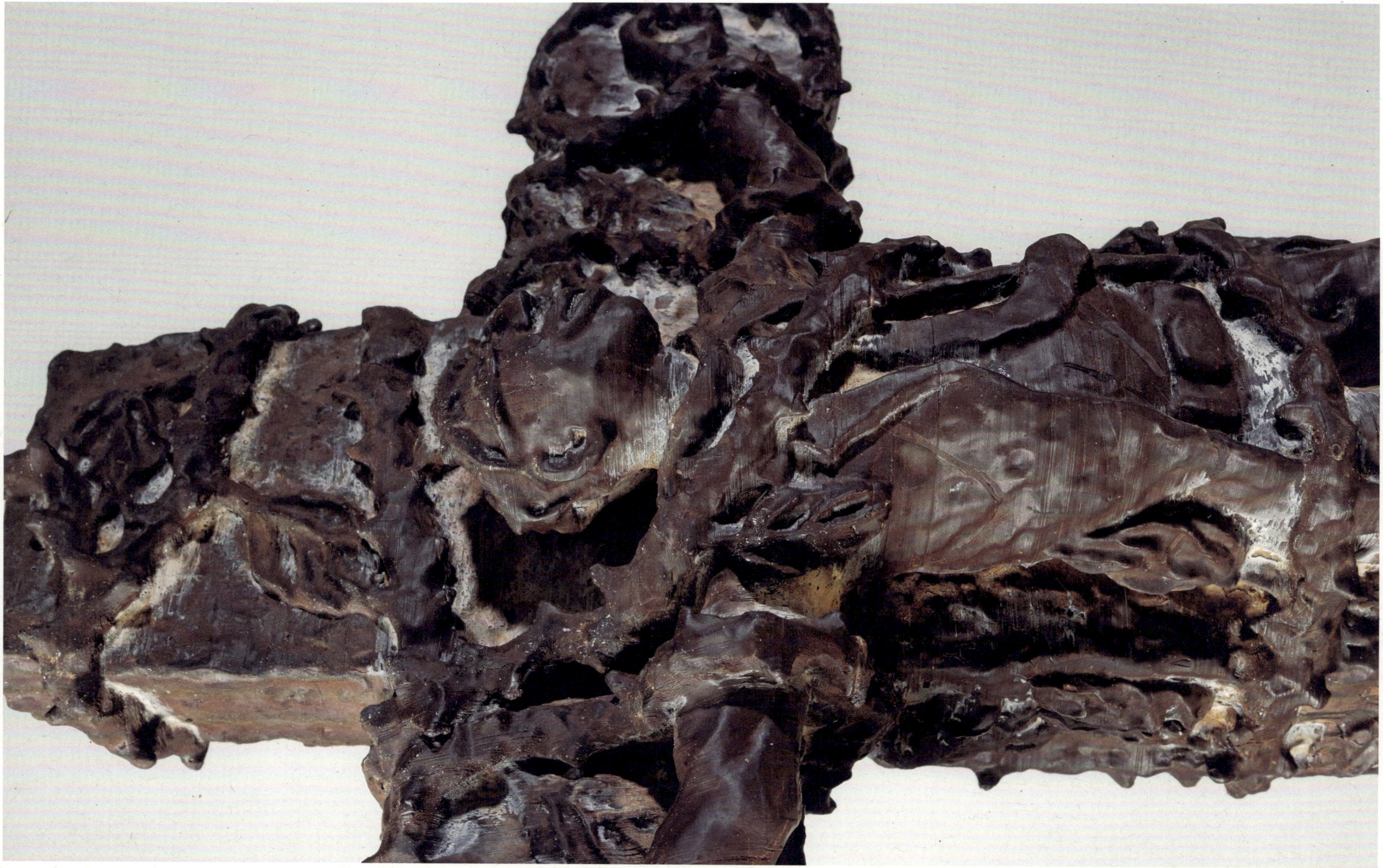

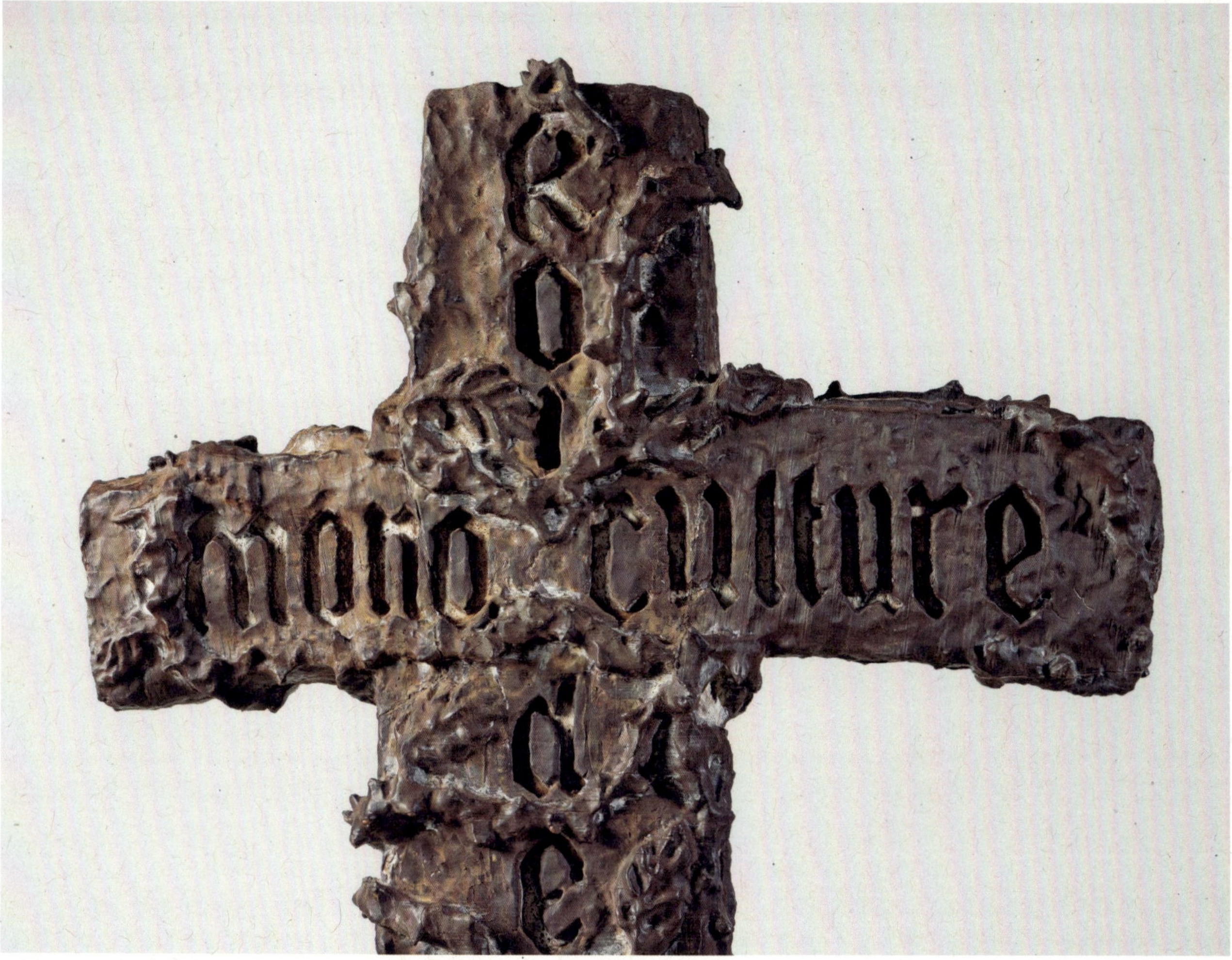

Crucifixion of the Art Collector, 2023

'This is the White Cube of Lusanga crowned by the Pende sculpture of Balot intermingled with sacred sculptures that were looted during the colonial era and imprisoned in white cubes in the North. Different chapters of Lusanga's history are narrated across the building's four façades: from the era of Leverville to the era of the post-plantation. The left façade depicts the violent history of palm oil extraction. Labourers climb up tall palm oil trees with machetes to cut down nuts. A fire at the base prevents them from descending before having cut enough. The harvested nuts are being transported to the factory, which throws a shadow of dark smoke over a church in the background, polluting the rest of the landscape as well. The ensuing destruction of nature follows on the back wall. Trees are cut down and the land becomes dry. Famine and poverty increase. We also see the conception of CATPC: the production of art and the launching of a tree nursery. On the right wall, the post-plantation continues to flourish: the seedlings become trees, monoculture gradually transforms into a sacred forest and the trees start to bloom. In the window, one can see a woman giving birth to a baby. On the front façade, the post-plantation is in peak form, the trees abundant with fruit. A group of sculptures is leaving the white cube, with Balot standing in the doorway, facing the public.'

« C'est le White Cube de Lusanga couronné par la sculpture Pende de Balot entremêlée de sculptures sacrées qui ont été pillées pendant l'ère coloniale et emprisonnées dans des cubes blancs dans le Nord. Différents chapitres de l'histoire de Lusanga sont racontés sur les quatre façades du bâtiment : de l'ère de Leverville à l'ère de la post-plantation. La façade gauche illustre l'histoire violente de l'extraction de l'huile de palme. Des ouvriers grimpent aux grands palmiers à huile avec des machettes pour couper les noix. Un incendie à la base les empêche de redescendre avant d'avoir coupé suffisamment de noix. Les noix récoltées sont transportées vers l'usine, qui projette une ombre de fumée noire sur une église à l'arrière-plan, polluant également le reste du paysage. La destruction de la nature qui s'ensuit est représentée sur le mur du fond. Les arbres sont coupés et la terre devient sèche. La famine et la pauvreté augmentent. Nous voyons également la conception du CATPC : la production d'art et le lancement d'une pépinière. Sur le mur de droite, la post-plantation continue de s'épanouir : les semis deviennent des arbres, la monoculture se transforme progressivement en forêt sacrée et les arbres commencent à fleurir. Dans la fenêtre, on aperçoit une femme qui donne naissance à un bébé. Sur la façade avant, la post-plantation est en pleine forme, les arbres regorgent de fruits. Un groupe de sculptures sort du cube blanc, Balot se tient dans l'embrasure de la porte, face au public. »

CATPC (Jean Kawata & Ced'art Tamasala)
White Cube Lusanga, 2020

cacao, palm fat, sugar
cacao, graisse de palme, sucre
63 × 60 × 51 cm

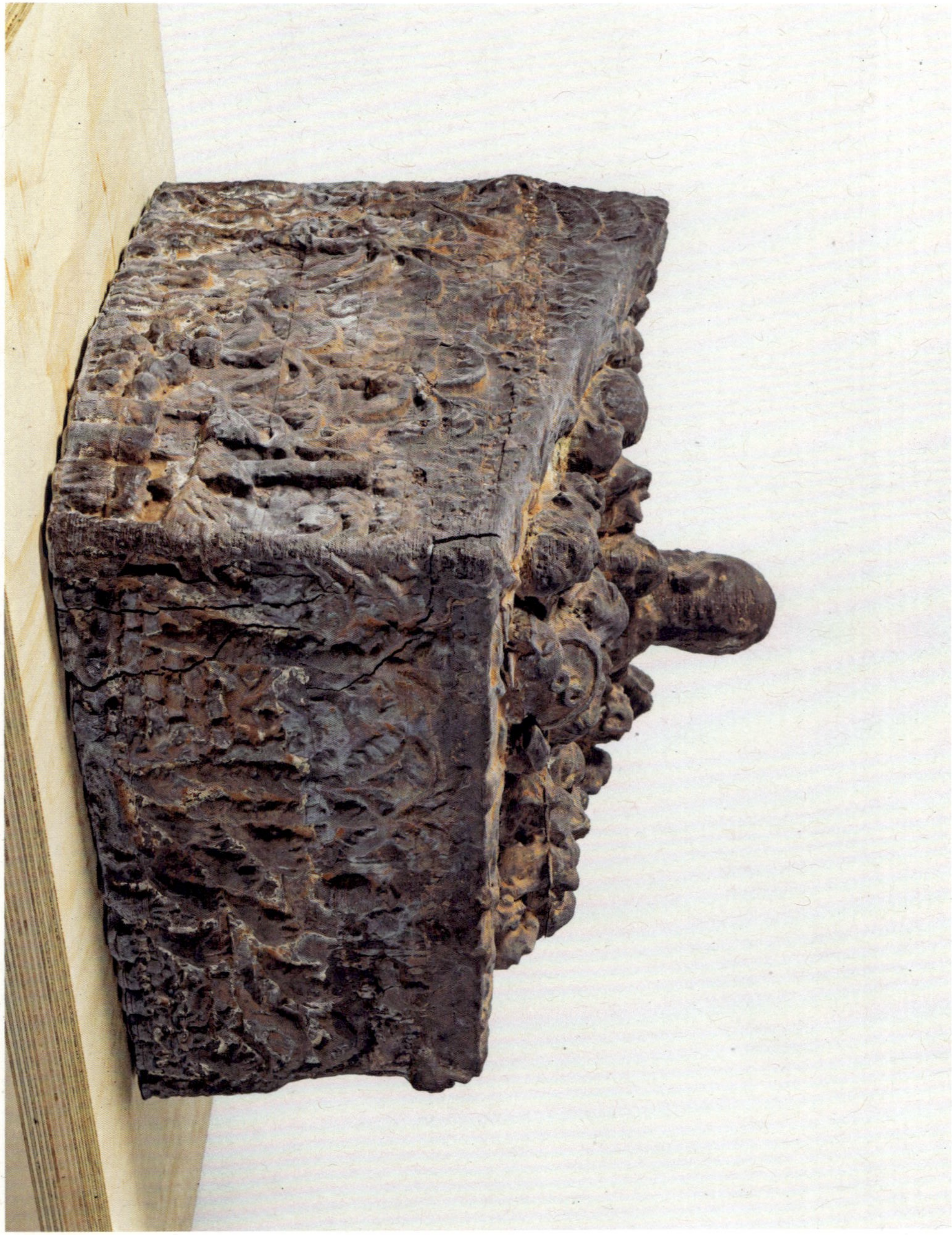

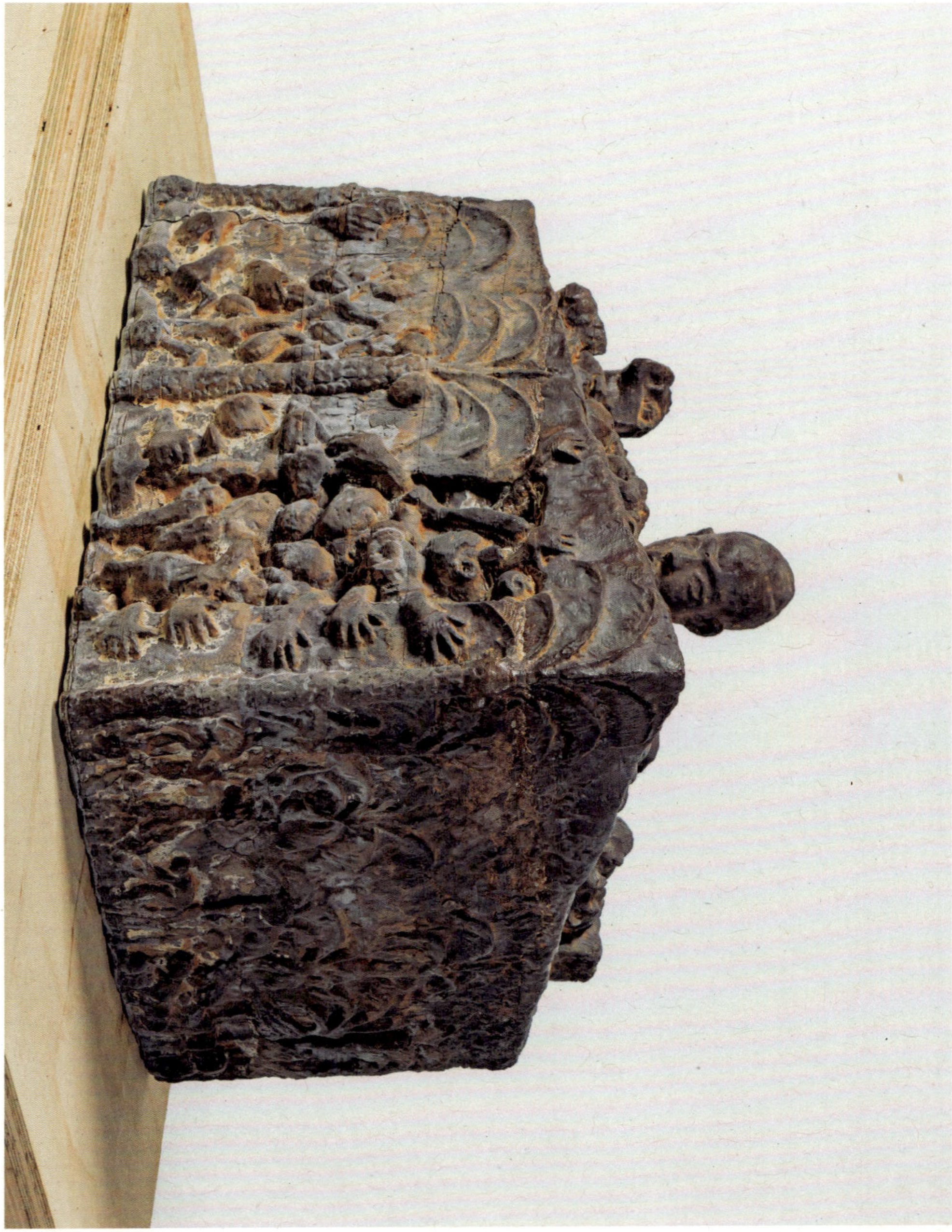

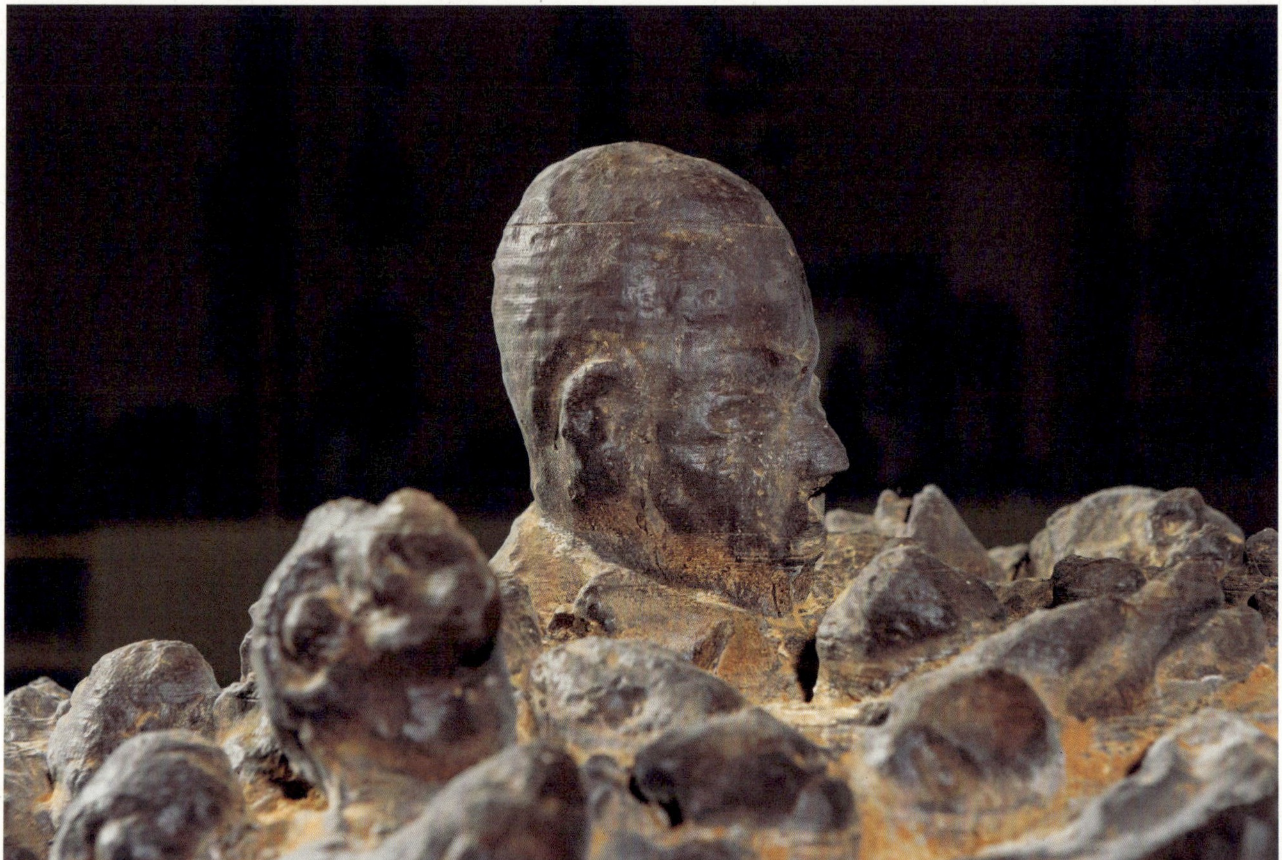

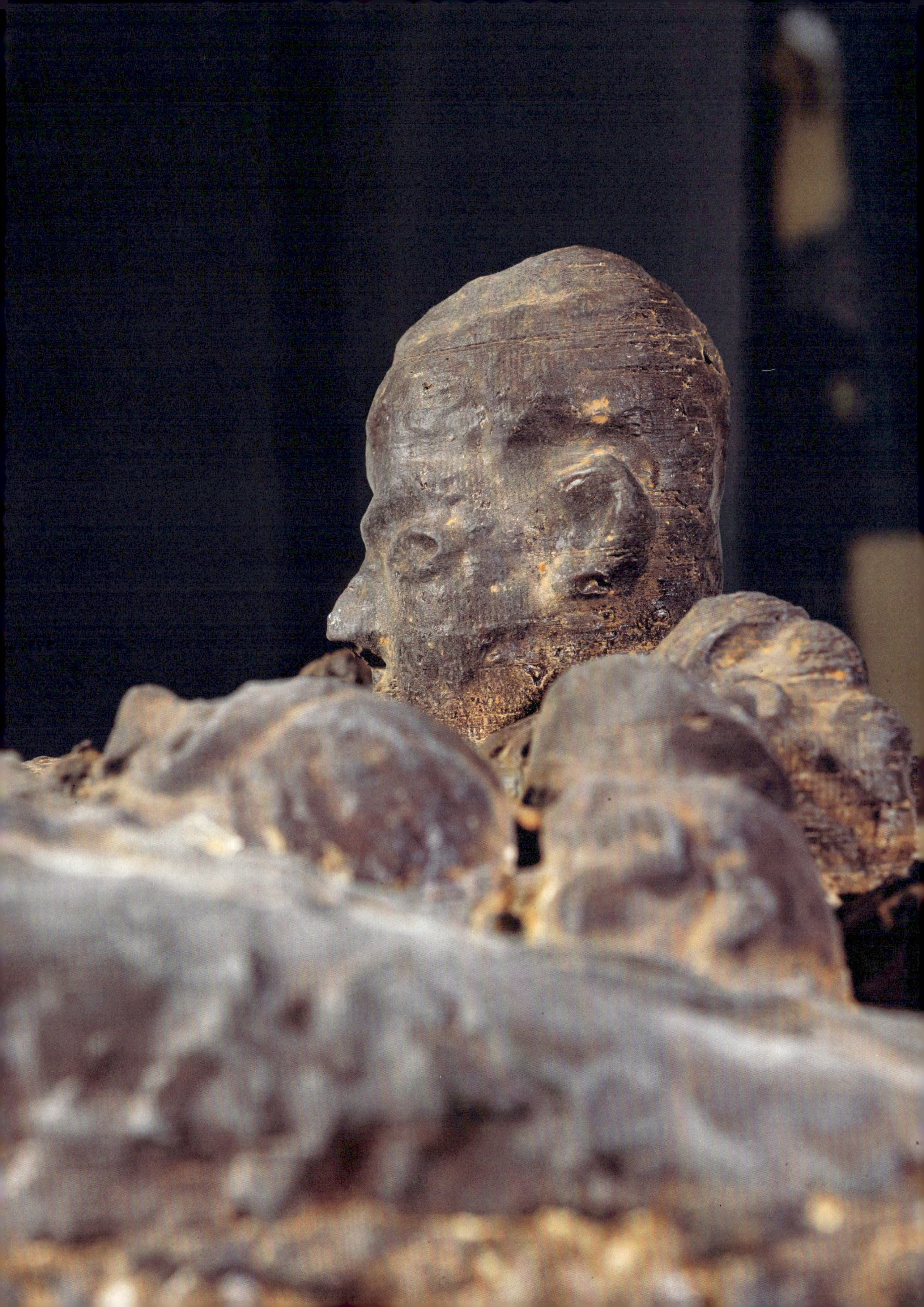

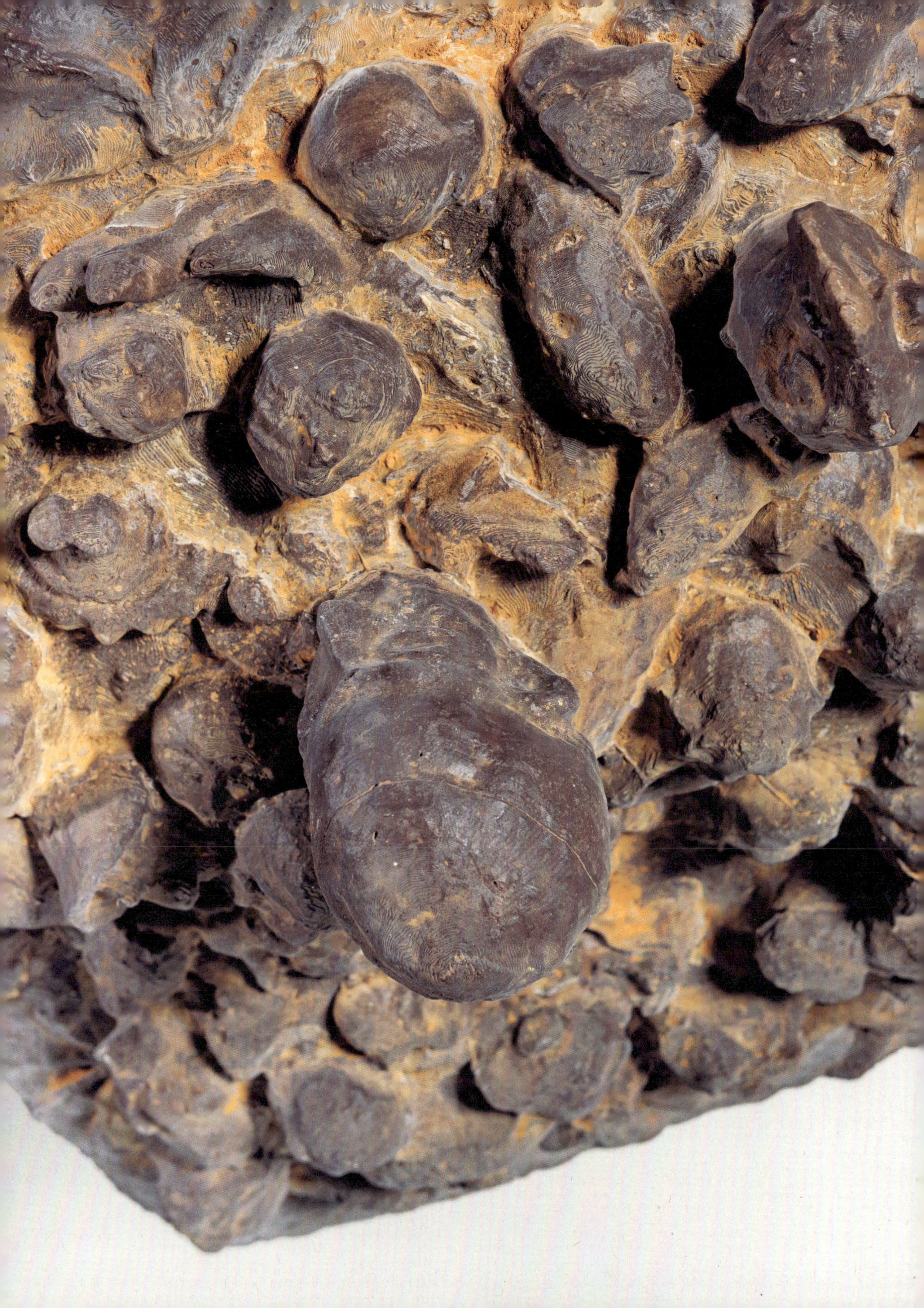

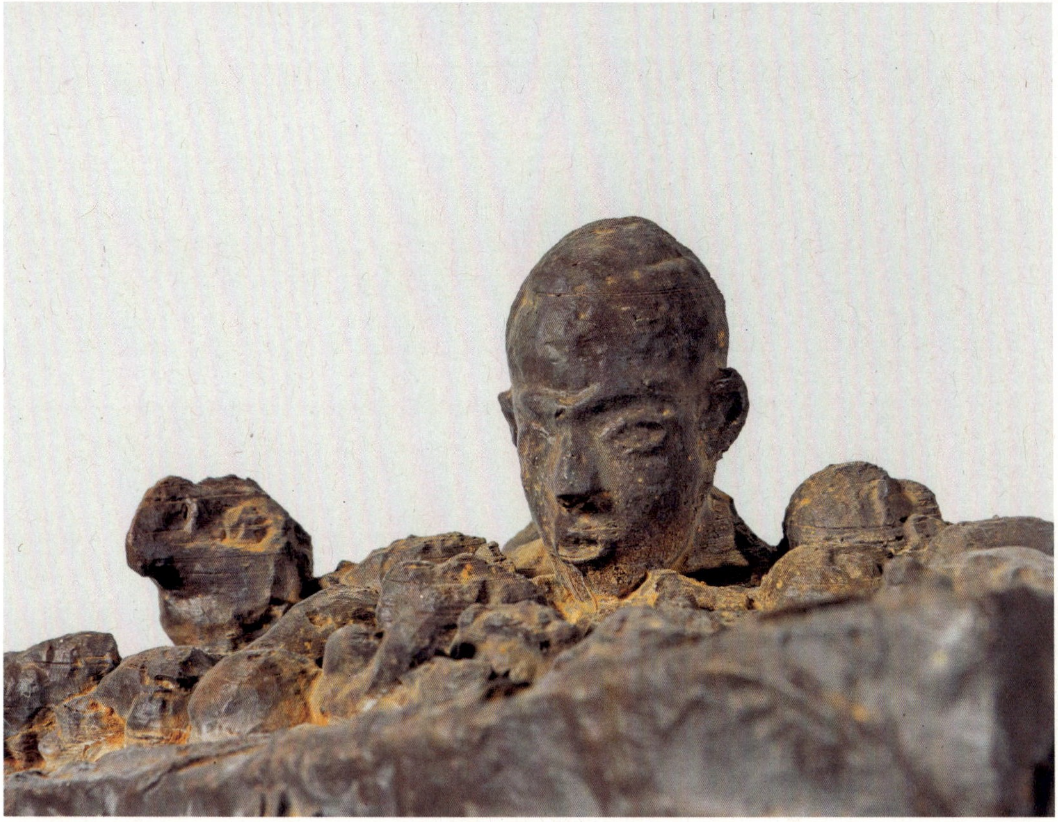

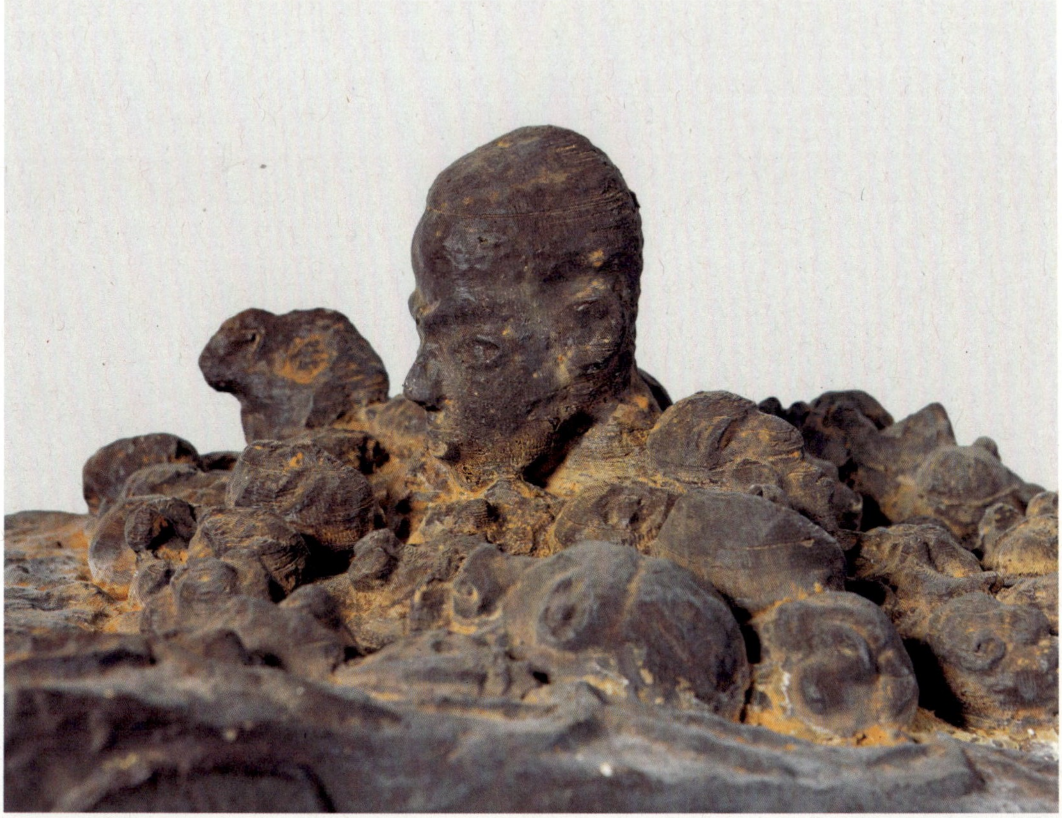

Sculptures en cacao et graisse de palme

37-148

The Judgement of the White Cube

149-172

The Judgement of the White Cube,
2024
Performance-film, circa 10 minutes

CATPC argues that white cube museums are steeped in ideologies of dominance. In 2017, they erected their own white cube exhibition space in Lusanga. For CATPC, this White Cube stands for all museums and galleries throughout the world. In 2023, the collective placed their White Cube on trial. The performance-film *The Judgement of the White Cube* shows this trial and features several members of the collective demanding justice for the extraction of wealth to finance museums. In the film, the judge (played by Mbuku Kimpala) convicts and sentences the White Cube to dedicate its energies for the good of the post-plantation. CATPC hopes their story sparks change and will ripple across the globe, beginning in the Dutch Pavilion — yet another white cube.

The following pages show stills taken from *The Judgement of the White Cube*, which was filmed by Jurgen Lisse.

Le Jugement du White Cube,
2024
Film-performance, environ 10 minutes

Le CATPC soutient que les musées et galeries *white cube* sont imprégnées des idéologies de dominance.
En 2017, ils ont érigé leur propre espace d'exposition *white cube* à Lusanga. Pour le CATPC, ce White Cube représente tous les musées et galeries à travers le monde. En 2023, le collectif a fait le procès de son White Cube. Le film-performance *Le Jugement du White Cube* montre ce procès et met en scène plusieurs membres du collectif réclamant justice pour l'extraction de richesses afin de financer les musées. Dans le film, le juge (interprété par Mbuku Kimpala) condamne et prononce une sentence contre le *white cube*, le contraignant à consacrer ses énergies pour le bien de la post-plantation. Le CATPC espère que leur histoire suscitera des changements et se propagera à travers le monde, commençant par le Pavillon des Pays-Bas, un autre White Cube.

Les pages suivantes montrent des images fixes extraites du film *Le Jugement du White Cube*, filmé par Jurgen Lisse.

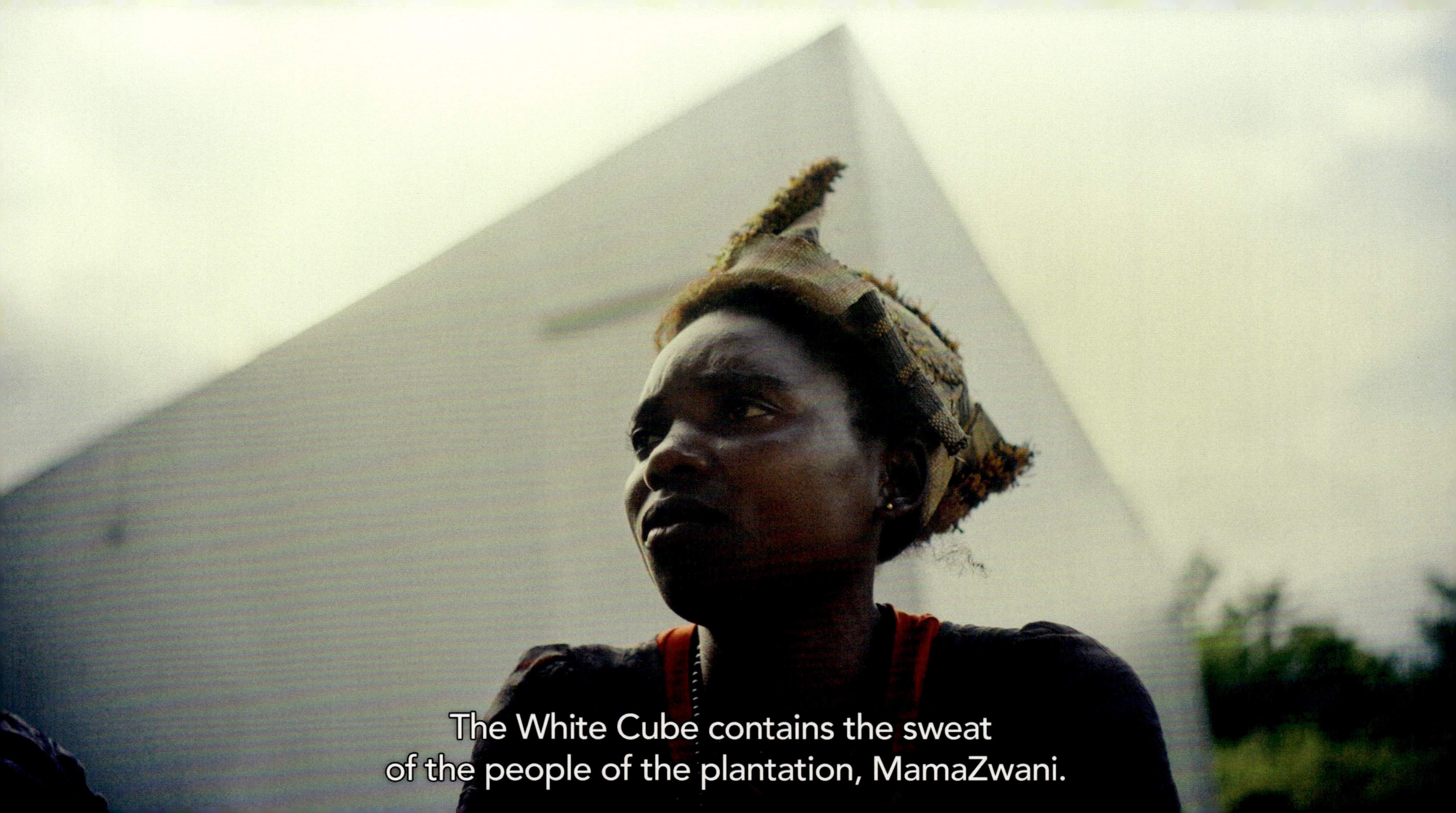
The White Cube contains the sweat
of the people of the plantation, MamaZwani.

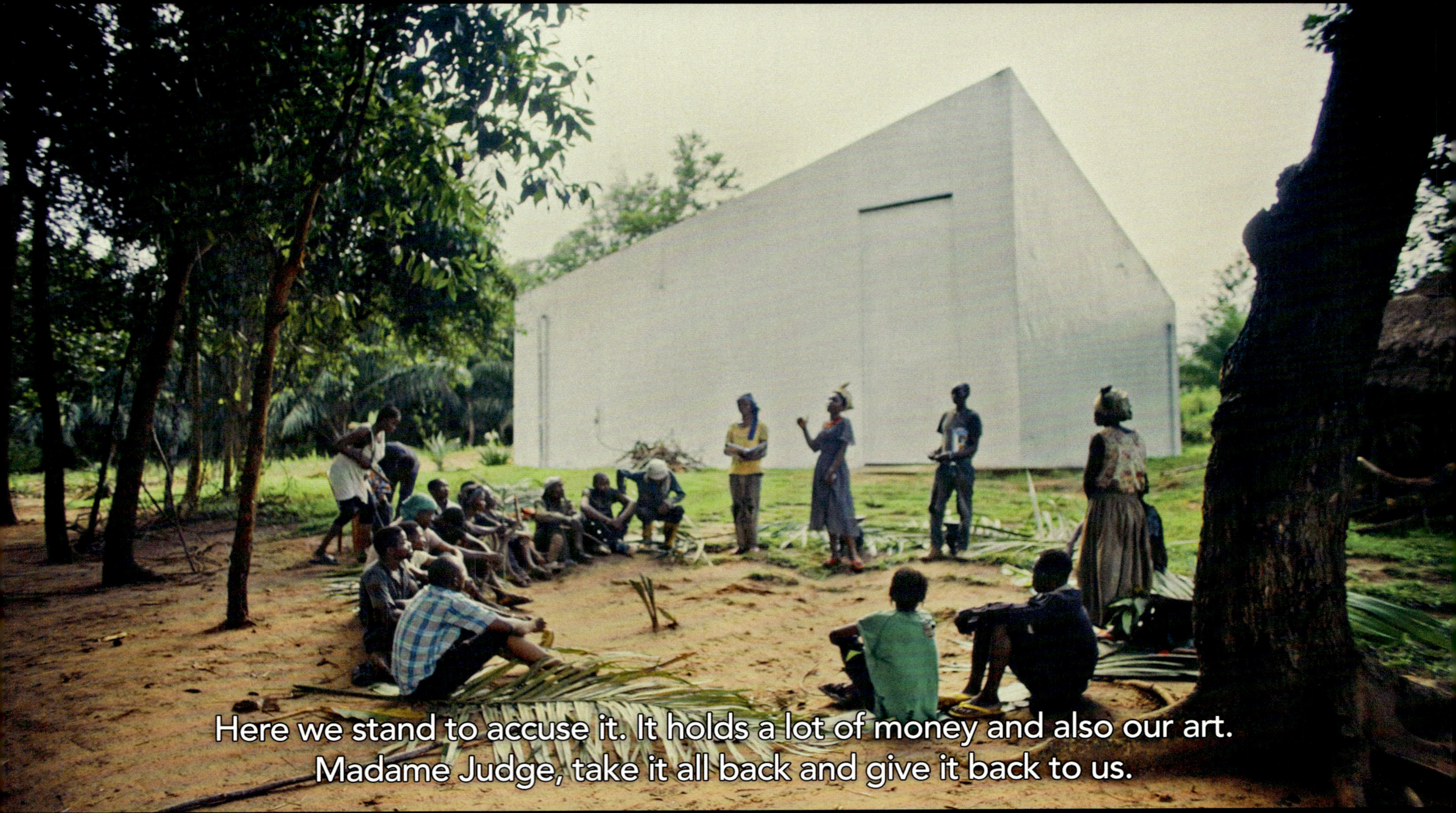
Here we stand to accuse it. It holds a lot of money and also our art.
Madame Judge, take it all back and give it back to us.

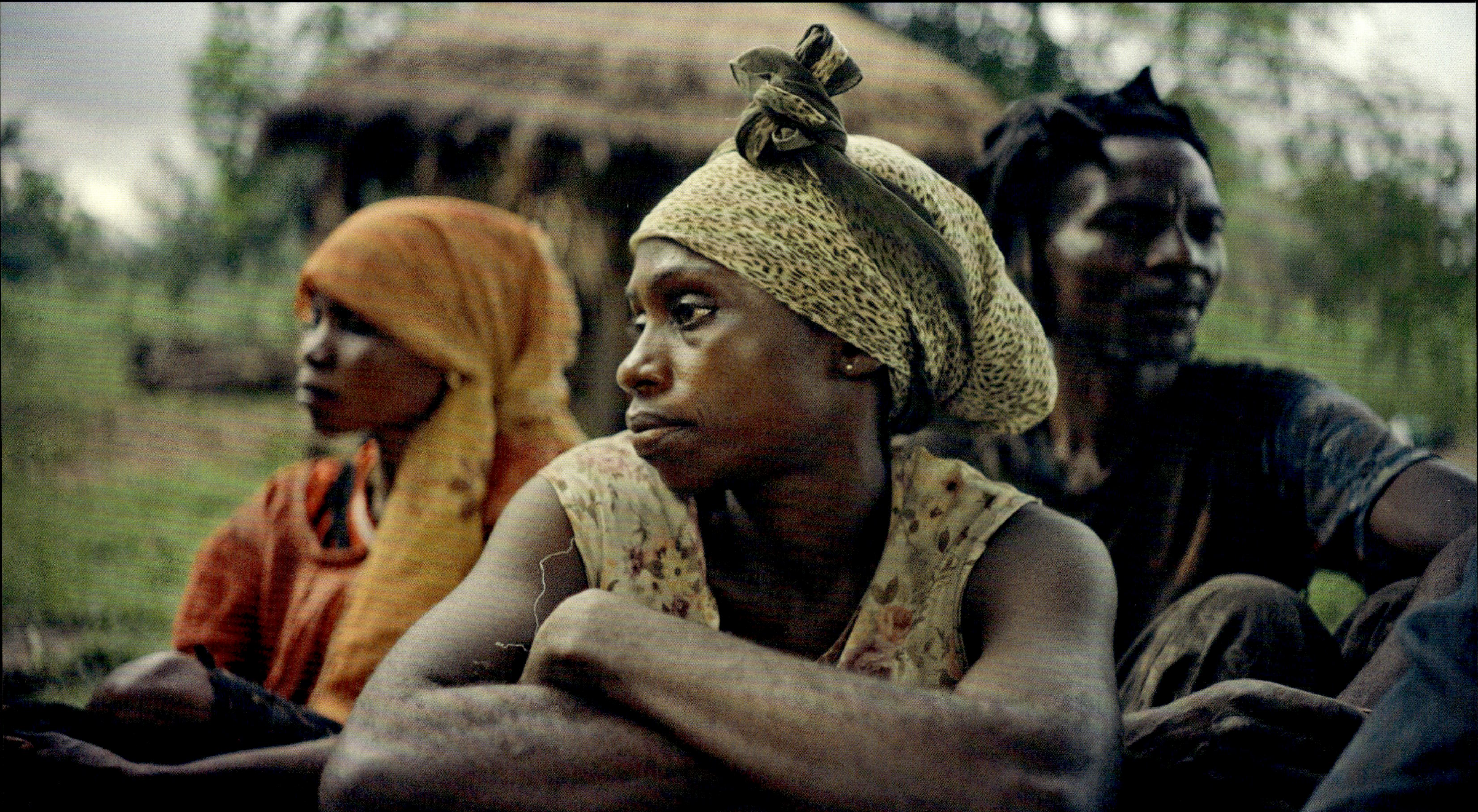

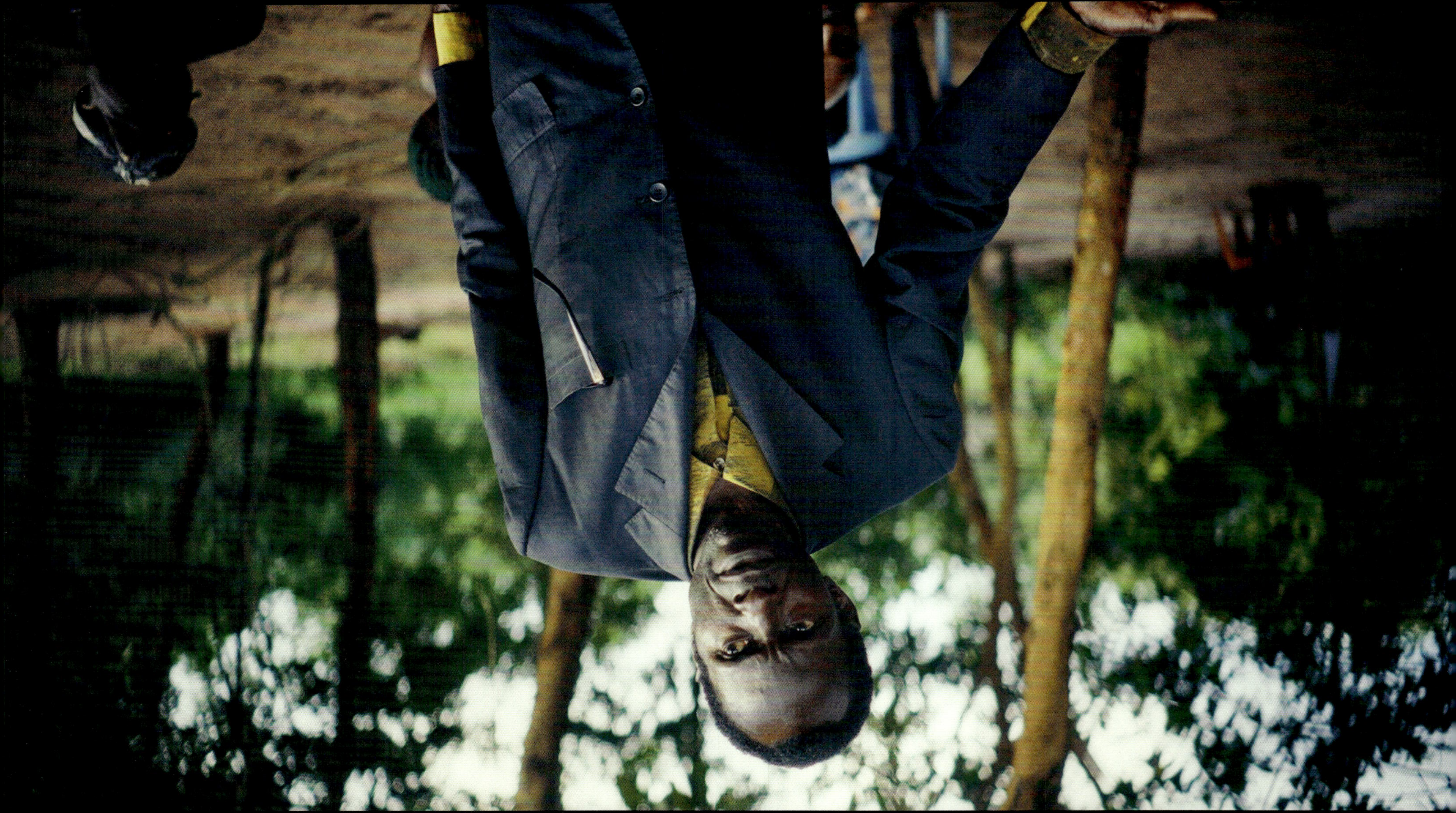

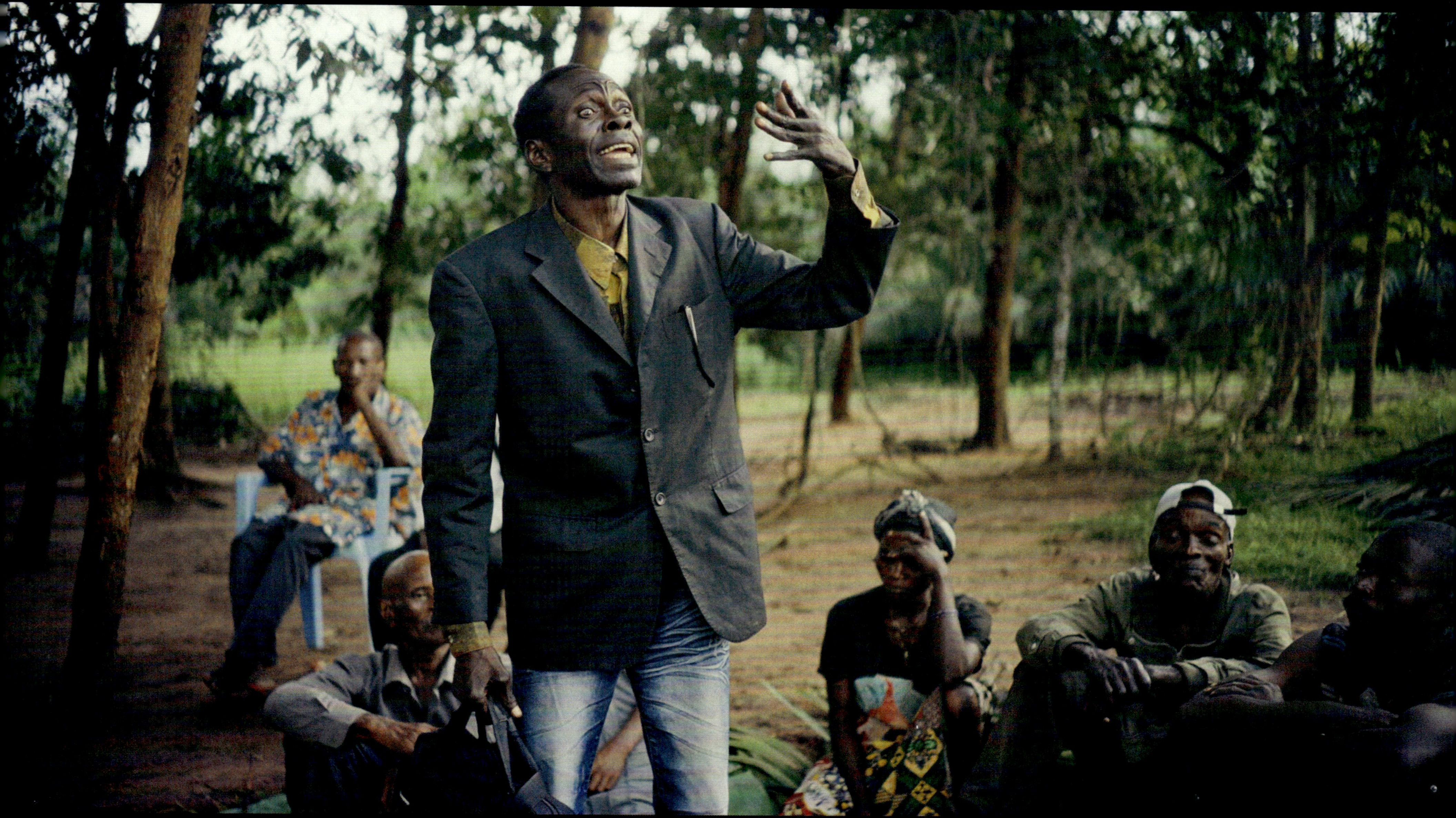

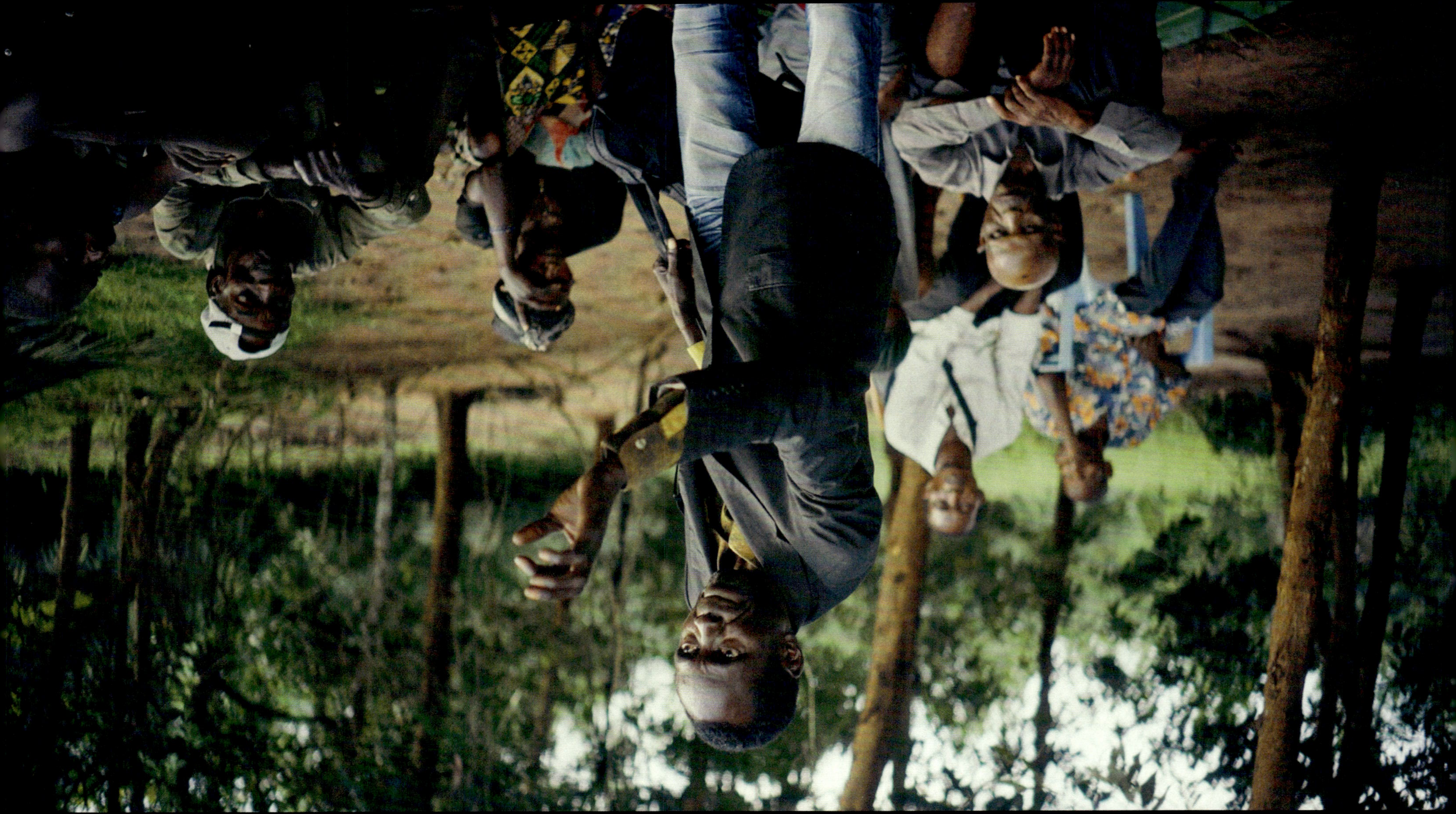

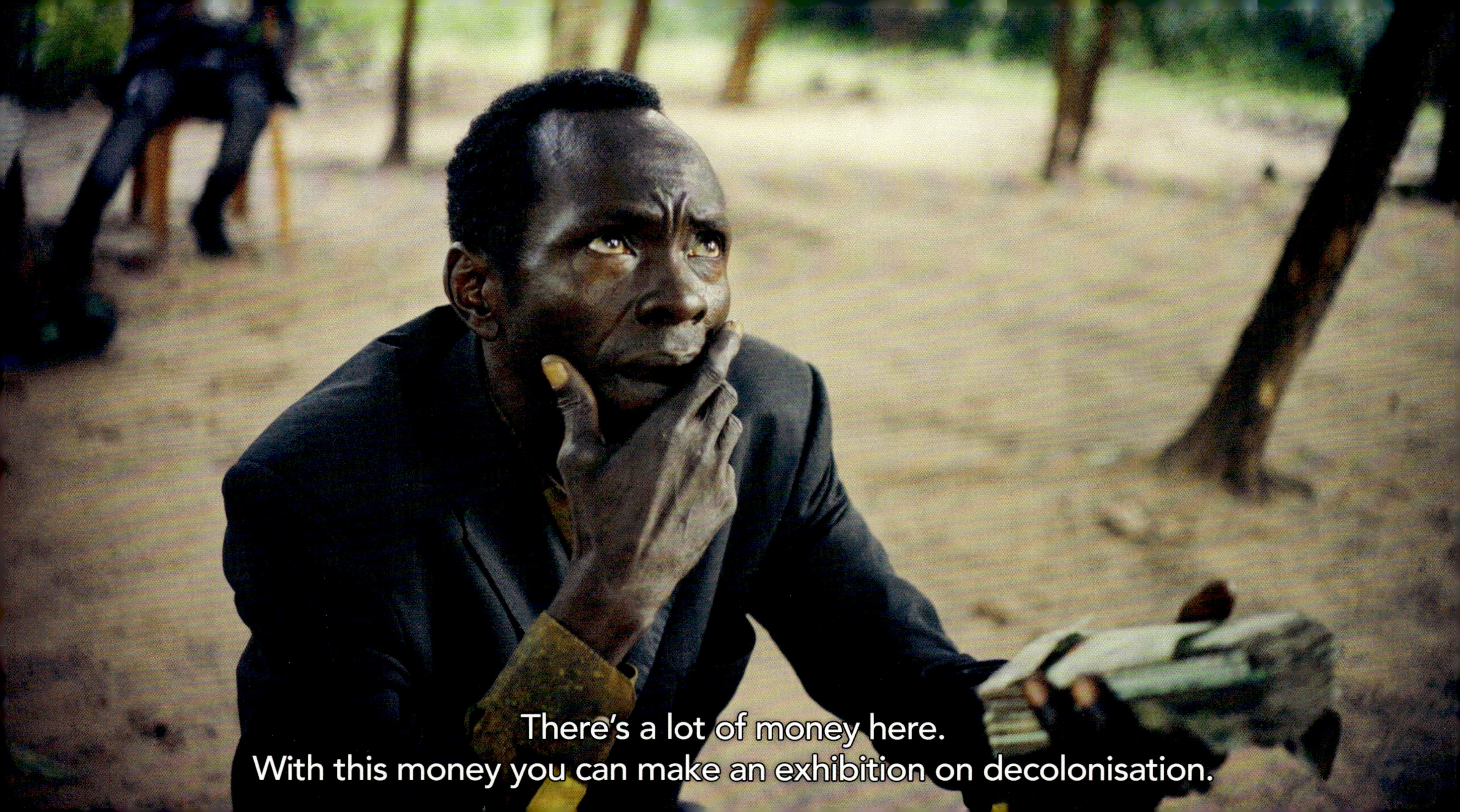
There's a lot of money here.
With this money you can make an exhibition on decolonisation.

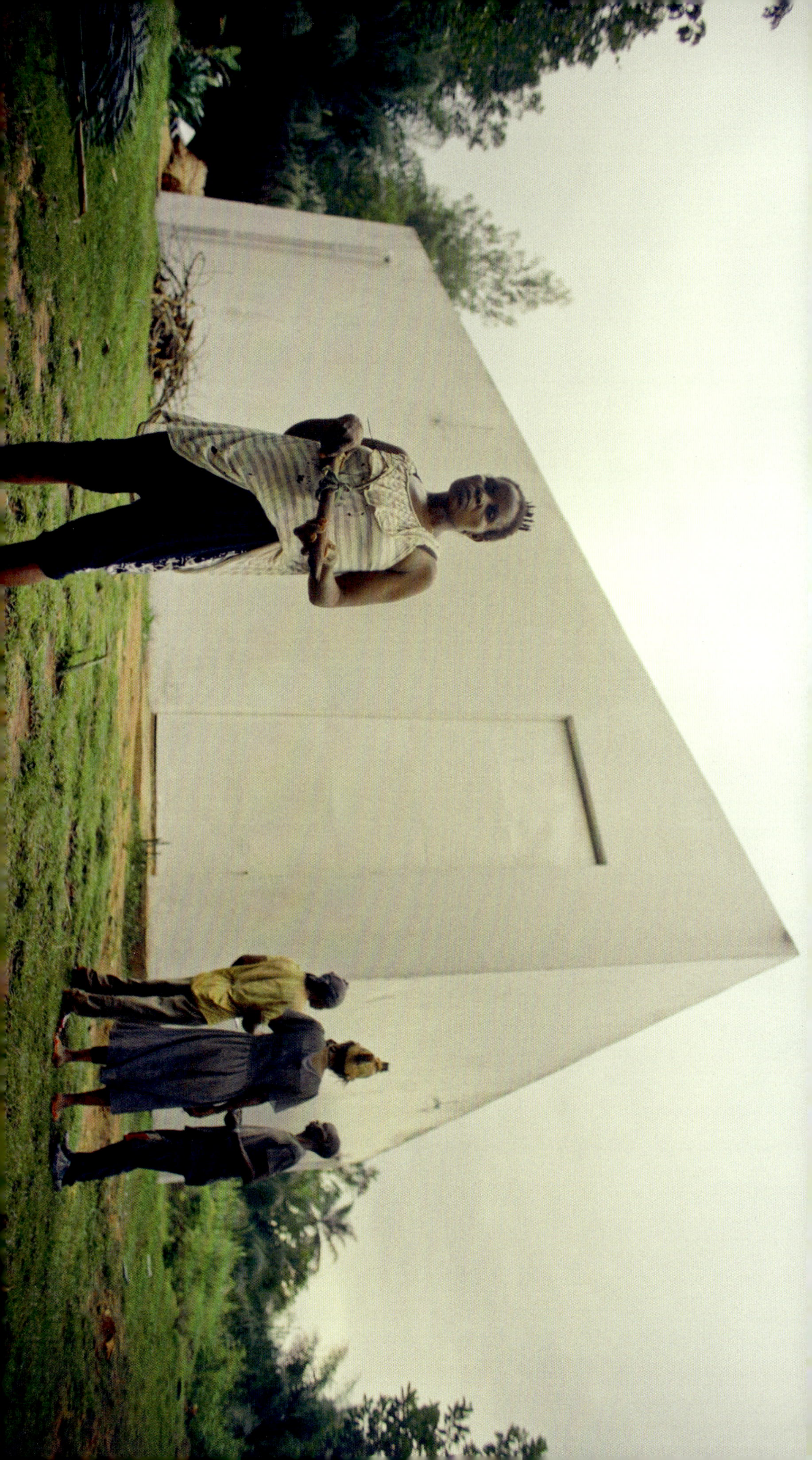

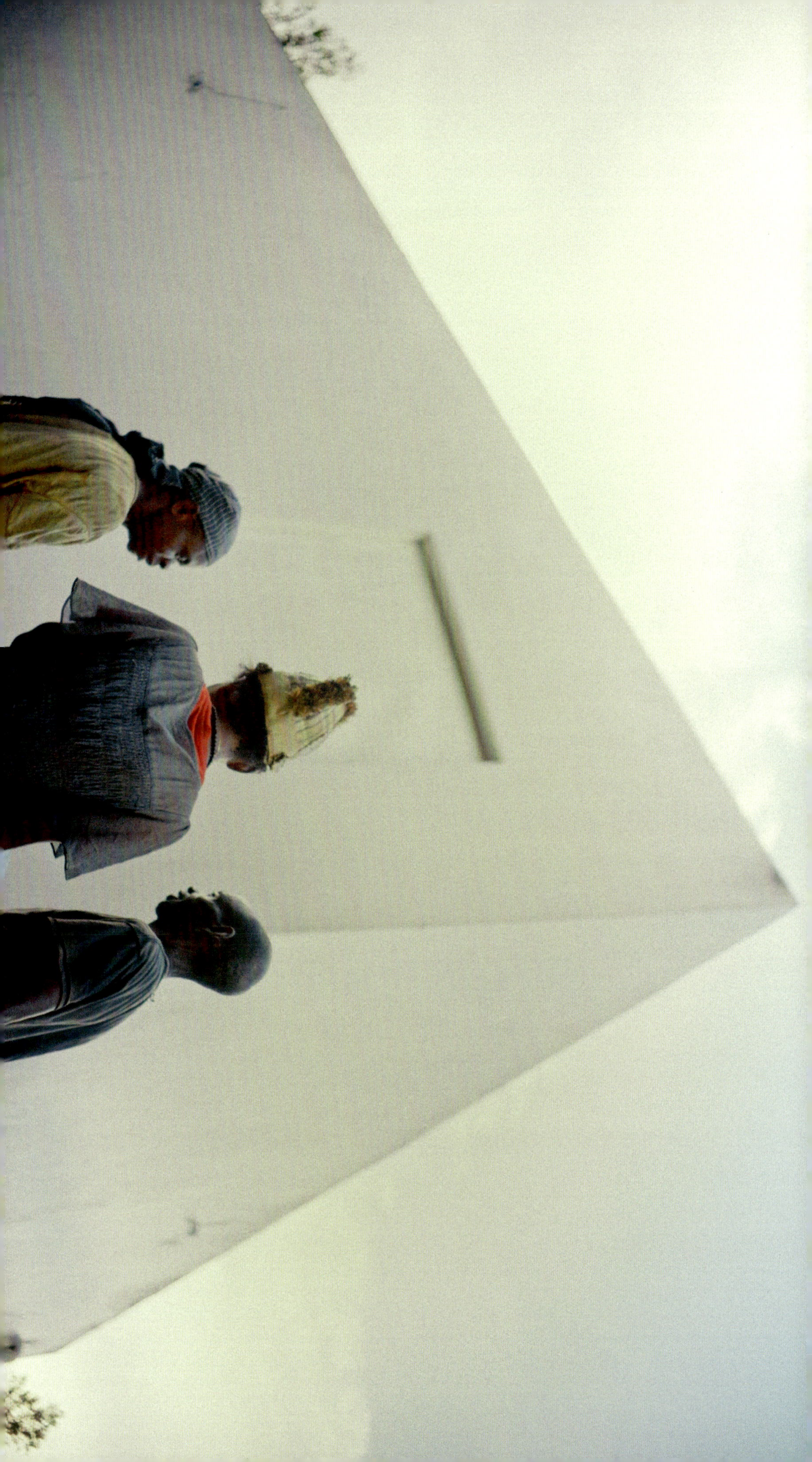

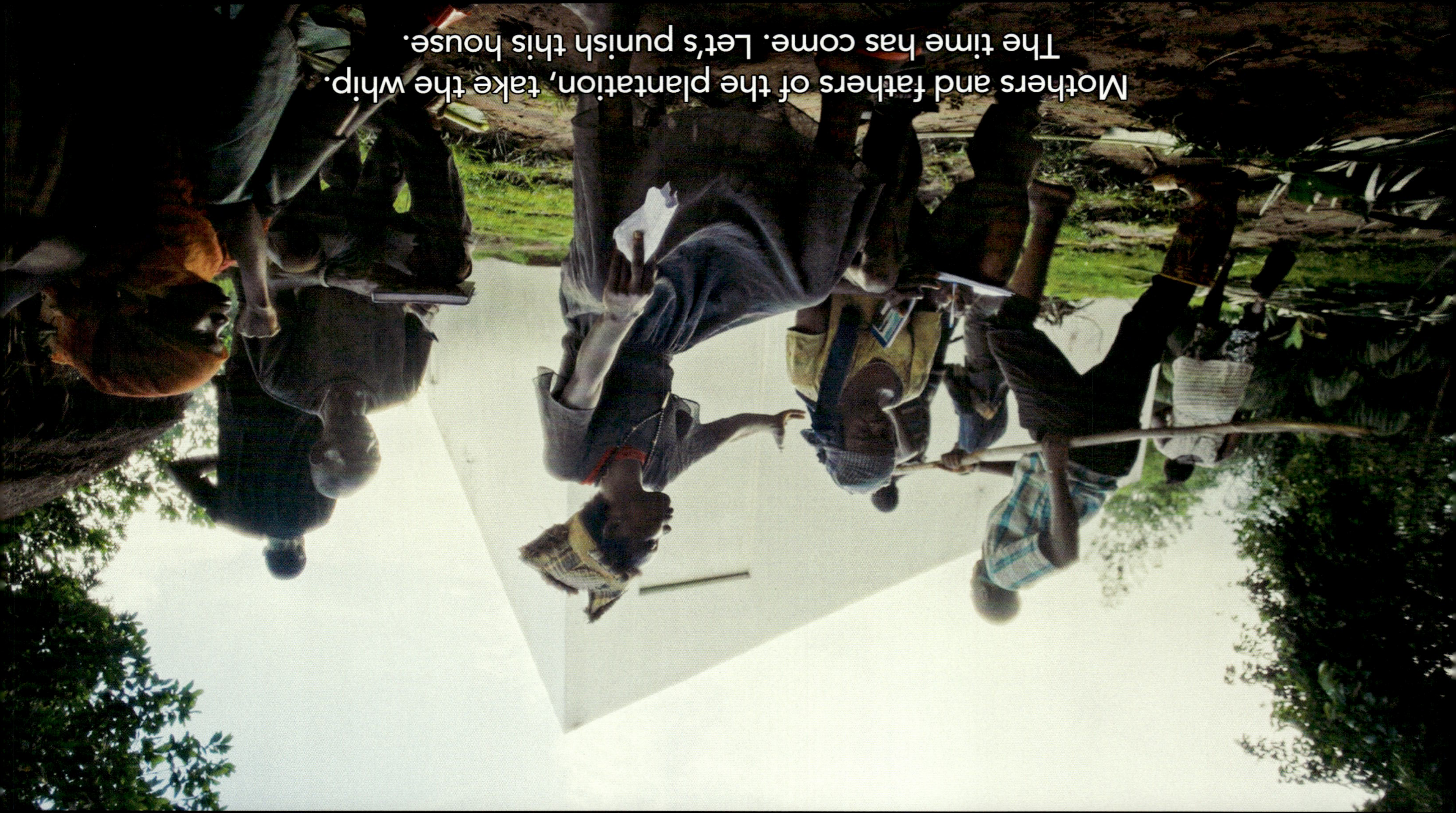
Mothers and fathers of the plantation, take the whip.
The time has come. Let's punish this house.

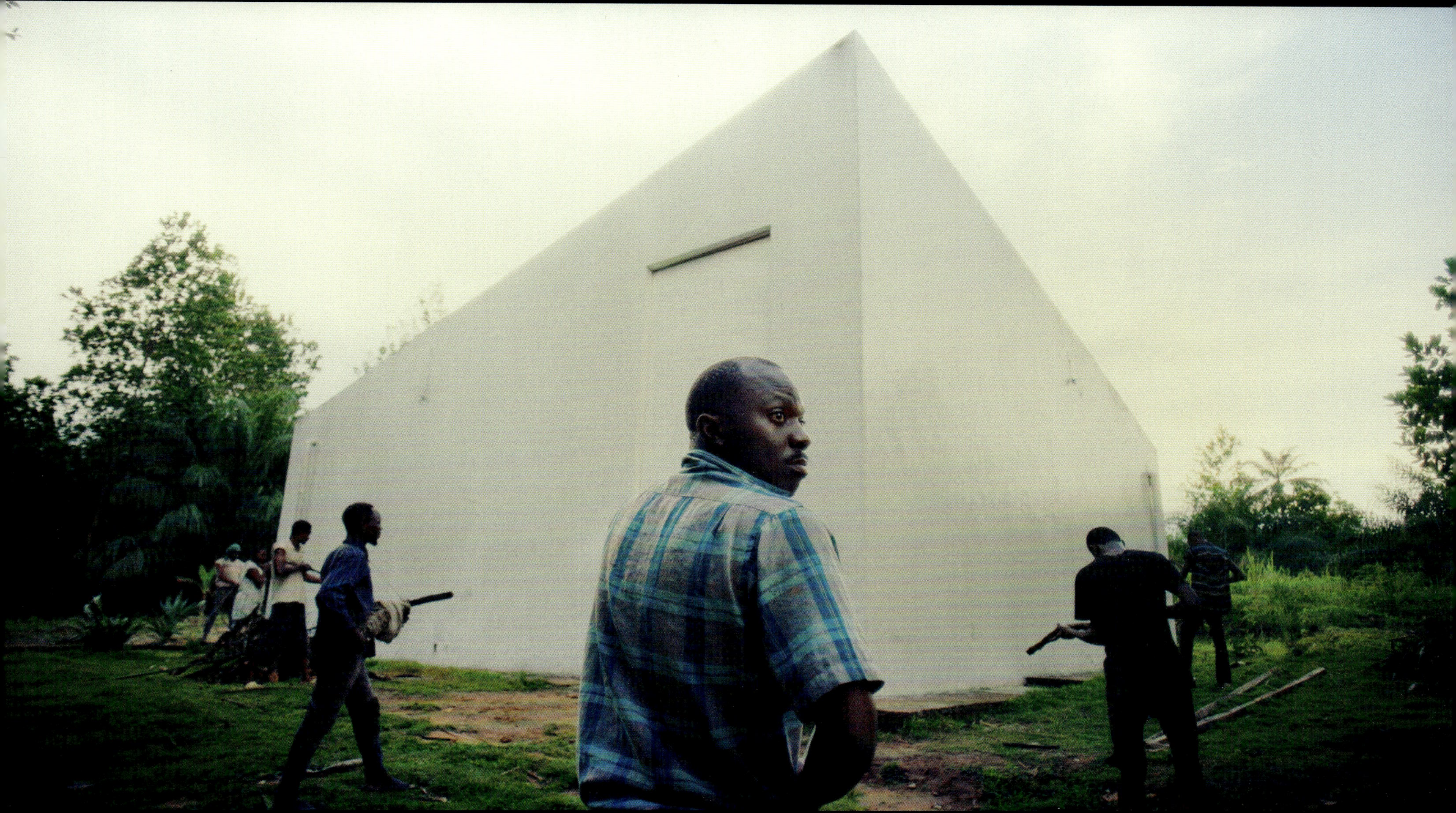

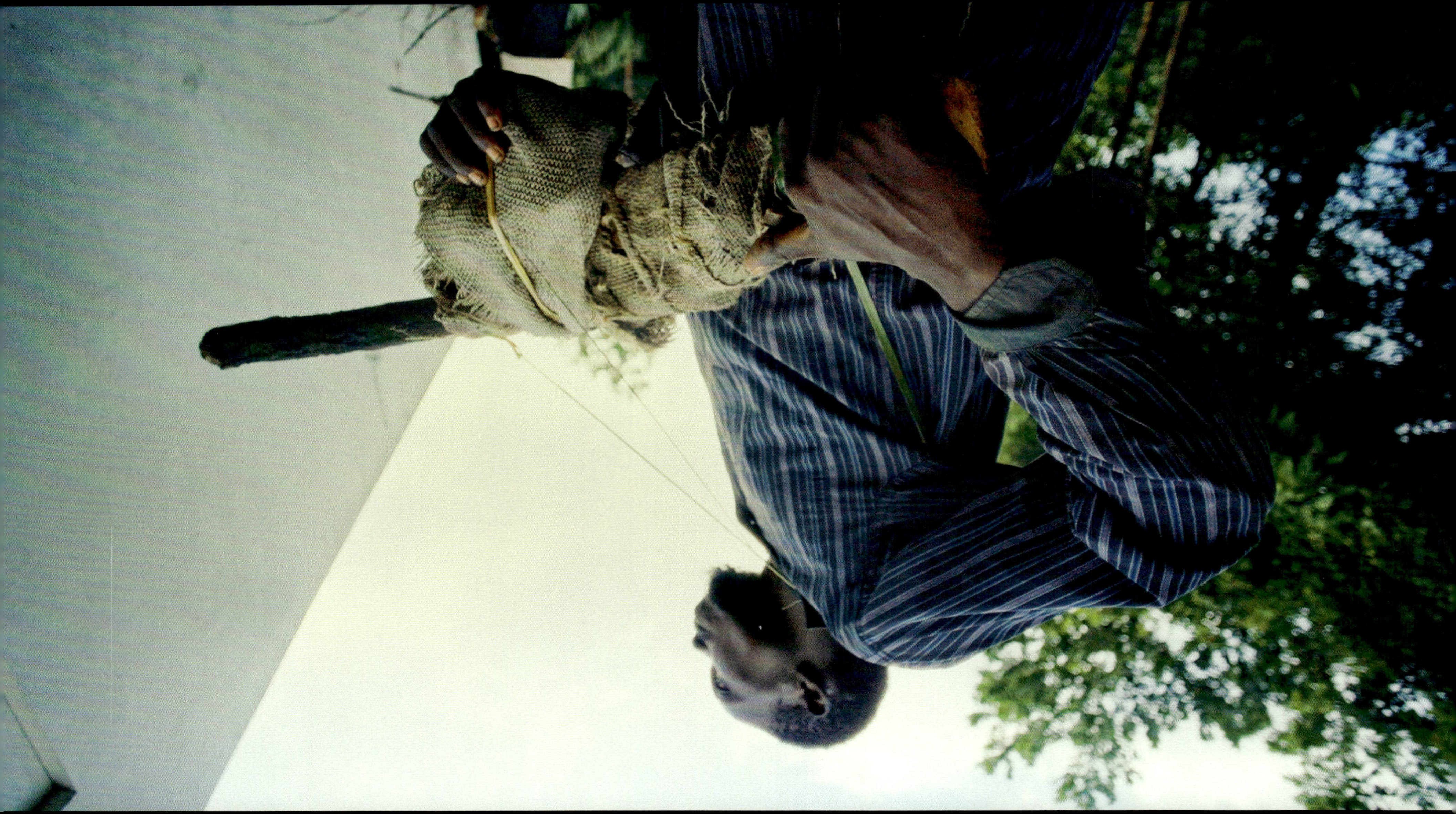

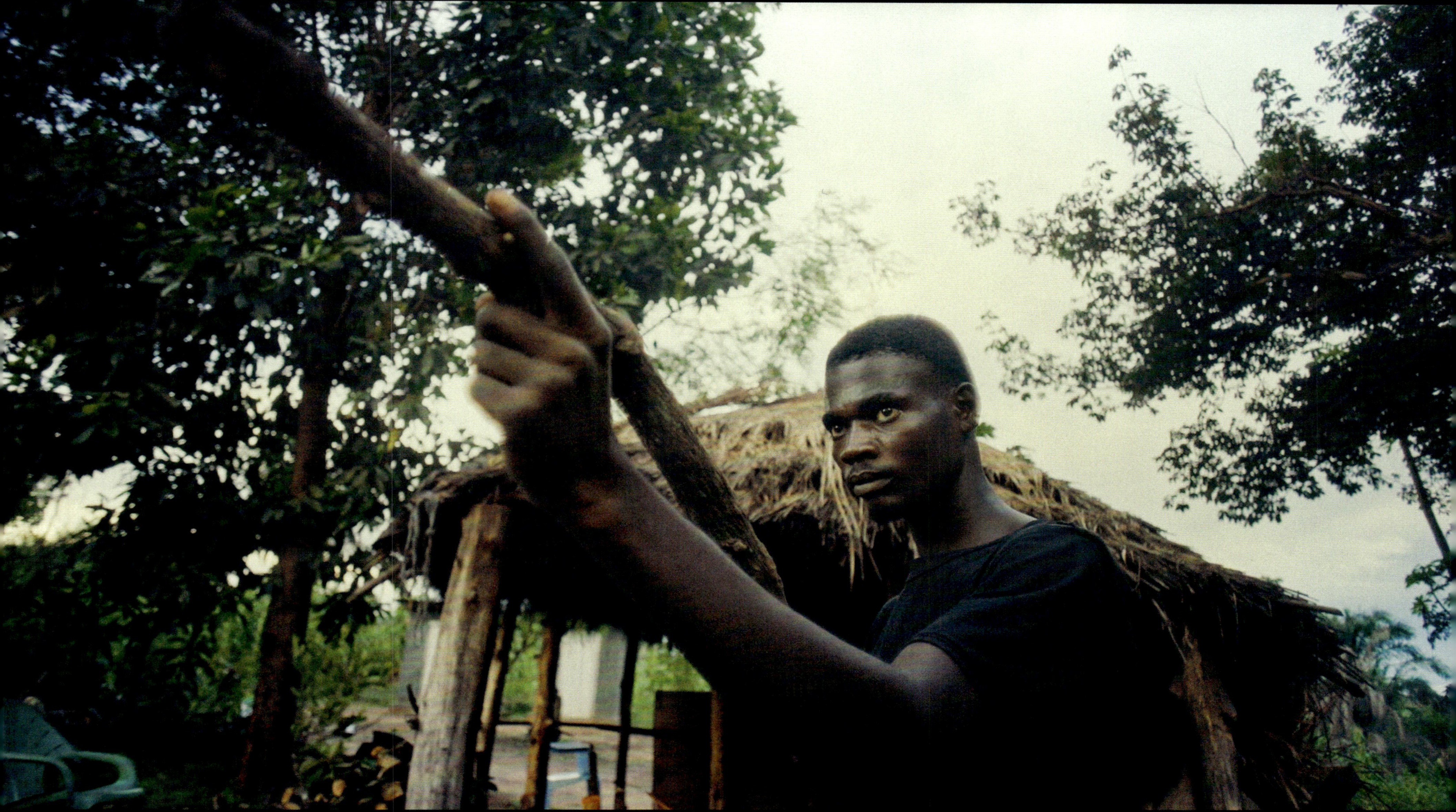

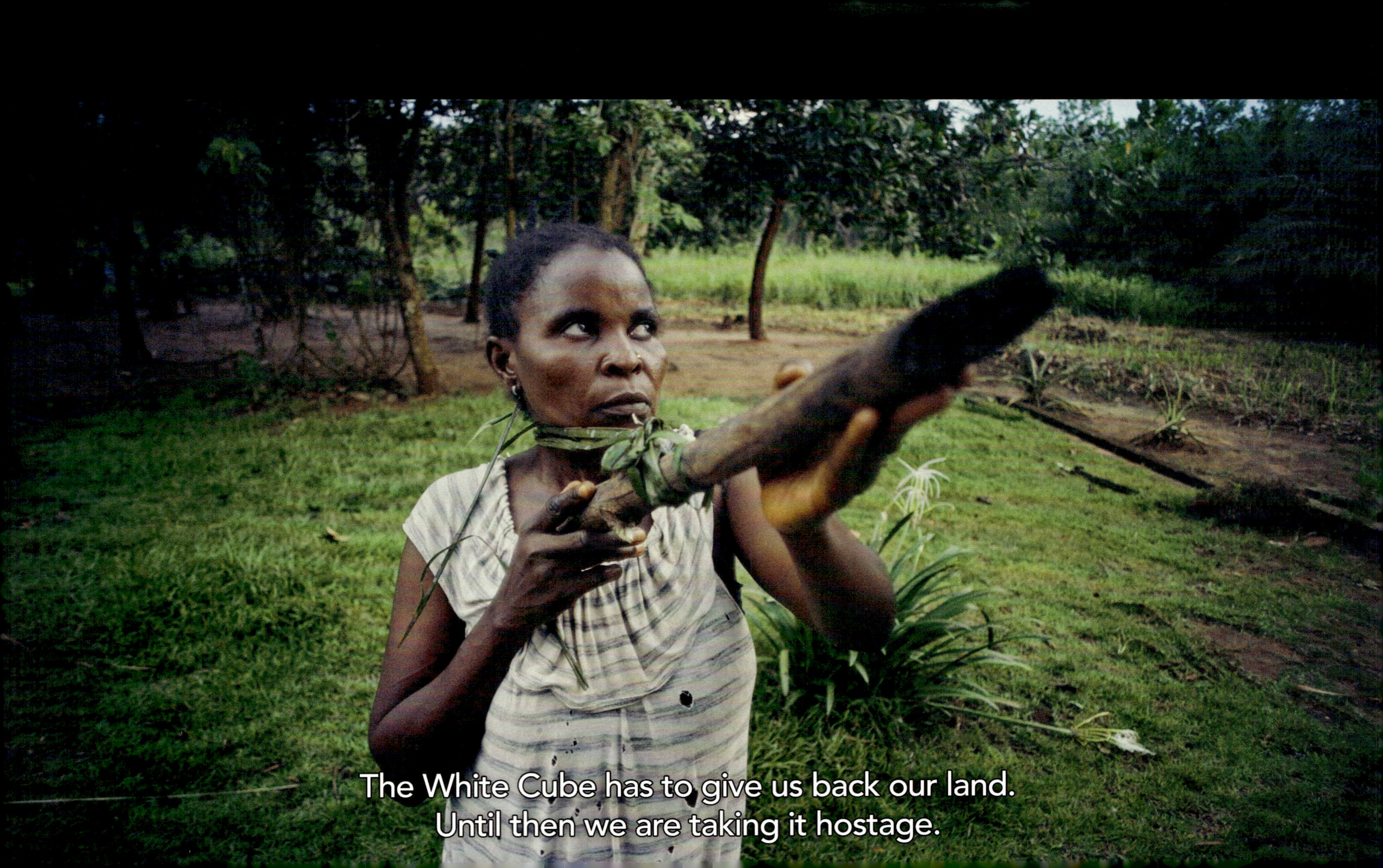
The White Cube has to give us back our land.
Until then we are taking it hostage.

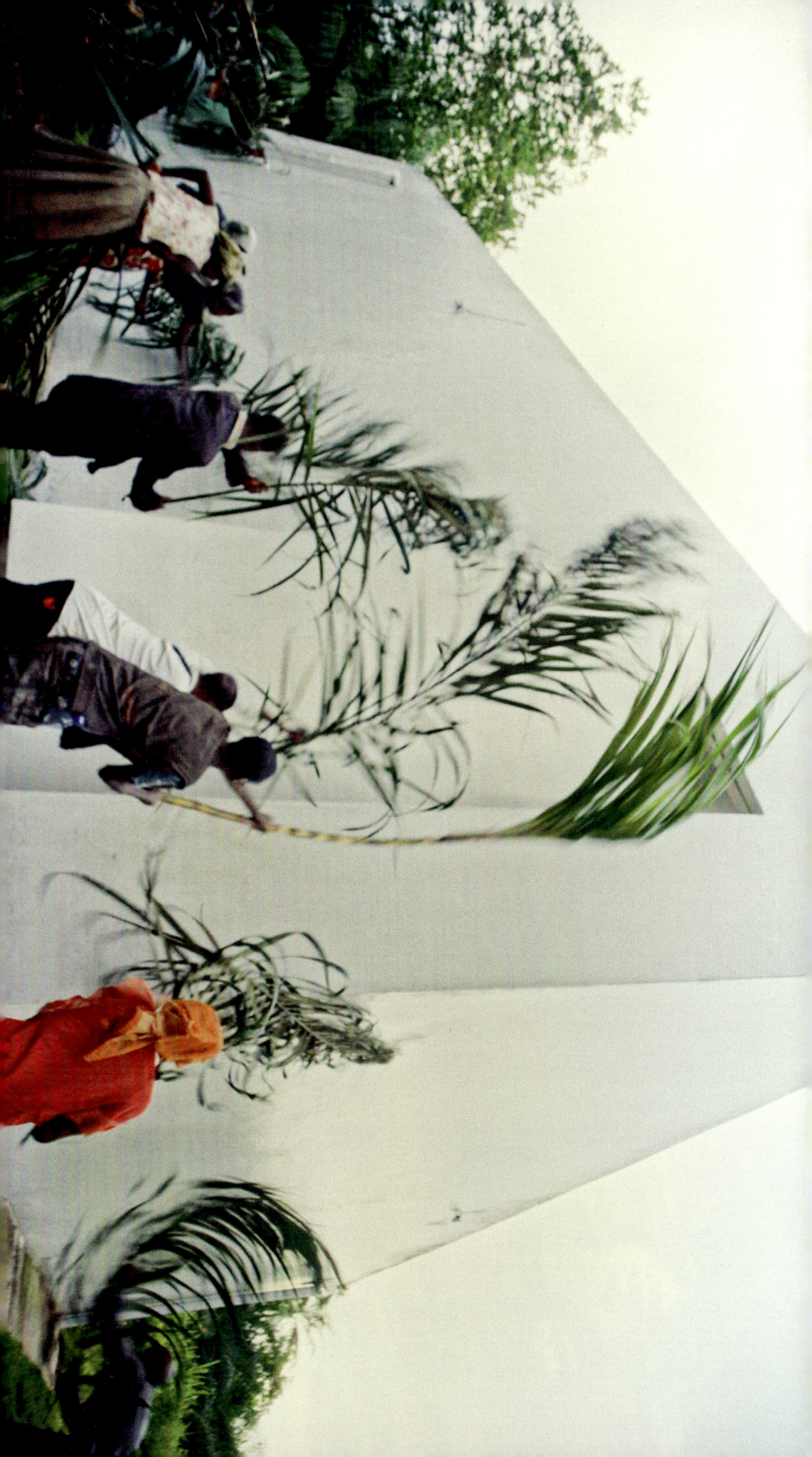

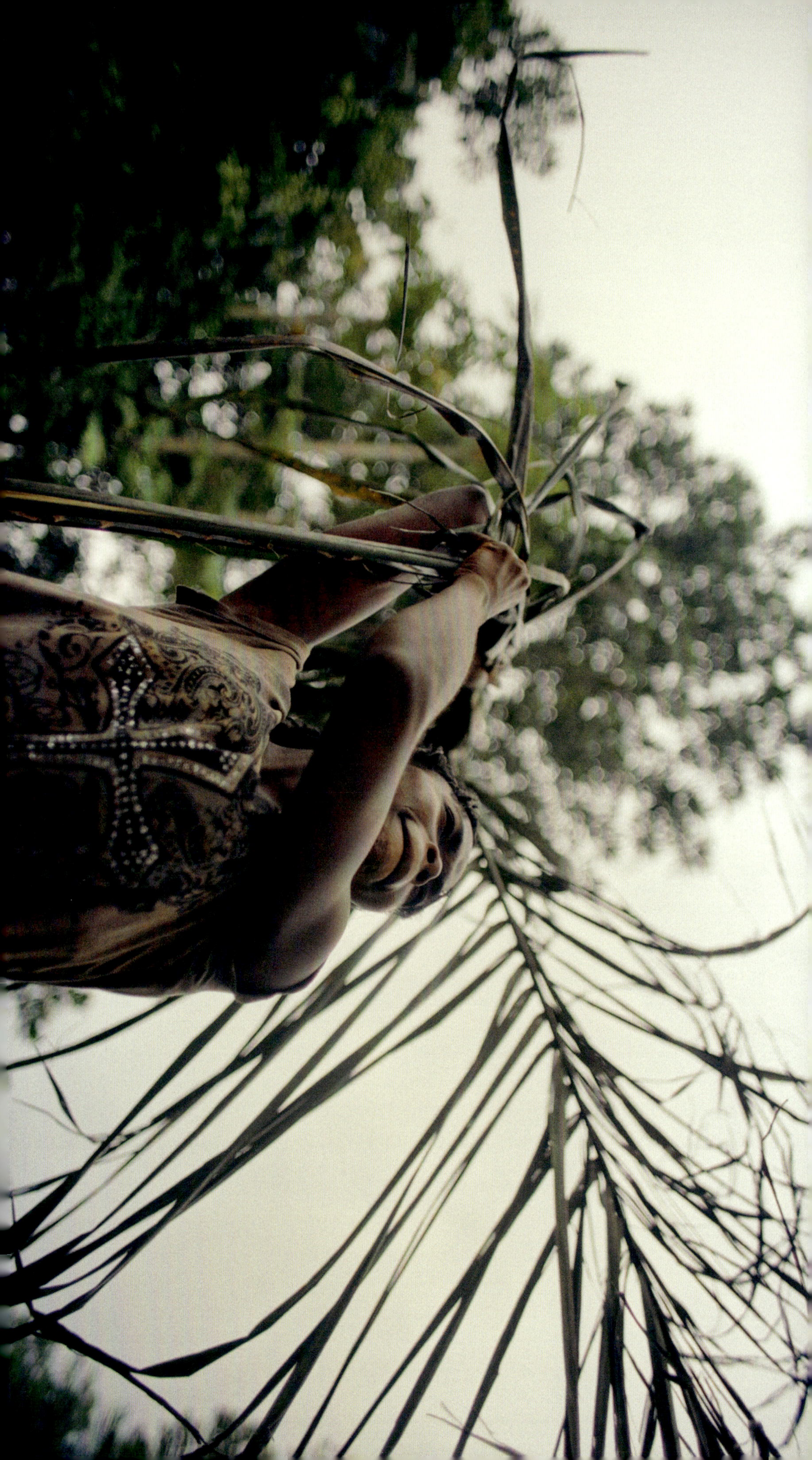

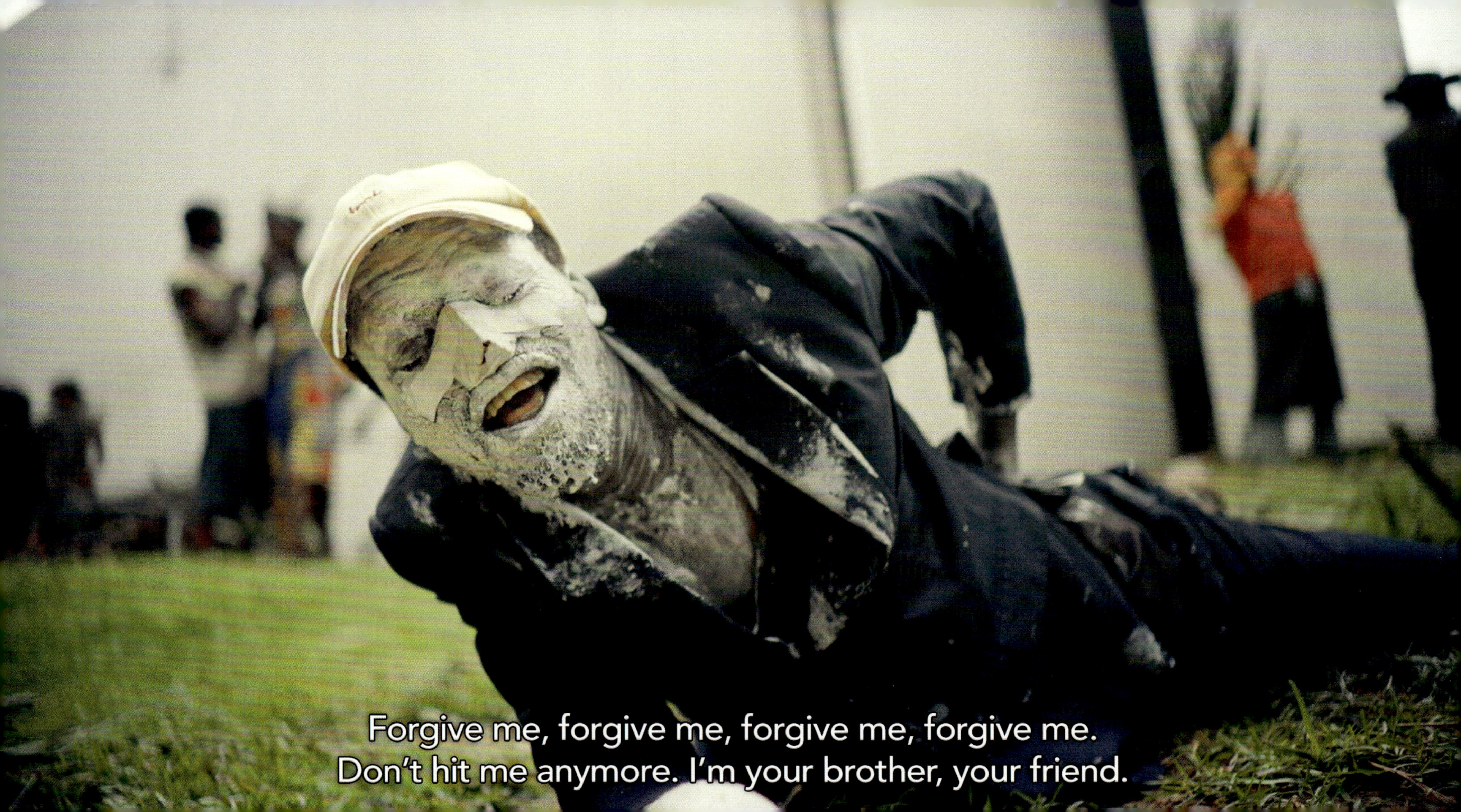
Forgive me, forgive me, forgive me, forgive me.
Don't hit me anymore. I'm your brother, your friend.

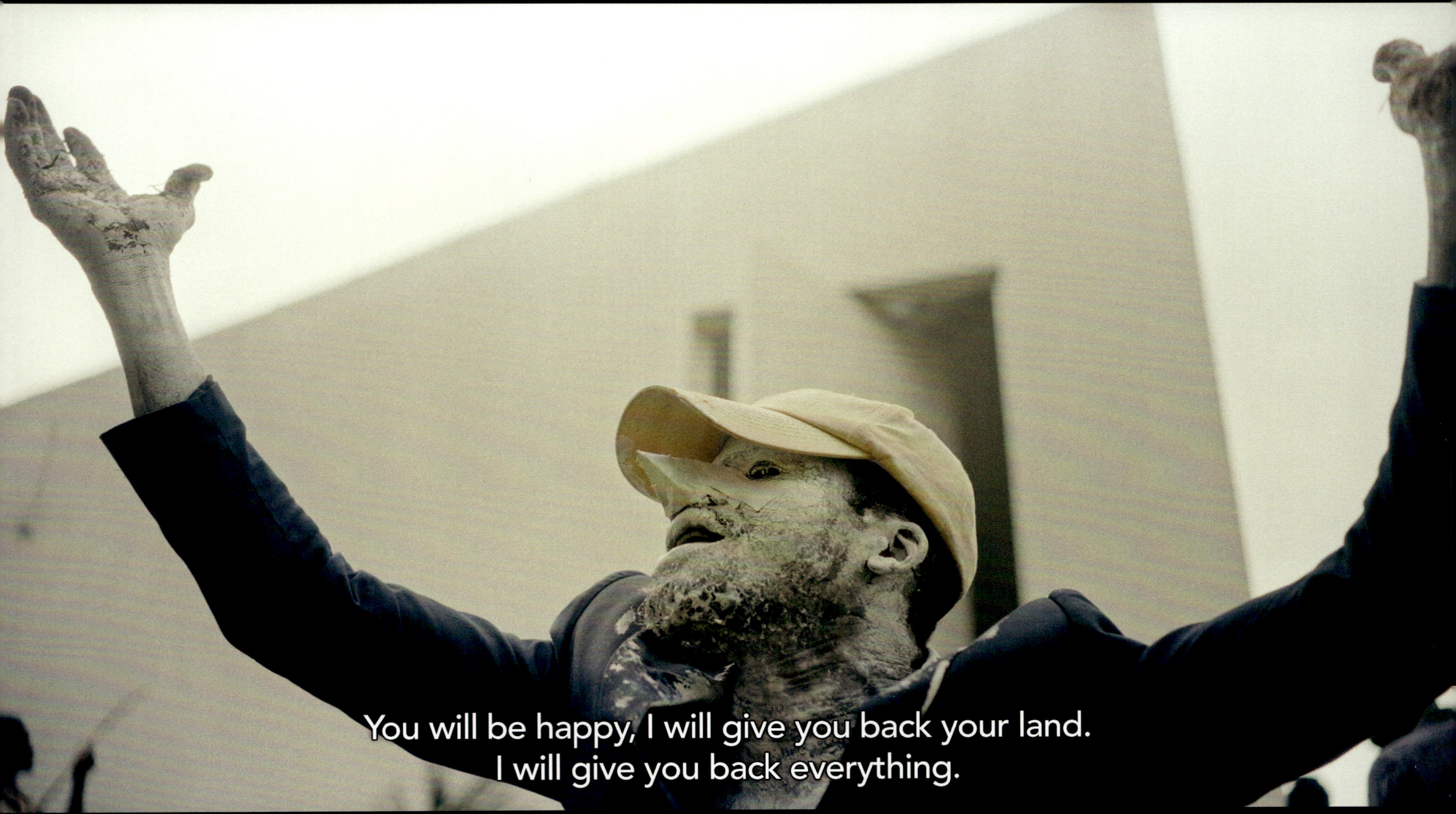
You will be happy, I will give you back your land.
I will give you back everything.

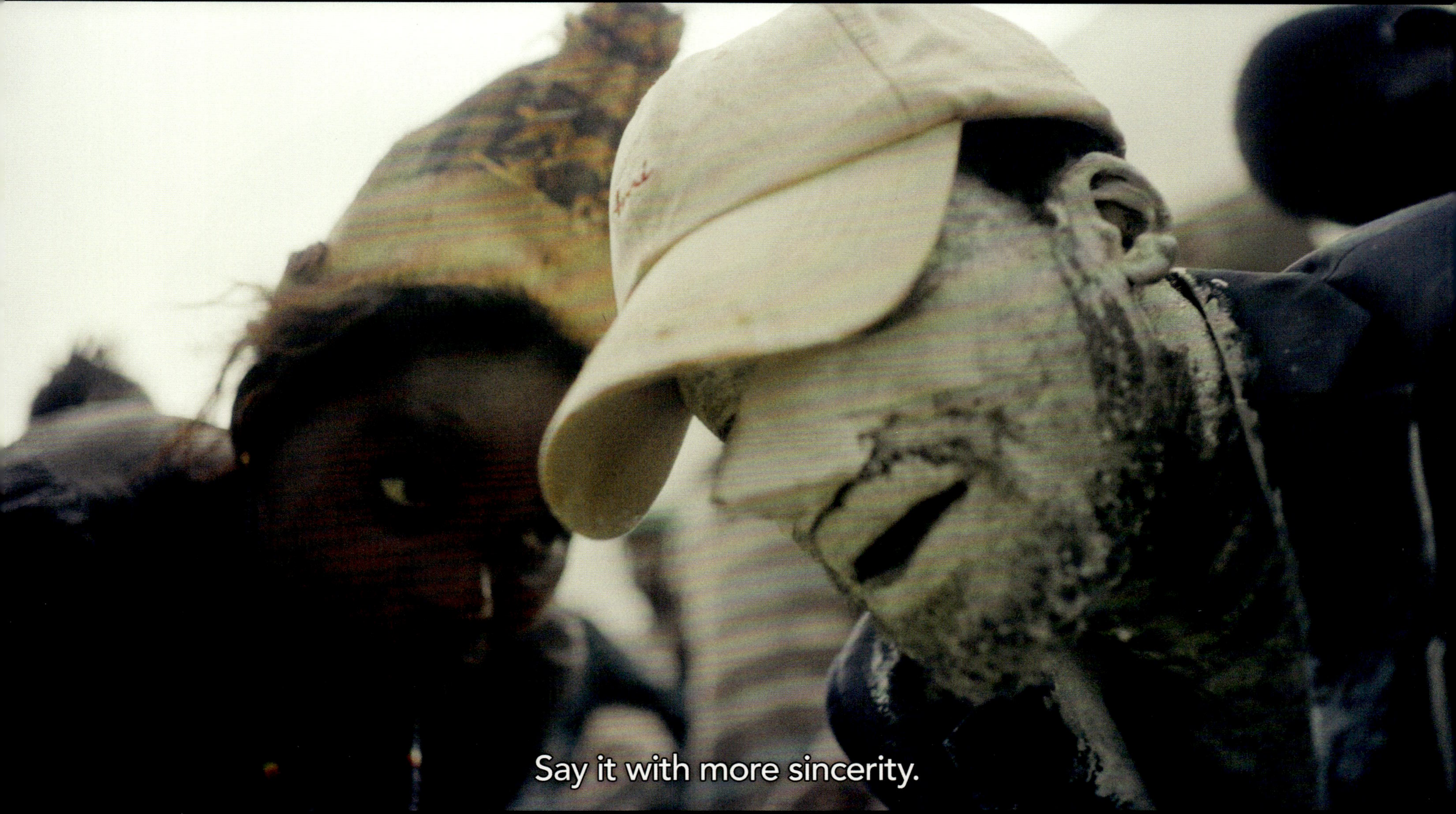
Say it with more sincerity.

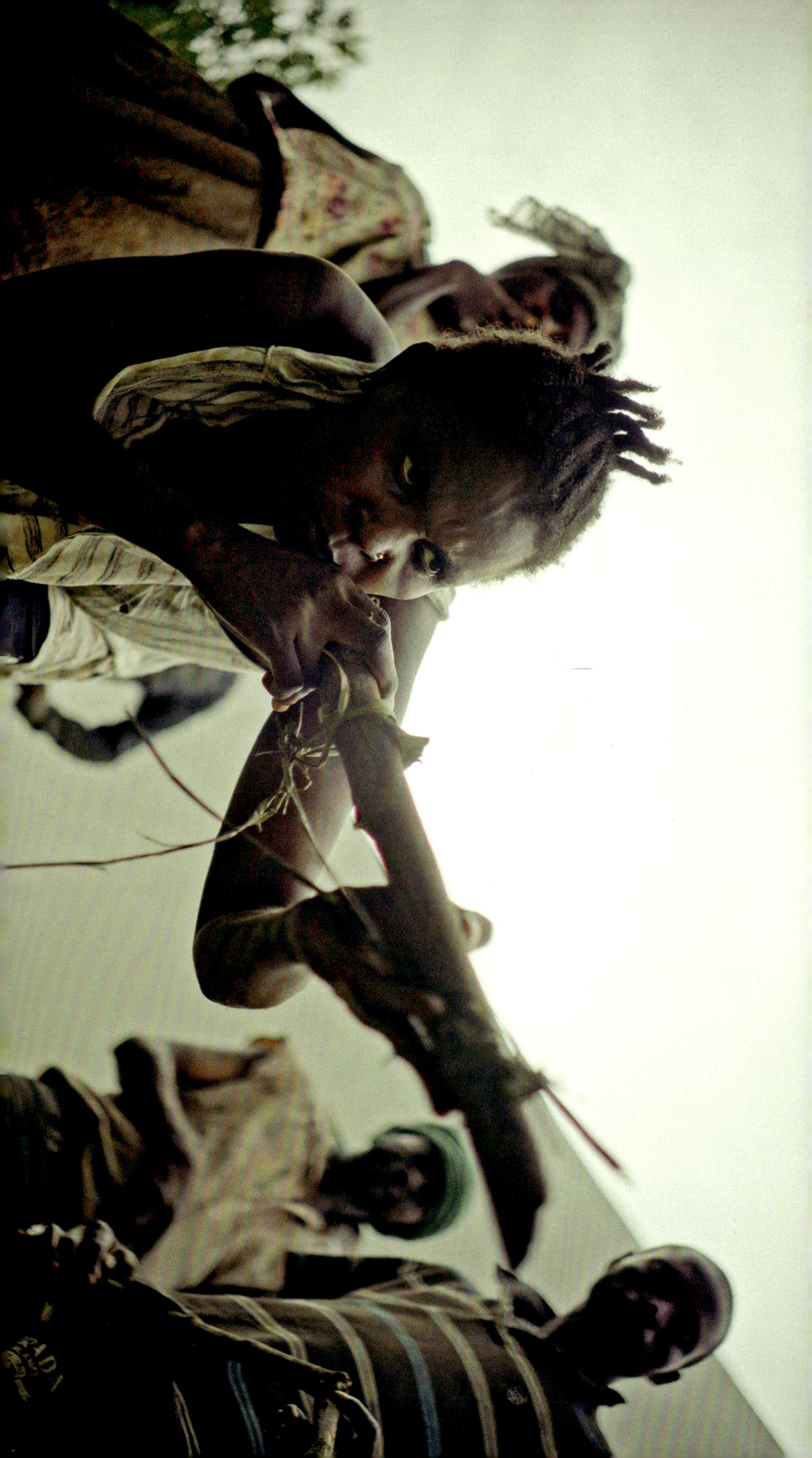

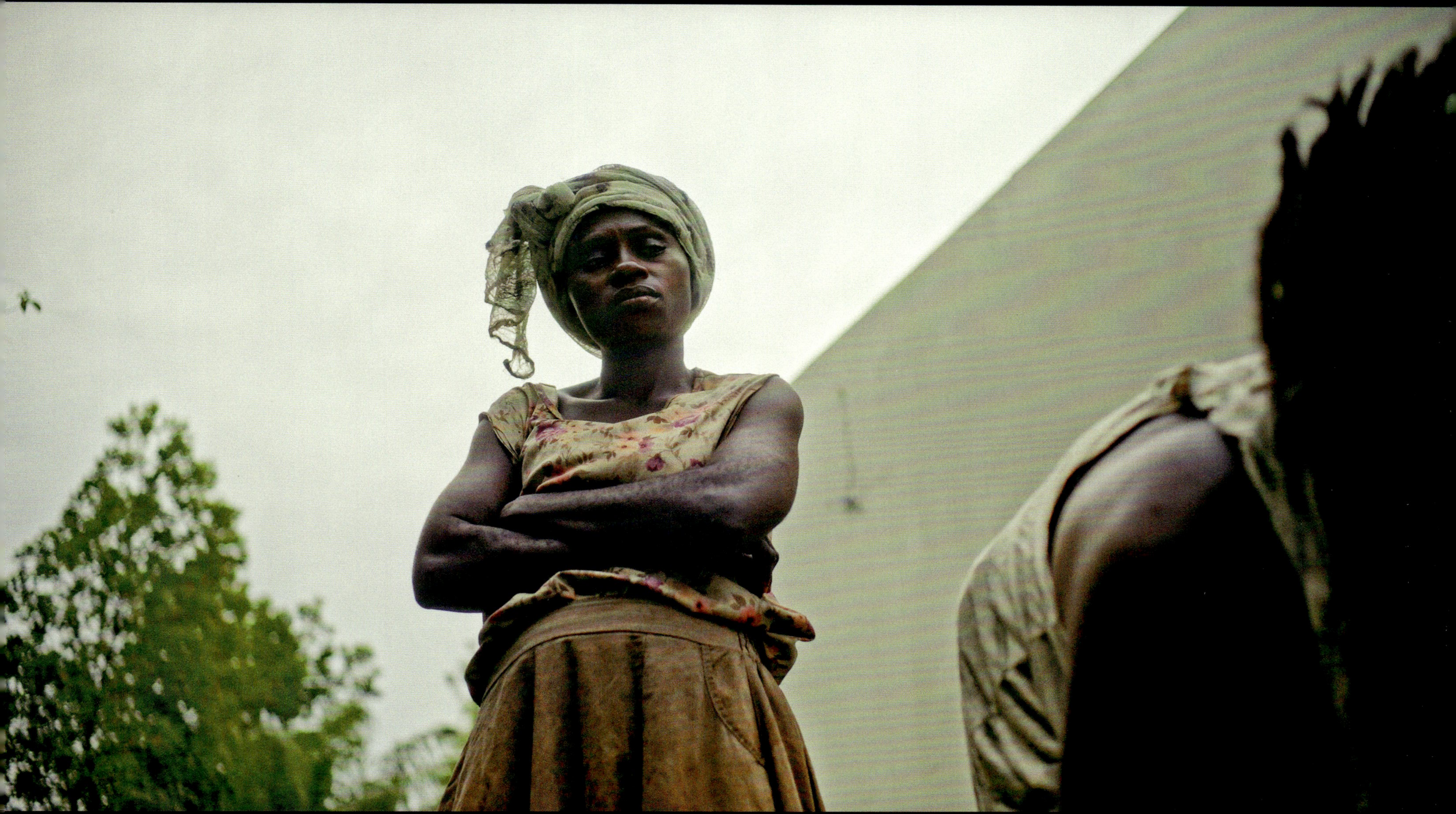

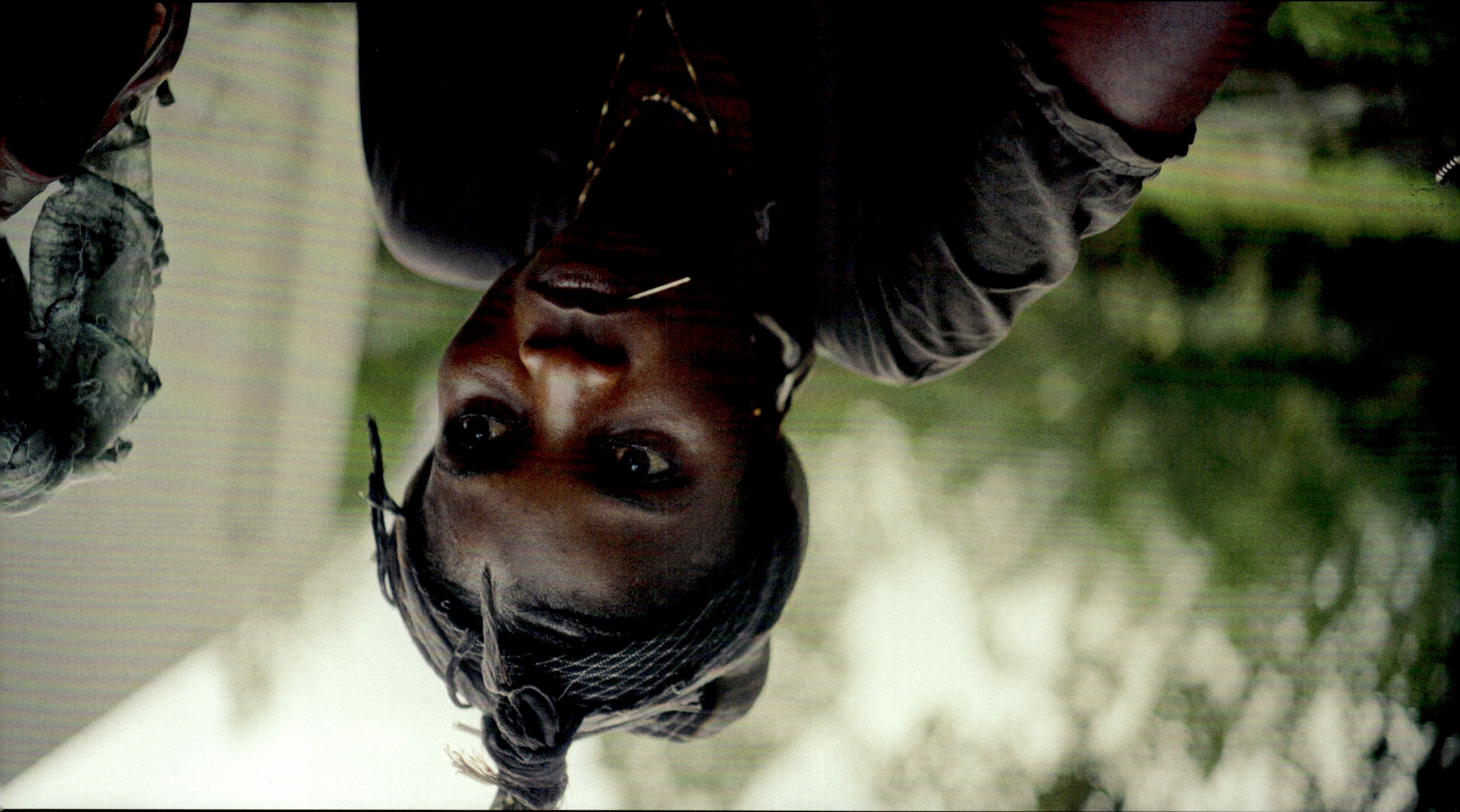